비즈니스 현장에 유용한
재무와 투자 그리고 회계

비즈니스 현장에 유용한
재무와 투자 그리고 회계
초판 1쇄 발행 2022년 8월 31일

지은이	장재영
펴낸이	김주연
북디렉팅	엄재근
기획편집	그린팰스
디자인	M.S.G.

펴낸곳	지식플랫폼
주소	서울시 구로구 경인로 662 디큐브시티 15층 1512호
등록번호	제 25100-2017-000051호
이메일	bookplatform@naver.com
전화번호	010-6839-4970
팩스번호	02-6499-4370

값 26,000원
ISBN 979-11-88910-71-7(03320)

이 책은 저작권법에 따라 보호를 받는 저작물이므로 무단 전재와 복제를 금하며,
이 책의 일부 또는 전부를 이용하려면 반드시 저작권자의 동의를 받아야 합니다.

비즈니스 현장에
유용한

재무와
투자 그리고
회계

Finance · Investment · Accounting

장재영 지음

지식플랫폼

들어가며

    금융시장 및 재무 분야에서 오랫동안 활동하였던 필자는 실무 경험과 연구 및 강의 활동을 바탕으로, 재무·투자·회계 분야의 기본적인 개념과 유용한 정보를 본 도서에 담아내고자 노력하였습니다.

    오늘날, 기업 경영 여건과 관련한 경제상황은 그리 낙관적이지 못합니다. 과거 10여 년 동안 주요국들의 안이한 통화 정책은 스태그플레이션의 우려를 불러오고 있으며, 국내외의 복합적 위기에 최근 경제와 금융시장이 크게 흔들리고 있습니다. 2008년 글로벌 금융위기가 발발하자, 미국을 포함한 주요국들은 초저금리 정책으로 대응했습니다. 하지만 금리 인하만으로 가시적인 효과를 보지 못하자, 미 연준은 직접 자산을 사들이며 천문학적인 돈을 시중에 풀었습니다. 2017년 10월경에 풀린 돈 일부를 거둬들이기 시작했지만, 코로나19가 터지면서 돈을 추가적으로 공급했고, 2022년 현재 미 연준이 보유하고 있는 자산은 8조 7,000억 달러, 우리 돈 1경 406조 원에 이릅니다. 자본주의 역사상 이렇게 많은 돈이 풀린 적은 없었습니다. 이와 함께, 미·중의 패권경쟁으로 무역분쟁이 심화되고, 러시아의 우크라이나 침공과 이에 따른 제재는 원자재 가격 폭등과 함께 물가 급등에 기름을 붓는 결과로 이어졌습니다. 글로벌 양적완화는 13년 동안 이어졌습니다. 투자자들은 레버리지를 일으켜 투자에 나섰고, 자산 가격은 폭등했습니다. 기업 역시 싼값에 돈을 빌려 무리한 M&A를 시도하는 등 사업 영역을 적극적으로 확장하였습니다. 미국은 40여 년 만에 최악의 인플레이션을 기록 중에 있고, 대부분의 다른 국가들도 물가 폭등 상황에 직면해 있습니다. 미 연준과 주요국 중앙은행들은 서둘러 금리를 인상하기 시작했고, 양적 축소도 진행형입니다. 유동성이 급격히 줄면서, '이지머니 easy money 의 시대'가 저물고 있습니다. 시장 상황은 하루가 다르게 급변하고 있으며, 변동성이 확대되고 있습니다. 그동안 실적 대비 고평가되어 있거나 방만하게 경영한 기업들은 시장에서 엄중히 평가받을 수 있습니다. 기업은 경제 상황에 따른 재무 전략을 새롭게 세우고, 서둘러 내실을 기하는 경영체제로 변화시킬 필요가 있습니다.

    이를 위해서는 재무, 금융시장 및 회계 분야에 대한 공부가 필요한데, 이들 분야는 다루는 폭이 광범위하고 전문적인 지식과 높은 수준의 이해가 요구됩니다. 본 도서에서는 이론적·기하학적 접근보다는 재무와 금융 분야에 종사하거나, 이 분야에 관심을 가진 독자들이 기본 개념을 폭넓게 이해하고 실무에 도움이 될 수 있는 핵심 내용을 위주로 서술하였습니다.

본 도서는 총 다섯 개의 Part로 나누어 구성됩니다.

Part 1에서는 기업의 구조, 목적 그리고 금융시장과 금융기관의 역할에 대해 살펴봅니다. Part 2에서는 기업 경영의 언어인 회계의 기본 원리에 대해 살펴보고, 재무제표를 분석하는 방법을 알아봅니다. Part 3에서는 가치평가 방법을 이해하고 투자안 평가와 결정 방법에 대해 구체적으로 설명합니다. Part 4에서는 자본조달 원천별 자본비용과 자본구조 및 배당정책에 관해 알아봅니다. 마지막으로 Part 5에서는 단기 및 장기 재무계획과 해외시장에서의 자금조달 및 투자에 대해 살펴봅니다.

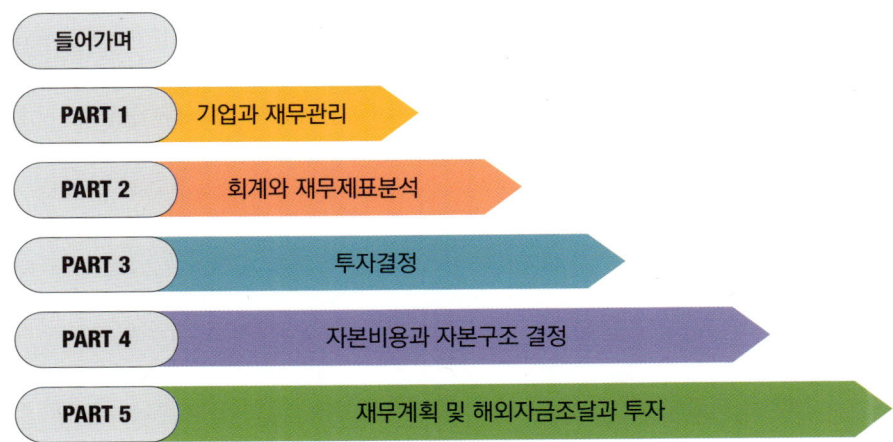

아름다운 섬 제주에서 학교 강단에 설 수 있는 기회를 주신 대학 측과 동료 교수님들께 고마움을 표합니다. 또한, 본 도서가 출판되기까지 많은 도움을 주신 엄재근 교수님께 특별한 감사의 말씀을 드립니다. 마지막으로 새로운 도전에 늘 용기와 성원을 아끼지 않는 가족들에게 감사합니다.

2022년 8월 장 재 영

목차

들어가며 • 4

PART 1. 기업과 재무관리

Chapter 1. 기업의 생리 • 15

01　재무와 회계 • 16
02　재무관리의 목표와 영역 • 19
03　주식회사 • 23
04　이해관계자 가치의 극대화 • 26
05　대리인비용 • 28
06　기업지배구조 • 31
07　CFO의 역할 • 33
[읽어두기 ①] 기업, 그 존재의 이유 • 35

Chapter 2. 기업과 금융 • 37

08　금융의 필요성 • 38
09　기업의 생애주기와 금융 • 41
10　금융시장의 개요 • 45
11　자금시장 및 자본시장 • 49
12　주식시장 및 채권시장 • 52
13　외환, 원자재 및 파생상품 시장 • 57
14　투자자가 고려해야 할 특성 • 62
[읽어두기 ②] 금융의 발전과 버블의 역사 • 64

PART 2. 회계와 재무제표분석

Chapter 3. 회계의 기초개념 · 69

15 회계의 중요성 · 70
16 기업이 회계정보를 제공하는 이유 · 72
17 회계의 역사적 배경 · 74
18 제도회계 vs. 내부회계 · 77
19 원칙중심 vs. 규칙중심 · 79
20 재무제표의 구성 · 82
21 계정과 계정과목 · 84
22 대차평형의 원리와 거래의 8요소 · 86
23 발생주의원칙 · 89
24 보수주의원칙 · 91
25 계속기업 · 93
26 원가주의 vs. 시가주의 · 95
27 감사보고서 · 97
읽어두기 ③ 화장하는 기업이 아름답다? · 100

Chapter 4. 재무제표의 구조와 작성 방법 · 103

28 재무상태표의 기본 구조 · 104
29 재무상태표: 자산 · 106
30 재무상태표: 부채와 자본 · 110
31 손익계산서 · 113
32 연결재무제표 · 116
33 재무상태표와 손익계산서 · 118
34 현금흐름표 · 120
35 주석 · 122
36 재무제표의 작성 · 124
읽어두기 ④ 숫자에도 품질이 있다 · 126

Chapter 5. 기업의 성과측정 · 128

- 37 데이터적 접근 · 129
- 38 재무분석의 관점 · 131
- 39 재무비율분석 · 134
- 40 유동성비율 및 안정성비율 · 137
- 41 활동성비율 · 140
- 42 수익성비율 · 143
- 43 성장성비율 · 145
- 44 생산성비율 · 147
- 45 듀퐁분석 · 149
- 46 배당 · 151
- 읽어두기 ⑤ 비재무적 가치의 중요성이란? · 153

PART 3. 투자결정

Chapter 6. 가치평가 방법 · 159

- 47 가치평가 방법 · 160
- 48 화폐의 시간가치 · 164
- 49 미래가치 vs. 현재가치 · 166
- 50 실효이자율 · 171
- 51 대출과 현금흐름 · 173
- 52 채권가치평가 · 178
- 53 주식가치평가 · 185
- 54 성장율과 주식가치 · 191
- 55 주가배수법 · 193
- 56 기업가치배수법 · 197
- 읽어두기 ⑥ 위대한 투자가들의 투자 원칙 · 200

Chapter 7. 투자 판단의 척도 · 203

- 57 순현재가치: NPV · 204
- 58 내부수익률법: IRR · 207
- 59 NPV vs. IRR · 210
- 60 회수기간법 및 회계적이익률법 · 214
- 61 수익성지수법 · 217
- 62 기타 평가방법과 실제 활용 · 219
- 읽어두기 ⑦ 투자와 투기 · 222

Chapter 8. 현금흐름과 투자안 분석 · 224

- 63 자본예산 절차 · 225
- 64 현금흐름의 추정 · 227
- 65 순현금흐름 · 230
- 66 사업 기회의 발견 · 233
- 67 타당성분석 · 235
- 읽어두기 ⑧ 성공 투자의 핵심은 위험관리! · 240

Chapter 9. 위험과 기대수익률 · 245

- 68 수익과 위험 · 246
- 69 포트폴리오의 효과 · 250
- 70 체계적위험 vs. 비체계적위험 · 254
- 71 효율적 포트폴리오 · 257
- 72 자본시장선 · 259
- 73 자본자산가격결정모형 · 262
- 74 요구수익률 · 266
- 읽어두기 ⑨ 나무를 보기 전에 숲을 보라 · 269

PART 4. 자본조달

Chapter 10. 자본비용 · 275

- 75 자본조달 방법 · 276
- 76 자본조달 원천별 자본비용 · 278
- 77 가중평균자본비용 · 284
- 읽어두기 ⑩ 자금을 확보하고 조달 비용을 줄여라! · 289

Chapter 11. 자본구조 · 292

- 78 자본구조의 중요성 · 293
- 79 자본조달의 형태 · 296
- 80 증권발행 절차 · 303
- 81 자본구조이론 · 307
- 읽어두기 ⑪ 창업자를 위한 제언 · 316

Chapter 12. 배당결정 · 318

- 82 배당지급 방법 · 319
- 83 배당의 기업가치 · 322
- 84 배당소득세 · 324
- 85 배당결정 · 326
- 읽어두기 ⑫ 투자 고수가 되려면 IR에 쫓아다녀라 · 328

PART 5. 재무계획과 해외자금조달 및 투자

Chapter 13. 장단기 재무계획 · 333

86 재무계획 · 334
87 장기재무계획 · 337
88 단기재무계획 · 340
읽어두기 ⑬ 비이성적 결정과 행동경제학 · 345

Chapter 14. 해외자금조달과 투자 · 348

89 국제재무관리 · 349
90 국제금융시장 · 353
91 해외자금조달 · 356
92 해외투자 · 363
읽어두기 ⑭ M&A와 경영권 방어 · 369

Chapter 15. 위험관리와 파생상품 · 371

93 위험과 파생상품 · 372
94 환위험 관리방안 · 374
95 이자율위험 관리방안 · 382
96 신용위험 관리방안 · 388
읽어두기 ⑮ 파생상품의 명과 암 · 391

참고 문헌 · 394

PART 1
재무 여행의 출발점

기업과 재무관리

재무관리는 기업의 자금조달과 운용을 다루는 분야로서, 기업가치의 제고를 통해 주주를 포함한 이해관계자들의 가치 극대화를 목표로 한다.

우리는 재무관리를 효과적으로 수행하지 못하고 사업에 실패하는 기업의 뉴스를 종종 접하게 된다. 특히, 우리나라 창업기업 3곳 중 2곳은 5년을 넘기지 못하고 폐업하는 것으로 조사되었다. 신생기업의 생존율이 이처럼 낮은 이유는 재무에 대한 이해와 경험 부족으로 자금조달과 투자에 어려움을 겪으면서 사업 아이디어와 기술을 살리지 못하고 파산하는 것 때문으로 파악된다.

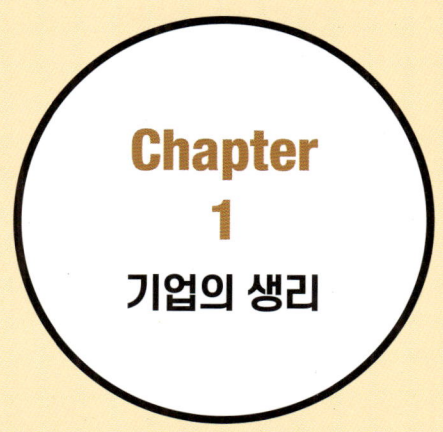

Chapter 1
기업의 생리

재무관리의 개요

최근 연구에 따르면, 1958년에 61년이었던 우리나라 기업의 평균 수명이 2027년에는 12년으로 크게 줄어든다고 한다.
디지털 트랜스포메이션 digital transformation의 가속화와 팬데믹이라는 과거에 경험하지 못했던 상황을 맞으며, 기업들은 생존을 위한 변신을 꾀하고 있다. 살아남은 기업들은 새로운 미래 먹거리 확보에 나서고 있으며, 추가적인 자금조달이 필연적으로 요구된다. 재무관리자는 투자와 투자금 마련을 위해 치밀한 전략을 세우고 최적의 결정을 이끌어내야 한다.

사회과학 vs. 자연과학
재무와 회계

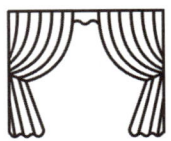

> 2021년 노벨경제학상을 수상한 3인의 교수들은 '자연실험'이라는 새로운 연구 방법을 사용하여 기존의 경제 상식을 뒤집는 연구 결과를 발표하였다. 이들은 연구를 통해 "최저임금 인상이 실질적으로 고용에 미치는 영향은 미미하다."는 가설을 입증하였는데, 이 연구 결과는 미국의 최저임금 인상뿐만 아니라 교육 및 이민 정책에도 영향을 주었다.

사회과학social science은 사회현상을 지배하는 법칙을 객관적으로 해명하려는 경험과학을 통틀어 이르는 말로서, 경제, 경영, 정치, 법, 역사 분야뿐만 아니라 사회구성원의 심리를 연구하는 분야에 이르기까지 다양한 학문 분야가 있습니다.

모든 학문적 탐구는 인간의 주관적 관점에서 벗어나, 객관적인 방법을 통해 현상을 규명하고 인류의 삶의 질을 높이는 데 목표가 있습니다. 다만 자연과학natural science의 주제인 자연은 객관적으로 설명이 가능한 연구 대상이지만, 사회현상은 많은 요인들이 서로 간에 복잡하게 관계성을 가지고 있어 연구자의 주관과 해석 방법에 따라 설명 체계가 달라지고 여러 가지 예외가 생길 수 있습니다.

사회과학 탐구는 자연과학과는 다르게 인간의 행동양식과 시대 변화에 따라 바뀌어, 이전에는 일어나지 않았던 새로운 현상이나 사건 들이 발생하고 사회과학의 연구 대상이 됩니다. 금세기 들어, 정보체계의 발전은 보다 광범위한 세계화를 이끌어내고, 기술 간의 융합은 '제4차 산업혁명'이라고 불리는 새로운 경제 패러다임을 만들고 있습니다. 이는 우리에게 경제활동의 폭을 넓히고 생활의 편의성을 제공하는 긍정적인 측면이 있으나, 세계 곳곳에서 사회적·경제적·문화적 갈등과 함께 소득수준·세대·국가·성별 등에 따른 충돌의 원인이 되기도 합니다.

사회과학 이론은 시대와 사회현상의 변화에 따라 개선되고 발전됩니다. 누구나 늦은 밤이 되면 잠자리에 듭니다. 하지만 잠을 자는 방법은 지역과 문화, 시대에 따라 다릅니다. 서구에서는 침대를 사용해왔던 반면, 예전 동북아시아 문화권에서는 바닥에 침구를 깔아 잠자리로 사용했습니다. 우리가 잠을 자는 것은 '보편성'이고, 다른 양식의 침구를 사용하는 것은 '특수성'이라고 할 수 있습니다. 사회과학은 사회현상에 대한 보편성을 찾아내고, 시대와 상황에 따른 특수성에 대해 인과관계를 분석하고 설명하는 학문입니다.

사회과학에는 심리학, 경제학, 지리학, 정치학, 사회학 등의 기초학문 분야가 있고, 경영학, 행정학, 외교학, 무역학, 정책학, 신문방송학, 관광학 등과 같은 응용학문 분야가 있습니다.

이 중, 경영학 management 또는 business administration 은 여러 가지 사회과학 분야 중 기업의 조직과 관리 운영에 관하여 과학적으로 연구하는 학문 분야입니다. 경영학은 많은 부분에 있어 경제학 이론을 포괄적으로 수용하고, 통계학, 사회학, 심리학, 수학, 공학 등과 연계하여, 기업의 경영활동을 분석하고 연구합니다. 경영학의 기본 연구를 기능적으로 구분하면, 생산관리, 인사조직, 마케팅, 재무, 회계 및 전략으로 분류할 수 있습니다. 최근에는 경영학 분야가 금융공학, 리더십, 기업의 사회적 가치, 공급망 관리 등의 분야로 확대 발전되고 있습니다. 경영학은 분야가 광범위하고 예전에는 주로 사례분석 중심으로 연구가 진행되어 학문적 가치를 크게 인정받지 못하였습니다. 하지만 1950년대 이후 경영학에서 재무 분야를 다루기 시작하고, 방법론적으로도 계량적 분석이 주류를 이루면서 학문적으로 높게 평가받는 계기가 되었습니다.

본 도서에서는 경영학의 여러 분야 중 재무 및 금융, 회계 분야를 중점적으로 다룹니다.

재무 finance 란 돈을 융통하고 투자하는 일입니다. 자금을 적절하게 조달하고 효율적으로 운용하는 것이 재무활동입니다. 경제학에서 파생된 재무학은 다양한 분야가 있으며, 이는 자산의 가치평가, 투자결정, 재무정책, 재무관리, 재무분석, 기업인수합병 등의 분야가 포함됩니다. 주요 재무 관련 과목으로는 재무관리, 금융시장론, 금융기관론, 투자론, 국제금융론, 파생상품론, 위험관리론, 금융계량분석, 보험론 등이 있습니다. 회계 accounting 는 나가고 들어오는 돈을 계산하고 기록하는 일입니다. 회계는 이해관계자들이 합리적으로 경제적 의사결정을 할 수 있도록 경제실체의 경제활동에 대해 유용한 재무적 정보를 제공하는 일련의 과정입니다. 과거 산업혁명 이후 많은 기업들이 생겨나고 회계부정과 금융위기 등의 사건을 겪으면서, 보다 건전한 자본시장 발전을 위해 회계의 투명성과 중요성이 갈수록 강조되고 있습니다. 주요 회계 과목으로는 재무회계, 관리회계, 세무회계, 원가회계, 회계감사, 비영리회계 등이 있습니다.

재무와 회계는 관련성이 매우 깊고, 서로 의존적입니다. 기업의 효과적인 재무적 의사결정을 위해 회계를 통해 생성된 재무정보를 토대로 과거를 분석하고 미래를 예측합니다. 사실 경영학을 전공한 사람들도, 회계가 재무의 일부분이라고 혼동하곤 합니다. 그러나 재무와 회계는 서로 독립적인 분야입니다. 회계는 기업 활동의 출발점이고, 재무는 기업 의사결정의 종착점이라고 할 수 있습니다. 재무전공자는 기업 재무부서에 재무관리자, 또는 상업은행(시중은행), 투자은행(증권회사), 자산운용회사, 보험사, 컨설팅회사 등 각종 금융기관에서 자금담당자, 펀드매니저, 트레이더, 세일즈, 상품설계자, 분석가, 기업인수전문가 등의 직업, 그리고 중앙은행, 금융감독기관, 신용평가회사 등에 종사하게 됩니다. 또한, 회계전공자는 기업의 회계부서, 회계법인, 세무당국 등에서 근무할 기회가 생깁니다. 재무와 회계 분야에는 전문적인 자격증이 있습니다. 재무 분야는 미국 재무분석사CFA, 국제재무위험관리사FRM, 재무설계사CFP 등 국내외에서 인정받는 자격증이 있으며, 회계 관련 자격증으로는 한국공인회계사KICPA, 미국공인회계사AICPA, 세무사, 계리사 등이 있습니다. 재무 관련 자격증시험에는 회계 관련 시험과목이 필수적으로 포함되며, 대부분의 회계 관련 자격증시험에도 재무관리 과목이 포함됩니다. 여러 시험과목 중 재무관리는 수험생들에게 난도가 가장 높은 과목으로 평가받고 있습니다.

02 재무관리의 목표와 영역

기업재무

> 2021년에는 전 세계 2,388개의 기업들이 기업공개에 성공하였으며, 자금조달 금액은 4,533억 달러에 달했다. 우리나라에서도 2021년 103개 기업이 공모한 금액은 20조 원을 넘어 사상 최고치를 기록하였다. 게임업체인 크래프톤의 공모 금액은 4조 3,000억 원에 달했고 카카오뱅크는 2조 5,000억 원이었다.

재무관리 financial management 란 기업의 여러 가지 경영활동 중에서 재정 관련 업무를 의미합니다. 재무관리는 기업의 자금조달 비용을 낮추고 수익성이 높은 투자를 수행하여 기업의 가치를 극대화하는 데 목표가 있습니다. 재무관리가 다루는 영역은 점차 확대되고 있습니다. 재무관리는 기업이 필요로 하는 소요자금을 조달하고 운용하는 것과 함께, 자산의 가치를 평가하고 실물자산과 금융자산에 투자하는 분야를 포함합니다. 최근에는 기업의 지속 성장을 위한 사회적 책임을 다루는 비재무적 분야까지 확대되고 있습니다. 재무관리는 크게 기업재무 corporate finance 와 투자 investments 로 나눌 수 있는데, 본 도서에서는 주로 기업재무를 다루게 됩니다.

재무관리는 기업 미래의 성패를 좌지우지할 수 있는 매우 중요하고 도전적인 과제입니다. 투자결정은 어떠한 투자안을 수행할 것인지, 얼마만큼의 자금을 투자할 것인지에 관한 의사결정입니다. 투자는 크게 원자재 구입, 인건비 지출 또는 유동성 관리 등과 같은 반복적이고 일상적인 지출인 운전자본관리 working capital management 와 대단위의 일회성 지출인 자본지출 capital expenditure 로 나눌 수 있습니다. 자본지출은 자본예산 capital budgeting 이라고도 칭합니다. 자본지출은 중장기적으로 기업가치에 중대한 영향을 미치며, 기업의 인수·합병, 새로운 프로젝트, 대규모 설비투자 및 금융투자 등의 활동이 포함됩니다.

Chapter 1. 기업의 생리 19

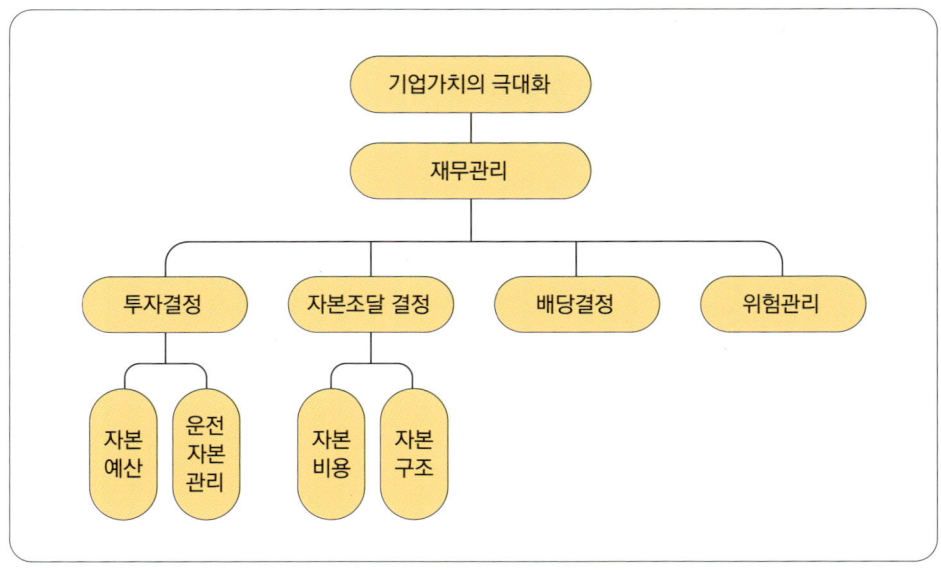

　2012년 페이스북 창업자이자 현 CEO인 마크 저커버그는 2010년 설립되어 전 직원이 13명에 불과하였던 인스타그램을 10억 달러에 인수하였습니다. 당시 시장에서는 수익모델이 없는 겨우 2년 차 스타트업에 1조 원이 넘는 돈을 들여 인수한 저커버그를 "제정신이 아닌 젊은 CEO", "돈 많은 억만장자의 호기로운 인수"라고 혹평했습니다. 하지만 인스타그램은 6년 뒤, 월 사용자가 10억 명이 넘고 기업가치는 인수 가격의 100배가 넘어 1,000억 달러에 이릅니다. 2021년 6월 현재 페이스북의 시가총액은 1조 달러를 돌파하여, 애플, 아마존, 마이크로소프트, 알파벳에 이어 다섯 번째로 1조 달러를 넘는 기업이 되었습니다.

　국내에서도 성공적인 투자 사례가 있습니다. SK그룹은 2012년 하이닉스반도체(구 현대전자)를 인수하였고, SK하이닉스로 사명을 바꾼 회사는 그룹의 핵심 계열사로 성장하면서 막대한 투자 성공 효과를 누리고 있습니다. 지난 10년간 SK하이닉스의 매출과 영업이익은 4배 이상 증가하였습니다. 10년 동안 납부한 누적 법인세는 11조 원에 달하며, 2012년 인

수 당시 2만 명이었던 임직원 수는 2021년 3만 명으로 늘었습니다. 회사에 대한 시장의 평가도 달라졌는데, 인수 당시 시가총액은 13조 원으로 코스피 14위였지만 2021년 현재 81조 원으로 삼성전자, LG에너지솔루션에 이어 3위에 올라 있습니다.

페이스북과 SK가 투자에 성공하게 된 이유는 무엇일까요? 단순히 운이 좋았기 때문일까요? 성공한 기업이 있는 반면 많은 기업들이 투자에 실패하여 시장에서 퇴출되었습니다. 인수기업이 투자를 실패하는 이유는 실제 가치보다 비싸게 사거나, 피인수기업을 감당하기엔 자금을 조달할 여력이 충분치 않았기 때문입니다. 또, 투자에 성공한 회사들은 미래 사업에 대한 기업가의 신념과 발군의 리더십, 이해관계자들 간의 이견 조율, 내부구성원들의 동기부여, 스타트업 경영마인드 등이 긍정적인 작용을 한 것으로 분석됩니다.

테슬라의 일론 머스크는 2022년 5월 트위터를 한 주당 54.20달러, 총 440억 달러에 인수했습니다. 머스크는 트위터를 인수한 후 2028년까지 매출을 5배 이상 늘릴 것이라고 호언장담했습니다. 하지만, 그는 2개월 뒤 인수 계약 파기를 선언했습니다. 머스크는 인수 파기의 이유로 트위터가 가짜 계정 현황을 제공하지 않았고, 직원 해고 등 영업 행위 변경 사항에 대한 동의도 구하지 않았다고 주장했습니다. 하지만, 트위터는 머스크의 파기 선언에 반발하면서 인수 계약 이행을 강제하기 위한 소송을 제기하겠다고 발표했습니다. 소송의 결과가 어떻게 될지 시장의 관심사입니다.

투자를 위한 자본조달 과정 역시 매우 역동적입니다. 투자를 집행하려면 자본조달이 필요한데, 이때 기업은 자본을 사용하는 대가로 자본제공자에게 자본비용을 지불합니다. 자본조달은 대부분 금융시장을 통하여 이루어집니다. 금융시장에는 여러 형태의 상품이 있으며 높은 변동성과 다양한 목적과 거래 전략을 가진 시장참여자들이 존재합니다. 기업은 투자자에게 채권이나 주식을 발행하여 자본을 조달하기도 하고, 은행으로부터 대출을 받기도 합니다. 기업의 총자본 중 자기자본과 타인자본의 구성비율을 자본구조 capital structure 라고 합니다. 기업은 자본비용이 최소화되는 자본구조를 선택해야 합니다. 기업은 이익금 모두를 주주들의 소유지분에 따라 분배하거나, 이익의 일부분을 유보하여 재투자의 자원으로 사용합니다. 이러한 배당결정 dividend decision 도 재무관리의 중요한 영역 중의 하나입니다. 또, 재무관리에는 환율변동, 원자재 가격변동, 거래처의 신용위험 등 다양한 위험을 측정하고 대처하는 위험관리 risk management 분야도 포함됩니다.

기업가치 극대화를 위한 재무적 의사결정을 내리기 위해서는 재무 전반에 대한 깊은 이해와 폭넓은 경험이 필요합니다. 본 도서에서는 재무관리자가 자금조달 및 투자결정을 내리는 데 도움이 될 수 있는 정보를 경험적 근거와 함께 제시합니다.

03 주식회사

회사의 형태

> 재화, 서비스 등을 생산하고 제공하는 기업은 가격, 품질, 서비스 경쟁을 통하여 더 큰 매출과 이익을 창출하고, 새로운 투자처에 투자하여 지속적인 성장을 추구한다. 회사의 여러 형태 중 기업들이 주식회사를 선호하는 이유는 투자 유치가 쉽고 간편하며, 사업리스크를 줄일 수 있기 때문이다.

상법상 회사 company 란 상행위 및 기타 영리를 목적으로 설립한 사단법인을 말합니다. 구체적으로 '회사는 영리를 목적으로 하면서 그 이익을 사원社員에게 귀속시키는 요소가 있어야 하며, 복수인의 공동목적을 위한 결합체'여야 합니다. 회사는 모두 법인이어야 하지만, 합명회사와 합자회사에서는 조합의 규정이 준용됩니다. 또한 '회사는 상행위를 하는 당연상인當然商人이면서 동시에 영업 행위를 하는 의제상인擬制商人이며, 회사는 상법의 회사 편의에 따라 설립해야 한다.'라고 규정되어 있습니다.

여기서 회사를 규정하는 키워드는 영리, 사단 및 법인 세 가지입니다. 회사는 영리가 목적이기 때문에 비영리단체는 회사에 포함될 수 없습니다. 사단은 '둘 이상의 사람이 모여 일정한 목적을 위해 결합하여 개별구성원을 초월한 독립적 존재로서 활동하는 단체'를 의미하기 때문에, 개인기업은 회사가 될 수 없습니다. 반면, 기업은 '이윤추구를 목적으로 하는 생산 경제의 단위체'로서, 출자出資 형태에 따라 개인가게를 포함한 사기업, 공기업, 공사합동기업으로 구분되는 회사보다 넓은 개념입니다. 법인法人이란 '법에 의하여 권리·의무의 주체로서 자격을 부여받은 사람'을 뜻하는데, 실제적으로는 기업이 경제활동을 원활하게 하기 위해 회사에 법인격法人格을 부여하여 법률행위를 하도록 법으로 정한 것입니다. 이로 인해, 법인은 회사의 계약주체가 될 수 있고, 회사의 개인 재산은 분리되어 보호받을 수 있습니다.

우리에게 가장 친숙한 회사 형태는 주식회사입니다. 상법상으로 회사는 합명회사 및 합자회사 외에 유한회사와 주식회사로 구분됩니다. 이를 출자자의 책임과 소유·경영의 형태로 정리하면 다음 표와 같습니다.

회사의 종류	출자자의 책임	소유와 경영
합명회사	무한	일치
합자회사	무한 + 유한	일치
유한회사	유한	일치
주식회사	유한	분리

합명회사는 무한책임사원만으로 구성되어, 사원은 회사에 대하여 출자의무 그리고 채권자에 대해서는 직접 연대하여 변제할 무한책임을 지게 됩니다. 합자회사는 무한책임사원과 출자자인 유한책임사원으로 구성됩니다. 합자회사는 합명회사와 달리 유한책임을 부담하는 투자자들로부터 자본을 조달할 수 있는 장점이 있습니다. 기업의 경영은 무한책임사원이 담당하고 유한책임을 부담하는 출자자는 출자에 따른 이익을 분배받습니다. 유한회사란 모든 사원이 출자 금액만큼의 유한 출자의무를 부담할 뿐이며, 채권자에 대하여 어떠한 직접 책임도 부담하지 않는 회사 형태입니다. 유한회사는 합명회사의 장점(회사의 자치를 넓게 인정)과 주식회사의 특색(사원의 책임이 유한)을 유기적으로 결합한 회사 제도로, 중소기업에 적합한 회사 형태입니다.

주식회사란 주식의 발행을 통해 다수의 투자자들로부터 자본금을 출자받아 설립된 회사입니다. 주식을 매입하여 주주가 된 사원은 주식의 인수한도 내에서만 출자의무를 부담하고, 회사의 채무에 대해서는 직접 책임을 지지 않습니다. 주식회사는 경영과 주주의 역할이 보다 광범위하게 분리되어 있고, 기업공개를 통하여 주권과 사채 발행이 가능해서 자본조달이 용이합니다. 주식회사 설립을 위해서는 먼저 회사의 영업 목적, 자금조달, 운영, 소유 관계를 정한 정관이 필요합니다. 주식회사의 주인인 주주는 회사의 실물자산을 직접 소유하지 않는 대신, 주식을 통해 간접적인 소유권을 갖게 됩니다. 주식회사가 처음 설립될 때 회사의 주식은 일부 투자자가 지분을 나누어 투자하고, 회사의 정보는 폐쇄적으로 운용됩니다. 이후 성장한 기업은 회사의 정보를 공개하고, 다수의 투자자들을 대상으로 주식을 발행하여 자금을 모집할 수 있습니다. 발행한 주식이 상장되면 해당 회사의 주식은 증권거래소를 통해 자유롭게 거래되는데, 이렇게 투자자들 사이에 주식거래가 이루어지는 시장을 유통시장이라고 합니다. 주주들은 회사를 직접 경영하지 않지만, 이사회를 통해 최고경영자를 선임하고, 이들의 성과를 모니터링합니다. 이렇게 소유와 경영이 분리됨으로써, 경영자가 해고되더라도 주식회사는 존속됩니다.

유한회사와 주식회사의 차이점을 보면, 유한회사는 주식회사와 달리 이사회가 없고 사원총회에서 업무집행에 대한 의결과 회사대표를 선임합니다. 유한회사는 주식회사와 비교해 폐쇄적이고 비공개적인 형태를 띠는 반면, 주식회사보다 설립이 쉽고 의사결정 진행이 유연하다는 장점이 있습니다. 또, 유한회사는 외부감사를 받거나 공시할 의무가 없습니다. 이러한 이유로 우리나라에서 사업을 영위하는 마이크로소프트, 테슬라, 구글 등과 같은 다수의 외국계 회사들이 유한회사 형태로 설립되어 운영되고 있습니다. 하지만 기업을 공개한 후 상장을 목적으로 하는 회사는 반드시 주식회사 형태를 갖추어야 합니다. 본 도서에서 다루는 회사의 개념은 주식회사를 전제로 합니다.

기업의 목표

04 이해관계자 가치의 극대화

> 과거 GE의 최고경영자 잭 웰치는 주주 가치 극대화가 경영과 투자의 원칙이 되어야 한다고 주창하였다. 하지만 그는 은퇴 이후, "주주 가치는 세계에서 가장 바보 같은 아이디어였고, 기업의 단기수익은 기업의 장기 가치의 증대와 결합되어야만 한다."고 회고했다.

삼성전자의 주주는 국내에만 500만 명에 육박하여, 우리나라 국민 10명 중 1명이 삼성전자 주주인 셈입니다. 이렇게 많은 주주들이 회사 경영에 참여하는 것은 불가능하기 때문에, 주주들은 경영자를 선임하여 회사 경영의 권한을 주고 책임을 맡깁니다. 이것은 마치 국가의 주인인 국민이 대통령을 뽑고 대통령이 행정부의 수반으로서 일정 기간 국가를 경영하는 것과 같은 이치입니다. 국가 경영의 목적은 각 국가가 처한 상황에 따라 다르지만, 일반적으로 국민을 안전하게 보호하고 지속 가능한 경제적 번영을 이루는 것입니다.

그럼, 기업의 궁극적인 목표는 무엇일까요?

많은 사람들은 기업 존재의 목적이 이윤 창출을 통한 이익 극대화라고 답할 것입니다. 이는 틀린 답은 아닐지 몰라도 정확한 답은 아닙니다. 주주 가치 극대화가 기업 목표에 비교적 가까운 답입니다. 기업의 가치 창출은 해당 기업의 주식가치에 반영됩니다. 주식시장은 기업가치가 거래되고 가격이 결정되는 시장입니다. 주식의 시장가치를 높인다는 의미는 시가총액(=주가×발행주식총수)을 높이는 것이고, 기업이 발행한 주식 수는 증자 또는 감자를 하지 않는 한 고정되어 있으므로, 결국 주가를 높이는 것이 주주 가치를 극대화하는 것입니다.

기업은 개념상 계속기업 going concern 을 가정합니다. 계속기업이란 특정 기업이 별다른 이유가 없다면 앞으로도 지속적으로 경영활동을 할 것이라는 의미입니다. 따라서 기업은 이해관계자들의 장기적 이익에 부합할 수 있는 지속 가능한 발전을 이루어야 합니다. 기업

경영이 지나치게 주주 가치 극대화에만 초점을 맞추면, 단기성과에 집착하고, 기업은 점차 경쟁력을 잃어 더 혁신적이고 생산적인 기업에게 고객을 빼앗기고 결국 시장에서 퇴출됩니다. 실제, 20세기에 들어 많은 기업들이 단기 경영성과에 지나치게 치중하고 주가를 부양하는 데 모든 역량을 집중했습니다. 하지만 2008년 금융위기와 2020년 코로나19 사태로 전례 없는 혼란을 겪게 되면서, 단기적 경영성과를 통한 주주 이익 극대화 전략이 오히려 기업가치에 부정적이라는 사실을 인식하게 되었습니다.

'주주 가치 극대화'는 '이해관계자 가치의 극대화'로 개념이 바뀌고 있으며, 이는 투자자들의 관점이 기업의 사회적 책임에 큰 의미를 부여하기 시작했다는 것을 뜻합니다. 즉, 기업의 재무적 성과만을 기준으로 투자를 판단하는 방식이 아닌, 기업의 비재무적 요소를 포함하는 ESG라는 포괄적인 개념이 기업경영과 투자자에게 새롭게 수용되고 있습니다. ESG는 기업들에게 생존의 키워드가 되었으며, 사회적 가치 창출을 위한 글로벌 스탠더드 도입은 이미 시작되었습니다. 유럽 선진국들은 기업의 ESG 정보에 대한 공시를 의무화하였고, 우리나라도 2025년부터 자산 총액 2조 원 이상의 기업에 대해 ESG 정보 공시가 의무화되었습니다. 또한 이는 2030년부터 모든 코스피 상장기업으로 확대될 예정입니다.

정보의 비대칭

05 대리인비용

> 테슬라 CEO인 일론 머스크의 2020년 연봉은 무려 7조 6,300억 원으로 전 세계 역대 CEO 연봉 중 최고를 기록하였다. 과거 우리나라에서는 경영성과와 무관하게 경영진이 고액 연봉을 챙겨 감독기관이 제재에 나서기도 했다.

대리인비용 agent cost 이란 기업의 주인인 주주와 대리인인 경영자 사이에 상충된 이해관계로 인하여 발생하는 비용입니다. 즉, 주주들이 경영자에게 기업의 경영을 위탁할 때, 경영자가 주주의 이익에 거스르는 의사결정을 하거나 경영자가 주주보다 정보 우위에 있는 점을 이용하여 경영자 자신의 이익을 도모함으로써 발생하는 주주 측의 비용입니다.

주주는 경영자를 선임하고 경영자가 주주를 대신해 의사결정을 할 수 있도록 권한을 위임합니다. 하지만 대리인인 경영자의 의사결정에 이해관계의 충돌 conflict of interests 이 생길 수 있고, 이는 정보의 비대칭 information asymmetry 으로 인해 발생합니다. 여기서, 정보의 비대칭이란 주인-대리인 관계에서 대리인이 주인보다 관련 사안에 대해 더 많은 지식과 정보를 갖고 있는 상황을 의미합니다. 대리인인 경영자는 매일 회사에 출근하여 업무를 보면서 많은 정보를 가지고 있지만, 주인인 주주는 같은 수준의 정보를 가질 수 없기 때문에 정보의 비대칭이 발생합니다. 이러한 비대칭적 정보는 경영자의 역선택 또는 도덕적 해이를 야기하기도 합니다.

이러한 현상을 해소하기 위해 드는 비용이 대리인비용입니다. 대리인비용은 보통 세 가지로 구분하는데, 감시비용(주인이 대리인을 감시하는 데 쓰이는 비용), 확증비용(대리인이 주인의 이해에 상반되는 행동을 하고 있지 않음을 증명하는 과정에서 발생하는 비용), 잔여손실(확증비용과 감시비용이 지출되었음에도 대리인과 관련하여 발생하는 비용)로 나눌 수 있습니다.

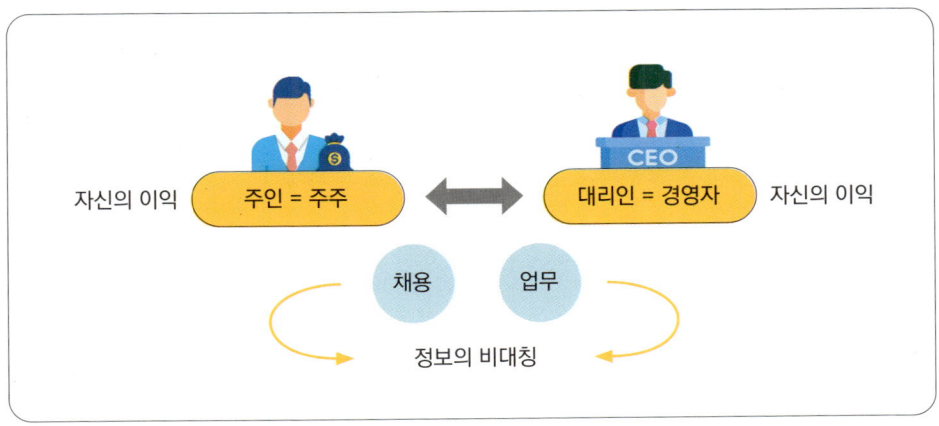

　대리인비용은 경영자가 주주의 가치보다 자신의 이익에 더 부합하는 행위를 함으로써 발생하는 비용이므로, 주주의 이익과 경영자의 이익을 일치시킬 수 있다면 대리인비용을 줄일 수 있을 것입니다. 이는 주주의 이익인 회사의 가치를 높이는 데 기여한 경영자의 성과를 정확히 반영하여, 성과급 인센티브와 같은 금전적 보상 또는 승진이나 추가적 권한 부여와 같은 비금전적 보상을 하거나 반대로 해고와 같은 위협을 통해 일치점을 찾을 수 있습니다. 이를 위한 경영자의 성과측정은 재무제표상의 회계정보를 근거로 합니다.

　성과에 대한 보상은 오랜 역사를 가지고 있습니다. 이는 기원전 2100년경 수메르어로 기록된 우르-남무의 법전에서도 발견됩니다. 법전에는 공평하게 나라를 다스리고 폭력과 가난에서 벗어나기 위해 사람들에게 채찍과 당근을 사용한 기록이 당시의 화폐단위로 표시되어 있습니다. 또한, 중국의 사상가 한비자는 그의 저서 『한비자』 「이병二柄」편에서 "명군明君은 두 개의 자루(형刑과 덕德)를 잡고 상벌을 적절히 사용하면 신하를 잘 다스릴 수 있다."는 말을 남겼습니다. 중국 삼국시대 위나라 조조는 파격적인 능력과 성과 중시 경영을 펼쳐 현대 기업의 성과 체계와 유사한 상벌과 인센티브제를 시행하였으며, 인간 심리와 감성 리더십을 이용해 조직을 장악하였습니다. 17세기 영국의 철학자 토마스 홉스는 그의 저서 『리바이어던』에서 협력이 최선의 방법이고 이는 주인과 대리인 모두에게 유리하다고 피력하였습니다. 종국적으로 대리인비용은 대리인이 부담하는 비용으로, 대리인은 대리인비용을 낮추기 위해 경영성과와 재무상태를 투명하게 제공하려고 노력합니다. 더불어, 대리인인 경영자는 기업설명회invest relation: IR을 통하여 회사의 비전, 전략 및 윤리강령 등을 주주에게 제시하여 주주의 신뢰를 쌓도록 노력합니다. 하지만 주주와 경영자 간에 신뢰가 상호이득이 되는 시장 기능이 제대로 작동하지 못하는 경우에는 법률 제정이나 정부 규제 등과 같은 외부적 장치가 필요합니다.

06 기업지배구조

통제 장치

우리나라 기업은 소유와 경영이 명확히 분리되지 못하여, 경영자를 견제할 수 있는 장치가 미비하다. 이로 인해 경영자의 독단적 경영, 투자 실패 그리고 지배주주의 이익을 위해 소액주주나 채권자 이익에 반하는 경영자의 의사결정이 생길 소지가 있다. 정부는 기업지배구조를 개선하기 위해 지배주주 및 경영자의 책임을 강화하고, 소액주주의 권익을 높이기 위해 스튜어트십 코드를 도입하는 등 다양한 방법을 찾고 있다.

지배구조란 인간의 역사와 함께해온 통치 구조의 일종입니다. 기업지배구조corporate governance란 기업경영에 직간접적으로 참여하는 여러 이해관계자, 즉 주주·경영진·근로자 간에 이해관계를 조정하고 규율하는 제도적 장치와 운영기구를 지칭합니다.

전통적 의미의 기업경영 목적은 영리 추구를 통한 주주의 부를 극대화하는 것입니다. 하지만, 최근 기업의 목적을 정의함에 있어 대세적인 변화가 생기고 있습니다. 즉, 기업경영의 목적이 이윤추구를 통한 주주 이익의 극대화에만 국한되지 않고, 모든 사회구성원의 삶 전반을 풍요롭게 하는 데 있다는 것입니다. 기업은 환경environment, 사회society 및 지배구조governance에 선한 영향력을 미치도록 경영해야 하며, 이런 ESG경영만이 기업을 지속 가능하게 성장시킬 수 있다는 것입니다.

일반적으로, 기업은 많은 주주들로 구성되어 있습니다. 적게는 1주를 가진 개인투자자부터 상당수의 주식을 보유한 기관투자자까지, 다양한 형태의 주주가 있습니다. 주주들은 주주총회를 통해서 경영자를 선임하고 권한을 위임하는데, 주주 입장에서는 경영자가 주주의 이익을 대변하고 극대화할 수 있도록 하기 위한 통제 장치가 필요합니다. 이러한 기업 내부의 의사결정시스템, 이사회와 감사의 역할과 기능, 경영자와 주주와의 역학관계 등을 총칭하는 개념이 기업지배구조이며, 이는 경영진을 감독·견제하는 법적·제도적 장치입니다.

기업지배구조는 시장규제형 통제시스템과 내부조직형 통제시스템이 있습니다.

시장규제형 통제시스템이란 주식시장에서의 거래 또는 법적 대응을 통한 통제 형태입니다. 즉, 경영자의 경영성적이 나빠 이익이 발생하지 못하면, 주가가 하락하고 자금조달이 어려워질 수 있으며 적대적 인수합병을 당해 경영자는 그 지위를 잃을 수 있습니다. 또, 경영자가 주주의 이익을 해치는 행위를 하였다면 주주들은 법적 소송을 제기하여 책임을 물을 수도 있습니다. 이러한 방식은 경영자가 주주의 이익에 반하는 행동을 하지 못하도록 제어하지만, 실행 시에는 커다란 비용이 수반되는 후진적인 방식입니다. 내부조직형 통제시스템이란 기업 내부의 이사회를 통해 통제하는 방식입니다. 독립성과 전문성을 갖춘 집행임원과 사외임원으로 구성된 이사회가 경영진을 감시하고 견제하는 시스템입니다. 또, 내부감사인을 두어 경영활동을 감시하고 각 부서의 직무수행을 평가합니다. 그리고 전문지식을 가진 독립적인 외부감사인으로부터 감사를 받아, 회계정보에 대한 신뢰성을 높이고 객관적인 성과지표를 근거로 경영을 통제합니다. 내부조직형 통제시스템은 선진적이며 사회적비용이 상대적으로 적게 드는 장점이 있습니다.

다만 우리나라 기업의 경우, 내부조직형 통제시스템이 제대로 운영되지 못하는 경우가 종종 있습니다. 이는 우리나라에서 기업의 경영권이 상속되는 문화가 여전히 존재하며, 이사회가 제 기능을 하지 못하는 데에서 기인하는 것으로, 우리나라 기업지배구조의 취약성은 코리아 디스카운트의 주요 원인 중 하나로 인식되고 있습니다.

07 곳간庫間지기 **CFO의 역할**

> 기업 주변의 빠른 환경 변화와 함께, CFO의 역할도 점차 바뀌고 있다. 오늘날 CFO에게는 숫자를 집중적으로 다루는 업무만이 아니라, 새로운 환경에 적응하고 지속 가능한 경영을 주도하는 전략가로서의 자질이 요구된다.

재무나 회계 분야를 전공한 사람들 중에 상당수는 미래에 최고재무책임자Chief Financial Officer: CFO를 꿈꿀 것입니다.

CFO는 회사 내에 재무와 관련한 직무에 결정권을 가진 기업의 최고관리자 중 한 포지션입니다. CFO는 곳간지기라는 별칭으로 부르기도 합니다. 어느 기업이든 자금을 조달하고 운용하는 일은 매우 중요하고, 자본지출과 관련한 의사결정은 기업의 성패를 좌우할 수 있습니다. CFO는 최고경영자CEO 및 최고업무책임자COO와 함께 회사의 3대 요직 중에 하나입니다. CFO는 자금뿐만 아니라 회사의 중요한 의사결정에 관여하고, 회사 내의 기밀 사항을 포함해 많은 주요 정보를 가지고 있습니다. 따라서 회사는 CFO를 함부로 해고하지 못하는 경향이 있고, 차기 CEO가 되는 경우도 흔합니다.

CEO는 대내적으로는 업무를 집행하고 대외적으로는 회사를 대표합니다. CFO는 자금조달, 투자전략, 배당정책, 신용관리 및 위험관리, 회계 및 세무, 내부감사 등 재무 관련한 제반 업무를 책임지며, 업무 내용을 CEO에게 보고합니다. 또한, CFO는 기업의 자금관리에 매우 중요한 키를 쥐고 있는 금융기관과의 소통 창구 역할을 합니다. CFO 밑에는 재무책임자, 회계와 세무책임자, 내부감사가 있으며, 재무책임자는 투자, 자금조달, 배당과 위험관리업무를 수행하며, 회계책임자는 재무제표 작성과 보고, 내부 관리회계, 세무 등을 담당하게 됩니다. 또한 이러한 업무를 감시·감독하는 내부감사인이 있습니다.

CFO와 COO 외에도 최고기술경영자 CTO, 최고보안경영자 CSO, 최고위기관리책임자 CRO, 최고투자책임자 CIO 등 기업 내에는 다양한 최고책임자 포지션이 있습니다.

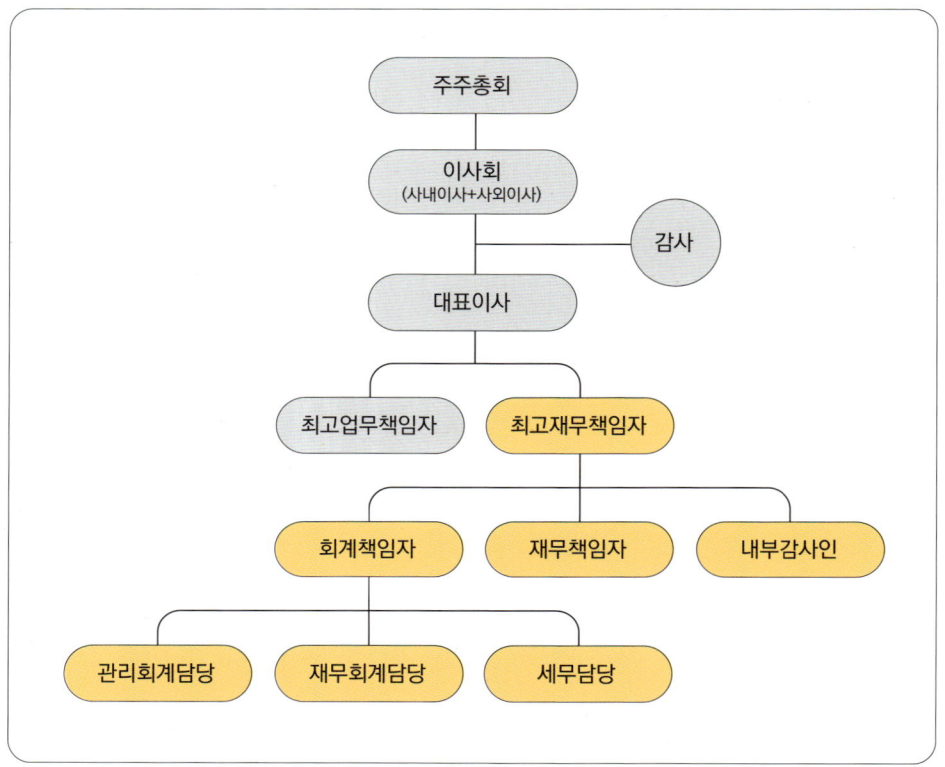

읽어두기 ①

기업, 그 존재의 이유

기업의 존재의 이유는 무엇이며, 우리에게 어떠한 편익을 가져다줄까요?

우리가 사는 세상에 풀기 어려운 숙제 중 하나는 불일치 mismatch입니다. 과수원에서 과일을 생산하였는데 마땅한 수요처를 찾지 못해 창고에 재고가 쌓이거나, 택시를 찾는 승객이 있는 반면 손님 없이 운행하는 빈 택시가 존재합니다.

시장 market을 통해 거래의 불일치를 해소할 수 있습니다. 하지만 모든 문제를 시장에서 다 풀지는 못하며, 현실에서는 효율적인 자원분배가 되지 않는 시장실패가 발생하기도 합니다. 이러한 시장실패를 가장 잘 풀 수 있는 매개 역할을 하는 것이 기업입니다.

영국의 로널드 코즈는 『The Nature of the Firm(기업의 본질)』이라는 논문에서 기업 존재의 이유를 최적의 자원배분을 위한 거래비용 transaction cost 개념으로 접근하여 1991년 노벨경제학상을 수상하였습니다. 그는 거래비용을 시장에서 탐색, 협상, 계약 등 거래 체결까지 드는 비용으로 규정하고, 시장에 거래비용이 많아지면 비용을 대체하기 위해 기업이 필요하다고 주장하였습니다. 예를 들어 집을 짓고자 하는 건축주가 일일이 직영으로 공사를 하지 않고 건설회사와 도급방식으로 계약하는 것이 싸게 집을 짓는 방법일

수 있으며, 여행을 갈 때 숙박, 항공, 기타 부대비용을 포함한 패키지여행이 더 저렴할 수 있습니다. 다른 예로, 제주도의 암반수를 마시기 위해 제주를 방문할 수도 있지만, 제주에서 생산된 생수를 마트에서 사 마시는 방법이 더 손쉽고 저렴할 것입니다. 이렇듯, 기업은 개별 인간의 매일 외부적 거래와 협상으로 발생하는 거래비용을 최소화하기 위해 거래를 내부화한 것입니다. 하지만 기업이 무한대로 커지지는 않는데, 그는 그 이유 역시 기업은 시장 시스템에서 드는 비용보다 적을 때까지만 조직화하기 때문이라고 설명합니다. 또한, 기

업이 존재하려면 구성원들 간에 협력이 필수적이라고 주장합니다. 기업 내의 갈등은 비용을 발생시켜 외부 시장보다 못한 결과를 낳을 수 있기 때문입니다.

거래비용을 줄이고 가격을 싸게 공급하는 것만이 기업의 본질적 가치가 될 수는 없습니다. 가격은 싸지만 저품질 상품으로 가득한 소위 '레몬마켓'이 있을 수 있기 때문입니다. 인도 히말라야가 원산지인 레몬은 서양에 처음 들어왔을 때 오렌지와 비슷한 모  양이지만 신맛이 강해 먹지 못하는 과일로 인식되었습니다. 여기에서 '레몬마켓'이라는 용어가 생겨났습니다. '레몬마켓'은 겉으로는 번지르르해 보이지만 실상은 저품질의 상품들이 가득한 시장을 뜻합니다. 반면, 복숭아는 대부분 달콤한 맛을 가지고 있고 구입 시 실패가 적어 가격 대비 고품질의 상품이나 우량의 재화 서비스가 거래되는 시장을 뜻하며, 이를 '피치마켓'이라고 부릅니다. 외관은 멀쩡해 보이지만 여러 사고로 내부가 엉망인 차를 속여 파는 경우가 흔했던 중고차시장이 대표적인 '레몬마켓'으로 불렸습니다. 이러한 흐름이 지속된다면 소비자들은 중고차에 대한 불신이 커져 중고차시장 자체의 침체를 가져오고 관련 기업과 종사자들은 생존에 문제가 생길 것입니다. 따라서 기업은 '레몬마켓'이 아닌 '피치마켓'으로 변화를 주도할 필요가 있습니다. 이를 위해서는 소비자와 판매자 간의 정보의 격차를 없애고 상품에 대해 투명한 정보를 제공해야 합니다.

거래비용을 줄이고 소비자의 정보 접근성을 높이기 위해, 인터넷을 이용한 플랫폼 사업이 급격히 성장하고 있습니다. 이는 낮은 비용에 좋은 품질의 상품을 믿고 거래할 수 있는 '피치마켓'을 통해 공정하고 투명하게 시장이 발전하고, 소비자가 합리적이고 주도적으로 의사결정을 하도록 돕는 창구 역할을 합니다.

Chapter 2
기업과 금융

금융시장과 금융기관

국가경제의 역동성은 금융시장의 발전과 높은 상관관계를 가지고 있다. 금융시장은 자금 공급자와 수요자를 연결하여 현재의 부를 미래가치에 투자할 기회를 제공한다. 금융의 본원적 역할은 시장에 유동성을 제공하고 거래를 원활히 하여 기업과 산업의 성장과 구조조정을 촉진한다. 그럼으로써 경제의 효율성이 개선되고, 사전적인 선별 기능과 사후적 모니터링을 통해 기업의 도덕적 해이가 방지된다.

재무와 금융

금융의 필요성

> 글로벌 금융위기 이후 기업에 대한 금융의 영향력은 점차 더 확대되고 있다. 최근 연구에 따르면, 한 나라의 금융 발전 수준이 기업의 시장 경쟁력에 크게 영향을 미치는 것으로 조사되었다.

기업이 경쟁에 뒤처지지 않고 발전하려면 마땅한 방법과 조건으로 자금을 빌리고 수익성이 높은 사업에 투자하여 지속적으로 성장동력을 만들어야 합니다. 이러한 기업 재무관리를 수행함에 있어 금융시장과 금융기관과의 거래관계는 필연적으로 동반됩니다.

사람들 대부분에게 금융 finance 은 어려운 주제입니다. 옆 건물의 회사는 몇 년 전까지만 해도 우리 회사와 매출과 순이익이 비슷하였는데, 훨씬 저렴한 금융비용으로 돈을 차입하고 성공적인 투자를 만들어 회사 규모와 이익이 점점 더 커지고 있습니다. 무슨 비법이 숨어있는 것일까요? 비단 기업뿐만 아니라 우리 주위에는 성공적으로 자금을 조달하고 투자하여 큰돈을 벌었다는 사람들이 종종 있습니다. 그런데, 나에게는 왜 이런 운이 안 따르는 것일까요?

우리 삶의 많은 부분은 금융과 연관되어 있고, 실제 금융 활동에 대한 언급 없이 우리의 일상을 설명하기엔 어려움이 있습니다. 그럼 어떠한 부분이 금융과 관련되어 있을까요? 몇 가지 예를 들어보겠습니다.

- 반도체 설계를 전문으로 하는 A사는 매출 규모와 순이익이 늘고 있고, 최근 주문량이 크게 증가하였습니다. 사업 확장을 위해, A사는 추가 설비를 갖추고 인력도 더 확보하고자 합니다. A사는 투자를 위해 어떠한 방법으로 자금을 조달하는 것이 가장 효과적일까요? 이를 달성하기 위해, 어떠한 금융기관과 접촉해야 할까요?
- 오랫동안 핸드폰 제조 분야에 선두 기업인 B사는 최근 게임 사업을 시작하였습니다. 핸

드폰 사업은 빠른 성장세를 멈추고 정체기에 접어들었고, 향후 사업 전망이 그다지 밝지 않습니다. B사는 핸드폰 사업 부문을 제3자에게 매각하고 게임 사업에 집중하기로 결정하였습니다. B사의 핸드폰 사업 부문을 매각하는 적정한 가격은 얼마일까요? 또, 어떤 금융기관을 통해 매각 작업을 진행할 수 있을까요?

- 전기자전거 판매업을 하는 C사는 6개월 전 1,000대의 자전거를 외상으로 판매하고 이번 달에 매입처로부터 결제를 받을 예정이었습니다. 하지만 매입한 거래처가 이번 달 자금 수급에 어려움을 겪으면서 결제를 다음 달로 미루었습니다. C사는 내일 직원들의 월급을 지급해야 하는데 자금이 부족한 상황입니다. C사는 단기적으로 부족한 자금을 어떻게 융통해야 할까요?

- 인터넷 쇼핑몰을 운영 중인 D사는 지난 수년 동안 꾸준한 순이익을 만들어 상당 금액의 이익잉여금이 있습니다. 경기가 회복 조짐을 보임에 따라 D사는 유보한 이익금으로 물류회사를 인수하고자 합니다. 매물로 나와 있는 물류회사의 적정한 인수 가격은 얼마일까요? 또한 어떠한 금융기관을 선정하여 인수 작업을 해야 할까요?

- 항공운송 기업 E사는 노후 여객기 10대를 신형 여객기로 교체하기로 결정하였습니다. 이에 미국 업체와 수입 계약을 체결하고 대금은 달러로 1년 후에 지불하기로 하였습니다. 하지만 미래에 원화 가치가 미국 달러 대비 크게 절하될 수 있다는 전망이 나와 고민입니다. E사는 어떠한 조치를 취할 수 있을까요?

- 비누를 제조하는 F사는 비누 원재료인 우지 가격이 최근 급등세를 보여 수익에 타격이 있을 것으로 전망됩니다. 어떠한 해결 방법이 있을까요?

- G은행은 H사에 대규모로 장기 대출을 해주었습니다. 하지만 H사의 사업성이 나빠지고 자금 회전이 원활하지 못하면서, 대출금 만기 전에 부도가 날 것을 우려하고 있습니다. G은행은 위험관리 차원에서 사전적으로 어떠한 조치를 취할 수 있을까요?

- 코로나19 영향으로 인한 경기 부진을 탈피하기 위해, 정부는 적자재정을 감수하고 국채 발행을 통해 정부지출을 지속적으로 늘릴 계획입니다. 국채의 발행가격과 발행 시기는 어떻게 결정하는 것이 좋을까요?

위의 예와 같이, 기업의 투자와 자금조달뿐만 아니라 운영자금 관리, 외환거래, 원자재거래 및 신용거래에 이르기까지 여러 가지 중요한 기업의 재무적 의사결정이 금융과 관련되어 있습니다. 일반적으로 성공한 기업은 그렇지 못한 기업에 비해 금융에 대해 더 많은 노하우를 가지고 있습니다.

금융은 돈의 가치와 흐름을 연구하는 분야입니다. 금융은 가계, 기업, 정부, 해외 등 각 경제주체들의 투자와 자금조달 사이에 균형을 찾는 개념으로 이해할 수 있습니다. 금융시장에서 돈은 다양한 방법으로 유통됩니다. 사람들은 일을 하고 그 노동의 대가를 돈이라는 형태로 보상받습니다. 돈이 생기면 음식, 의복 및 기타 생필품들을 구입하는 데 사용하고, 초과 현금은 비필수품을 구매하는 데 사용하기도 합니다. 소비 후에 남은 잉여 자금은 미래의 풍요를 위해 저축이라는 형태로 투자됩니다. 저축된 돈은 자금이 부족한 기업, 정부 또는 개인들에게 이전되고 이들은 용처用處에 투자 또는 지출을 하면서 일련의 경제순환이 일어납니다.

재무관리자는 금융시장의 작동 원리에 대해 높은 수준의 이해가 필요합니다. 기업이 공장 확장, 신제품 출시, 기업인수 등과 같은 자본투자를 고려하는 경우 재무관리자는 자금의 조달비용을 근거로 기회비용을 산정하고 기대수익률을 계산하여 최종적으로 투자 여부를 결정하게 됩니다. 재무관리자가 적합한 의사결정을 내리기 위해서는 금융시장의 거래조건, 시장별 동향, 상품별 가격 및 금융기관별 역할 등에 대해 전문적인 지식과 풍부한 경험을 가지고 있어야 합니다.

09 기업의 생애주기와 금융

기업의 성장단계

정보통신 기술의 융합으로 인한 제4차 산업혁명은 경제의 판도를 바꾸고 있다. 클라우드, 사물인터넷, 인공지능, 블록체인, 메타버스 등을 이용한 디지털 트렌스포메이션의 전 세계 시장규모는 2019년 현재 1조 2,000억 달러에 이르며, 2026년까지 매년 16% 성장을 기록할 것으로 전망된다.

기업의 재무활동에는 금융기관과의 거래가 필연적으로 발생하며, 금융기관과의 긴밀한 관계 유지는 전체 기업경영에 매우 중요한 부분을 차지합니다.

오늘날 금융기관들이 제공하는 서비스는 세분화되어 있으며, 기업은 그들이 처한 상황과 필요에 따라 금융기관을 선택해야 합니다. 적합한 금융기관의 선택은 기업의 성장단계에 따라 다를 수 있습니다. 기업의 성장단계는 우리의 인생과도 같이 생애주기 5단계, 즉 창업단계, 성장단계, 성숙단계, 안정단계, 구조조정 또는 쇠퇴단계로 나눌 수 있습니다.

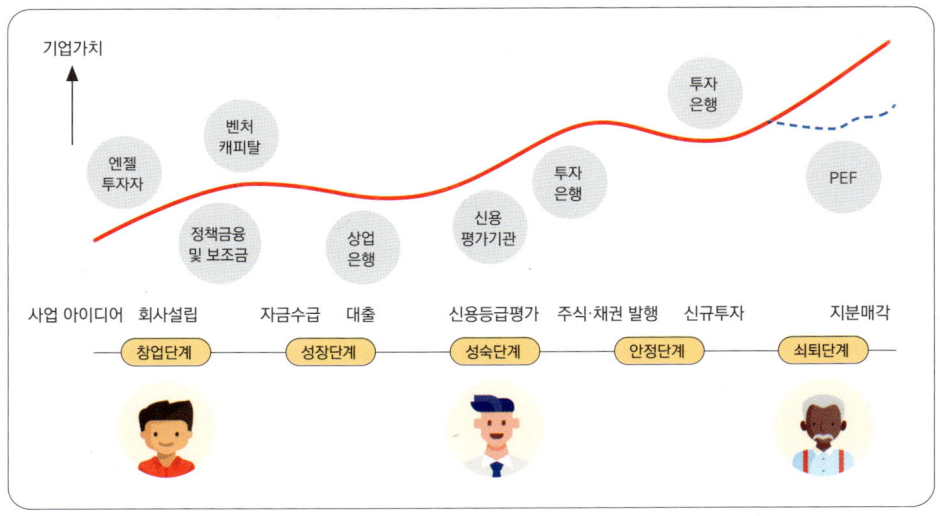

기업의 생애주기별 주요 재무활동과 금융 관련 업무는 다음과 같습니다.

① 창업 또는 신사업 추진단계

한국인이 창업하는 실제적인 이유는 취업의 어려움, 경제적 성공, 좋은 사업 아이템, 다니던 회사에서의 해고나 퇴직 등으로 조사되었습니다. 창업은 어려운 일이며 사전에 많은 점을 심사숙고하여 결정해야 합니다. 대한상공회의소 조사에 따르면, 2020년 기준 우리나라 창업기업의 5년 차 생존율은 29.2%에 불과하여, OECD 평균인 40.7%에 크게 못 미치는 것으로 보고되었습니다. 창업에 있어 자금계획은 매우 중요합니다. 창업기업들은 성장단계별로 여러 차례 심각한 자금난을 겪게 되는데, 이를 '죽음의 계곡death valley'이라고 표현합니다. 기업은 미래의 자금 수요를 단계별로 예측하고, 적정한 자금조달 수단을 찾아 효과적으로 대처해야 합니다. 창업단계에서 초기 투자자금은 대부분 본인의 호주머니에 있는 자금, 자기자본에 의존하게 됩니다. 창업자는 자기자본에 더하여 동업자, 지인 또는 엔젤투자자로부터 출자금을 받아 창업합니다. 이를 영어식으로는 3F, 즉 Family, Friends, Fools(바보)만이 창업단계 기업에 투자한다고 표현하기도 합니다. 그만큼 창업기업은 투자를 받기 어렵다는 의미입니다. 이들 중 일부는 중소기업진흥공단의 창업기업지원자금, 기술보증기금의 보증지원 등 정책금융 및 보조금, 웹이나 모바일 네트워크를 통해 다수의 개인투자자들로부터 자금을 모으는 크라우드펀딩을 이용해 자금을 조달하기도 합니다.

② 매출 발생과 성장단계

창업이 마무리되고, 매출이 발생하는 성장단계에서는 은행이나 벤처캐피탈과 업무 관계가 생기기 시작합니다. 실제 매출이 발생하여 거래처로부터 매출채권을 받게 되면, 매출채권을 담보로 삼아 은행 등의 금융기관으로부터 단기 운영자금을 조달할 수 있습니다. 또, 매출과 이익이 지속적으로 발생하면, 금융기관으로부터 신용으로 단기차입을 하는 것도 가능해집니다. 그리고 벤처캐피탈로부터 투자 제의를 받을 수 있습니다. 벤처캐피탈은 기술력이나 장래성은 있으나, 경영기반이 약해 일반 금융기관으로부터 자금을 융통하기 어려운 신생기업의 일정 주식 지분에 투자하는 투자회사입니다. 벤처캐피탈은 창업 초기단계에 투자하여 위험을 기업가와 공동으로 부담하고, 회사가 성장할 수 있도록 자금, 경영관리, 기술지도 등을 다방면으로 지원합니다. 이들은 투자에 대한 반대급부로, 투자한 기업이 주식시장에 성공적으로 상장되어 높은 자본이득이 발생할 것을 기대합니다. 은행과 벤처캐피탈 외에도, 성장단계의 기업은 다양한 정책금융 혜택을 받을 수 있습니다. 신용보증기금 및 기술보증기금의 보증지원을 통하여 은행권으로부터 유리한 조건으로 대출을 받거나, 한국무역보험공사의 수출신용보증부 무역금융 등을 통해 양질의 자금을 공급받을 수 있습니다. 또, 초기 중소기업을 위한 주식시장인 코넥스시장 KONEX에 상장함으로써, 자본조달이 가능해집니다.

③ 매출 확대와 성숙단계

안정적인 매출과 이윤이 발생되어 지속적인 성장이 검증된 성숙단계에 있는 기업은 다양한 방법으로 자금을 조달할 수 있습니다. 이 단계에 속한 기업은 금융거래에 있어 거래조건에 보다 많은 관심을 가지게 됩니다. 기업은 시중은행이라 불리는 상업은행으로부터 무담보대출 및 저리의 중장기대출을 제공받을 수 있습니다. 또, 신용평가회사로부터 회사의 신용등급을 부여받아 필요한 금액과 만기를 선택하여, 채권시장에서 회사채를 발행하는 것이 가능해집니다. 그리고 한국거래소의 유가증권시장인 코스피 KOSPI 시장과 유망한 중소·벤처기업들의 자금조달을 목적으로 하는 코스닥 KOSDAQ 시장 또는 나스닥 NASDAQ 같은 해외 주식시장을 통해 주식을 발행하고 자금을 확보할 수 있습니다. 이와 같은 자본시장에서 채권 또는 주식과 같은 증권을 발행하기 위해서는, 증권사(또는 투자은행)를 주간사로 선정하여 증권발행을 위임합니다.

④ 안정 성장과 투자 확대단계

회사가 안정적 성장단계에 진입하면 회사 내에 이익잉여금이 축적되고, 축적된 자본을 바탕으로 미래의 새로운 먹거리를 찾게 됩니다. 이 단계에 진입한 기업은 주로 기존의 생산설비 규모를 확대하거나 신규 투자 또는 기업인수합병 M&A 을 통해 사업다각화를 모색합니다. M&A는 주로 투자은행 IB 을 통해 추진됩니다. M&A는 새로운 시장에 신속히 진입할 수 있고, 기업 간의 시너지효과를 창출할 수 있으며, 새로운 시장진입에 있어 시행착오를 최소화하고, 기존 고객 및 네트워크 흡수를 통해 기업 운영의 효율을 제고할 수 있다는 장점이 있으며, M&A 유형으로는 주식인수, 영업양수, 자산인수, 합병 등이 있습니다. 기업 간의 크고 작은 M&A 중 세계의 이목을 집중시킨 M&A를 살펴보면, 1998년 미국의 크라이슬러와 독일 다임러의 합병이 있습니다. 합병 발표 당시에는 '천상의 결혼'이라는 평가를 받기도 했지만, 얼마 못 가 실패작이라고 결론지어졌습니다. 럭셔리 이미지의 벤츠와 실용적인 크라이슬러의 합병으로 시너지효과를 노렸지만, '구조조정 없는 단순 합병'이라는 평가와 함께 시장의 반응은 식어갔습니다. 국내에서 성공한 M&A 사례로는 현대자동차의 기아자동차 인수가 있습니다. 현대자동차는 기아자동차를 인수한 이후에도 현대-기아 각 브랜드를 유지하는 전략을 펴면서, 세계 5위의 자동차회사로 자리 잡았습니다. 성장단계의 기업들은 마케팅을 강화하여 거래처를 다각화하고, 무역거래를 포함한 해외부문으로 사업 영역을 확장합니다. 무역과 국제금융 거래가 생기기 시작하면서, 이에 따른 위험관리의 중요성도 커지게 됩니다.

⑤ 구조조정 또는 쇠퇴단계

기업은 성장이 완만해지거나 오히려 후퇴하면서, 사업전환 또는 구조조정 단계로 진입하기도 합니다. 신성장 원동력을 잃어 성장의 덫에 빠진 기업은 정체를 겪게 되고 퇴보하게 됩니다. 기업은 시대와 고객의 요구에 맞게 신사업으로 빠르게 전환해야 하지만, 대응 수준이 미흡하면 한계기업 또는 파산기업으로 전락할 수 있습니다. 기업 자체의 경쟁력 강화 노력에 더하여, 정부와 지방자치단체들도 성장이 정체되는 산업군에 속한 기업이 적기에 신사업으로 변환할 수 있도록 지원을 아끼지 말아야 합니다. 또한, 이 단계에서 일부 기업들은 투자은행을 통해 외부 인수자를 찾아 기업을 매각하거나, 보유지분의 일부 또는 전부를 사모투자펀드^{PEF}에 매도하여 경영권을 넘깁니다.

금융이란?
금융시장의 개요

> 금융시스템과 기업경영은 국가경제 시스템을 구성하는 핵심적인 요소로서, 경제 전체의 효율성을 좌우한다. 2022년 현재 대내외적 위험 요소로는 과도한 인플레이션과 가계부채, 원자재 공급 대란, 미·중 갈등, 동유럽에서의 전쟁 발발, 북한 리스크, 미국 등 주요국의 통화정책 변화 등이 있다. 글로벌 금융시장 변동성 확대에 대비하기 위해서는 당국의 사전적 조치가 요구된다.

금융finance이란 금전을 융통하는 일, 즉 자금의 수요와 공급에 관계되는 활동을 의미합니다. 구체적으로는 소득이 지출보다 큰 잉여주체인 흑자경제주체로부터, 소득이 지출보다 적은 적자경제주체로 자금을 융통하는 행위입니다. 일반적으로 소득이 소비보다 많은 가계는 흑자경제주체, 소득보다 투자 또는 지출이 많은 기업은 적자경제주체로 분류하며, 정부부문은 세입과 세출 상황과 규모에 따라 흑자 또는 적자 경제주체로 분류됩니다.

금융시장financial market은 기업, 가계, 정부, 금융기관 등 여러 경제주체들이 금융상품을 거래하여 필요한 자금을 조달하고 여유자금을 운용하는 시장을 일컫습니다. 여기서, 금융상품이란 현재 또는 미래의 현금흐름에 대한 법률적 청구권을 나타내는 증서를 의미하는데, 예금, 대출, 보험증서, 채권, 주식뿐만 아니라 선물 또는 옵션과 같은 파생금융상품도 포함됩니다. 금융시장은 거래되는 기초자산의 성격에 따라 대출시장, 주식시장, 채권시장과 같은 자금의 조달과 투자에 직접적으로 관련된 시장 그리고 원자재시장, 외환시장, 파생상품시장 등과 같이 자금조달과는 다른 의미의 시장으로 구분할 수 있습니다. 원자재시장과 외환시장은 상품의 매매가 이루어지거나 서로 다른 통화를 교환하는 시장으로, 자금의 대차거래는 아니지만 자금이 운용되고 있다는 측면에서 금융시장에 포함됩니다.

금융기관financial institution은 거래비용의 절감, 만기 및 금액의 변환, 위험의 분산, 지급결제 수단 등의 기능을 제공하여, 금융시장에서 경제주체들 간에 거래가 원활히 이루어질 수

있도록 활동합니다. 금융기관은 예금 및 대출, 투자, 상품개발, 신용분석, 컨설팅 등과 같은 업무에 능통한 전문인력과 시스템을 갖추고 있습니다. 또, 다양한 거래 목적을 가진 고객을 확보하고 있어, 자금공급자와 수요자가 보다 적은 비용으로 효율적인 금융거래를 할 수 있도록 다양한 서비스를 제공합니다. 그리고 금융기관은 다양한 리스크 관리기법과 분산투자 등을 통해 리스크를 완화하거나 분산함으로써, 자금을 보다 안정적으로 운용합니다. 더불어, 경제주체들 간의 각종 거래를 종결시키는 지급결제 수단을 제공합니다.

금융제도 financial system 는 금융시장에서 금융기관이 원활히 기능을 수행하도록 각종 금융규제 및 감독제도, 금융안전망, 지급결제시스템 등을 포함하는 총체적 조직과 규범을 의미합니다. 금융규제와 감독은 금융시장 참가자들이 일정한 규칙을 준수하도록 함으로써, 시장이 공정하고 투명하며 효율적으로 작동할 수 있도록 감시하는 제도입니다. 금융제도에는 금융 관련 법률과 규정, 금융기관의 인허가, 건전성 감독 및 감시, 제재 등이 포함됩니다. 금융안전망은 금융기관의 도산 등으로 금융시스템이 불안해지고, 경제에 악영향을 미치는 것을 방지하기 위해 금융제도를 보완하는 장치입니다. 대표적인 금융안전망으로는 예금자보호제도와 중앙은행이 최종대출자로서 기능을 수행하는 긴급유동성지원 제도가 있습니다. 지급결제시스템은 경제주체들의 지급결제가 원활히 이루어지도록 지원하는 제도적 장치입니다.

오늘날 우리의 경제적 일상은 화폐와 신용의 순환과 밀접하게 관련되어 있습니다. 실물경제를 우리 몸의 신체라고 한다면, 화폐와 신용을 혈액, 금융제도를 심장과 혈관으로 비유할 수 있습니다. 금융제도인 심장과 혈관이 튼튼하지 않으면, 화폐의 순환이 잘 이루어지지 않아 실물경제인 신체 활동이 원활할 수가 없습니다. 이런 경우를 '돈맥경화증'이라고 표현하기도 합니다. 금융시장은 소비 측면에서 소득의 시간적 배분을 가능하게 하여 소비자의 시간선호를 만족시키고, 생산자에게는 최적의 투자 기회를 제공함으로써 자원배분의 효율성을 증진시킵니다. 소득 기간 간에 교환을 통하여, 소비자는 미래 소득을 담보로 돈을 빌려 최적의 현재 소비를 만들 수 있고, 생산자는 현재 투자금이 없어도 차입을 통해 최적의 투자 기회를 살릴 수 있습니다. 시간선호는 소득을 지출과 저축 사이에 배분하는 심리적 태도를 의미합니다. 이자율이 올라가면 현재 소비를 대가로 미래에 보다 많은 소비를 희생해야 합니다. 예를 들어 이자율이 5%일 경우 현재 100만 원을 소비하면 이는 1년 후 105만 원 소비를 포기하는 것이 되지만, 이자율이 10%가 되면 희생해야 하는 미래 소비는 110만 원으로 커지므로 현재 소비를 어렵게 합니다.

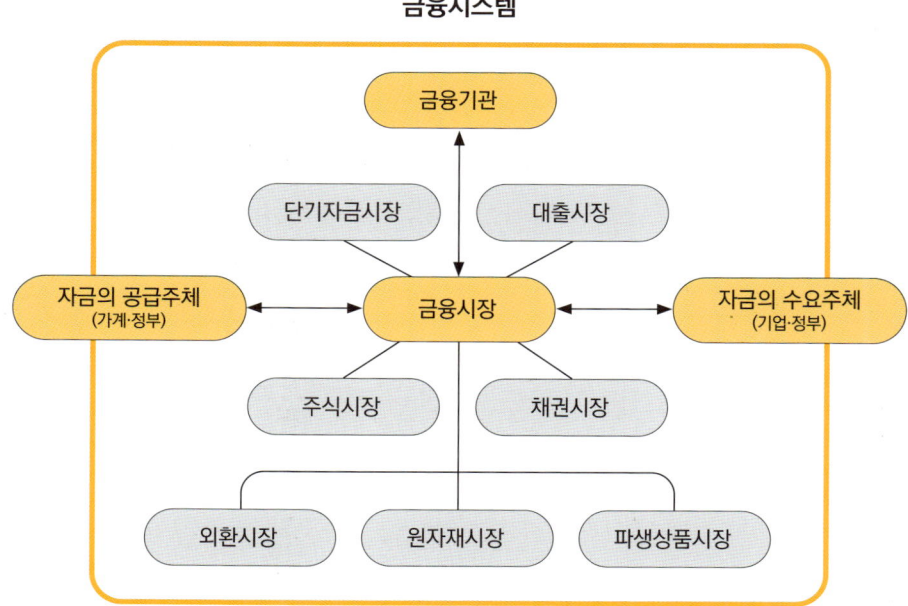

금융시스템

위의 그림과 같이, 금융시스템은 가계, 기업 및 정부 등 경제주체들이 금융기관을 통하여 원활한 경제활동을 수행할 수 있도록 지원하는 시장 메커니즘입니다. 예를 들어 높은 수익이 기대되는 사업에 투자하고자 하는 기업은 부족한 자금을 금융시장에서 조달하고, 당장 투자할 계획이 없고 여유자금이 있는 기업의 경우에는 잉여 자금을 금융시장에서 운용할 수 있습니다. 이러한 과정에서 자금은 자원배분의 효율성이 보다 높은 쪽으로 이동하여, 사회 전체의 부wealth가 커지게 됩니다. 반면 불완전한 정보, 불완전 경쟁, 낮은 시장 유동성 등으로 금융시스템이 취약해지는 경우에는 금융 불안이 야기되어 금융위기 같은 엄청나게 큰 경제적 비용이 발생할 수 있습니다.

금융시장의 분류

자금시장 및 자본시장

> 2021년 11월 이후 한국은행의 다섯 차례의 금리인상은 더 이상 금리인상을 미룰 경우 정책적 이득보다 물가 부담이 더 엄중할 것이라는 판단에서 내린 결정이었다. 하지만 기준금리 인상은 이자 부담으로 이어지므로, 가계의 소비가 둔화되고 기업의 투자활동이 위축될 것으로 예상된다.

금융시장은 금리, 주가, 환율, 원자재 등 금융자산의 가격이 형성되고, 다양한 동기와 선호를 가진 거래 참여자들 간에 금융거래가 이루어지는 시장입니다. 투자자 중에는 고위험을 감수하더라도 고수익을 선호하는 투자자가 있는 반면, 그 반대 성향의 투자자도 있습니다. 또한 상이한 이유로 단기투자를 원하는 투자자가 있고, 장기투자를 원하는 투자자도 있습니다. 자금을 조달하고자 하는 차입자의 선호도 역시 다를 수 있습니다.

금융시장은 다음 그림과 같이 분류합니다.

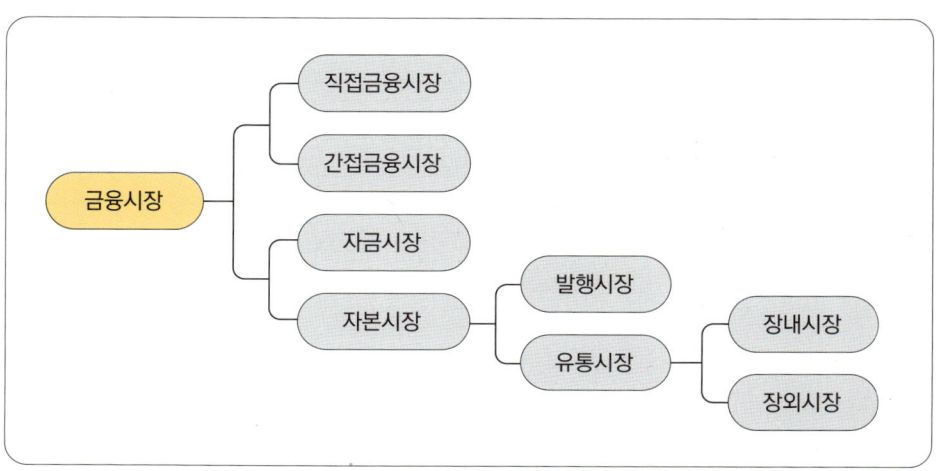

금융시장은 자금이 이전하는 경로에 따라 직접금융시장과 간접금융시장으로 구분됩니다. 직접금융시장은 자금수요자가 자기 명의로 발행한 증권을 자금공급자에게 교부하여 직접 자금을 조달하는 형태입니다. 대표적으로 주식시장과 채권시장이 이에 해당합니다. 간접금융시장은 금융기관이 자금 거래 중간에 다리를 놓는 형태입니다. 즉, 자금공급자는 금융기관의 예금·신탁·보험·집합투자기구(펀드) 등의 금융상품에 가입하고, 금융기관은 예금증서·신탁증서·보험증권·집합투자증권(수익증권) 등의 간접증권을 자금공급자에게 발행합니다. 금융기관은 이 자금으로 대출을 일으키거나 주식·채권 등의 증권을 취득하여, 자금수요자에게 자금을 이전시킵니다. 직접금융시장에서 금융기관은 거래를 주선하고 매매를 중개하는 역할만 하고, 자금공급자 자신이 자금수요자에 대한 위험을 안게 됩니다. 반면, 간접금융시장에서는 금융기관이 자신의 계산과 책임 아래 자금수요자에 대한 위험을 감수하게 됩니다.

금융시장은 만기에 따라 자금시장과 자본시장으로 구분합니다. 자금시장money market은 일반적으로 단기금융시장을 의미합니다. 자금시장은 기업, 정부, 금융기관 등 경제주체 간에 단기적인 자금의 과부족 또는 과잉여분을 조절하기 위해, 만기 1년 이내의 단기금융상품이 거래되는 시장입니다. 만기가 짧고 대량으로 거래되어 유동성이 높고, 자본시장 증권에 비하여 상대적으로 부도위험이 낮다는 특징이 있습니다. 우리나라의 단기금융시장은 콜call시장을 비롯하여 기업어음CP, 양도성예금증서CD, 환매조건부채권RP, 표지어음cover bill 등이 있습니다. 자본시장capital market은 만기가 1년 이상인 증권이 거래되는 시장으로, 주로 장기자금 조달 수단인 주식·채권 등이 거래되는 시장입니다. 존속 또는 상환기간이 길어 기업의 안정적 자본형성에 도움이 되지만, 투자자 입장에서는 단기자금 상품에 비해 시장위험과 부도위험이 높습니다.

주식과 채권 같은 증권시장은 거래 시점에 따라 발행시장과 유통시장으로 구분합니다. 발행시장primary market은 자금조달이 필요한 기업이 새로이 증권을 발행하여 투자자에게 매도하는 1차시장이며, 유통시장secondary market은 이미 발행된 증권을 투자자들 사이에서 자유롭게 매매하는 2차시장입니다. 유통시장에서 거래되는 가격은 발행시장의 증권발행가격에 영향을 미치며, 유통시장 활성화는 발행시장 가격 형성에 도움이 됩니다. 증권의 유통시장은 장내거래와 장외거래로 구분합니다. 장내시장exchange market은 거래소시장이라고 불리며, 우리나라에서는 한국거래소 KRX에 상장된 주식, 채권, 수익증권 등이 매매되는 시장입니다. 장내시장은 상장된 증권의 매수와 매도 주문이 거래소로 집중되어 경쟁매매가 이루어지는 조직적이고 계속적인 시장입니다. 장내시장에서 매매거래의 대상이 되는 증권은 거래소에 상장된 종목에 한정되며, 거래조건이 규격화되어 있고 거래시간도 한정되어 있습니다. 반면 장외시장 over the counter market: OTC은 비조직적 시장으로 상장증권은 물론 비상장증권도 거래되며, 거래 참여자들의 상호 간 필요에 따라 거래조건과 가격을 협상하고 매매하는 시장입니다. 일반적으로 주식과 원자재는 장내시장에서 거래되며, 채권, 외환 및 파생상품은 장외시장에서 거래됩니다.

12 주식시장 및 채권시장

자본시장

> 2021년 한 해 동안 외국인 투자자들은 우리나라 주식을 174억 달러 순매도했고, 채권은 561억 달러 순매수한 것으로 집계되었다. 외국인 투자자들은 원화절하기에 우리나라 주식을 매도하는 반면, 채권은 꾸준히 매수하는 것으로 조사되었다.

금융시장은 기초자산별로 구분할 수 있습니다. 대표적인 기초자산은 주가, 금리, 환율, 원자재, 신용입니다. 이번 장에서는 자본시장에 속하는 주식시장과 채권시장에 대해 알아봅니다.

주식share은 주식회사의 소유권을 나타내는 지분증권으로, 주식시장은 주식이 상장되어 거래되는 시장입니다. 주식의 소유자인 주주는 투자금에 비례하여 기업의 이익금을 배당받을 권리가 있고, 경영 의사결정에 참여할 수 있습니다. 기업은 주식을 발행하여 자본금을 조달합니다. 주식과 채권은 모두 장기자금을 조달한다는 측면에서 자본시장에 속합니다.

하지만 채권발행자는 정해진 이자를 지급하고 채권 만기 시 투자자에게 원리금을 상환해야 하는 의무가 있는 반면, 주식은 만기와 이자의 지급 의무가 없고 단지 경영성과에 따라 투자자에게 배당금을 지급합니다. 주식투자자들은 기업의 경영성과에 따라 배당받기도 하지만, 보유한 주식의 가격이 상승할 때 주식을 매각함으로써 자본이득을 얻을 수 있습니다.

주식발행자는 다수의 투자자들로부터 투자금을 받아 사업 위험을 분산하는 대신, 발생한 이익을 나눕니다. 주식투자는 기업의 성과에 따라 이익을 배당받는 데에서 출발하였으나, 실제로 주식투자자들 대부분은 자본이득을 위해 주식을 싼 가격에 사서 비싼 가격에 파는 데 집중합니다. 주식은 보통주와 우선주로 구분할 수 있습니다. 보통주는 주식을 보유한 주주가 해당 회사의 경영에 참여하는 의결권을 갖는 주식입니다(적대적 M&A로부터 경영권을 보호하기 위해, 일부 국가에서는 차등의결권제도를 도입). 우선주의 경우, 투자자는 더 높은 배당을 받거나 기업이 청산되면 잔여재산 배분에 있어 보통주 보유자보다 우선적 지위를 갖습니다. 대신 의결권이 없어, 경영에 참여할 수 없습니다. 일반적으로 우선주는 보통주에 비해 주가가 낮게 형성되고, 발행물량과 유통물량이 적어 가격변동성이 큽니다.

채권bond이란 기업, 정부, 지방자치단체, 금융기관 등이 장기자금을 차입하기 위해 투자자들에게 발행하는 유가증권의 하나로, 지급청구권이 표시된 채무증권입니다. 채권발행자는 채권보유자에게 일정한 계약기간 동안 빚을 지는 개념으로, 채권발행자는 만기일에 채권보유자에게 원리금을 상환해야 하고, 정해진 기간에 정해진 이자를 지불해야 할 의무가 있습니다. 따라서 채권은 대부貸付와 유사한 개념입니다. 하지만 대부는 대여자가 만기 전에 차입자의 대부금을 이전하기 어려운 반면, 채권은 시장에서 매도와 매수가 가능하여 가격이 맞으면 이전이 가능합니다. 즉, 채권도 주식과 같이 투자자가 싸게 사서 비싸게 팔면 매매차익을 얻을 수 있습니다. 채권 가격은 발행채권의 잔여만기, 발행자의 신용위험, 발행 국가의 과세제도 등에 따라 결정됩니다. 채권은 다양한 방법으로 구분됩니다. 발행주체에 따라 국채(정부 발행채권), 지방채(지방자치단체 발행채권), 특수채(공공단체 등 특수법인이 발행한 채권), 통화안정화증권(한국은행 발행채권), 금융채(금융기관 발행채권), 회사채(회사 발행채권), 외국채(외국 기업 또는 외국정부 발행채권) 등으로 분류할 수 있고, 이자의 지급 방법에 따라 이표채(주기적으로 이자를 지급), 할인채(이자를 선지급하고 만기에는 투자 원금만 지급), 복리채(만기 일시에 원금과 이자를 지급)로 구분합니다. 또, 보증 유무에 따라 보증사채(제3자 보증이 있는 채권)와 무보증사채(보증이 없는 채권)로 구분하고, 액면이자의 확정 여부에 따라 확정금리채(표면이자 확정)와 변동금리채(시장금리에 따라 금리가 변동), 원금의 상환 방식에 따라 만기일시상환채(투자 원금을 만기에 일시 상환)와 액면분할상환채(만기 전 분할하여 투자 원금을 상환) 등이 있습니다.

「증권거래법」 제2조에 따르면, 증권시장에서 매매되는 유가증권은 가격변동성, 대체성 및 환금성이 있는 자본증권으로 한정하고 있으며, 대표적인 자본증권은 주식과 채권입니다. 자금조달을 원하는 기업은 필요한 절차에 따라, 주식 또는 채권과 같은 유가증권을 발행하여 투자자를 모집하고 자금을 조달할 수 있습니다. 기업은 주식을 발행하여 자기자본을 늘릴지, 채권을 발행하여 타인자본을 늘릴지 결정하는데, 이 부분이 재무관리에 있어 가장 어렵고 중요한 의사결정 중 하나입니다.

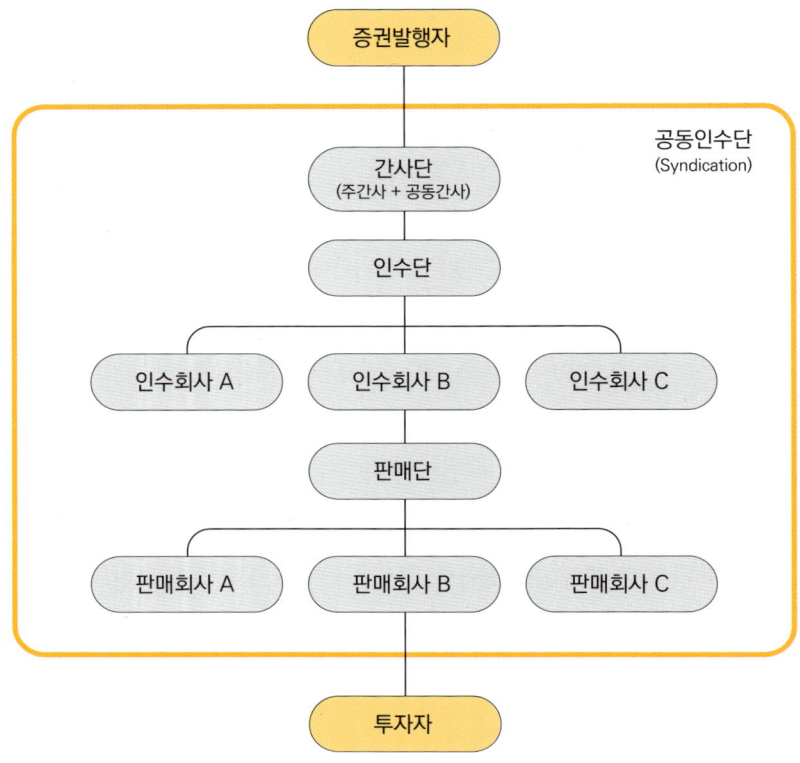

　발행시장은 증권발행자가 증권을 신규로 발행하고 매각하여, 장기자본을 조달하는 시장입니다. 다시 말해, 발행시장은 자본조달 주체가 발행한 증권이 최초의 투자자, 주로 기관투자자에게 매각되어 자금과 증권이 서로 간에 이전되기까지 일련의 과정에 대한 법규, 제도 및 관행 등을 포함한 일체의 시스템입니다. 이는 자금조달 기능 외에 신규로 발행되는 주식의 경우, 기업 소유 구조의 분산을 가능하게 합니다. 채권시장에서는 중앙은행이 채권을 매입하거나 매도하여 통화량을 조절하는 공개시장조작정책을 수행합니다. 또한, 투자자에게는 투자에 대한 보상으로 배당 또는 이자를 지급하여 부^{wealth}가 이전되는 효과가 있습니다.

　발행시장은 자금의 수요자인 증권발행 주체와 자금의 공급자인 투자자 외에, 증권발행의 사무처리 업무와 발행에 대한 위험을 부담하는 인수단이 구성되어 발행에 참여합니다. 인수단은 증권발행 업무에 전문성과 많은 잠재적 투자자를 확보하고 있어, 적합한 방법으로 증권을 발행하고 발행된 증권을 효과적으로 매각하는 역할을 합니다. 일반적으로, 인수단은 발행한 증권을 우선 인수하고 이를 투자자에게 매출합니다. 증권발행 규모가 큰 경우, 여러 금융회사들이 참여하여 공동인수단 syndicate 을 구성하여 발행 업무를 진행하는데, 이러한 방식은 인수에 따르는 책임과 위험을 분산하고 발행 증권을 안정적으로 투자자에게 매출하기 위한 목적입니다. 공동인수단에 참여하는 발행기관은 역할과 부담하는 위험의 정도에 따라 간사단, 인수단 및 판매단으로 구분됩니다.

간사단은 발행 업무의 핵심적인 역할을 하는 주간사 lead manager 와 2개 이상의 공동 간사 co-manager 로 구성되며, 이들 회사는 증권발행 업무를 총괄하고 증권발행의 타당성, 매출 가능성, 발행 시기, 발행 조건 등을 발행자와 협의하여 결정하며, 증권발행에 따른 사무 처리 등을 수행하는 기관입니다. 간사단은 증권발행자의 발행 업무를 성실히 이행해야 하는 의무가 있으며, 간사단에 참여가 가능한 금융기관은 「자본시장과 금융투자업에 관한 법률」상의 유가증권 인수업무에 관한 허가를 받은 법인, 우리나라에서는 증권회사 또는 종합금융회사 인가를 받은 곳이어야 합니다. 인수단은 발행 유가증권의 인수업무에 공동으로 참여하며, 증권발행자로부터 발행된 유가증권 전량 혹은 일부 발행 물량을 직접 매입하는 인수 기능을 하는 기관입니다. 인수단은 발행 증권 모집 후에 청약 미달분이 있을 경우, 이를 인수할 책임을 지며 인수한 유가증권은 자기 상품으로 보유하거나 일반투자자들에게 매출합니다. 이러한 인수단의 역할로 인해 발행자는 일시에 거액의 자금을 조달할 수 있습니다. 판매단은 간사단으로부터 발행 유가증권을 할당받아 투자가에게 판매하는 회사입니다. 판매회사는 인수회사와는 달리 증권 판매에 대한 의무가 없기 때문에 인수의 위험을 지지 않고, 할당된 증권 중 판매하지 못한 물량이 생기면 인수단에게 반납합니다.

이렇게 발행된 유가증권은 개인인 일반투자자와 전문투자자인 은행, 증권회사, 종합금융회사, 보험회사, 투자신탁회사, 연기금, 각종 재단 등과 같은 기관투자가, 외국인 투자가에게 판매됩니다. 발행된 증권은 유통시장에서 투자자 간에 자유롭게 매매됩니다. 거래소시장의 거래는 반드시 증권회사를 통해야 매매가 가능하며, 증권회사는 매매 업무의 대가로 매매수수료를 받습니다. 반면, 장외거래는 증권회사가 개입되지 않고 각 거래 주체들 간에 가격 및 기타 거래조건 등을 직접 협의하여 거래합니다.

증권시장의 가치는 천문학적입니다. 2021년 10월 현재, 전 세계 주요 21개 주식시장의 시가총액을 모두 합한 금액은 121조 달러에 이릅니다. 미국의 대표적인 유가증권시장인 뉴욕증권거래소NYSE의 시가총액 규모는 26조 달러이고, 신생·성장기업 위주의 나스닥NASDAQ 시장의 규모는 23조 달러에 달합니다. 우리나라 유가증권시장KRX은 2.37조 달러로, 세계 15번째 규모입니다. 아시아에서 가장 규모가 큰 시장은 중국시장입니다. 중국의 상해증권거래소는 약 7.6조 달러이며 심천거래소는 5.7조 달러, 일본거래소는 7조 달러 수준입니다. 전 세계 채권시장은 119조 달러로 증권시장과 비슷한 규모입니다. 채권시장 역시 미국이 46조 달러로 전 세계 40%를 차지하고 있으며, 우리나라의 채권의 전체 시가 가치는 2조 달러 수준입니다.

13 외환, 원자재 및 파생상품 시장

> 기타 금융시장

> 금융상품의 가격은 국가경제와 금융시장 간에 매우 복잡한 상호 인과관계를 가지고 있다. 2021년 원화는 미 달러화 대비 8.2% 약세를 보였다. 이는 국제 원자재 가격의 상승, 높은 중국 경제 의존도, 반도체 경기둔화 우려, 외국인 투자자금의 유출 등에 기인한 것으로 분석된다.

금융시장은 직접적인 자금 거래가 이루어지는 시장 외에 외환, 원자재, 신용 및 이를 기초자산으로 하는 다양한 파생상품들이 거래되는 시장이 있습니다.

외환시장

환율 foreign exchange: FX 은 자국통화와 외국통화 간의 교환 비율, 즉 두 나라 통화의 상대적 가치입니다. 일반적으로 환율은 기축통화인 1 미국 달러USD 에 대해 타국 통화가 몇 단위로 표시되는가를 나타냅니다. 예를 들어, 미국 달러에 대한 원화KRW 환율이 1달러당 1,200원이라고 하면, USD1 = KRW1,200이라고 표기합니다. 외환시장 foreign exchange market 에서는 외환의 수요와 공급에 따라 외화를 기초자산으로 환율이 결정됩니다. 외환시장을 통해, 우리나라의 수출업자는 수출대금으로 벌어들인 달러를 팔고 원화로 환전하거나, 우리나라의 연기금이 영국에 있는 빌딩에 투자할 때 원화를 영국 통화인 파운드British Pound: GBP 로 환전하여 빌딩 대금을 지급합니다. 환율은 외환의 수요와 공급에 따라 결정되는데, 이는 대외 상품 및 서비스 거래, 해외시장에서의 자금조달, 외국계 기업의 본국 송금(이자, 배당 및 로열티), 해외직접투자 및 해외 금융상품 포트폴리오투자, 외환 투기거래, 환율변동의 위험 회피 거래, 환율안정을 위한 중앙은행의 외환시장 개입 등이 있습니다.

우리나라는 1997년 외환위기 이후, IMF의 권고를 수용하여 전격적으로 자유변동환율제도를 도입하였습니다. 변동환율제도에서는 환율이 외환시장의 수급에 따라 자유롭게 변동됨으로써 국제수지가 조절됩니다. 한 나라의 국제수지가 적자가 되면 외환의 초과수요가 발생하므로, 자국통화의 가치는 하락하고 미 달러화의 가치는 상승하게 됩니다, 이에 따라, 수출상품의 가격경쟁력이 개선되고 국제수지 불균형이 해소될 수 있습니다. 외환거래는 인도일에 따라 현물환spot과 선물환forward 계약으로 나눌 수 있으며, 이외에도 다양한 파생상품들이 있습니다. 외환시장은 가장 거래량이 많고 유동성이 뛰어난 금융시장입니다. 2019년 4월 현재, 전 세계 외환 일평균 거래 규모는 6.6조 달러에 달하며, 우리나라의 외환 거래량은 553억 달러로 세계 15위 규모입니다.

원자재시장

상품시장이라고 불리는 원자재시장commodity market은 기업이 다른 상품이나 완제품을 생산하는 데 필요한 원료 또는 원천이 되는 상품인 원자재가 거래되는 시장입니다. 원자재 거래는 가장 오래되고 보편화된 거래입니다. 원자재 거래의 대부분은 상품거래소에서 이루어지며, 원자재를 대규모로 사고자 하는 경우에는 보관상의 문제로 인해 주로 원자재 선물거래를 이용합니다.

원자재시장에서 거래되는 상품은 매우 다양합니다. 금, 은, 백금 등 비금속과 구리, 납 등 비철금속이 거래됩니다. 또, 원유와 원유정제품, 천연가스, 석탄류, 대체에너지류, 곡물, 축산물, 전력, 해상운임, 탄소배출권 등 많은 상품들이 거래되고 있습니다. 원자재시장은 지수 형태로도 거래됩니다. 대표적인 지수로는 톰슨 로이터 제프리 상품지수CRB, S&P 골드만삭스 상품지수S&P GSCI, 로저스 상품지수RICI 등이 있습니다.

원자재는 각 상품에 대한 수요처와 공급처 사이의 거래적 동기뿐만 아니라 투자은행, 연기금, 헤지펀드hedge fund 등 기관투자자들의 트레이딩, 차익거래, 중개 등 다양한 목적으로 가격이 형성되고 거래가 이루어집니다. 또, 원자재 가격의 움직임은 경기 흐름을 읽는 바로미터가 되기도 합니다. 예를 들어, 건축에서 첨단기기까지 제조업 전반에 기초 소재로 사용되고 있는 구리는 닥터 코퍼Dr. Copper라는 별칭을 가지고 있습니다. 이것은 구리 가격이 경기회복을 가늠할 수 있는 척도가 되기 때문입니다. 경기침체가 이어지면 각국 정부에서는 이에 대응하기 위해 도로, 철도 및 전기설비와 같은 사회간접자본의 확충을 꾀하게 되는데, 이때 전선의 재료가 되는 구리의 수요가 늘어나기 시작합니다. 경기침체와 함께 원자재 재고를 줄인 기업들은 재고가 너무 적음을 깨닫고, 원자재 구입을 서둘러 늘리는 것입니다. 구리 가격 상승으로 시작된 원자재 가격은 원유 및 철 등 기타 원자재 가격의 상승으로 이어지고, 전반적인 투자심리가 회복되어 경기침체에서 벗어나게 됩니다. 다음은 1990년부터 2021년 7월까지, 글로벌 구리 가격과 미국 실질 GDP의 상관관계를 나타낸 그래프입니다(FRED Economic data 참고). 그래프에서 구리 가격이 실질 GDP와 상관관계가 매우 높으며, 선행하여 움직인다는 것을 확인할 수 있습니다.

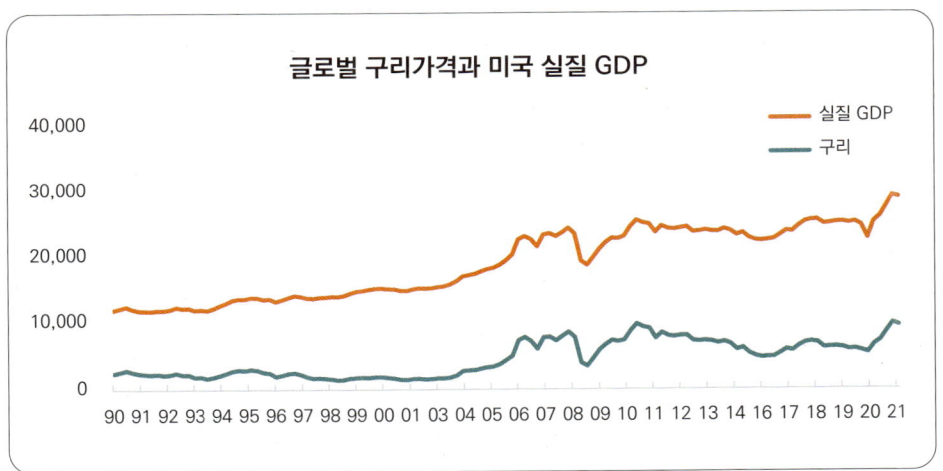

발틱운임지수BDI 및 컨테이너선운임지수HRI 등과 같은 각종 운임지수의 가격 역시 경기의 선행지표로 사용됩니다.

원자재시장에는 알칼리금속, 희토류원소, 고융점금속, 백금족원소 등 희소금속이 거래됩니다. 희소금속은 매장량이 적고 추출하기가 어려우며, 적은 매장량마저 특정 국가에 편중되어 있습니다. 희소금속은 반도체에 쓰이는 실리콘, 전기차 배터리에 사용되는 리튬 등 IT 산업과 바이오·군사·우주항공 등 산업 전반에 꼭 필요한 자원으로 산업의 비타민이라고도 불립니다. 희토류의 경우 중국이 전 세계 매장량의 36%, 공급량의 97%를 차지합니다. 배출권시장은 앞으로 중요성이 커질 것으로 전망되는 시장입니다. 우리나라는 2005년 2월 교토의정서 발효 이후, 온실가스를 점진적으로 줄일 목적으로 2015년 탄소배출권 거래제를 도입하였습니다. 온실가스를 많이 배출하고도 배출권을 확보하지 못하면, 기업은 시장가격의 3배에 이르는 과징금을 물어야 합니다. 2021년 말 한국거래소는 20개 증권사에 대해 배출권시장에 회원 가입을 새로 허용하여, 현재까지 지지부진했던 거래가 활성화될 것으로 기대하고 있습니다.

원자재시장은 거래가 이루어지면 바로 현물과 대금을 맞교환하는 방식인 현물거래와 장래의 일정한 시기에 현물과 대금을 교환하는 조건으로 매매계약을 하는 선물거래가 있는데, 대부분의 거래는 선물거래로 이루어집니다. 장내시장인 상품거래소는 거래 상품, 단위, 시간 등이 표준화되고 규격화되어, 대량으로 유통되는 시장입니다. 대부분의 나라에는 자국에 상품거래소가 있으며, 상품거래소별 특징이 있습니다. 예를 들어, 세계 최대 선물거래소인 시카고상업거래소^{CBOT}는 전 세계 곡물 거래의 80%를 차지하며, 특히 대두, 옥수수, 밀 거래가 활발합니다. 세계 두 번째로 큰 선물거래소인 시카고상품거래소^{CME}는 농축산물, 외환, 귀금속 등이 주로 거래됩니다. 뉴욕귀금속거래소^{COMEX}는 금, 은, 구리 등이 주로 거래되고, 런던금속거래소^{LME}는 비철금속 거래의 중심지로 구리, 아연, 납, 주석 등이 주로 거래됩니다. 오스트레일리아거래소^{ASX}와 뉴질랜드거래소^{NZX}는 모직, 육류, 과일 등을 주로 취급하며, 한국거래소^{KRX}에서는 금, 석유, 탄소배출권 등이 거래됩니다.

파생상품시장

파생상품^{derivatives} 시장에서는 주식과 금리뿐만 아니라 환율, 원자재 및 신용위험 등 다양한 기초자산의 가치 변동에 대해 가격이 형성되고 거래가 이루어집니다. 개념상으로 파생상품의 대상은 금융자산에만 국한된 것은 아니며, 미래 특정 위험에 대한 가격 산출과 이에 대한 평가가 합리적이고 적정한 방법으로 이루어진다면, 모든 자산의 파생상품 거래가 가능합니다. 예를 들어 이번 크리스마스에 눈이 올지 내년에 비가 얼마나 내릴지 등 날씨에 대한 파생상품도 있으며, 우리가 익히 알고 있는 각종 주가지수와 경제지표들에 대한 파생상품도 활발히 거래되고 있습니다.

파생상품은 거래자가 보유하고 있거나 미래 발생할 수 있는 각종 위험을 회피하고자 거래하는 헤지목적이 가장 일반적입니다. 하지만 위험을 안는 대신 가격변동에 따른 이익을 취하고자 하는 투기적 목적으로도 활발히 거래됩니다. 또, 파생상품을 이용해 각종 재정거래arbitrage를 하거나, 파생상품을 합성하여 새로운 금융상품을 만드는 경우도 있습니다. 대표적인 파생상품의 형태는 선도거래forward, 선물future, 옵션option, 스와프swap 등이 있습니다. 파생상품시장 역시 장내시장과 장외시장으로 구분할 수 있는데, 주식과 원자재를 기초자산으로 하는 파생상품은 주로 거래 요소가 표준화된 장내시장에서 거래되며, 금리, 환율, 신용 및 기타 기초자산을 대상으로 하는 파생상품 거래는 거래소를 통하지 않고 장외시장에서 주로 거래됩니다. 복잡한 파생상품의 원활한 장외거래를 위해, 거래 당사자들은 국제스와프파생상품협회ISDA가 만든 표준약관에 서명하고, 준칙에 따라 거래합니다.

   파생상품 거래와 현물거래의 가장 큰 차이점은 레버리지와 미실현 손익 부분입니다. 장내 주식 선물거래의 예를 들면, KOSPI200 지수가 400인 경우 거래증거금 1,500만 원만으로 1억 원에 해당하는 지수를 거래할 수 있습니다. 즉, 1,500만 원을 투자하여 선물을 매수하였는데, 지수가 15% 오르면 1,500만 원 수익을 얻습니다. 반면 시장이 반대로 움직이면 원금 또는 원금을 초과하여 손실이 발생합니다. 장외 외환 옵션거래의 예를 들어보면, 미 달러화당 1,200원에 1년 콜옵션을 100원의 프리미엄을 받고 매도한 경우, 환율이 1,200원이거나 그 이하이면 100원의 프리미엄만큼 이익을 볼 수 있지만, 환율이 1,500원이 되어 옵션매입자가 옵션을 행사하게 되면 200원(=300원 손실-100원 프리미엄)의 손실을 입을 수 있습니다. 따라서 투기목적의 파생상품 거래는 매우 신중해야 합니다. 2008년 글로벌 금융위기를 몰고 왔던, 서브프라임 모기지 사태도 파생상품과 연관이 있습니다. 주택담보대출인 서브프라임 모기지를 파생상품을 활용해 증권화한 후, 이를 유통시킴으로써 금융회사들은 높은 수익을 올렸습니다. 하지만 미국 부동산시장 버블이 꺼지고 서브프라임 모기지론 금리가 올라가면서, 저소득층 대출자들은 원리금을 제때 갚지 못하게 되었습니다. 결국 미국의 금융회사들이 파산하면서 세계 금융위기가 발발하였습니다.

금융상품 거래

투자자가 고려해야 할 특성

High risk, High return! High liquidity, Low return!

투자는 수익성뿐만 아니라 투자상품의 위험과 유동성을 동시에 고려해야 합니다. 수익성 profitability 이란 일정 기간 금융상품을 보유함으로써, 이자, 배당소득 또는 자본이득의 형태로 수취가 기대되는 수익의 정도를 의미합니다. 여기서, 자본이득 capital gain 이란 금융 수단의 매도가격이 매수가격을 초과할 때 발생하는 매매차익입니다.

투자 시에는 위험 risk 요소를 꼼꼼히 살펴야 합니다. 자신이 투자한 자산의 가치가 안전하게 보호되고 위험에 노출되는 정도가 적다면, 안전성이 높다고 할 수 있습니다. 위험이란 어떤 자산을 보유함으로써 손실이 발생할 가능성을 의미합니다. 위험은 위험의 원천에 따라 시장위험, 신용위험, 국가채무불이행위험 등으로 구분할 수 있습니다. 시장위험 market risk 은 자산의 시장가치 하락과 관련한 자본손실의 위험입니다. 신용위험 credit risk 은 투자 대상 또는 거래상대방의 신용이 하락하여 원금 또는 이자를 변제받지 못할 위험이며, 국가채무불이행위험 country default risk 은 국가의 채무불이행에 따라 원금 또는 이자를 변제받지 못할 위험입니다. 투자자는 누구나 수익성이 높으면서도 안전한 상품을 원합니다. 하지만 일반적으로 수익성과 안정성은 부(-)의 관계에 있습니다. 따라서 투자는 여러 상품과 자산에 분산하여 투자하는 포트폴리오 구성이 유효한 전략입니다.

유동성 liquidity 역시 매우 중요한 투자의사결정의 한 요소입니다. 유동성이란 원금손실 또는 기타 거래비용 없이 투자자산을 신속히 화폐로 전환할 수 있는 정도를 의미하며, 환금성이라고도 합니다. 거래비용에는 사자-팔자의 호가 차이, 수수료, 세금 등이 있습니다. 일반적으로 수익성과 유동성 또한 부(-)의 관계에 있습니다.

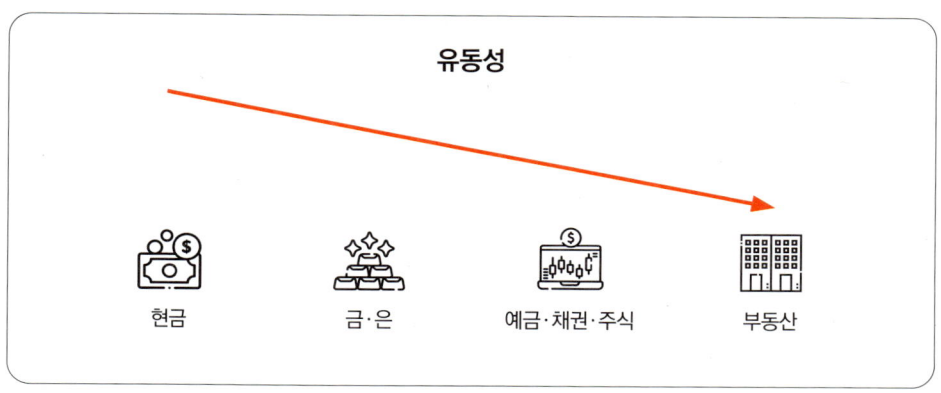

현금은 유동성 자체이며, 현금 이외의 자산이 현금으로 전환되는 것을 자산의 유동성이라고 합니다. 유동성은 자산의 양과 질, 만기, 거래 참여자의 수와 시장 상황, 거래 방법, 자금조달 여부 등에 따라 차이가 납니다. 유동성이 높은 순서는 현금 이외에 금·은 등 귀금속과 금융자산이고, 그 다음이 부동산 등 실물자산 순입니다.

투자위험은 이자율의 기간구조와 위험구조 개념으로 설명할 수 있습니다. 화폐의 가격인 이자율은 채권의 만기, 채무불이행위험, 유동성 정도, 세금 조건 등에 따라 다양한 종류의 이자율이 존재합니다. 여기서 채권 만기에 따라 이자율이 달라지는 것을 이자율의 기간구조라고 합니다. 일반적으로 이자율은 단기보다 장기가 높아 우상향하는 곡선을 그립니다. 이는 투자자들이 장기간에 걸쳐 유동성을 희생하는 데 따른 보상입니다. 또, 동일한 만기를 가진 채권도 채권발행자의 채무불이행위험, 유동성 및 소득세 등에 따라 이자율 적용이 달라지는데, 이를 이자율의 위험구조라고 합니다.

읽어두기 ②

금융의 발전과 버블의 역사

　금융은 오랜 역사를 가지고 있으며, 인류를 경제적, 사회적으로 발전시킨 원동력입니다.
　하지만 금융은 빈부격차, 금융위기, 부정부패 등의 문제를 일으킨다는 부정적인 측면도 있습니다. 금융의 발전을 단계별로 보면, 산업의 발달과 함께 새로운 금융시스템이 출현하였고, 채권이 등장하고, 주식회사가 생겨나 주식투자가 활황을 겪다가 붕괴되는 상황을 맞기도 하였습니다. 이후 금융이 계량화되고 제도화되는 과정을 통해, 전 세계적으로 전파되고 단일화되는 과정을 겪고 있습니다.

　역사적으로 금융제도의 발달은 아테네의 민주주의를 뒷받침하였고, 중국의 정교한 관료제와 유럽의 산업혁명을 이끌었습니다. 이렇듯 금융의 역사는 오래되었으나, 처음부터 좋은 이미지를 가진 것은 아니었습니다. 셰익스피어의 희곡 『베니스의 상인』에서 유대인 고리대금업자 샤일록은 악독한 인물로 그려집니다.
　수메르문명의 서판과 함무라비법전에도 이자에 대한 언급이 있으며, 이자를 지나치게 받지 못하도록 규정하고 있습니다. 『성경』의 「레위기」에서도 형편이 어려운 동족을 도와줄 때는 이자를 받지 말라는 구절이 있습니다. 중세 이전, 고리대금업은 가장 미움받는 직업 중 하나였습니다. 왜냐하면 화폐는 교환의 수단이지, 이자를 불리기 위해서가 아니기 때문이었습니다. 중세 기독교가 지배하던 시대에는 신의 것인 시간에 대해 이자를 취하는 행위를 죄악으로 여겼습니다. 심지어 중세에 고리대금업자는 땅에 묻히는 것조차 거부당하고 버려졌습니다. 유대인들이 고리대금업으로 돈을 벌 수 있었던 것도 기독교인들이 고리대금업을 할 수 없었기 때문입니다.

그러다 13세기경, 이탈리아의 피렌체를 중심으로 대부업이 발달하기 시작하였습니다. 이 중 메디치 가문은 가장 활발하게 금융업을 영위하여, 최초의 현대적인 은행을 만들어 대중에게 이자를 받고 대출해주는 영업을 하였습니다. 막대한 부를 축적하고 여러 명의 왕비와 추기경을 배출한 메디치 가문은 그들의 부를 예술과 문화에 적극적으로 후원하여 르네상스 시대를 열었습니다. 르네상스 시대는 메디치의 지갑에서 나왔다고 할 정도입니다. 메디치 가문의 적극적인 후원은 화가, 조각가, 시인뿐만 아니라 철학자, 건축가, 과학자 등 유럽 각지의 천재들을 피렌체로 끌어모았고, 다빈치, 미켈란젤로, 보티첼리 등 예술가들은 메디치 가문의 후원 덕에 생계 걱정을 덜고 걸작을 남길 수 있었습니다. 이들이 서로 만나 토의하는 과정에서 새로운 융합적 학문이 탄생하기도 하였습니다. 이처럼 서로 다른 생각이 한곳에서 만나 혁신적인 아이디어가 폭발적으로 증가하는 현상을 '메디치 효과'라고 부릅니다. 메디치 가문의 공헌 덕분에 금융을 부정적으로 바라보는 시각이 점차 줄었습니다. 메디치 가문의 후원을 받은 단테도 『신곡』에서 고리대금업자가 깊은 지옥으로 떨어진다고 묘사하였지만, 금융 자체를 부정한 것이 아닌 고리대금업의 횡포를 비판한 것이었습니다.

14~15세기경, 이탈리아는 여러 도시국가로 나뉘어 있었고, 이들은 서로 간에 잦은 전쟁을 벌인 탓에 용병이 필요하였습니다. 계속 높은 세금을 징수하기 어려웠던 통치자들은 불특정 다수의 국민들을 대상으로 채권을 발행하여 자금을 조달하고 정해진 만기에는 원금과 이자를 지급하였습니다. 미국 남북전쟁 당시 남부 측은 군자금을 조달하기 위해 면화를 담보로 채권을 발행했으며, 워털루 전투 당시 정보력이 막강했던 로스차일드 가문은 영국이 프랑스에 패했다는 거짓 정보를 퍼뜨려서 폭락한 채권을 매입하는 방법으로 큰돈을 벌었다고 전해집니다.

15세기 후반, 항해술의 발달로 대항해시대가 개막되어 교역이 활발해지면서 중국의 향신료, 차와 도자기가 당시 인기 품목으로 떠올랐습니다. 원양 교역은 큰 이익을 가져다줄 수 있는 사업이었지만, 장기간 항해에 따르는 위험부담도 컸습니다. 이에 17세기경 네덜란드 선주들은 최초의 주식회사인 동인도회사를 설립하여, 주식 발행을 통해 위험을 분산시키고 주주들에게는 미래 발생할 수 있는 수익의 청구권을 부여하였습니다. 또, 이 회사는 주주들에게 주식의 환불은 불가하지만 투자자들 사이에 매매는 가능하게 하여 주식시장을 등장시킵니다. 투자자들끼리 주식을 사고팔면서 거래에 따른 불편을 해소하고자, 암스테르담에 최초의 증권거래소가 설립됩니다. 동인도회사 이후 유럽에는 여러 주식회사들이 생겨났고, 많은 이들이 주식에 투자하면서 주식시장은 호황을 맞이하고 빠른 속도로 성장합니다. 하지만 주식투자의 광풍은 버블로 인해 붕괴를 가져왔고, 미시시피 주식 붕괴는 프랑스혁명의 원인이 되기도 하였습니다. 프랑스 외에도 네덜란드에서는 튤립파동 Tulip mania 이 있었고, 영국에서는 남해회사 사건도 있었습니다.

20세기 들어, 투자자들은 1929년 미국 대공항으로 인한 주가 대폭락, 1990년 초 일본의 부동산 버블, 2000년 초 IT 버블, 2008년 미국의 서브프라임 모기지 이슈 등을 포함해 11번 이상의 시장 급락 상황을 경험하였습니다. 2000년대 후반 글로벌 금융위기 이후 지속된 주요국의 초저금리 정책과 막대한 유동성 공급은 결국 큰 폭의 물가 상승을 불러왔고, 2022년에 들어 미국 연방준비이사회를 포함한 주요국 중앙은행들은 양적 완화 quantitative easing 를 거둬들이는 테이퍼링 tapering 과 금리 인상을 시작했습니다. 과도한 부채와 레버리지로 오를 대로 오른 자산 가격은 기준금리 인상으로 인해 이자비용이 한계에 이를 수 있다는 지적과 함께, 시장에서는 스태그플레이션 stagflation 에 대한 우려가 커지고 있습니다.

PART 2
재무정보와 분석

회계와 재무제표분석

회계는 기업의 재무상황과 경영성과를 이해관계자에게 전달하는 일련의 과정이며, 재무적 정보는 재무제표로 작성된다. 기업이 공시하는 재무제표는 기업의 경영자와 이해관계자 사이에 발생할 수 있는 정보비대칭을 해소하는 데 중요한 역할을 한다. 기업의 투명한 회계정보는 투자자들과 이해관계자들의 신뢰를 증진시켜, 궁극적으로 기업의 가치를 높이는 데 도움이 된다.

Chapter 3
회계의 기초개념

기업의 언어

기업의 목적은 이윤 극대화이지만, 그 이윤은 주주와 같은 특정 집단만을 위한 것이 아니라 기업에 관여한 모든 공동체를 위한 이윤 창출이어야 한다. 회계정보의 투명성은 해당 기업뿐만 아니라 국가의 흥망에도 중대한 영향을 미친다. 과거에 일부 기업들은 실적을 좋게 보이려고 회사의 장부를 조작하는 등의 분식회계를 저질렀다. 이로 인해 기업이 도산되고 금융시스템에 붕괴를 가져오는 등 국가적 위기를 초래하기도 하였다.

재무정보

15 회계의 중요성

> 벤처 성공을 위한 CEO의 조건-경영자가 회계를 포함한 경영에 대한 전문적인 지식을 갖추고 있지 못하면, 의사결정이 지체되거나 잘못되어 사업이 실패할 가능성이 높아진다.

회계accounting는 '모여서會 계산計한다'라는 의미이며, 국어사전에서는 "나가고 들어오는 돈을 따져서 셈함"이라고 정의되어 있습니다.

경영학에서의 회계는 '특정의 경제적 실체에 관하여 이해관계자들stakeholders이 합리적인 경제적 의사결정을 하는 데 유용한 재무적 정보를 제공하기 위한 일련의 과정 또는 체계'로 정의합니다. 여기서 이해관계자는 기업과 관련한 모든 경제주체, 즉 주주, 채권자, 경영자, 종업원, 고객, 납품업자, 정부, 감독기관 및 평가기관 등이 포함됩니다. 회계는 이해관계자들이 기업의 현재 상태를 파악하고 합리적인 의사결정을 내릴 수 있도록, 화폐액을 사용하여 정보를 제공하는 것입니다. 이러한 정보는 일관성이 있고 객관적이어야 합니다.

여러 가지 악기로 합주하는 오케스트라에서 연주자에게 악보가 없다면, 화음이 잘 맞는 연주가 불가능할 것입니다. 언어는 자신을 표현하는 일입니다. 사랑하는 사람이 각기 다른 언어를 사용한다면 사랑의 깊이를 전달하기란 쉽지 않을 것입니다.

그렇다면 기업은 어떠한 방법으로 기업의 현재 상태와 성과를 알릴까요? 기업 경영의 언어는 회계입니다. 기업은 회계라는 합의된 언어를 사용하여 재무보고서를 작성하고 그것을 이해관계자들에게 제공합니다. 기업이 보고서를 작성하려면 비용이 발생하지만, 기업은 감독기관이 정한 규칙에 따라 기업의 상태와 성과를 이해관계자들에게 투명하게 제공해야 할 의무가 있습니다.

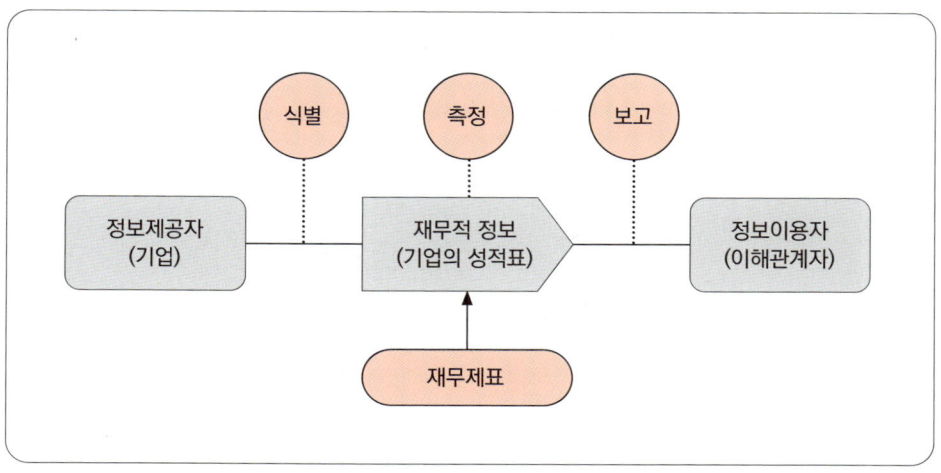

　회계정보는 경제활동을 하는 모든 경제주체에게 영향을 미칩니다. 이해관계자들은 다양한 이유로 기업의 회계정보를 필요로 합니다. 주식투자자들은 투자 여부를 기업이 제공하는 재무적 정보를 바탕으로 분석하고 결정하며, 채권자들 역시 기업에 돈을 빌려주기 전에 기업의 부도 가능성을 면밀히 파악합니다. 기업경영자는 회계보고서에 근거하여 주주들로부터 실적을 평가받은 뒤, 재신임 혹은 퇴출될 수 있습니다. 임금과 근무조건에 관심이 큰 종업원들도 근무하는 회사의 재무정보에 관심을 가집니다. 세금을 걷는 정부, 기업활동을 감시하고 감독하는 감독기관, 기업의 재무상태를 평가하는 신용평가기관 역시 기업의 재무정보를 필요로 합니다. 더불어, 고객들도 제품 구매를 결정할 때 암묵적으로 기업의 재무상태를 고려합니다. 예를 들어, 자동차를 구매하려는 사람은 해당 자동차 제조회사가 부도나게되면 사후서비스를 받지 못할 수도 있기 때문에, 제품의 가격, 품질, 디자인 외에 기업의 재무건전성까지 감안하여 판단합니다.

　회계는 식별, 측정 및 보고 과정을 통해 수행됩니다. 여기서, 식별이란 회계가 나타내야 할 현상을 관찰하고 인식하는 기능이며, 측정이란 측정 대상에 대하여 일정한 규칙에 따라 수치를 부여하는 것입니다. 보고는 일정한 보고서 양식에 따라 작성하여 공개하는 것을 의미합니다. 회계는 정보이용자의 정보 유용성을 높이고 해석의 오류를 방지하기 위해, 일정한 규칙에 따라 작성됩니다.

여행지도

기업이 회계정보를 제공하는 이유

> 미국의 '사베인스-옥슬리법'은 회계부정으로 인한 투자자의 피해를 막기 위한 법이다. 우리나라는 2020년 '신외부감사법'을 시행하였고, 이로 인해 기업의 회계투명성이 크게 제고된 것으로 조사되었다. 스위스 국제경영개발대학원이 발표한 2021년 회계투명성 순위에서 우리나라는 64개국 중 37위를 기록해, 2년 만에 24계단을 뛰어오른 것으로 파악되었다.

투명한 회계는 기업의 실상을 가급적 상세하고 정확하게 알리려는 노력입니다. 회사에 1년간 무슨 일이 있었는지 매일 들여다보지 않더라도, 재무제표상에 회계정보를 면밀히 살펴보면 회사의 실상을 어느 정도 파악할 수 있습니다. 마치, 우리가 낯선 도시로 직접 여행 가지 않고도, 상세히 그린 지도를 보면 도시의 구성을 어느 정도 파악할 수 있는 것과 같은 이치입니다.

회사가 재무정보를 작성하고 보고하려면, 인건비뿐만 아니라 시스템 도입과 유지비, 외부감사 비용 등 회사가 부담해야 할 각종 비용이 적지 않습니다. 그럼에도 불구하고, 다음과 같은 두 가지 이유 때문에 회사는 회계정보를 제공합니다.

회사는 기본적으로 민감한 정보를 외부에 제공하는 것을 꺼립니다. 그렇기 때문에, 국가에서는 규제를 통해 공시를 강제 mandatory disclosure 합니다. 우리나라는 「자본시장과 금융투자업에 관한 법률」 제159조에서, 주권상장법인 및 그 밖에 대통령령으로 정하는 법인은 사업보고서를 각 사업연도 경과 후 90일 이내 거래소에 제출하도록 공시의무를 규정하고 있습니다. 한편으로 기업은 시장에서 투자자들로부터 제대로 된 가치를 평가받기 위해 스스로 공시voluntary disclosure합니다. 또, 기업은 좋은 뉴스 말고도 나쁜 뉴스도 자발적으로 공시하는데, 이는 미래에 소송 위험이 있을 수 있기 때문입니다. 이러한 나쁜 뉴스를 공시할 때는 금요일 주식시장이 끝난 후, 또는 좋은 뉴스와 섞어서, 또는 사회에 다른 큰 뉴스거리가 나왔을 때 발표하는 등 시장에 충격을 덜 받게끔 의도적으로 조율하는 경우가 흔히 있습니다.

정직함이 기업의 지속적인 성공을 가져온다는 증거는 과거 여러 사례에서 확인됩니다. 과거 미국의 엔론과 타이코인터내셔널, 일본의 올림푸스, 중국의 루이싱 커피 등 많은 기업들이 회계부정으로 도산되거나 도산 위기에 처한 적이 있습니다. 우리나라에서도 삼미그룹, SK글로벌, 부산저축은행, 대우조선해양 등이 회계 조작과 공시 위반 등으로 문제가 되기도 하였습니다.

기업은 회사의 속사정을 투명하게 외부정보이용자들에게 전달하여, 미래 전망에 대한 불확실성을 줄여야 합니다. 이는 기업의 자본비용을 낮추고 궁극적으로는 주가가 적정한 수준을 형성하는 데 도움이 됩니다.

17 회계의 역사적 배경

신정분리 神政分離

> 회계의 역사는 인류 문명의 발전과 궤를 같이한다. 과거 피렌체와 베네치아의 상인들은 뛰어난 영업 제도와 조직을 가지고 있었으며, 환어음과 해상보험 제도의 원리를 만들었고, 상법의 기초가 되는 상법전을 발전시켰다.

경제가 발전하고 분업화되면서 자원의 소유와 관리가 분리되었습니다. 소유주는 수탁관리자로부터 자원에 대해 보고받고 자신의 이익을 보호하기 위한 수단으로 회계가 필요했습니다. 오늘날, 거래의 형태가 다양해지고 경제적 실체와 이해관계자들이 보다 복잡한 관계를 갖게 되면서, 회계의 중요성은 더욱 커졌습니다.

역사적으로 회계는 고대 바빌로니아의 메소포타미아문명에서 시작되었습니다. 이집트문명과 바빌로니아문명은 각기 다른 지리적 환경과 제도를 가지고 있었습니다. 기원전 4000년경, 메소포타미아에서는 인류 최초의 도시 우르크가 형성되고 도시를 중심으로 수메르문명이 발달하였는데, 이때 바퀴, 도로, 하수도 및 설형문자 등이 인류 최초로 만들어졌습니다. 기원전 18세기에는 함무라비 왕이 메소포타미아 전역의 도시국가들을 통일하였는데, 이때 통치 지역을 통합적으로 관리하기 위해 함무라비법전을 만들었습니다. 이 법전에는 노예, 우마, 토지, 금전 등의 매매와 대여 등 상업적 거래에 대한 기록이 남아 있습니다.

이집트와 메소포타미아는 각기 다른 통치 형태를 취했습니다. 파라오라고 불리던 이집트의 왕은 '두 땅의 주인'이라는 의미로, 이는 정치적·종교적 최고 통치자로서 그 자신이 곧 '신神'임을 뜻합니다. 반면, 메소포타미아의 지배자들은 각 도시의 수호신들을 대신하여, 수탁 기능을 하는 대리인agent 개념입니다. 신의 '대리자'인 왕은 '주인'인 신에게 자원을 위탁받아 관리하는 책임자로서, 위탁받은 자원의 상태와 성과를 신에게 보고해야 했습니다. 이를 위해 요약된 기록을 서판에 적어 보관하였습니다. 고대 이집트에서도 회계의 개념이 있었습니다. 당시 파라오에 대한 모든 기록을 남기는 필경사는 왕의 재산도 기록·관리하였습니다. 필경사들이 왕의 재산을 빼돌리는 것을 방지하기 위해 두 명의 필경사가 독립적으로 재산을 기록하도록 하고, 만일 두 기록 사이에 차이가 나면 두 필경사 모두를 처형하는 무서운 엄벌을 가했습니다. 이는 회계정보가 제대로 만들어졌는지 확인하는 행위로서, 현대의 회계감사 개념이라고 할 수 있습니다.

이후, 중세에 접어들어 무역이 크게 성장하면서 회계도 발전했습니다. 현대 회계의 기본이 되는 복식부기 개념은 이탈리아의 수도사이자 수학자인 프라 파치올리가 만들었습니다. 회계는 산업혁명을 계기로 제품의 정확한 원가계산이 필요해지면서 더욱 발전되었고, 이 시기에 등장한 주식회사라는 새로운 회사의 형태는 회계 발전에 중요한 영향을 미쳤습니다. 1602년 네덜란드의 동인도회사가 주식을 발행하면서 최초로 주식회사가 탄생합니다. 주식회사가 투자자를 상대로 주식을 발행하고 자금을 받으면서 대규모 자금이동이 발생했고, 회계기간이라는 개념이 생깁니다. 또, 명확한 근거하에 투자자들에게 배당금을 지급하기 위해, 손익계산과 배당 이익의 산출 기준, 손익계산을 위한 발생주의와 실현주의, 자산평가의 보수주의, 충당금 또는 적립금 등과 관련한 회계이론 및 세무와 법률 규제에 대한 개념이 등장했습니다. 미국이 짧은 역사임에도 불구하고 최강국으로 성장한 배경에는 회계 분야의 이론적·실질적 노력이 일정부분 기여했다고 볼 수 있습니다. 미국의 벤저민 프랭클린, 토머스 제퍼슨, 알렉산더 해밀턴 등과 같은 정치가들은 회계 개혁과 함께 회계시스템을 발전시키고 재무적 책임과 투명성이 정착할 수 있는 문화를 만들어, 현재의 미국 재정 시스템을 설계하고 실행하는 데 크게 기여했습니다. 이 시기에 회계 전문가인 공인회계사CPA 라는 직업이 생겨나기도 했습니다. 철도의 개발과 함께 빠르게 발전한 산업은 신흥 자본가들에게 막대한 '부富'를 가져다주었지만, 동시에 회계장부의 불투명한 공개로 주가가 조작되고 각종 부패가 발생하였습니다. 재정 누수가 걱정된 미국과 영국 정부는 이를 바로잡을 필요가 있었고, 기업의 회계장부를 감시하고 거짓이 없음을 확인하는 절차를 만들게 됩니다.

회계는 서양에서만 존재한 것은 아닙니다. 우리나라에서는 현대식 복식부기 원리를 사용한 고려 개성상인들의 회계장부가 발견되었습니다. 1789년 만들어진 14권의 장부에서는 사개치부법四介治簿法, 즉 자산을 뜻하는 봉차奉次, 부채인 급차給次, 이익, 손해와 같은 네 가지 개념을 사용하여 작성되었습니다. 이는 오늘날의 재무제표와 유사한 형태로, 당시 우리 조상들이 이미 현대식 합리적 경영 행위를 수행한 것으로 볼 수 있는 자료입니다.

오늘날 기업 형태와 거래는 보다 다양해지고, 여러 이해관계자들이 존재하며, 기업의 경영성과와 재무상태는 이해관계자들의 주요 관심사입니다. 앞서 언급했던 고대문명의 관점에서 보면, 오늘날 '신'은 기업의 '주인'인 '주주'이고, '왕'은 주인의 '대리인'인 '경영자'라고 할 수 있습니다. 경영자는 기업의 재무정보를 투명하고 객관적으로 제공함으로써 대리인에게 맡겨진 의무를 다하고, 이는 궁극적으로 기업 이익에 도움이 됩니다.

18 제도회계 vs. 내부회계

회계의 종류

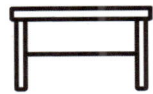

> 회계는 누구를 위한 것인가? 회계는 사용 목적에 따라 재무회계, 원가회계, 관리회계, 비영리조직회계, 정부회계 등으로 구분된다. 여기서 우리가 흔히 말하는 회계는 재무회계를 의미한다.

회계는 회계정보의 이용자가 누구냐에 따라 구분됩니다.

회계는 크게 제도회계와 내부회계로 나눌 수 있습니다. 제도회계란 외부정보이용자들을 위한 것이고, 내부회계란 회사 내부경영자의 필요성에 의해 작성되는 회계입니다.

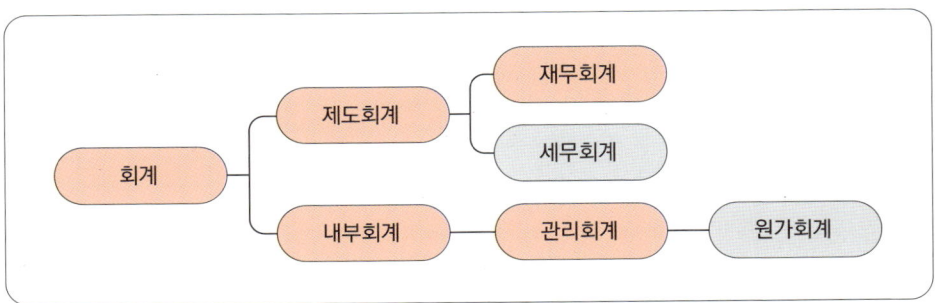

제도회계는 대표적으로 재무회계와 세무회계로 나눌 수 있습니다.

재무회계는 우리에게 가장 낯익은 회계입니다. 재무회계 financial accounting 는 재무제표를 다루는 일이며, 법적으로는 상법과 자본시장법을 따릅니다. 기업과 관련해 다양한 이해관계자들이 존재하고, 이들이 필요로 하는 정보는 각기 상이합니다. 이를 만족시키기 위해, 회계원칙을 정하고 재무제표를 작성하여 정보를 제공합니다. 재무제표는 재무상태표, 손익계산서, 자본변동표, 현금흐름표, 주석으로 구성됩니다. 세무회계 tax accounting 는 세금 부과의 기준이 되며, 세무 당국에 세무신고를 하기 위해 작성하는 회계입니다. 재무회계의 내용이 세법과 일치하지 않을 수 있기 때문에, 일반적으로 재무제표를 먼저 작성하고 재무회계와 세무회계의 차이를 조정하는 세무조정을 거쳐 세무신고서를 제출합니다.

내부회계는 관리회계와 원가회계가 대표적입니다. 관리회계managerial accounting는 경영자의 의사결정에 도움을 주기 위한 회계입니다. 관리회계는 회사 전반에 걸쳐 경영활동을 계획·지휘·감독하는 경영자의 정보 요구에 따라 작성됩니다. 이는 실무상으로 예산관리, 부문별 손익 관리 및 원가회계를 포함하는 개념입니다. 원가회계cost accounting란 기업이 생산하여 판매하는 제품의 원가를 산정하기 위한 회계입니다.

재무회계와 관리회계의 차이점을 정리하면 다음 표와 같습니다.

	재무회계	관리회계
정보이용자	외부정보이용자 (주주, 채권자, 정부, 종업원 등)	내부정보이용자 (최고경영자, 부문별 경영자 등)
작성 이유	정보의 양: 정보제공자 > 정보이용자 정보의 비대칭 발생	정보의 양: 정보제공자 = 정보이용자 정보의 비대칭 발생 없음
이용 목적	투자결정, 배당 계산, 세액 계산 등	경영자의 의사결정
작성 원칙	국가별 엄격한 회계기준	기업별 회계기준
보고서	회계원칙이 정한 보고서 양식	기업의 필요에 따른 보고서 양식
정보 내용	객관적인 과거 정보	주관이 개입되어 있는 예측 정보를 포함

회계기준

19 원칙중심 vs. 규칙중심

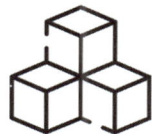

> 규칙중심하의 회계에서는 기업의 재무정보를 정해진 규칙에 따라 수동적으로 관리하는 업무인 반면, 원칙중심하의 회계는 재무관리자에게 회계 관리에 대한 능력뿐만 아니라 기업경영과 경제 전반에 대한 전문적인 지식과 분석 및 판단 능력이 요구된다.

기업회계기준은 기업이 회계처리를 하고 재무제표 작성 시 준수해야 하는 통일된 기준입니다. 회계기준은 재무제표의 투명성을 높이고, 기업 간에 재무정보를 비교 가능하도록 만든 것입니다. 각 회사들이 자신들만의 기준을 적용하여 재무제표를 만든다면, 정보이용자들은 정보 해석에 어려움이 있고 타 회사와 비교가 어려울 것입니다.

현재, 전 세계적으로 통용되는 회계기준은 회계기준위원회 FASB 가 제정하고 일반적으로 인정된 회계원칙 GAAP 과 국제회계기준위원회 IASC 가 만든 국제회계기준 IFRS 이 있습니다. 각 국가는 그 나라에서 통용되는 회계원칙을 가지고 있는데, 이것을 GAAP generally accepted accounting principles 이라고 합니다. 모든 기업은 원칙적으로 GAAP에서 정한 회계원칙에 따라 회계처리를 하고, 재무제표를 작성해야 합니다.

1960년대에 들면서 국제회계기준 IAS 이 새롭게 탄생했습니다. 이는 기업이 허위로 재무제표를 작성하는 것을 방지하고, 회계 프로세스와 보고의 표준화를 진척시키기 위한 목적으로 출발하였습니다. 이후, 자본시장에 국경이 무너지고 새로운 형태의 거래가 생기는 등 비즈니스 관행 및 경제 환경이 변화하면서, 회계 개념과 기준을 업데이트하고 개선해야 할 필요성이 생겼습니다. 이에 국제적으로 통일된 고품질의 회계기준 IFRS 을 제정하고 사용하게 되었습니다. IFRS와 GAAP의 기본적인 차이점은 다음과 같습니다.

IFRS	U.S. GAAP
원칙중심	규칙중심
공정가치(시장가치)	역사적 원가(취득원가)
연결재무제표	개별 기업 단위 재무제표

GAAP은 규칙중심 rule-based 을 지향하는 기준인 반면, IFRS는 원칙중심 principal-oriented 으로 기업의 자율성과 감사인의 전문적 판단을 중시하는 기준입니다. 규칙중심은 구체적인 판단 기준부터 예외 사항까지 자세히 규정하고, "이것은 안 돼" 또는 "이것은 돼"로 상세히 결정한 것입니다. 원칙중심은 원칙만을 정하고, 구체적인 규칙은 각 기업 스스로 결정하는 기준입니다. IFRS는 경영자가 경제적 실질에 기초하여 합리적으로 회계를 처리할 수 있도록, 회계처리의 원칙과 방법을 제시합니다. 그런 만큼 원칙중심은 기업이 처한 실제 상황을 반영하는 데에 좀 더 적합한 기준이라고 할 수 있습니다. IFRS가 원칙주의를 채택하는 이유는 국제적으로 통일된 기준을 설정해야 하는데, 각국의 개별적인 사항들을 통일된 기준에 모두 적용할 수 없기 때문입니다. 또한, GAAP은 역사적 원가인 취득원가를 사용하지만, IFRS는 기업의 자산과 부채를 평가함에 있어 공정가치 또는 시장가치 기준을 확대하여 토지와 건물과 같은 유형자산은 물론 무형자산도 재평가가 가능하도록 합니다. GAAP은 개별 단위 기업의 재무제표를 작성하는데, IFRS는 연결재무제표를 작성하도록 규정합니다. 즉, 지배회사와 종속회사는 법적으로는 독립되어 있지만, IFRS에서는 두 회사가 하나의 경제 실체인 것으로 간주하고 작성합니다.

유럽이 주도적으로 만든 IFRS는 2018년 4월 기준으로 우리나라를 포함한 전 세계 144개국이 채택하고 있습니다. 반면, 미국을 포함한 일부 국가들은 여전히 GAAP을 사용합니다. 우리나라는 미국회계기준 U.S. GAAP 을 반영한 기업회계기준서 K-GAAP 를 사용하였으나, 2007년 한국채택국제회계기준 K-IFRS 을 도입하고 2011년부터 모든 상장기업이 K-IFRS를 의무적으로 적용하도록 규정하고 있습니다. 현재, 우리나라에서는 K-IFRS 사용을 3원화하고 있습니다. 상장기업의 경우 무조건 K-IFRS를 적용해야 하며, 비상장 일반기업 및 공공기관은 K-IFRS와 K-GAAP 두 가지 중 하나의 기준을 선택할 수 있습니다. 중소기업은 K-IFRS, K-GAAP, 중소기업회계기준 세 가지 중 회사의 선호도에 따라 선택하여 사용할 수 있습니다.

무슨 내용이 담겨 있나?

20 재무제표의 구성

> 스타트업의 성공 열쇠는 무엇인가? 스타트업에게 창의적인 아이디어, 기술력, 도전 정신 외에 안정적으로 자금을 수급하는 일이 사업의 성패를 가르는 중요한 요소이다. 자금을 조달하기 위해서는 추정재무제표를 작성하고, 이를 근거로 투자자들을 설득해야 한다.

재무제표 financial statements 는 기업의 재무상태나 경영성과 등 기업의 수많은 정보를 함축, 요약하여 제공하는 문서입니다. 상장기업은 재무제표를 작성한 후 외부감사인의 의견을 받아 매년 결산기에 일반에게 공개합니다.

기업은 여러 이해관계자들에 대한 이해 조정 책임과 기업활동과 관련한 사회적 책임을 지게 되는데, 이를 위해 일정 시점과 기간에 재무상태와 경영성과를 공시합니다. 재무제표는 재무상태표 statement of financial position 또는 balance sheet, 포괄손익계산서 statement of comprehensive income, 자본변동표 statement of changes in equity, 현금흐름표 statement of cash flow와 주석 footnotes 으로 구성됩니다.

재무상태표	일정 시점 현재 기업의 재무상태 즉, 자산, 부채, 자본의 상태를 보여주는 보고서
포괄손익계산서	일정 기간 동안 기업이 달성한 경영성과, 즉 당기순손익 정보를 제공하는 보고서
현금흐름표	일정 기간 동안 자본금이 변동한 내역을 기록한 보고서
자본변동표	일정 기간 기업의 현금 변동 사항을 나타내는 보고서
주석	4개의 보고서를 더 잘 이해할 수 있도록 추가적으로 설명한 보고서

재무상태표는 일정 시점을 기준으로 보고서를 작성해야 하고, 포괄손익계산서, 현금흐름표 및 자본변동표는 일정 기간의 변동 내용을 기록하는 보고서입니다. 또한, 재무상태표, 포괄손익계산서와 자본변동표는 발생주의accrual basis를 기초로 작성하고, 현금흐름표는 현금주의cash basis를 기준으로 작성합니다.

재무제표는 기업 이해관계자들의 경제적 의사결정에 매우 중요한 영향을 미치며, 경영자의 기업경영 능력을 평가하는 척도로도 중요한 의미를 가집니다. 주식회사의 경우, 외부감사인인 회계법인은 회사에서 작성한 재무제표를 감사한 후, 감사의견이 표명된 감사보고서를 증권선물위원회 및 한국공인회계사회에 제출해야 합니다.

회계처리

계정과 계정과목

> 현재 우리나라가 채택한 K-IFRS는 기본 원칙만 제시하고 구체적인 회계처리는 기업의 재량에 맡긴다는 기준이다. 하지만 여전히 규제 중심적 사고에서 탈피하지 못하고 있기에, K-IFRS와 K-GAAP 사이에 기본 개념과 취지가 뒤섞여 있고, 기업들의 회계처리를 혼란스럽게 만든다는 지적이 있다.

재무제표에서 우리가 흔히 사용하는 계정과 계정과목은 어떻게 다른가요?

계정account이란 재무제표 작성 시에 같은 종류나 동일 명칭의 자산asset, 부채liability, 자본capital, 비용expense, 수익income에 대하여 그 증감을 계산하고 기록하기 위하여 설정한 단위입니다.

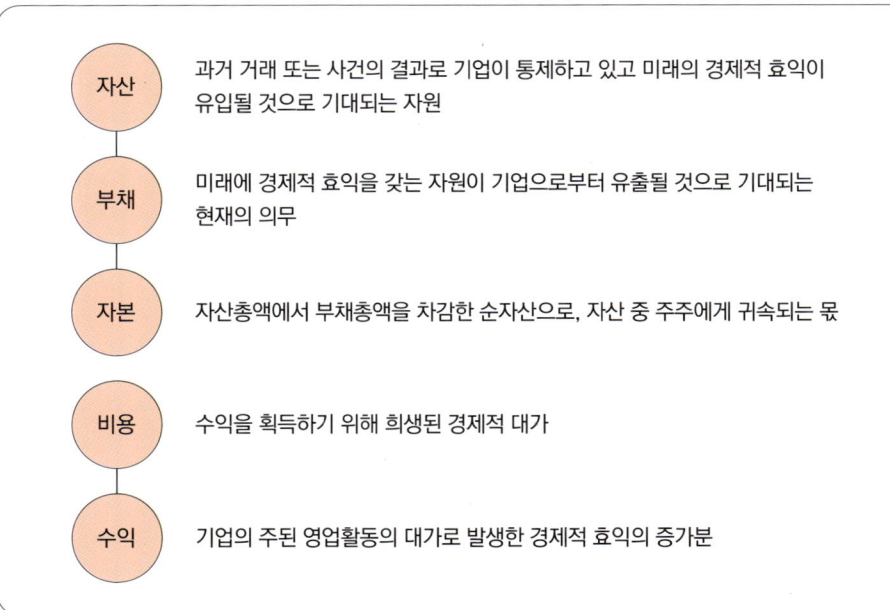

계정과목account code 이란 정해진 규칙에 의해 기록하는 계정의 각 세부 항목입니다. 거래를 회계장부에 옮겨 적기 위해서는 분개journal entry 작업을 해야 하는데, 이를 위해서는 계정과 계정과목을 알아야 합니다. 거래에 따라 여러 종류의 계정과목이 사용됩니다. 아래 그림은 계정별 계정과목을 일부 표시한 것입니다.

자산, 부채 및 자본 계정의 계정과목은 재무상태표에 기록되며, 비용과 수익 계정의 계정과목은 손익계산서에 기록됩니다. 이를 전산화하여 기록하기 위해, 각 계정과목에 코드를 부여하여 시스템에 입력합니다.

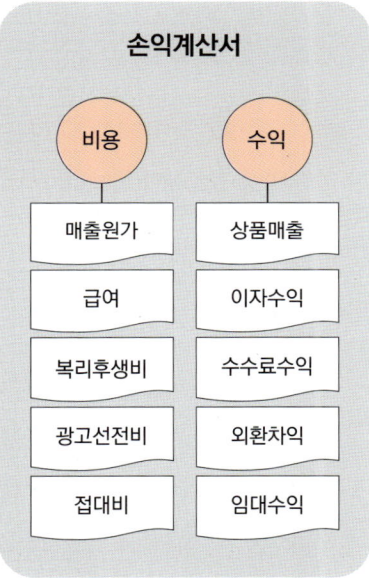

회계등식

대차평형의 원리와 거래의 8요소

> 신생기업들 대부분은 자체적으로 회계 업무를 처리할 역량이 부족하여, 외부 회계사나 세무사에게 장부 작성 업무를 위탁한다. 하지만 장부 작성이 잘못되었을 때 가장 큰 피해를 입는 대상은 회사이기 때문에, 기업의 경영자는 회계처리에 관심을 가져야 한다.

회계등식이란 자산, 부채 및 자본 간의 관계를 말하며, 자산의 총액은 부채와 자본을 합한 값과 항상 일치해야 합니다.

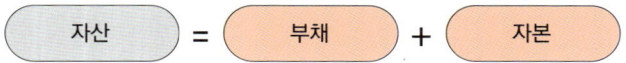

간단한 예를 살펴보겠습니다. 음식 배달 회사의 창업을 준비하는 A씨는 1억 원을 들여 오토바이 20대를 구매하기로 하였습니다. 하지만 A씨가 가진 돈은 7,000만 원뿐이어서, 부족한 3,000만 원은 은행으로부터 대출을 받아 오토바이를 구매하였습니다. 이를 회계등식에 적용하면, A씨의 회사가 구매한 오토바이 1억 원은 자산, 은행에서 차입한 3,000만 원은 부채, 창업 시 보유하고 있던 자기 자금 7,000만 원은 자본으로 기록됩니다.

A사의 재무상태표

자산: 1억 원		부채: 3,000만 원
		자본: 7,000만 원
차변 합: 1억 원	=	대변 합: 1억 원

재무상태표에서, 자산은 왼쪽인 차변 debit, 부채 및 자본은 오른쪽인 대변 credit 에 기입합니다. 손익계산서에서는 수익·비용 대응의 원칙에 따라, 비용은 차변, 수익은 대변에 기록합니다. 이렇게 대응해서 기록하는 방식이 복식부기입니다. 모든 거래에는 거래의 원인과 결과가 존재하는데, 복식부기는 이 두 가지 측면을 차변과 대변에 기록하는 것입니다.

복식부기는 회계등식의 대차평형의 원리 principle of equilibrium 를 따릅니다. 거래가 발생하여 계정에 기록할 때, 차변과 대변에 상호 대응되는 두 개 사항을 동시에 기입하여, 차변 금액의 합계와 대변 금액의 합계가 항상 동일하게 유지되도록 합니다. 따라서 복식부기를 사용하는 재무제표에서는 차변과 대변에 서로 다른 금액이 산출될 수 없습니다.

회계상의 거래가 이루어지면, 차변에는 자산의 증가, 부채의 감소, 자본의 감소 및 비용의 발생이 기록되고, 대변에는 자산의 감소, 부채의 증가, 자본의 증가 및 수익의 발생이 기록되는데, 이를 거래의 8요소라고 합니다.

거래의 8요소

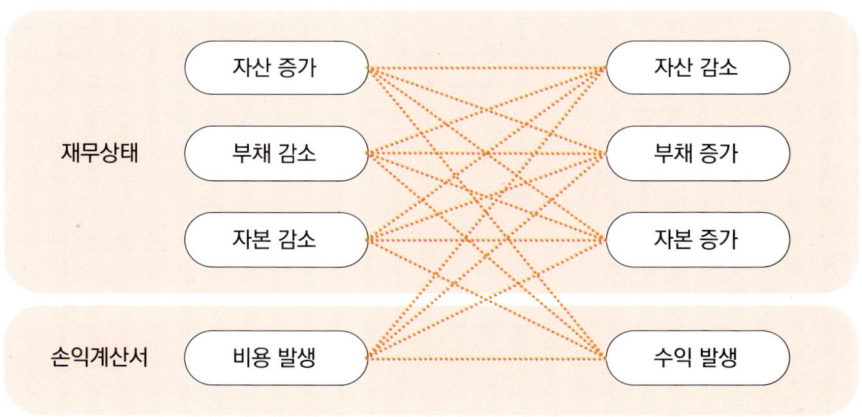

위 그림의 각 선들은 차변과 대변 양방향으로 그려져 있습니다. 이는 자산, 부채, 자본의 거래로 변동이 있는 경우, 차변에 발생한 변화액은 반드시 대변에도 반영되어야 한다는 것을 의미합니다. 이처럼 모든 거래는 반드시 둘 이상이 서로 결합하여 기업의 재무상태에 영향을 미치게 됩니다. 이를 거래의 이중성 duality of transactions 이라고 하며, 이는 복식부기의 토대입니다. 예를 들어, 상품을 현금으로 팔게 되면 '상품' 계정과목의 자산이 줄어 대변에 기록되고, 이와 동시에 '현금' 계정과목의 자산이 증가하여 차변에 기록됩니다. 다른 예를 보면, 은행 대출을 현금으로 갚으면, 차변 '차입금' 계정과목의 부채가 줄고 동시에 대변 '현금' 계정과목의 자산이 같은 금액만큼 줄어듭니다. 이것이 거래의 이중성입니다. 회계에서 거래의 분개를 수행하려면, 여러 계정과목에 대한 숙지가 필요합니다.

수익과 비용

발생주의원칙

> 발생주의회계는 회계기간의 경영성과를 보다 정확히 제공하는 데 목적이 있다. 현금주의회계는 현금이 들어올 때 수익을 인식하고 나갈 때 비용으로 인식하는 손쉬운 계산법이지만, 손익의 실질을 제대로 반영하지 못한다.

거래의 종결과 관계없이, 기업은 6개월 또는 1년 등 정해진 기준 시점에 맞추어 재무정보를 이해관계자들에게 제공합니다. 예를 들어, 외상으로 매출이 발생하여 재무제표를 작성하는 기준 시점까지 현금을 받지 못했더라도 수익으로 인식하고, 외상으로 매입하여 현금을 지급하지 않았더라도 비용으로 인식하는데, 이를 발생주의원칙이라고 합니다.

발생주의회계 accrual-basis accounting 는 손익계산서 작성의 기본 원칙입니다. 발생주의회계에서 회계상의 수익과 비용은 현금 수취와 지급 시점이 아닌, 경제적 사실의 발생 시점에 기초하여 계상합니다. 발생주의에서 수익을 인식하기 위해서는 실현기준(수익 실현이 되었거나 실현 가능한 시점에 인식)과 가득기준(수익에 대한 경제적 권리를 주장하기에 충분할 정도의 의무를 수행) 두 가지를 동시에 충족해야 합니다. 반면, 현금주의회계 cash-basis accounting 는 현금 유출입 시점을 기준으로 인식합니다. 또, 발생주의원칙에서 비용은 수익·비용 대응의 원칙 principle of matching costs with revenues 에 의거해 작성됩니다. 즉, 특정 거래와 관련하여 발생한 수익과 비용은 동일한 회계기간에 인식하도록 규정하고 있습니다.

예를 들어, 2021년 A커피전문점은 커피 원재료인 커피빈을 현금 100만 원을 지불하고 구매하였습니다. 하지만 원재료 구매의 현금 지출 100만 원은 당장 비용으로 기록하지 않습니다. 이듬해인 2022년 실제 커피 판매가 이루어져 매출 200만 원이 발생한 시점에 비로소 커피빈 구매비용 100만 원을 인식하게 됩니다. 만일, 동일한 회계기간 내에 수익과 비용을 대응해서 인식하지 않는다면, A커피전문점은 2021년 비용이 과대계상되어 100만 원의 손실이 발생한 것처럼 보일 것이고, 2022년에는 비용이 과소계상되어 수익이 200만 원 발생한 것으로 보고될 것입니다.

기업은 주기적으로 재무상태와 경영성과를 보고해야 하는데, 그 주기를 회계연도 또는 회계기간이라고 합니다. 우리나라 상법에서는 한 회계기간이 1년을 초과할 수 없도록 규정하고 있으며, 다만 회계기간의 시작과 종료일은 기업이 선택하여 정할 수 있습니다.

회계에 사상?

24 보수주의원칙

> 회계에서 보수주의는 기업 재정의 건전성을 높이기 위해, 비용 및 수익의 계상을 신중히 하는 것을 말한다. 보수주의에서 비용은 발생주의를 따르고, 수익은 실현주의 원칙을 적용한다. 마이크로소프트의 빌 게이츠는 비용을 서둘러 처리하고 매출액은 미루거나 누락하는 방법을 사용하였는데, 이로 인해 이익을 조작했다는 혐의로 미국 증권거래위원회의 조사를 받기도 했다.

우리는 흔히 보수주의保守主義를 진보주의進步主義와 반대되는 정치적 성향을 일컫는 의미로 사용합니다. 그러나 회계에서의 보수주의는 손익계산서상에서 '손실이나 비용은 가급적 조기에 반영하고, 수익이나 이익은 보다 엄격하게 보고 되도록 늦추어서 인식'하는 개념입니다. 또한, 재무상태표상으로는 '부채는 가능한 한 많이 계상하여 과소평가되지 않게 하고, 자산은 되도록 적게 잡아 과대평가되지 않도록' 하는 원칙입니다. 예를 들어, 자동차회사가 차를 판매할 때, 자동차회사는 사후에 리콜이 일어날 수 있는 가능성에 대비하여 일정 충당금을 쌓고 이를 당기 실적에 반영해야 합니다. 즉, 미래에 일어날 가능성이 높고, 손실 금액의 추정이 가능하면, 우발손실로 인식하지만 우발이익은 인식하지 않습니다.

보수주의는 안정성의 원칙이라고 합니다. 예를 들어, 회계장부에 비용은 빠짐없이 기록하지만 수익은 확정된 사항만 기록합니다. 자연히 재무제표상 기업의 이익과 세금 지불액이 줄면서, 회사 전체의 현금유출이 줄게 됩니다. 회계정보 제공의 관점에서 보면, 기업의 좋은 뉴스보다는 나쁜 뉴스를 조기에 정보이용자들에게 알리는 것입니다. 과거에 많은 기업들이 이익과 자산 규모는 부풀리고 손실과 부채 규모는 줄이려는 과오를 범했고, 투자자들은 이에 현혹되어 손실을 보았습니다. 따라서 투자자들은 기업이 처한 불확실성과 위험을 적극적으로 고려하여 회계처리를 하도록 주문하게 되었습니다. 기업 입장에서도 투자자들의 불안감을 줄일 수 있어서, 궁극적으로는 기업에 이득이 됩니다.

과거 연구에 따르면, 보수주의회계가 기업의 주가변동성과 주가 폭락을 줄인다는 연구결과가 있습니다. 마이크로소프트는 보수적인 방법으로 회계처리를 하는 회사로 유명합니다. 빌 게이츠는 '회계는 단순히 장부 정리를 하는 부기가 아니라, 기업의 중요한 전략이다'라는 견해를 가지고 있습니다. 개발비는 즉시 비용으로 처리하고, 수입의 일부는 사후관리에 들어가는 비용과 대응해 기록하였습니다. 결과적으로, 마이크로소프트는 지속적인 성장을 이루고 안정적 수익을 주주들에게 제공하였습니다.

보수주의원칙은 충당부채뿐만 아니라 저가법에 의한 자산평가, 수익의 인식은 실현주의를 사용하고 비용은 발생주의에 의한 계상, 우발채무의 인식, 인플레이션 발생 시 재고자산을 후입선출법으로 평가하는 등의 회계기준과 관련이 있습니다. 페이스북, 아마존, 넷플릭스, 구글과 같은 e-비즈니스 기업들은 자신들의 기업가치가 회계적으로 반영하기 어려운 지식재산권 등의 무형자산과 관련이 있어, 회계상으로 저평가되어 있다고 주장합니다. 현재 보수주의원칙에서 이러한 무형자산의 적정 가치평가는 향후 많은 논의가 필요한 어려운 문제입니다.

25 계속기업

기업의 존속

> 계속기업의 불확실성은 기업에 유동자금이 없거나 자본잠식이 발생했음을 의미한다. 계속기업의 불확실성 의견이 표명된 회사는 현재의 감사의견이 적정의견이더라도, 향후 부적정의견으로 변경되거나 상장이 폐지될 위험이 있다. 금융감독원에 따르면, 계속기업 불확실성이 기재된 회사는 기재되지 않은 회사에 비해 1년 이내에 상장이 폐지되거나 부적정의견을 받을 확률이 약 11배 더 높은 것으로 조사되었다.

재무제표는 '공정한 표시와 한국채택국제회계기준의 준수'를 기반으로 기업의 재무상태, 경영성과 및 그 변동 내역을 진실하고 공정하게 표시해야 합니다.

재무제표는 기업이 계속기업going concern이라는 가정하에 작성됩니다. 계속기업이란 기업이 그 목적과 의무를 이행하기에 충분할 정도로 장기간 존속하는 생명을 가진 조직체라는 의미입니다. 즉, 해당 기업은 경영활동을 청산하거나 중대하게 축소시킬 의도가 없을 뿐만 아니라, 청산이 요구되는 상황도 없다고 가정합니다. 만일, 계속기업으로서의 존속 능력에 유의적 의문이 제기될 수 있는 사건이나 상황이 발생한 경우에는 그러한 불확실성을 공시해야 합니다.

계속기업은 1회적으로 투자하여 회수하고 청산하는 사업이 아닌, 지속적인 사업과 수익을 내기 위해 경영활동과 재투자를 수행하는 기업을 말합니다. 재무제표 항목 중 일부는 상각 또는 자산재평가 등의 평가방법을 사용하는데, 만약 기업이 사업을 중단하게 되면 평가가 청산기준으로 바뀌어야 하고, 이로 인해 가치가 크게 하락할 가능성이 있습니다. 심한 경우 자산에서 부채를 빼고 나면 주주에게 할당할 것이 없는 깡통회사가 될 수도 있습니다. 이러한 이유로 재무제표에 표시된 수치에 신뢰를 주기 위해서는, 계속기업의 가정이 필요합니다. 다음은 외부감사인이 '모' 기업의 감사의견을 거절하면서 근거로 제시한 내용의 일부입니다.

> **의견거절의 근거:** 회사의 분기재무제표는 회사가 계속기업으로서 존속한다는 가정을 전제로 작성되었으므로, 회사의 자산과 부채가 정상적인 사업활동 과정을 통하여 회수되거나 상환될 수 있다는 가정하에 회계처리되었습니다. 그러나 당 회사는 보고 기간 종료일 현재 영업손실과 분기 순손실이 발생하였습니다. 또한, 회사의 유동부채는 유동자산을 초과하였습니다. 이러한 상황은 계속기업으로서 그 존속 능력에 유의적 의문을 제기하고 있습니다. 회사가 계속기업으로서 존속할지의 여부는 주석에서 설명하는 부채 상환과 기타 자금 수요를 위해 필요한 자금조달계획과 안정적인 경상이익 달성을 위한 재무 및 경영개선 계획의 최종 결과에 따라 좌우되는 중요한 불확실성을 내포합니다. 그러나 이러한 불확실성의 최종 결과로 발생될 수도 있는 자산과 부채 및 관련 손익 항목에 대한 수정을 위해 이를 합리적으로 추정할 수 있는 검토 증거를 확보할 수 없었습니다.

기업 경영은 늘 커다란 불확실성을 내포하고 있어, 이해관계자들은 계속기업에 대한 의문을 가질 수 있습니다. 감사인은 감사보고서에 감사의견을 작성할 때, 해당 기업의 존속에 대한 불확실성이 존재하는지 여부를 확인하고, 이를 감사의견에 반영해야 합니다.

자산의 평가

26 원가주의 vs. 시가주의

> 시가평가제에서는 자산의 시가가 변하면 그 가치가 재무제표에 즉시 반영되지만, 역사적 원가주의에서는 해당 자산을 처분했을 때 비로소 변동액이 재무제표에 반영된다. 부동산이나 토지와 같은 유형자산뿐만 아니라 눈에 보이지 않는 특허권, 영업권, 상표권 등 무형자산도 자산재평가를 통해 기업가치를 올리고 부채비율을 낮출 수 있다.

재무상태표의 자산은 원가주의cost valuation basis를 사용하여 작성됩니다. 원가주의란 자산 금액을 해당 자산의 취득원가에서 수수료·운송비·설치비 등 직접비용을 제하고 기록하는 것으로, 자산이 판매되기 전까지는 그 자산에 대한 손익이 발생하지 않습니다. 따라서 원가주의에서 자산을 보유하는 기간 중에는 시가의 변동이 있어도 평가금액을 바꿀 수 없습니다.

원가주의는 주관이 들어가지 않고 추정이 필요 없기 때문에 객관적이라는 장점이 있지만, 회계정보가 기업의 실제 경제적 상황을 반영하지 못한다는 단점이 있습니다. 자산평가 방법에는 시가를 기준으로 하는 시가주의, 시가와 원가를 비교하여 낮은 쪽을 기준으로 하는 저가주의가 있습니다.

시가주의market price basis는 자산 금액을 결산 시에 시장가격으로 평가하는 방식입니다. 시가주의는 시가가 취득 당시 원가를 상회하면 이익이 됩니다. 따라서 시가주의는 기업의 회계정보가 실제 경제적 상황을 반영한다는 장점이 있는 반면, 평가가액의 객관성에 문제가 있을 수 있고 미실현 손익이 이익에 포함되어 현금흐름과 동떨어진 숫자가 생성될 수 있다는 단점이 있습니다. 시가주의는 시장에서 거래되는 가액을 기준으로 평가하는데, 시장에서 거래가 없으면 시가는 존재하지 않습니다.

예를 들어, 비상장주식은 시장에서 흔히 거래되지 않기 때문에 시가가 존재하지 않는 경우가 생길 수 있습니다. 공정가치 fair value 란 자산이 거래될 수 있는 합리적 가격, 즉 시장가격에 준하는 추정가격입니다. 예를 들어, 기업의 미래현금흐름의 현재가치는 주식의 공정가치로 인정됩니다. 즉, 합리적인 방법으로 가치를 설명할 수 있으면 공정가치로 사용될 수 있습니다. 저가주의 lower of cost or market 는 복수의 가격 중에 가장 낮은 가격을 기준으로 삼는 보수적인 평가방식입니다. 즉, 시가에 비하여 원가가 낮은 경우는 원가를 기준으로 하고, 시가가 원가보다 낮으면 시가를 기준으로 삼는 방식입니다.

다른 원칙을 살펴보면, 재무제표 작성에는 중요성과 통합 표시 원칙이 있습니다. 중요성과 통합 표시 원칙이란, 재무제표의 항목이 중요하면 별도로 표시하되 중요하지 않고 성격이나 기능이 유사한 항목들은 통합하여 표시할 수 있다는 원칙입니다. 여기서 중요성의 판단 기준은 어떤 정보의 누락이 정보이용자의 경제적 의사결정에 영향을 미치는지에 대한 여부입니다.

또한, 재무제표는 회계기준에서 별도로 요구하거나 허용하지 않는 한, 자산과 부채 및 수익과 비용을 상계하지 않고 총액으로 표시합니다. 다만 거래의 실질을 더 잘 나타내는 경우에 한해서는 상계하여 표시할 수 있습니다. 일관성 원칙 또한 회계원칙 중 하나입니다. 일관성이란 기업이 정당한 사유가 충분한 경우를 제외하고는, 동일한 회계원칙을 사용하여 회계처리를 수행하고 공시해야 한다는 원칙입니다.

예를 들어, 재고자산평가는 선입선출법과 평균법, 감가상각은 정액법과 정률법 등의 방법을 기업이 자율적으로 선택하여 사용할 수 있습니다. 하지만 기업이 일단 이 방법들 중 한 가지를 선택하면, 변경 없이 하나의 방법을 계속 사용해야 합니다.

적정의견

감사보고서

> 감사보고서의 적정의견은 '투자를 해도 좋다'는 의미가 아니다. 감사의견은 기업이 작성한 재무제표가 회계처리기준에 따라 적정하게 표시되었는지를 나타내는 외부감사인의 의견을 의미한다.

회계감사란 회사의 재산이나 업무의 집행 상태를 검토하고 확인하는 일이며, 부정과 오류를 방지하기 위해 생겨났습니다.

감사는 크게 법정감사와 임의감사로 나눌 수 있습니다. 법정감사는 일정 규모 이상의 기업들에게 외부감사를 받은 후 감사보고서 audit report 를 공시하도록 의무화한 것이며, 임의감사는 법적 의무와 관계없이 투자자로부터 대규모 투자금을 유치하거나 투자자 등이 감사보고서의 제출을 요구할 때 이루어집니다. 외부감사로부터 감사를 받게 규정하는 이유는, 기업회계의 투명성을 높이고 보다 신뢰성 있는 정보를 제공함으로써 투자자들의 피해를 막기 위한 것입니다.

감사보고서는 외부감사인인 회계법인의 공인회계사가 회사의 장부 및 서류를 열람하고, 재무제표에 대하여 신중히 검토한 후 감사의견을 기재하도록 합니다. 「주식회사 등의 외부감사에 관한 법률」에 의해 일정 규모 이상의 회사와 상장회사는 회계법인으로부터 재무제표 적정성에 대하여 외부감사를 받아야 하고, 회계법인은 해당 기업의 감사보고서를 법적 공시

일까지 금융감독원의 전자공시시스템 DART(홈페이지 http://dart.fss.or.kr/)에 공시해야 합니다. 감사보고서는 회사가 작성한 재무제표와 외부감사인의 감사의견으로 구성됩니다. 회계법인이 표명하는 감사의견에는 적정의견, 한정의견, 부적정의견, 의견거절이 있습니다. 다음은 '모' 회계법인이 기업의 재무제표를 검토한 후 표명한 '의견거절' 감사의견입니다.

> **의견거절의 근거:** 우리는 Y회사의 재무제표에 대한 감사 계약을 체결하였습니다. 해당 재무제표는 재무상태표, 포괄손익계산서, 자본변동표, 현금흐름표 그리고 유의적인 회계정책의 요약을 포함한 재무제표의 주석으로 구성되어 있습니다. 우리는 별첨된 회사의 <u>재무제표에 대하여 의견을 표명하지 않습니다</u>. 우리는 이 감사보고서의 의견거절 근거 단락에서 기술된 사항의 유의성 때문에 재무제표에 대한 감사의견의 근거를 제공하는 충분하고 적합한 감사증거를 입수할 수 없었습니다.

감사보고서는 다양한 정보를 제공합니다. 감사보고서의 회계법인 의견은 상장회사의 경우 관리종목 편입 및 상장폐지의 기준이 되므로, 이해관계자들에게 매우 중요한 정보입니다. 감사보고서에는 재무정보 외에 손실가능성, 위험 요소 및 관련 관리정책 등과 같은 비재무적정보들도 주석에 포함됩니다. 회사의 사업보고서와 증권사의 기업보고서는 당사자인 회사 및 법적 책임이 없는 증권사가 작성하는 보고서입니다. 반면, 감사보고서는 책임 있는 전문가의 확인을 거친 재무보고서로서, 회사에 불리한 내용도 포함되기 때문에 투자자 입장에서는 의사결정을 위한 검토 자료가 됩니다. 감사보고서는 통일된 회계기준에 의해 작성되어, 정보이용자의 이해 가능성을 높이고, 회사 간, 산업 간 또는 시간상의 비교를 가능하게 합니다. 하지만 주의해야 할 점이 있습니다. 감사보고서의 적정의견은 '투자를 해도 좋다'는 의미가 아닙니다. 외부감사인의 적정의견은 해당 재무제표가 기준에 어긋남이 없이 제대로 작성되었다는 것을 표명하는 것입니다. 즉, 수익이 좋지 않은 기업이라도 그들의 실적을 일체의 조작 없이 재무제표에 표시하였다면, 감사보고서에는 적정의견으로 표시됩니다.

영국에서는 오늘날과 유사한 감사보고서를 16세기 말부터 이미 작성해오고 있었습니다. 미국의 경우에는, 1929년 대공황 시기에 회계장부상으로 건전한 기업에서 부실이 드러나고 도산하면서 1933년에 「증권법」과 1934년에 「증권거래법」이 제정되었고, 이 시기에 외부감사를 의무화하였습니다. 한국의 경우 1962년 「증권거래법」이 제정되면서 외부감사 제도가 시작되었고, 1966년 「공인회계사법」이 제정되고, 1968년 '회계법인제도'가 도입되었습니다. 2020년 개정된 법에는 직전년도 자산 500억 원 이상이고 매출이 500억 원 이상인 회사는 모두 외부감사를 받도록 규정하고 있습니다. 외부감사인은 독립성과 전문성을 갖추어야 하고, 높은 수준의 감사 서비스를 제공해야 합니다. 이를 위해 계속감사기간audit tenure에 제한을 두고 있습니다. 한 회계법인이 오랫동안 피감사회사의 감사를 수행하면, 해당 회사에 대한 이해도는 높아질 수 있지만 회계법인과 피감사회사 사이에 특정 관계가 형성되어 독립적인 감사가 이루어지지 못할 수 있기 때문입니다. 우리나라에서는 계속감사기간을 6년, 그 후 3년은 금융당국이 정하는 회계법인을 써야 하는 주기적 지정제를 시행하고 있습니다.

> 읽어두기 ③

화장하는 기업이 아름답다?

화장化粧은 가장 보편적이고 원초적인 장식 행위이며, 인간의 미적 본능입니다. 화장품을 뜻하는 cosmetics이라는 단어는 희랍어 'kosmos'에서 유래한 말로, 질서를 의미하며 혼돈을 뜻하는 'kaos'와 반대되는 개념입니다. 얼굴을 보다 조화롭게 표현하는 화장은 우주의 질서를 추구하는 행위라고도 할 수 있습니다.

기업들도 화장을 하여 기업의 성과와 미래 비전을 보다 좋게 보이려고 노력합니다. 하지만 일부 기업들은 지나치게 짙은 화장으로 위장하여 문제를 일으키기도 합니다. 기업의 재무적 정보를 이해관계자들에게 제공하는 회계는 꾸밈없는 숫자로 표현되어야 합니다. 또, 개인의 화장이 잘못되면 자신의 피부에만 부작용이 남지만, 기업의 잘못된 회계정보는 선량한 다수의 투자자와 종업원 들에게 큰 피해를 입히는 범죄행위가 됩니다.

회계부정 accounting fraud은 샐러드를 더 먹음직스럽게 만드는 드레싱의 의미로 창문장식 window-dressing이라고도 합니다. 회계부정은 달성하고자 하는 목표가 있고 의도적이라는 점에서 실수로 발생한 회계 오류와는 다릅니다. 기업의 재무 상황이나 성과를 고의로 부풀려 회계장부를 조작하는 것을 분식회계라고 합니다. 얼굴에 분粉을 발라 예쁘게 장식하듯, 회계장부에 화학조미료 MSG를 치는 것입니다. 일반적으로, 분식회계는 기업이 실적을 좋게 보이게 하려는 의도로 보유한 자산의 가치를 실제보다 높게 인식하거나 이익을 과대계상합니다. 이를 위해, 거래처나 해외 법인을 개입시키기도 합니다. 이와는 반대로 기업이 법인세나 보험료 등을 적게 내거나 노조의 임금인상 요구를 막기 위해 역분식회계를 하는 기업도 있습니다. 이러한 수법은 비자금 조성이나 횡령 사실을 은폐하기 위해서 사용되기도 합니다. 분식회계나 역분식회계를 저지르면 외부감사에 관한 법률 위반으로 행정제재나 처벌을 받게 됩니다. 분식회계를 근거로 금융기관이나 타인으로부터 돈을 빌리면 사기죄가 성립되며, 주식시장에 허위로 공시하면 「자본시장과 금융투자업에 관한 법률」 위반으로 처벌받을 수 있습니다. 역분식회계는 조세 포탈이므로 「조세범 처벌법」 위반으로 처벌될 수 있고, 회사 자금 횡령은 업무상 횡령죄가 성립됩니다.

   분식회계의 대표적인 사건은 미국의 엔론 사태입니다. 미국 7대 기업이었던 엔론의 분식 규모는 무려 13억 달러에 달했습니다. 그러나 분식회계가 탄로 나면서 불과 1년 만에 몰락하고 말았지요. 당시 분식을 주도한 CEO 제프리 스킬링은 징역 25년형을 선고받고 수감되었다가 2019년에 석방되었고, 2명의 임원은 자살했습니다. 엔론의 주가는 2000년 당시 우리 돈 10만 원으로 시가총액이 80조 원에 달했지만, 분식회계로 상장폐지되었습니다.

   엔론 사태는 여러 가지 다양한 문제가 복합적으로 작용하여 기업이 파산에 이르렀습니다. 주주들은 최고경영자에 대한 큰 기대로 지나친 권한과 보상체계를 제공하였고, 경영자는 경영윤리의식이 부재했으며, 회계감사인 아더앤더슨은 암묵적으로 회계부정을 묵인하였고, 내부통제를 해야 하는 이사회는 제 기능을 못 했으며, 피델리티 등의 기관투자자들과 재무분석가들은 이 회사에 지나치게 많이 투자하여 사적인 이해관계를 가지고 있었습니다. 엔론 사태 이후에도 월드컴, 글로벌크로싱, 퀘스트 등 여러 기업들의 회계부정 행위가 밝혀졌습니다. 우리나라에서도 대우그룹의 23조 원대 분식결산이 있었습니다. 대우는 부채를 누락하고, 부실채권을 정상 채권으로 둔갑시켰으며, 연구개발비를 과대계상하는 등의 회계부정이 있었습니다. 이외에도 삼성바이오로직스, SK글로벌, 두산산업개발, 모뉴얼 등이 분식회계로 문제가 되었습니다.

   회계부정은 아니지만, 일부 기업은 이익조정 방법을 사용하기도 합니다. 이익조정과 이익조작은 용인되는 선이 모호하여 구분하기 애매하지만, 명백한 범죄행위인 분식회계와는 달리 IFRS에서 이익조정은 실무적으로 수용되는 개념입니다. 이는 회계정책과 회계처리 방법을 바꾸어 이익을 조정하는 것입니다. 예를 들어, 감가상각비를 정액법에서 정률법으로 변경한다든지, 이익의 일부를 차기 회계연도로 이연하여 이익의 변동성을 줄이는 행위입니다. 또, 기업들은 빅배스 big bath 기법을 사용하기도 합니다. 빅배스는 '목욕을 깨끗이 해서 더러운 때를 없앤다'는 뜻으로, 경영진 교체 후 새로 부임한 CEO가 전임자 재임 기간에 누적됐던 잠재적 손실을 회계장부에 한꺼번에 반영하는 행위입니다.

이렇게 기업이 이익을 부정한 방법으로 과대계상하거나 관리하는 것은 흔히 경영진의 보상을 극대화하려는 시도와 관련이 있습니다. 따라서 기업의 재무제표를 읽고 회계정보를 보다 꼼꼼히 살펴보는 노력이 필요합니다.

회계정보의 산출

재무제표는 주로 금융기관이나 기관투자자들이 관심을 가지고 분석하였으나, 일반투자자들도 중요성을 인식하기 시작하였다.

과거 우리나라 일반투자자들은 풍문에 따라 매매하는 경우가 많았으나, 점차 내재가치에 비해 저평가된 주가수익률 중심의 투자로 패턴이 바뀌고 있다. 이와 같은 현상은 자원의 배분이 시장원리에 의해 효율적으로 이루어진다는 측면에서 긍정적이다.

28. 재무상태표의 기본 구조

기업의 재산일람표

> 주식투자를 열심히 하는 주위 사람들 중 상당수는 재무제표에 대한 이해가 절대적으로 부족하다. 우리가 물건을 살 때 품질과 가격을 꼼꼼히 살펴보듯이, 기업에 투자할 때도 재무제표의 정보를 면밀히 파악할 필요가 있다.

재무상태표 statement of financial position 란 일정 시점에서 기업의 재산 상태, 즉 현재 기업이 보유하는 경제적 자원인 자산 asset 과 경제적 의무인 부채 liability, 소유주의 몫인 자본 owner's capital 의 잔액에 대한 정보를 제공하는 보고서입니다. 즉, 재무상태표는 기업이 어떻게 자금을 조달해서 무엇을 보유하는가를 나타내는 표입니다. T계정에서 왼쪽을 차변, 오른쪽을 대변이라고 부르는 데 기인하여, 재무상태표를 대차대조표 balance sheet 라고 부르기도 합니다.

〈재무상태표〉
0000년 12월 31일 현재

A주식회사 (단위: 원)

자산	부채
	자본(순자산)

차변: 자금운용 = 대변: 자금조달

차변 debit 에 적힌 자산은 회사가 어디에 투자를 하고 자산을 어떻게 운용하는지, 대변 credit 의 항목인 부채와 자본은 자산을 보유하기 위하여 돈을 어떻게 조달했는지를 파악할 수 있습니다. 이때, 자산의 합과 대변의 합은 항상 일치해야 합니다. 간단한 예를 들면, 부동산 임대업을 하는 A사는 20억 원의 빌딩을 보유하는 데 10억 원은 은행으로부터 대출을 받았습니다. 이때 재무상태표에는 자산 20억 원, 부채 10억 원, 부채를 뺀 나머지 10억 원은 자본으로 기록됩니다.

    자금조달의 원천 중 부채는 채권자에게 빌린 돈으로 변제의 의무가 있는 반면, 순자산인 자본은 주주로부터 투자받은 돈으로 변제의 의무가 없습니다.

기업은 무엇을 보유하고 있나?

재무상태표: 자산

> 재산과 자산의 차이는 무엇인가? 회계에서의 자산asset은 일반적으로 말하는 재산property과는 차이가 있다. 재산이란 개인, 단체 또는 국가가 가진 유·무형의 경제적 가치 모든 것을 포함하지만, 자산은 기업의 경영활동이 수반된 개념이다.

자산asset이란 기업이 현재 보유하고 있으며 미래에 경제적 효익을 가져다줄 것으로 기대되고, 효익의 금액을 신뢰성 있게 측정 가능한 경제적 자원을 말합니다. 여기서, '미래의 경제적 효익'이란 현재 시점에 수익이 창출되지 않아도 미래의 수익 창출에 기여할 잠재력이 있다는 의미입니다. 경제적 효익이 소멸되면 자산은 비용으로 대체됩니다. 예를 들어, 사용 중인 회사 건물을 2년간 화재보험에 가입하고 보험료를 선지급한 경우, 2년 기한 내에 화재가 발생하면 보험사에 보험료를 청구할 수 있습니다. 따라서 보험료는 자산으로 인식(선급금)되어야 합니다. 즉, 지출로 인해 미래 일정 기간에 걸쳐 매출이 발생할 것으로 예상되면, 이 지출은 자산으로 인식합니다. 10년 치의 건물 임차비를 선지급한 경우에도, 앞으로 10년간 건물을 사용할 수 있는 경제적 효익이 발생한 것이므로 자산으로 인식합니다. 제품 생산을 위한 원자재 구매, 생산품 제조를 위한 기계장치 구입, 특허권(무형자산) 등도 자산입니다.

그렇다면, 직원의 급여 지급은 어떻게 처리해야 할까요? 급여는 미래에 효익이 생기는 것이 아닌 과거의 효익에 대한 보상이기 때문에 비용으로 처리됩니다. 기아자동차의 광고모델인 테니스 선수 라파엘 나달의 광고비, 코로나19 백신 개발을 위한 신약 관련 연구비는 자산일까요? 아니면 비용일까요? 나달의 광고선전비는 자산으로서의 요건 중 미래에 대한 효익 발생이 불확실하기 때문에 비용으로 처리됩니다. 신약 관련 연구비 지출 역시 개발 단계에서는 효익 금액을 신뢰성 있게 측정하기 어렵기 때문에 자산이 아닌 비용으로 처리해야 합니다.

회계에는 여러 종류의 자산이 있습니다. 자산은 크게 유동자산과 비유동자산으로 나뉩니다. 유동과 비유동은 일반적으로 자산을 매각하여, 1년 안에 현금화할 수 있느냐 여부를 기준으로 구분합니다. 유동자산 current asset 은 1년 또는 정상적인 영업주기(재고자산의 취득 시점부터 판매되어 현금으로 회수하는 데 소요되는 기간) 이내에 현금화가 가능한 자산이며, 비유동자산 non-current asset 은 1년 또는 정상적 영업주기 내에 현금화가 어려운 자산입니다.

〈재무상태표〉
0000년 12월 31일 현재

A주식회사 (단위: 억 원)

유동자산 현금 및 현금성자산, 단기금융상품, 매출채권, 미수금, 선급금, 재고자산 등	유동부채
비유동자산 장기금융상품, 장기매출채권, 종속기업 공동기업 및 관계 기업투자, 유형자산, 무형자산 등	비유동부채
	자본

자산 항목을 좀 더 구체적으로 살펴보면, 회계상 현금은 지폐, 동전, 통화대용증권 및 요구불예금이 포함되며, 현금성자산은 현금으로 전환이 용이하고 가치 변동의 위험이 거의 없고 만기가 취득일로부터 3개월 이내에 도래하는 단기투자 증권입니다. 금융상품은 단기 자금의 운용을 목적으로 보유하거나, 보유하는 금융상품의 만기가 1년 이하인 경우에는 단기금융상품으로 분류하고, 이에 속하지 아니하는 경우에는 장기금융상품으로 구분합니다. 유가증권은 취득 단계에서 단기매매증권, 만기보유증권 및 매도가능증권으로 분류합니다. 매출채권은 기업이 재화나 용역을 외상으로 판매하거나, 자금을 대여한 대가로 미래에 현금을 수취하거나 청구할 수 있는 계약상의 권리입니다. 실제 상거래의 90% 이상이 외상으로 이루어지는데, 매출채권을 1년 이내에 회수할 수 있는 경우에는 단기매출채권, 1년 이상 걸리는 경우에는 장기매출채권으로 분류합니다. 또, 문서나 말로 신용거래가 발생한 채권

은 외상매출금, 어음을 수취한 경우는 받을어음으로 기록합니다. 미수금은 기업의 주된 상거래 이외의 원인으로 발생하는 채권이며, 선급금은 상품, 원재료 등의 매입을 위해 선지급한 금액으로 보험료가 이에 해당합니다. 재고자산은 기업의 영업 과정에서 판매를 위해 보유한 자산으로, 제조업의 경우 생산되었거나 생산 중인 자산 또는 투입될 원재료와 소모품 등 다양한 형태의 재고가 존재합니다. 유통업의 경우에는 판매를 위해 구매하므로, 완제품 형태의 재고만 존재합니다. 재고자산은 일반적으로 1년 또는 정상영업주기 내에 판매되어 현금화되므로, 재무상태표에 유동자산으로 분류합니다. 재고자산 관리는 기업에 무척 중요합니다. 재고가 부족하면 판매할 기회가 없고, 넘치면 재고관리 비용이 커집니다. 투자회사가 피투자회사의 의결권을 50% 이상 소유하거나 50% 미만이지만 실질적으로 지배력을 행사하는 경우, 투자회사는 피투자회사의 재무정책과 영업정책을 결정할 수 있습니다. 이때, 투자회사는 지배회사, 피투자회사는 종속회사라고 합니다. 또한, 투자회사가 피투자회사의 의결권이 있는 주식을 20% 이상 보유하여 경영활동에 유의적인 영향력을 갖는 경우, 피투자회사를 관계회사라고 합니다. 이러한 경우, 법률적으로는 별도의 회사이지만 실질적으로는 하나의 경제적 실체이므로 경영성과를 합산하여 연결재무제표consolidated financial statements를 작성해야 합니다.

    유형자산이란 물리적 실체가 있는 자산으로, 1년 이상 사용할 것으로 예상되는 토지, 건물, 기계장치와 같은 비화폐성 자산을 말합니다. 제조업의 경우에는 유형자산의 비중이 전체 비유동자산의 40% 이상이지만, 서비스업에서는 유형자산의 비중이 낮습니다. 유형자산의 평가는 취득원가 또는 공정가치(금융자산은 시장가격) 중 선택이 가능합니다. 또, 유형자산은 사용과 시간이 경과함에 따라 그 가치가 감소하는데, 이를 반영하기 위해 취득원가를 일정 기간에 걸쳐 배분하고 비용으로 인식하는 감가상각이 이루어집니다. 감가상각이란 유형자산의 내용연수를 체계적이고 합리적인 방법으로 각 회계기간에 분배하는 과정입니다. 무형자산은 물리적 실체를 갖추고 있지 않으면서 기업이 통제하는 자산으로, 1년 이상의 장기간에 걸쳐 영업활동에 경제적 효익을 제공하는 자산입니다. 무형자산은 기업이 자의적으로 판단하지 않도록 기준을 정하고 있습니다. 즉, 무형자산은 저작권과 같이 기업이 통제가 가능하고, 화폐의 가치로 표현 가능해야 합니다. 또한, 자산이 기업에서 분리 가능하거나 계약상의 권리 또는 기타 법적 권리로부터 발생하여, 이에 대한 식별이 가능해야 합니다. 예를 들어, 기업의 명성, 임직원의 능력과 연구 단계의 연구개발비 등은 식별이 가능하지 않기 때문에 자산으로 인식될 수 없습니다.

어떻게 자금을 조달하였나?

재무상태표: 부채와 자본

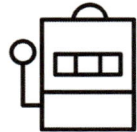

> 부채비율을 포함한 재무비율은 경기 상황과 국가가 처한 시대적 흐름에 따라 적정비율이 달라질 수 있다. 1980년대 우리나라 경제가 성장기에 진입했을 당시 평균 부채비율은 200%가 넘었고, 2021년 경제가 급속히 팽창하는 베트남의 경우 부채비율이 200%를 초과하였다.

재무상태표의 자산 항목이 회사의 규모와 어디에 투자를 하는지를 알려준다면, 부채와 자본 항목은 기업이 자산을 보유하기 위해 어떻게 자금을 조달하였는지, 너무 많이 빌린 것은 아닌지, 적극적으로 투자하는지 등을 파악하게 해줍니다. 예를 들어, 원자재를 외상으로 구매하고 다음 달에 지불할 대금과 은행에서 빌린 차입금은 부채에 해당하고, 주주가 출자한 돈은 자본입니다. 따라서 부채는 타인자본, 자본은 자기자본이라고 합니다.

〈재무상태표〉
0000년 12월 31일 현재

A주식회사 (단위: 억 원)

유동자산	유동부채 매입채무, 단기차입금, 미지급금, 선수금, 미지급비용, 충당부채 등	타인 자본
	비유동부채 사채, 장기차입금, 장기선수금, 장기충당부채 등	
비유동자산	자본 보통주자본금, 주식발행초과금, 이익잉여금 등	자기 자본

부채liability란 미래에 경제적 효익을 갖는 자원이 기업으로부터 유출될 것으로 기대되는 현재의 의무입니다. 부채의 인식 조건은 과거 거래의 결과로 인해 현재 기업이 갚아야 할 의무가 존재하여, 미래의 경제적 희생이 발생하고 유출될 경제적 효익의 금액을 신뢰성 있게 측정 가능해야 합니다. 예를 들어, 진행 중인 소송사건에 패소하게 되면 현금이 유출되겠지만, 판결이 나기 전에는 청구 금액을 신뢰성 있게 특정할 수 없어 부채로 인식할 수 없습니다. 기업의 경영진은 회사가 안정적이라는 것을 보여주기 위해, 자산은 많게 부채는 적게 보이려는 경향이 있습니다. 부채비율은 기업이 가진 자산 중 부채가 차지하는 비율로, 타인자본의존도를 나타내는 기업의 안전성을 판단하는 대표적인 지표입니다. 일반적으로, 부채비율이 낮은 기업이 높은 기업보다 안전하다고 판단합니다. 하지만 정답은 없습니다. 한국은행 통계에 따르면, 우리나라 제조업의 평균 부채비율은 2009년 116.8%에서 2019년 73.5%로 하향하는 추세입니다. 일반적으로, 기업의 부채비율은 100% 수준이 적정하다고 판단합니다.

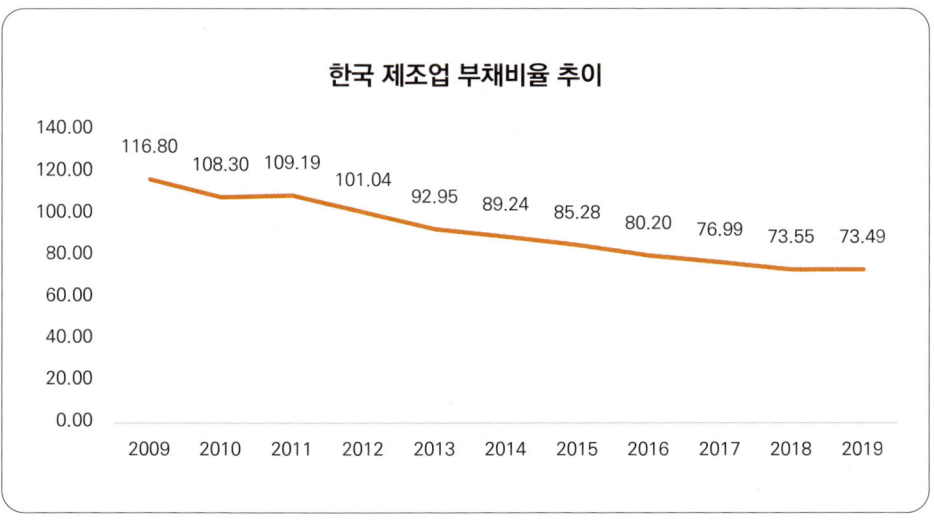

앞서, 자산을 유동자산과 비유동자산으로 분류한 것과 같이, 부채 역시 유동성에 따라 구분합니다. 자산에서의 유동성은 '얼마나 쉽고 빠르게 현금화할 수 있느냐'의 관점이지만, 부채에서의 유동성은 '얼마나 빨리 갚아야 하는가'에 따른 분류입니다. 유동부채current liabilities는 1년 내에 상환해야 하는 부채입니다. 하지만 단순히 1년을 기준으로 유동부채와 비유동부채로 분류하는 것은 부적절합니다. 예를 들어, 조선업, 항공기 제조업 및 건설업 등의 경우, 제품 생산이 1년 이상으로 장기간 소요되기 때문에 분류 기준을 1년으로 정하면 대부분의 부채가 비유동부채 non-current liabilities 로 분류될 것입니다. 따라서 기업의 정상영업주기가 1년을 초과하는 경우에는 1년이 아닌 적절한 기준으로 유동성을 판단해야 합니다. 단, 상품매매기업의 영업주기는 대부분 1년 이내에 도래하므로, 1년을 기준으로 유동과 비유동부채를 구분합니다.

자본 owner's capital 이란 주주로부터 조달받은 자금이며, 순자산이라고도 부릅니다. 자기자본은 부채와는 달리 만기가 정해져 있지 않고, 확정된 금액의 상환의무가 없으며, 이자지급이 아닌 배당의 형태로 이익을 주주에게 분배합니다. 회사가 부도로 인해 청산하는 경우에는 채권자 지분을 제외한 잔여분이 주주의 몫이므로, 경영성과와 재무상태에 따라 투자원금을 회수하지 못하게 될 불확실성이 존재합니다. 자본은 주주가 실제 납입한 자본금과 자본잉여금으로 구성된 납입자본 paid-in-capital, 그리고 기업의 누적 이익 중 사외로 유출되지 않고 유보된 가득자본 earned capital 인 이익잉여금으로 구분합니다. 자본금 capital stock 은 발행주식의 액면금액의 합계이며, 주식을 발행하면 자본금이 증가하고, 소각하면 감소합니다. 자본금은 보통주 자본금과 우선주 자본금으로 구분하여 표시합니다. 자본잉여금 additional paid-in capital 은 주식을 액면가 이상으로 발행하여 발생한 금액, 즉 할증발행으로 만든 자본금입니다. 예를 들어, A회사가 액면가 5,000원의 주식을 7,000원에 1,000주 발행하면, 자본금은 500만 원이 증가하고 자본잉여금은 200만 원이 증가합니다. 자본잉여금은 이익잉여금과는 달리 배당금의 재원으로 사용할 수 없습니다. 이익잉여금 retained earnings 이란 회사가 설립 이래 경영활동을 통해 창출한 순손익의 누적액 중, 배당이나 자본금 또는 자본잉여금으로 대체되지 않고 회사 내부에 유보되어 있는 금액을 말합니다. 이익잉여금은 포괄손익계산서와 재무상태표를 연결해주는 계정입니다. 당기순이익이 발생하면 이익잉여금이 증가하게 되고, 당기순손실이 발생하면 이익잉여금이 감소합니다. 또한, 이익잉여금을 주주들에게 배당하면, 이익잉여금이 감소합니다.

31 손익계산서

기업의 성적표

> 자산가치가 양호하고, 이익이 지속적으로 성장하는 회사는 매력적인 투자처이다. 기업의 수익성이 증가하기 위해서는 매출이 증가해야 하는데, 특히 영업이익이 성장해야 한다. 영업이익이 커지려면 원가가 동일해도 판매단가가 오르거나, 판매단가가 동일해도 원가가 떨어지면 가능하다.

손익계산서 income statement 란 일정 기간에 기업의 경영성과, 즉 수익과 비용을 기록한 재무제표입니다. 즉, 기업이 정해진 기간에 얼마만큼을 벌어서, 얼마만큼 쓰고, 얼마만큼을 남겼는지 알려주는 보고서입니다. 손익은 영어로는 Profit과 Loss인데, 실무에서는 보통 머리글자를 따서 'P/L'로 표시합니다. 재무상태표는 일정 시점 기준인 저량의 개념인 반면, 손익계산서는 일정 기간을 기준으로 하여 유량의 개념으로 작성된 보고서입니다.

수익 revenue 은 일정 기간(보통 1년) 발생한 경제적 효익의 총유입 금액이며, 매출액인 영업수익에 더하여 이자수익과 배당수익 등과 같은 비영업수익을 포함합니다. 수익의 인식은 발생주의에 근거하고, 실현기준과 가득기준을 모두 충족해야 합니다. 수익이 발생하면 자산이 증가하거나 부채가 감소하여, 결과적으로 자본이 증가합니다. 예를 들어, 매출이 발생하면 현금 또는 매출채권과 같은 자산이 증가하고, 자본계정에 당기순이익이 증가합니다. 영업수익은 매출액을 의미하며, 기업이 영업활동을 영위하여 재화나 용역을 판매하여 벌어들인 핵심적인 수익 항목입니다. 매출액은 단가에 수량을 곱한 금액입니다. 영업외수익이란 기업의 주영업활동 외의 수익을 의미하는데, 이는 지속적이지 않습니다. 이에 더하여, 수익 항목에는 종속회사, 공동회사 및 관계회사 투자손익, 금융손익 등을 포함합니다.

비용 expense 은 일정 기간 발생한 수익을 얻기 위해 희생한 대가입니다, 예를 들어, 매출원가, 직원들의 월급, 교통비, 교육훈련비 및 감가상각비와 같은 판매비와 관리비, 이자비용 등과 같은 금융비용 등이 있습니다. 비용은 수익·비용 대응의 원칙에 따라 직접적으로 관련된 수익을 인식하는 회계기간에 인식합니다. 비용이 발생하면, 자산이 줄어 자본이 감소합니다.

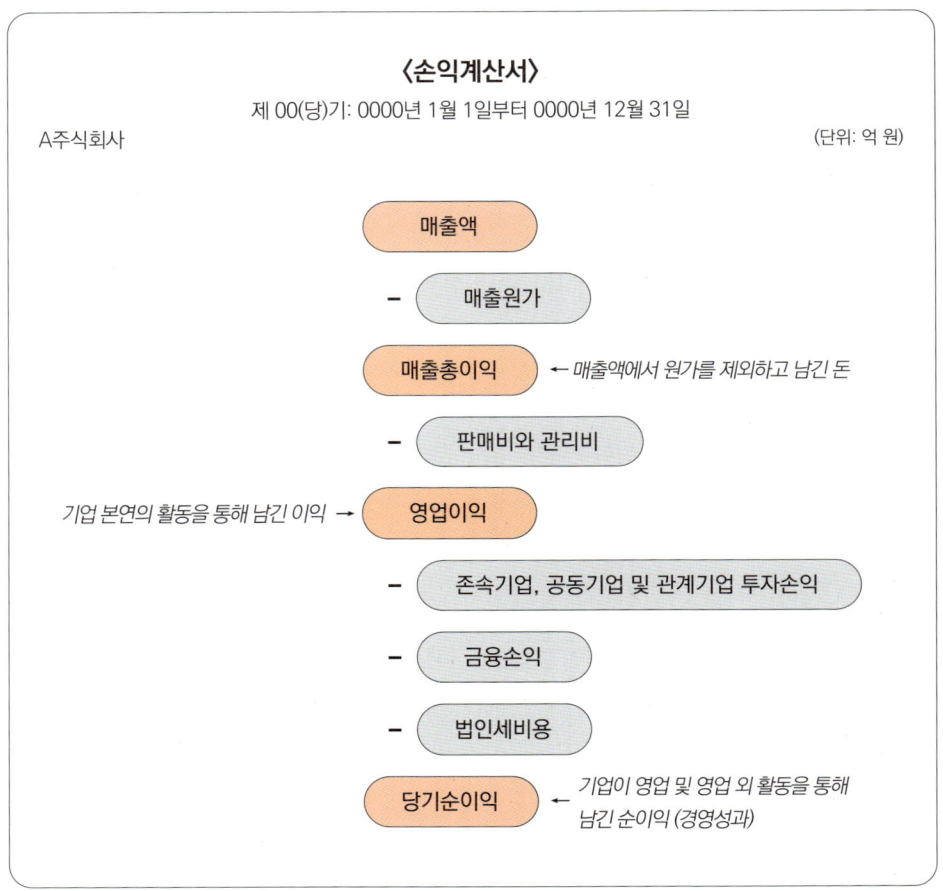

매출액에서 매출원가를 제하면 영업이익이 되고, 영업이익에서 영업외수익과 영업외비용을 가감加減하고 법인세비용을 차감하면 당기순이익이 됩니다. 당기순이익은 경영자의 경영 능력을 평가하는 중요한 지표입니다. 하지만 상황에 따라서 경영자가 통제할 수 없는 수익과 비용까지 반영될 수 있기 때문에, 경영자의 성과를 명확히 평가하기 위해서는 해당 기업과 경쟁기업의 성과를 비교 분석할 필요가 있습니다. 예를 들어, 코로나19로 인해 발생한 비행기 여객 수요의 급감을 항공사 CEO의 경영 탓으로 돌릴 수는 없기 때문입니다.

    IFRS에서는 포괄손익계산서 statement of comprehensive income 를 별도로 작성해야 합니다. 포괄손익계산서란 손익에 불확실성이 높아, 손익계산서의 당기순이익에 반영하기에는 적절하지 않은 항목을 기타포괄손익에 포함하여 총포괄손익을 보여주는 보고서입니다. 구체적인 항목으로는 당기손익에서 인식하지 않는 해외사업장의 외화환산 차이, 유무형자산의 재평가손익, 파생상품의 평가손익 등이 기타포괄손익에 포함됩니다.

지배회사와 종속회사

연결재무제표

> 연결재무제표를 작성하는 목적은 주주와 채권자 들에게 기업군 전체의 재무상태나 경영성과에 관한 정보를 제공하기 위한 것이다. 연결재무제표는 계열기업 간의 상호출자, 내부거래, 불공정거래 등을 상계하여 제거함으로써, 별도 재무제표의 왜곡을 방지한다. 기업이 국제금융시장에서 자금을 조달하기 위해서는 반드시 연결재무제표 작성이 요구된다.

연결재무제표 consolidated financial statements 란 지배회사와 종속회사의 실적을 합한 재무제표입니다. 상장회사는 K-IFRS에서 요구하는 연결재무제표를 의무적으로 작성해야 합니다. 연결재무제표는 지배회사와 종속회사의 자산, 부채, 당기손익 등을 합하여 하나의 재무제표를 작성하는데, 이는 연결재무상태표, 연결포괄손익계산서, 연결자본변동표, 연결현금흐름표, 연결주석으로 구성됩니다.

지배회사와 종속회사는 별개의 회사로, 법률적으로는 독립된 회사입니다. 하지만 지배회사는 의결권 등을 통해 종속회사의 경영활동에 간여하고 의사결정을 지배합니다. 따라서 경제적으로 두 개 이상의 단일 회사를 하나의 회사인 것으로 간주하고, 재무제표를 통합하

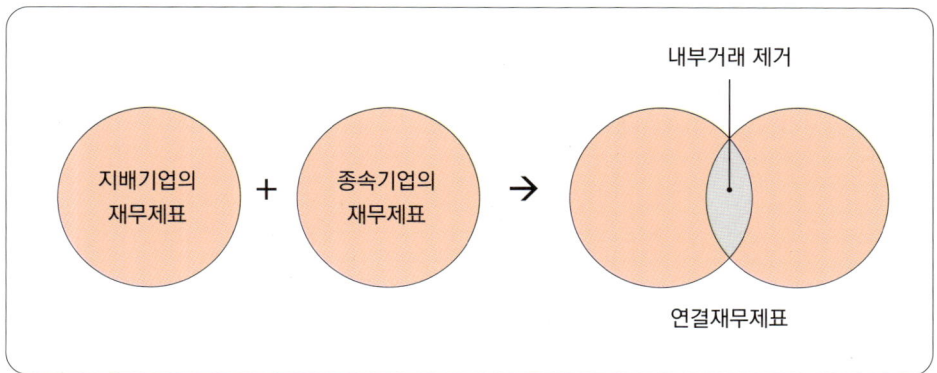

여 보고서를 작성하는 것입니다. 연결재무제표는 지배회사와 종속회사의 재무제표를 모두 합산한 뒤에, 조정과정을 거쳐 작성합니다. 여기서 조정과정은 지배회사와 종속회사 사이에 이루어진 내부거래를 제거하는 것을 의미합니다.

내부거래를 제거하면 종속회사는 지배회사의 일개 부서 같은 형태가 되고, 두 기업이 하나의 회사인 것처럼 회계정보를 만들 수 있습니다. 조정과정에는 지배회사의 투자계정과 종속회사의 자본계정을 상계하는 투자자본 상계, 영업권 계상, 내부미실현손익 제거, 지배회사의 연결손익계산서에서 지분법평가이익 제거 등의 과정이 있습니다.

33. 재무상태표와 손익계산서

연결고리

> 재무상태표의 자산, 부채, 자본 항목과 손익계산서의 수익, 비용 항목은 각각 변동하면서 서로에게 영향을 주며, 종국적으로는 손익계산서의 당기순이익이 재무상태표의 이익잉여금에 반영된다.

재무상태표와 손익계산서 사이에는 서로 연결하는 고리가 있습니다. 손익계산서상의 당기순이익은 재무상태표의 이익잉여금에 기록됩니다. 재무상태표는 일정 시점을 기준으로 작성한 기업의 재무상태를 보여주는 보고서인데, 여기에 일정 기간 기업 실적을 보여주는 손익계산서의 손익이 반영되어 기말 재무상태표가 완성됩니다. 즉, 손익계산서상 당기순이익이 발생하면, 재무상태표의 이익잉여금으로 계상되어 자본금이 증가하고, 당기순손실이 발생하면 자본금이 감소합니다. 이를 3년간의 기업회계기간을 가정하여 예를 들면 다음 그림과 같습니다.

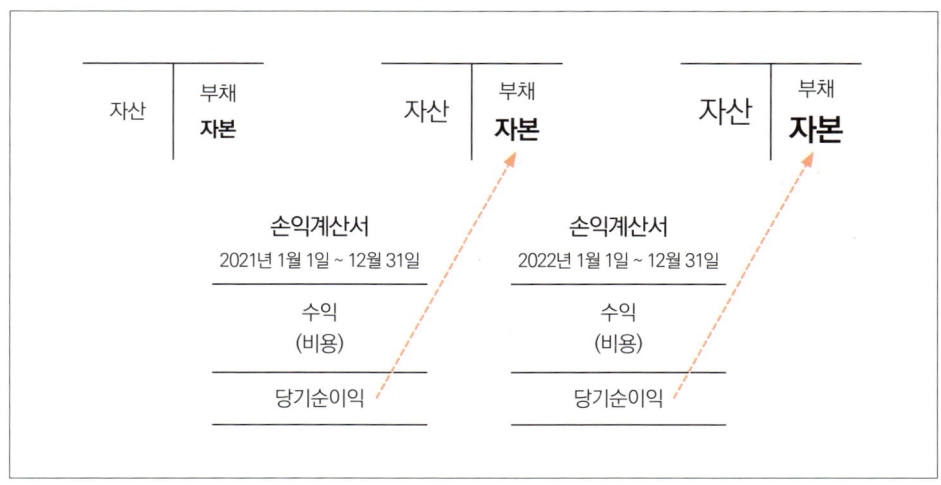

수익이 발생하면 자본이 증가(자산 증가·부채 감소)하고, 비용이 발생하면 자본이 감소(자산 감소·부채 증가)하게 됩니다. 즉, 손익계산서의 당기순이익 계정과 재무상태표의 이익잉여금 계정이 두 보고서를 연결해주는 가교역할을 합니다.

 **Cash is King**
현금흐름표

> 현금흐름표는 조작이 어려워 객관성이 높아 투자에 중요한 지표로 사용된다. 특히 경기가 안 좋을 때, 투자자는 현금보유량이 많은 기업을 선호한다. 현금이 많은 기업은 배당을 할 수도 있고, 좋은 기회가 생기면 인수합병을 진행할 수 있으며, 경기침체가 장기간 이어져도 버틸 여력을 가진다.

사람에게 혈액순환이 중요하듯이, 기업이나 국가경제도 돈이 잘 돌아야 생존이 가능하고 성장할 수 있습니다.

회사가 어느 정도 규모의 자산을 보유하고 충분한 이익을 내고 있다면, 그것으로 안심할 수 있을까요? 답은 'No'입니다. 영업실적이 좋고 재무상으로 문제가 없는 기업도 자금 융통이 원활하지 않으면, 흑자도산黑字倒産 하는 경우가 종종 발생합니다. 기업이 부채를 변제하기 위해서는 현금이 필요한데, 이익이 나더라도 충분한 현금을 확보하지 못하면 도산할 수 있습니다. 코로나19가 한참 진행되던 2021년 여름, 다음과 같은 기사를 종종 보곤 했습니다.

> "회사 A는 창업 이래 매출과 이익이 꾸준히 성장하는 좋은 회사이다. 하지만 코로나로 인해 회사의 물건을 구매한 거래처가 도산하면서, 외상매출금 대부분을 회수하지 못했고, 작년에 생산한 제품의 판매도 급격히 줄었다. 은행으로부터 빌린 차입금의 만기가 도래하였지만, 회사는 이자와 원금을 갚지 못하고 결국 파산했다."

재무제표상의 이익은 회계상의 이익입니다. 이익과 현금에 불일치가 발생하는 가장 큰 원인은 회계기준이 발생주의를 채택하기 때문입니다. 발생주의란 현금의 발생과는 관계없이 수익과 비용을 계상하는데, 이는 경제적 실체를 표현하는 데 보다 적절하기 때문입니다. 또 다른 이유는 수익·비용 대응의 원칙을 사용하기 때문에, 실제 비용이 지불되어도 수익이 발생하기 전까지는 비용으로 기록되지 않습니다. 또, 감가상각비와 충당부채 등도 실제 현금유출이 발생하지 않기 때문에 이익과 차이를 만드는 요소입니다. 이러한 이유들 때문에 이익과 현금은 차이가 나며, 현금흐름표 statement of cash flow 가 필요합니다. 현금흐름표는 기업이 보유한 현금 상황을 보여줍니다. 더불어 현금흐름을 영업활동, 투자활동, 재무활동별로 기록하여, 현금 유·출입을 상세하게 파악할 수 있습니다.

   이 밖에도 기업 경영에 따른 자본금 변동의 흐름을 파악하기 위해, 일정 기간 자본금 변동 내역을 기록하는 자본변동표 statement of change in equity 가 있습니다.

35 주석

재무정보의 보물섬

> 주석에서는 기업의 회계정책, 재무제표의 작성 근거, 본문에 표시되지 않는 질적 정보 등 재무제표 이해에 필요한 보충 정보를 상세히 제공한다. 최근 들어, 재무제표 주석의 텍스트를 분석한 기업평가가 시도되고 있다.

주석 footnote 은 4개의 재무제표를 더 잘 이해할 수 있게 추가로 설명한 보고서입니다. 재무제표는 숫자로만 표시되므로, 모든 내용이 제대로 반영되지 않을 수 있습니다. 또, 일정한 기준에 따라 재무제표가 작성되기 때문에 기준에 맞지 않는 내용은 아예 재무제표에 포함되지 않습니다. 따라서 기업경영과 관련하여 중요한 내용일지라도 숫자로 표시할 수 없거나 기준에 맞지 않아 포함하지 못한 회계정보가 있다면 이를 재무제표의 주석에 반드시 기재해야 합니다.

주석에는 회계기준에 따라 작성했다는 사실을 명시하고, 재무제표 작성에 적용된 중요한 회계정책을 요약하며, 재무제표 본문에 표시된 항목에 대한 보충 정보 및 기타 우발 상황이나 약정 사항 등에 대한 정보를 기술합니다. K-IFRS에서, 최소한의 필수 항목을 제외한 나머지는 기업들이 자율로 결정하여 재무제표를 작성하도록 하고 있습니다. 따라서 주관적인 판단과 추정이 들어간 정보를 제대로 이해하기 위해서는 주석에 담긴 정보를 자세히 읽고 충분히 활용할 수 있어야 합니다. 우선 주석에 기록된 지급보증 금액이 어느 정도인지를 따져봐야 합니다. 만약 지급보증을 받은 기업이 부도 등으로 인해 빚을 갚지 못하는 사태가 발생하면 막대한 손해를 입을 수 있기 때문에, 지급보증을 받은 기업의 재무안정성을 따져봐야 합니다. 또, 소송 등의 우발 상황이 있는지를 확인해야 합니다. 집단소송제도로 인해 천문학적인 손해배상 판결을 받아 엄청난 손실을 안게 될 수도 있는데, 소송에 관련된 피해예상액은 재무제표에 전혀 반영되지 않을 수 있기 때문입니다. 그 밖에도 회계기준을 변경해 인위적으로 손익을 조정했는지 여부를 확인해야 합니다. 예를 들어, 유형자산의 감가상각 평가방법을 정률법에서 정액법으로 변경하여, 당기순이익을 늘리는 경우도 빈번하게 발생합니다. 따라서 회계기준에 대한 변경이 있을 경우에는, 그 변경 사유를 살펴보고 동종업종에서 통상적으로 사용하는 방법과 비교해보는 작업이 필요합니다.

[회계순환과정]

재무제표의 작성

> 재무제표는 신뢰성, 명료성, 충분성, 계속성, 중요성, 안전성, 실질을 존중하는 원칙하에 작성되어야 한다.

재무제표 작성은 회계 자료를 식별, 기록, 분류, 요약하는 작업입니다. 회계기간마다 회계상 거래의 발생부터 재무제표 마감까지의 일련의 과정을 주기적으로 반복하여 수행하므로, 이를 회계순환과정 accounting cycle 이라고 합니다. 회계순환과정은 일반적으로 다음 그림과 같이 8단계로 나눕니다.

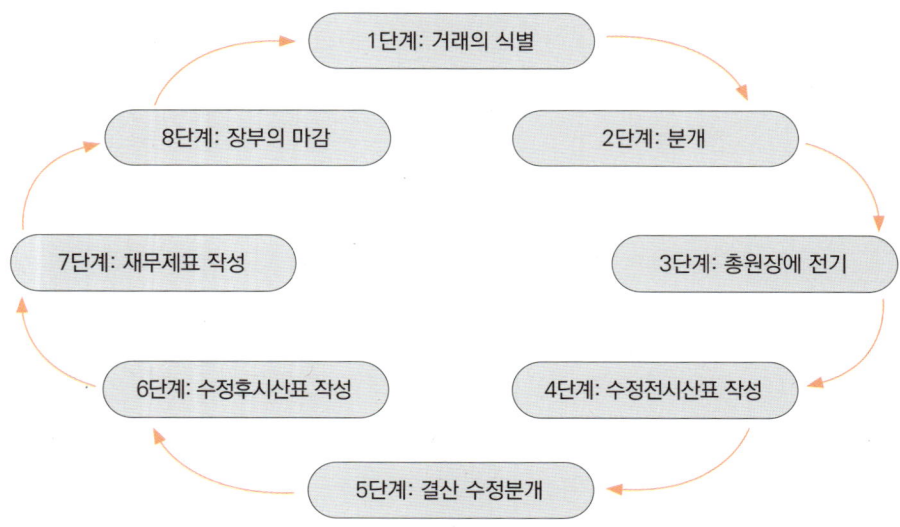

1단계는 회계거래 조건에 맞는 거래를 식별하는 과정입니다. 앞서 언급한 대로, 회계상 거래는 자산, 부채 및 자본의 변동을 초래하면서 그 변동 금액을 화폐단위로 신뢰성 있게

측정할 수 있어야 합니다. 2단계 분개는 회계거래가 자산, 부채, 자본, 수익과 비용 중 어떤 항목에 얼마만큼의 영향을 미쳤는지 파악하고, 이를 대차평균의 원리에 따라 차변과 대변으로 나누어 계정과목과 금액을 기록하는 일입니다. 분개는 거래가 발생한 날짜별로 명확한 계정과목을 사용하여 분개장에 작성해야 합니다. 3단계 전기 posting 란 분개한 결과를 총계정원장 general ledger 에 옮겨 적는 과정입니다. 원장은 각 계정과목별 분개 내용을 누적하여 계정 잔액의 변화를 확인할 수 있는 장부로, 보통 T계정을 사용하여 분석합니다. 4단계에서는 결산 작업에 앞서 수정전시산표 unadjusted trial balance 를 작성하여, 기중에 수행했던 분개와 전기가 오류 없이 바르게 작성되었는지를 검증합니다. 5단계는 수정분개 adjusting entries 입니다. 수정분개는 당기에 발생했지만, 당기 중의 회계처리 과정에서 반영되지 않은 수익과 비용을 재무제표에 반영하기 위한 작업입니다. 수정분개는 미지급비용과 미수수익과 같은 수익 또는 비용이 발생했으나 아직 현금으로 수취하거나 지급하지 않아 기록되지 않아 수행하는 발생분개가 있으며, 선급비용, 선수수익, 소모품과 같이 당기 또는 과거 회계기간에 이미 현금을 수취하거나 지급했지만 아직 수익 또는 비용이 발생하지 않아 차기 이후의 기간으로 넘기는 이연분개가 있습니다. 6단계 수정후시산표 adjusted trial balance 는 수정전시산표에 결산수정분개를 반영하여 시산표를 작성하는 단계입니다. 수정후시산표는 차변잔액 합계와 대변잔액 합계가 일치하는지 확인함으로써, 결산수정분개의 정확성을 검토할 수 있습니다. 7단계는 재무제표를 작성하는 단계입니다. 재무제표의 작성은 발생주의원칙하에 작성해야 하며, 정산표 work sheet 를 작성하여 오류가 없는지 점검합니다. 8단계 장부의 마감은 다음 회계연도의 거래를 장부에 기록하기 위한 준비 작업입니다. 임시계정을 사용하여 손익계정을 먼저 마감하고, 잔액을 자산, 부채, 자본 계정에 이월시켜 다음 회계연도의 기초잔액으로 설정합니다.

회계순환과정 8단계 중 1단계에서 3단계는 기중에 일어나는 단계이며, 4단계에서 8단계는 기말에 일어나는 결산 과정입니다.

> 읽어두기 ④

숫자에도 품질이 있다

　소비자들이 물건을 살 때 가격과 외적 디자인 외에 품질을 따지듯이, 회계 정보이용자들도 회사의 재무 상황을 파악하기 위해서는, 이익의 질을 꼼꼼히 따지게 됩니다.
　수익의 질 quality of earning은 기업이 공시한 당기순이익이 기업의 실제적 이익을 얼마나 잘 반영하는지 평가하는 것입니다. 수익의 질이 높다는 것은 기업의 성장 가능성이 높고 위험은 낮다는 것이므로, 기업의 지속성장이 가능하다는 의미로 받아들일 수 있습니다. 일반적으로 이익지속성이 높고, 이익변동성이 낮을수록 수익의 질이 높다고 판단합니다. 다시 말해, 보고한 이익이 진짜 이익을 잘 반영할수록, 그리고 미래 이익을 예측하는 데 유용할수록 이익의 질이 높다고 할 수 있습니다. 또, 이익의 질은 영업활동으로 인한 순현금흐름으로 판단하기도 합니다. 예를 들어, 이익의 주원천이 현금 순유입이 없는 재고자산이나 매출채권으로 인한 것이라면, 이익은 과대계상되었을 가능성이 있고, 미래의 불확실성이 크기 때문에 이익의 질이 낮다고 봅니다.

　자산의 질과 부채의 질 또한 평가해야 합니다. 자산의 구체적인 내용, 유동성, 평가방법의 적정성과 일관성 등은 기업 분석에 중요합니다. 부채 역시 차입금의 만기구조, 조달금리, 변동금리 또는 고정금리와 같은 금리 형태, 차입 목적 등을 살펴보아야 합니다. 또, 경영자가 의도를 가지고 자산의 가치를 높이거나 부채를 줄이지 않았는지 판단하는 것도 중요합니다.

IFRS 도입 이후 KOSPI과 KOSDAQ에 상장한 기업들을 분석한 최근 연구에 따르면, KOSPI에 상장된 기업들이 KOSDAQ에 상장한 기업에 비해 회계 이익의 질이 높게 나타났고, 현금 이익의 지속성 및 예측력도 일관되게 더 양호한 것으로 조사되었습니다. 이익의 질이 양호한 기업일수록 이익의 지속성과 예측력이 더 높았고 미래현금흐름 예측 능력 또한 더 우수하다는 것이 확인되었습니다.

재무제표를 어떻게 활용할 것인가?

재무관리자는 재무제표에 담긴 정보를 바탕으로, 이를 면밀히 분석하여 투자와 자금조달 전략을 수립하고, 거래처의 신용도를 파악하여 거래의 지속 여부를 판단하기도 한다. 금세기 최고의 투자자라고 불리는 워런 버핏은 재무제표를 신중히 분석하여, 장기적으로 경쟁우위에 있는 기업을 선별한 뒤 이에 투자하는 방식으로 큰 성공을 거두었다.

판단의 근거

37 데이터적 접근

> 데이터에 근거하지 않은 사업제안서는 그 가치가 떨어진다. 데이터에 근거한 보고서는 무엇에 대해, 어떤 과정을 거쳐, 어떻게 생각하고 있느냐를 함축적으로 표현하고 있어서, 그 주장을 객관적으로 판단할 수 있다.

과연 인간은 이성적 존재이고 객관적인 근거하에 늘 합리적인 판단을 할까요? 현재 우리나라 최고의 기업인 삼성전자의 반도체 사업은 1974년 당시 중앙일보 이사였던 故이건희 회장이 사재를 털어, 한국반도체를 인수하면서부터 시작되었습니다. 부친인 故이병철 회장 창업자의 반대에도 불구하고, 그의 반도체 사업에 대한 열정과 성공에 대한 확신은 매우 컸다고 합니다. 과연 故이건희 회장은 어떻게 이 사업의 성공을 확신할 수 있었을까요?

책과 영화로 소개된 『머니볼』은 부제가 'The Art of Winning an Unfair Game'입니다. 이를 의역하면 '불공정한 게임을 승리로 이끄는 기술'로 해석할 수 있습니다. 이는 저비용-고효율을 추구하는 야구단의 운영 기법을 소개한 것으로, 실제 미국 프로 야구단인 오클랜드 애슬레틱스의 구단주 빌리 빈이 제시한 경영 방법입니다. 오클랜드 애슬레틱스는 볼티모어 올리언스, 디트로이트 타이거 팀과 함께 메이저리그 구단 가운데, 성적도 좋지 않고 관중 수입도 기대하기 어려운 스몰마켓 팀 중에 하나였습니다.

이런 오명을 벗어던지고 싶었던 구단주는 기존의 선수 선발 방식과는 전혀 다른 '머니볼 이론'에 따라, 경기 데이터에만 의존하여 타 구단에서 갖가지 이유로 외면받던 선수들을 팀에 영입해 구단을 꾸밉니다. 새로운 구단은 비록 월드시리즈에 진출하는 것은 실패했지만, 팀 창단 이후 최초로 20연승을 기록하는 등 엄청난 성공을 거두었습니다. 데이터에 의한 의사결정이 스포츠계에서도 성공할 수 있다는 실제 사례를 보여준 것입니다.

　회사가 투자할 때는 어떻게 의사결정을 내릴까요? 삼성전자를 만들고 키운 故이건희 회장과 같이 뛰어난 사업적 감感으로 미래를 예견하고, 사업 성공에 대한 확신과 열정으로 투자를 결정하는 CEO도 있습니다. 하지만 CEO 대부분은 투자하려는 회사의 과거 데이터인 재무제표를 면밀히 검토하고, 체계적으로 분석하여 미래 사업성을 예측한 후, 최종 투자결정을 내리게 됩니다. 사업의 성공과 실패는 결국 숫자로 보여집니다. 재무정보는 과거의 경영활동들을 한눈에 파악할 수 있게 해줄 뿐만 아니라, 미래 전망을 분석하는 데에도 바로미터 역할을 합니다.

편견과 합리적 의사결정

38 재무분석의 관점

> "재무제표를 이해하지 않고 해당 회사의 주식을 사는 것은 상대방의 카드를 보지 않고 포커 게임을 하는 것과 같다."
>
> — 워런 버핏 —

재무분석 financial analysis 이란 기업이 제공한 재무제표를 토대로 기업의 재무상태 및 경영성과를 분석하는 것입니다. 즉, 기업의 이해관계자들이 합리적인 의사결정을 내리기 위하여, 회사의 재무제표로부터 필요한 부분을 추출하여 분석하는 과정입니다.

기업의 정보이용자가 재무제표에 관심을 갖는 데에는 다양한 목적과 이유가 있습니다. 그중 가장 주요한 목적은, 기업의 과거 재무상태와 실적을 파악하여 기업의 미래 성과를 예측하기 위한 것입니다. 특히, 우리나라는 1997년 IMF 외환위기를 겪으면서, 기업경영 상태를 조기에 파악할 수 있는 분석이 부족했다는 반성과 함께, 재무분석의 중요성을 보다 적극적으로 인식하게 되었습니다. 사실 경영자의 이익 예측은 투자자의 의사결정에 유용한 측면이 있지만, 경영자는 대체로 자신이 경영하는 사업을 낙관적으로 보는 경향이 있기 때문에 정보의 신뢰성이 떨어질 수 있습니다. 이는 일반적으로 사람들이 냉정하게 현실을 직시하기보다는 낙관적인 편견에 빠지곤 하기 때문입니다.

재무분석에는 몇 가지 접근법이 있습니다. 재무제표의 정보를 분석하는 재무제표분석 financial statement analysis, 재무제표분석에 더하여 주가, 거래량, 시장점유율 등을 통계적 분석 방법을 사용하여 계량적으로 분석하는 재무분석 financial analysis 이 있습니다. 또, 해당 산업의 전망, 경쟁기업의 동향과 같은 경영환경, 경영자의 능력, 제품의 질 등 비계량적 분야까지 포함하는 경영분석 business analysis 분야가 있습니다. 과거에는 주로 재무제표에 기초한 자료를 분석하는 데 그쳤지만, 최근에는 미래 예측에 초점을 두어 대상 자료 범위를 확대하고 새로운 통계분석기법을 사용하여, 예측가능성을 높이고자 하는 시도가 이루어지고 있습니다.

　재무제표분석 중 비율분석 ratio analysis 은 대중에게 잘 알려져 있고 가장 간편한 분석 방법입니다. 비율분석은 주로 재무상태표와 손익계산서의 숫자적 정보를 기초로, 두 항목 간의 관계를 비율로 계산하여 기업의 재무건정성을 측정하는 방법입니다. 이 방법은 재무제표를 기반으로 계산하기 때문에, 기업의 가치를 객관적으로 평가하는 데 적합합니다. 또, 이해관계자들은 해당 기업이 속한 국가와 산업 평균 또는 경쟁사의 비율을 비교·분석하여 의사결정에 참고할 수 있습니다. 특히, 주식과 채권 투자자들은 재무제표분석에 큰 관심을 가집니다. 기업의 내재가치를 평가하고 이를 현재의 주식가격과 비교함으로써, 주식의 매수 또는 매도를 합리적인 관점에서 결정할 수 있습니다. 또, 재무제표분석은 기업이 창출할 미래현금흐름의 크기, 시기, 불확실성의 정도를 예측하여, 기업의 미래 경영성과와 잠재적 위험을 추정할 수 있게 합니다. 채권자의 경우, 기업의 미래 채무이행 능력을 파악하기 위해, 재무제표분석이 필요합니다. 단기 대출의 경우는 유동성 평가가 중요하며, 장기 대출은 안정성 평가가 중요한 기준이 됩니다.

　기업의 경영자는 주요 경영활동, 즉 영업활동, 투자활동, 재무활동을 위한 최적의 경영전략을 수립하고 합리적 의사결정을 위해 재무제표를 분석합니다. 특히 전문경영인의 경우 그들의 보수가 기업의 경영성과와 연결되어 있어, 재무제표분석 결과에 관심이 큽니다. 정부와 국세 당국 또한 재정지출 계획 및 적정한 세수 확보를 위해, 기업의 재무정보를 필요로 합니다. 금융 감독기관과 정부 규제기관 역시 금융기관의 건전성 확보와 지도 및 감독을 위해, 금융기관의 재무정보를 파악합니다. 예를 들어, 경쟁력을 잃은 부실기업을 기업회생 제도를 통해 갱생시킬지 또는 퇴출시킬지를 판단하기 위해서는 재무분석이 필요합니다. 회사의 종업원, 거래처, 신용평가기관 들도 기업의 재무제표에 관심을 가지고 각기 다른 관점에서 분석합니다. 또한 기업이 타 기업의 인수합병을 진행할 때, 해당 기업의 재무분석을 통하여 인수 여부와 적정가격을 판단하게 됩니다.

　재무분석을 수행할 때는 특별히 고려할 점이 있습니다. 재무분석에는 업종별 특성에 대한 이해가 필요합니다. 일반적으로 부채, 그중에서도 유동부채 비중이 높은 기업은 재무건전성이 좋지 않은 것으로 평가합니다. 하지만 조선업, 발전사업 등 수주산업은 경영성과가 좋을수록 유동부채인 선수금과 선수수익이 증가하여, 유동부채 증가가 오히려 미래 현금 창출 능력에 긍정적인 지표가 될 수 있습니다. 재무분석은 같은 결과일지라도 재무정보의 이용 목적에 따라 해석이 달라질 수 있습니다. 예를 들어, 유동성이 높은 기업은 채권자 입장에서 긍정적일 수 있지만, 주주 입장에서는 기업이 활발한 투자를 하지 않는다고 판단하고 부정적으로 평가할 수 있습니다. 또, 기업의 생애주기 성장단계별로 재무분석의 관점이 달라져야 합니다. 생애주기 초기단계에서는 활동성과 유동성이 중요합니다. 회사가 우수한 제품과 기술을 보유하고 있고 재무제표상 이익이 발생하더라도, 단기자금 관리가 원활하지 못한 경우에는 일시적인 자금 부족으로도 파산할 수 있기 때문입니다. 성장단계에서는 실질적 성장 여부가 중요한 분석 대상이고, 성장에 따른 시설 투자가 지속적으로 이루어져야 하기 때문에 장기자금조달이 필요합니다. 따라서 안정성이 중요한 지표입니다. 성숙단계에서는 장기적 관점에서 수익성과 안정성에 대한 분석이 중요합니다. 또한, 새로운 성장 모멘텀을 위한 성장전략, 사업다각화 여부, 사업 포트폴리오 구성과 함께, 이에 따른 현금 창출 능력을 고려한 현금흐름 분석이 중요합니다.

재무분석은 기업 및 산업의 변화 속도를 따라가지 못한다는 한계점이 있습니다. 또, 재무분석 과정에서 계량화하기 힘든 항목에 대한 정성적인 질적분석도 동시에 이루어져야 합니다. 즉, 해당 기업이 속한 산업의 경기 동향, 경쟁 정도, 거래처와의 관계, 근로자의 숙련도, 경영진의 평판 등과 같은 질적분석 요소도 고려해야 합니다.

재무분석 결과에 대해 일방적인 해석은 주의할 필요가 있습니다. 재무분석만을 근거로 100% 좋거나 나쁜 기업이라고 판단하는 것은 옳지 않습니다. 예를 들어, 전력을 생산하고 공급하는 한국전력이나 가스를 공급하는 도시가스 회사들은 국가적으로 지역적으로 공급을 독점하고 있어 안정적인 현금을 확보할 수 있습니다. 따라서 안정성과 유동성은 뛰어나지만, 성장성에는 한계가 있습니다. 재무비율은 절대적 의미보다는 상대적 의미로 해석할 필요가 있습니다. 삼성전자의 2021년도 2분기 매출은 전년 동기 대비 18.9%라는 놀라운 증가율을 기록하였습니다. 하지만 이는 동기간의 우리나라 전체 제조업 매출액 증가율 24.3%에는 미치지 못하는 수준이었습니다. 따라서 재무비율 해석은 기간별·산업별로 비교·분석하는 것이 중요하며, 비교 기준이 되는 표준비율을 어느 수준으로 설정할지 결정하는 것 또한 중요합니다.

39 재무비율분석

성과를 어떻게 측정할 것인가?

> 재무제표의 정보는 명확하지만 모두에게 친절한 것은 아니다. 재무비율분석은 재무 자료를 간편하게 비교할 수 있는 유용한 수단이지만, 의사결정에 최종적인 답을 제공하지는 않는다.

재무비율financial ratio은 재무제표의 여러 항목 중, 서로 관련이 있는 둘 이상의 항목의 비율을 말합니다.

기업은 재무제표를 작성하고 외부인으로부터 회계감사를 받아 기업의 재무정보를 정기적으로 공개합니다. 하지만 숫자로 나열된 재무정보를 이해하는 것은 쉽지 않기 때문에, 필요한 정보를 정리하여 분석하는 재무비율분석을 수행합니다. 재무비율분석은 정보를 파악하고자 하는 목적에 따라 6가지, 즉 유동성, 안정성, 활동성, 수익성, 성장성, 생산성 분석으로 나눌 수 있습니다. 어떤 재무비율을 보다 중요하게 고려할지는 정보이용자의 재무제표 분석 목적에 따라 다를 수 있습니다. 또, 재무비율 계산은 절대적으로 통용되는 기준이 있는 것은 아니므로 사용자에 따라 그 정의가 조금씩 다를 수 있습니다. 다음 표에서는 재무비율을 목적별로 분류하였습니다.

재무비율분석은 정보수집의 경제성, 계산의 용이성, 사용의 간편성이 있고, 의사결정을 도울 수 있는 풍부한 정보를 제공한다는 의미에서 유용합니다. 하지만 재무비율분석은 재무제표 작성의 신뢰성, 재무제표의 보수주의원칙으로 인한 자산의 과소계상과 비용의 과대계상, 그리고 물가를 고려하지 않고 있다는 점 등의 한계가 있습니다. 따라서 이용자는 목적에 따라 적정한 재무비율을 선택해야 하며, 결산 기간, 회계처리 방법, 기업의 경영방침 등과 같이 비교 대상 자체에 차이가 있을 수 있다는 점을 인지하고 고려해야 합니다. 또, 재무비율을 이용한 재무제표분석은 일차적인 분석이며, 비율분석은 과거 자료만을 근거하므로 미래 예측에는 한계가 있을 수 있다는 점을 간과해서는 안 됩니다.

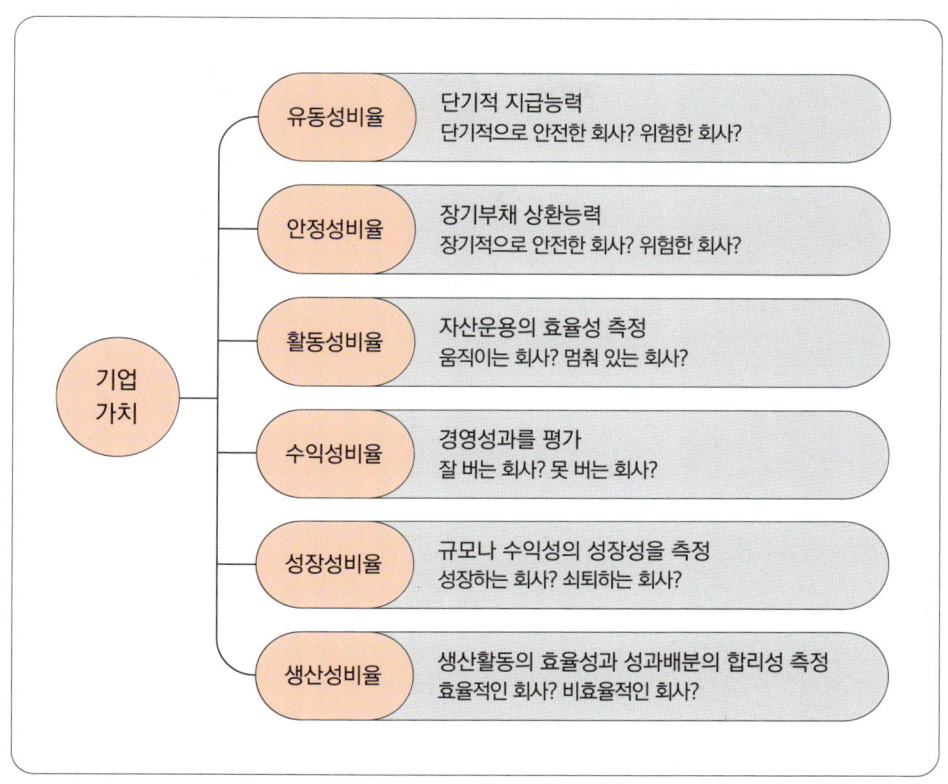

　재무제표분석은 기업의 과거 실적을 집계하여 추세를 살펴보기 위한 목적뿐만 아니라, 경쟁업체와의 경영성과를 비교하여 미래 경영전략을 세우고 투자를 판단하는 데 중요한 의미가 있습니다. 실적을 비교하기 위해서는 기준이 되는 표준비율standard ratio이 필요한데, 표준비율로는 해당 기업의 과거 재무비율, 해당 업종 최우량기업의 재무비율, 이상적 표준비율, 경쟁업체의 비율, 그리고 해당 산업의 평균비율 등을 사용합니다. 일반적으로 적용되는 이상적 표준비율은 유동비율 150% 이상, 당좌비율 100% 이상, 부채비율 100% 이하, 고정비율 100% 이하 등입니다. 이상적 표준비율은 통상 최소한의 수준으로 해석하지만, 이는 경제적·시대적·산업별 여건과 특성을 제대로 반영하지 못하여 현실에 적합하지 않을 수 있습니다. 경쟁업체비율은 시장 여건, 영업 규모, 기업 특성 등이 유사한 경쟁기업과 재무비율을 비교하는 것입니다. 하지만 이는 일부 유사 기업을 대상으로 비교하기 때문에 업종 전반의 추세를 파악하기에는 어려움이 있습니다. 산업평균비율은 동일 산업에 속하는 모든 기업의 재무비율의 평균값을 비교기준으로 사용하여, 업종 전반의 추세를 파악할 수 있습니다. 또, 산업 내 최우량기업의 재무비율은, 해당 업종에 속한 기업의 방향성과 경영방침 설정에 대한 랜드마크가 될 수 있습니다.

영리법인의 주요 경영지표 (자료: 한국은행)		2018년 (%)			2019년 (%)		
		전체	대기업	중소기업	전체	대기업	중소기업
성장성	매출액증가율	4.0	2.7	5.9	0.4	-2.3	4.2
수익성	매출액영업이익률	5.6	7.2	3.5	4.2	4.8	3.4
안정성	부채비율	111.1	92.1	159.5	115.7	94.9	162.3

산업평균비율은 보통 한국은행이 연간으로 발표하는 『기업경영분석』 보고서의 데이터를 사용합니다. 한국은행이 발표한 국내 비금융 영리법인의 2019년 주요 경영지표를 보면, 성장성, 수익성 및 안정성은 전년보다 악화된 것으로 나타났습니다. 이와 같은 지표를 해당 기업의 비율과 비교하여 분석합니다.

40 유동성비율 및 안정성비율

안전한 회사인가?

> 최근 한국은행이 단행한 일련의 기준금리 인상은 특히 중소기업 재무안정성에 부정적인 영향을 미칠 것으로 우려되고 있다. 연구에 따르면, 기준금리가 1% 포인트 오를 경우 중소기업이 부담하는 영업이익 대비 이자비용이 8.45% 포인트 상승하는 것으로 나타났다.

유동성비율과 안정성비율은 돈을 빌려주는 채권자가 주목하는 비율입니다. 특히, 단기채권자는 유동성비율에 유의하며, 장기채권자는 안정성비율을 중시합니다.

유동성비율 liquidity ratio 이란 빚을 갚을 만큼 충분한 현금을 보유하고 있는지 판단하는 단기채무상환 능력을 나타내는 지표입니다. 기업은 자기자본뿐만 아니라 채권자에게 차입을 하거나 사채를 발행하여 자금을 빌리는데, 이러한 부채의 상환능력은 기업의 생존과 직결되는 문제입니다. 유동성비율에는 유동비율과 당좌비율이 있습니다. 유동비율 current ratio 은 1년 이내에 단기채무의 지급 능력을 파악하는 지표로, 유동자산을 유동부채로 나눈 값입니다. 일반적으로 유동비율은 150%가 적정하다고 봅니다(2019년 현재 우리나라의 제조업 평균 유동비율은 146.5%임). 유동비율이 100%라는 의미는 유동부채와 유동자산 금액이 동일하여, 회사는 유동자산으로 유동부채를 모두 상환할 수 있다는 것입니다. 하지만 유동비율만으로는 회사의 안정성을 완벽히 판단할 수 없습니다. 왜냐하면 유동자산 중에는 현금으로 회수가 가능하지 않은 매출채권과 판매가 가능하지 않은 재고자산이 포함되어 있을 수 있고, 유동부채의 지불일이 유동자산의 회수일보다 빠른 경우 계산된 유동비율은 착시를 일으킬 수 있습니다. 따라서 한 지표에 의존하지 말고 여타의 비율들을 함께 고려할 필요가 있습니다. 당좌비율 quick ratio 은 당좌자산을 유동부채로 나눈 값으로 보통 100%를 적정치로 판단합니다. 당좌비율은 유동자산 중에서도 가장 짧은 기간 내에 현금화가 가능한 당좌자산과 유동부채의 규모를 비교함으로써, 기업의 단기 지급능력을 보수적으로 측정하는 지표입니다. 당좌자산은 유동자산 중에서 현금화하는 데 장기간의 시간이 소요될 수도 있는 재고자산을 제외한 것입니다. 재고자산은 생산과정과 판매과정을 거쳐 매출채권으로 전환된 이후에 현금으로 회수되기 때문에 시간이 많이 소요되어 부실화될 가능성이 있고, 생산과정은 외부와의 거래가 아닌 내부에서 이루어지기 때문에 분식회계 유혹에 빠지기 쉽습니다. 당좌비율은 유동비율과 함께, 금융기관이 기업 대출 여부를 결정하기 위한 단기 상환능력을 살펴볼 때 가장 먼저 검토하는 비율입니다. 현금비율cash ratio은 기업의 단기채무 변제를 위해 필요한 현금 관련 자산의 상대적 크기입니다. 기업의 초단기 지급능력을 측정하는 지표로, 현금 및 현금성자산을 유동부채로 나눈 값입니다. 현금비율이 높을수록 단기 지급능력이 양호한 것으로 평가되나, 지나치게 높을 경우 기업의 자금관리 능력 및 미래 투자 기회의 부재로 인식될 수 있습니다. 이 밖에도, 유동성비율로는 외상 판매 금액을 매출채권 금액으로 나눈 매출채권회전율, 매출액을 재고자산으로 나눈 재고자산회전율 등이 사용됩니다.

안정성비율stability ratio이란 기업의 장기 지급능력을 측정하는 지표로 보통 레버리지비율leverage ratio이라고 부릅니다. 대표적인 안정성지표는 부채비율debt to equity ratio입니다. 부채비율은 자본에 대한 부채의 상대적인 크기로 타인자본의존도를 나타내는 지표입니다. 부채비율이 낮은 기업일수록 안정성이 높다고 할 수 있지만, 자기자본이익률return on equity: ROE 관점에서는 부채비율이 높은 기업일수록 더 유리하게 작용합니다. 즉, 수익성 있는 사업 기회가 있다면 차입을 해서라도 투자를 감행하는 것이 기업 성장에 발판이 되고, 적절한 차입은 기업가치를 높일 수 있습니다. 부채비율은 일반적으로 100% 이하를 표준비율로 보고 있으나, 기업이 속한 국가의 경제 상황과 업종에 따라 큰 차이가 날 수 있으므로 경쟁기업 또는 최우량기업과 비교해볼 필요가 있습니다. 자기자본비율shareholders' equity to total assets은 전체 자산 중에 주주가 투자한 돈인 자기자본의 비중을 의미하는데, 이는 기업의 자본건전성을 판단하는 대표적 지표 중의 하나입니다. 자기자본은 직접적인 금융비용 부담이 없고, 기업이 장기적으로 운용할 수 있는 안정된 자본이므로, 비율이 높은 기업일수록 안전하다고 할 수 있습니다. 일반적으로 자기자본비율이 50% 이상의 기업은 충분히 안정적이라고 평가합니다. 비유동비율non-current ratio은 기업 자산의 고정화 위험을 측정하는 지표로 고정비율이라고 하며, 비유동자산에 자기자본을 얼마나 투자하였는지를 나타내는 비율입니다. 비유동비율이 높다는 것은 자기자본이 비유동자산에 과다하게 투자되어, 자금의 유동성이 낮다는 의미입니다. 일반적으로 비유동비율이 100% 이하인 기업은 장기적으로 안전하다고 평가합니다. 부채상환비율debt service coverage ratio: DSCR 은 금융부채의 상환능력을 평가하는 차입금의존도비율로서, 영업이익을 차입금으로 나눈 값입니다. 비율이 100%라는 것은 영업활동으로 벌어들인 현금으로 1년 이내 만기가 되는 차입금을 상환할 능력이 있다는 것을 의미하는데, 대체로 80% 이상이면 양호한 것으로 판단합니다. 차입금의존도 total borrowings and bonds payable to total assets 는 총차입금을 총자본으로 나눈 값이며, 100% 이하이면 해당 기업의 수익성이 좋고 재무구조가 안정적인 것으로 평가합니다. 이 밖에도, 안정성지표에는 영업이익을 이자비용으로 나눈 이자보상비율 interests coverage ratio: ICR, 이자비용을 매출액으로 나눈 금융비용부담률 interest expenses to sales 등이 있습니다.

한국은행의 2021년 2분기 기업경영분석 자료에 따르면, 순이익 증가와 자본 확충 등으로 우리나라 기업들의 안정성이 개선되고 있는 것으로 나타났습니다. 부채비율은 86.6%를 기록하여 하락 추세에 있고, 차입금의존도 역시 24.6%로 안정적인 수준입니다.

41 활동성비율

> 활발하게 움직이는 회사인가?

> 회계에서 활동성은 효율성과 유사한 의미이다. 예를 들어, 뜨거운 음식을 제공하는 식당은 그렇지 않은 식당에 비해 테이블 회전율이 낮아, 피크 타임 때 매출이 상대적으로 적다. 음식 가격과 모든 다른 조건이 동일하다면 손님들이 빠르게 음식을 먹을 수 있는 메뉴로 구성하는 것이 식당 매출에 효과적일 수 있다.

 기업의 활동성은 기업이 보유한 자원을 얼마나 효율적으로 사용하는지 측정하는 지표입니다. 기업은 자본을 계속 회전시켜 매출을 끌어올립니다. 같은 규모의 자산을 보유한 기업일지라도 자원의 활용도에 따라 이익의 크기가 달라지고, 이는 기업의 경쟁력으로 직결됩니다. 활동성비율 activity ratio 은 특정자산의 이용 효율성과 현금화되는 속도, 과다 투자 또는 과소 투자와 같은 투자 적정성 여부, 소요자금 예측 등에 활용됩니다.

 활동성비율 중 총자산회전율 total asset turnover ratio 은 매출을 만들기 위해 총자산이 몇 번 회전하였는지 나타내는 지표로, 매출액을 총자산으로 나눈 값입니다. 총자산회전율이 낮다면, 총자산이 매출액을 만드는 데 효과적으로 사용되는지 또는 총자산이 매출액을 만드는 데 불필요하게 큰 것은 아닌지 살펴볼 필요가 있습니다. 매출채권회전율 account receivable turnover ratio 은 매출채권이 얼마나 빨리 현금화되는지를 보는 비율로, 매출액을 매출채권으로 나눈 값입니다. 매출채권회전율을 365일로 나누면 매출채권회수기간을 계산할 수 있습니다. 활동성비율은 사업의 영역과 특성에 따라 큰 차이를 보이기 때문에, 다른 업종과의 단순 비교는 큰 의미가 없습니다. 브랜드 인지도, 구매력과 협상력, 전국적인 네트워크 등 우월한 시장지위를 가진 대형 백화점의 매출채권회수기간은 빠른 반면, 매입채무의 지급은 상대적으로 느립니다. 2019년 기준 국내 전 산업 평균 매출채권회전율은 7.07회입니다. 매출채권회수기간은 숙박서비스업의 경우 10일 가량 되며, 카지노 업종은 약 7일 정도이고,

편의점 사업은 채 하루가 되지 않습니다. 또, 복권 판매사업은 매출채권이 없이 현금으로만 거래된다는 특징이 있습니다. 매입채무회전율accounts payable turnover ratio은 매입채무의 변제 속도를 나타내는 비율로, 매출액을 매입채권으로 나눈 비율입니다. 일반적으로 동일 업종의 평균비율과 비교하여 비율이 높을수록 기업의 지급 능력이 양호한 것으로 인식합니다. 기업이 매입채무회전율을 낮게 관리하면, 회사의 자금운용에는 도움이 될 수 있으나 투자자나 거래처 입장에서는 해당 업체의 유동성에 문제가 있다고 판단할 수도 있습니다. 또, 이로 인해 거래처로부터 공급받는 제품의 품질이 저하되거나, 거래처의 단가 인상 등으로 부대 비용이 늘어날 수 있습니다. 이를 방지하고 기업의 사회적 책임을 다하기 위해, 적정 기간 안에 매입채무를 지급하도록 관리해야 합니다. 2019년 기준 국내 기업의 평균 매입채권회수율은 13.0회이며, 우리나라 선두권 제조기업들의 매입채무 지급기간은 1달 내외인 반면, 일부 대형 유통업체의 매입채무 지급기간은 3달이 넘는 경우가 있습니다. 재고자산회전율inventory turnover ratio은 재고자산이 얼마나 빠르게 판매되고 있는가를 나타내는 지표로, 매출원가를 재고자산으로 나눈 값입니다. 재고자산이 많으면 비용이 발생하고, 재고자산이 적으면 수요에 적절하게 대처하지 못할 수 있습니다. 재고자산회전율이 높다는 것은 재고자산 관리가 효율적으로 이루어지고 있어 기업의 관리 상태가 양호하다는 것을 의미합니다. 반면 회전율이 낮다는 것은, 재고자산에 과잉투자하고 재고자산 보관과 관리 등을 위해 부대 비용이 지나치게 많이 들어서 기업의 수익성이 떨어질 수 있음을 뜻합니다. 실제로 매출은 증가했지만 재고자산회전율이 감소한 기업은 경기둔화 시에 상대적으로 더 취약할 수 있고, 주가에도 악영향을 미칩니다. 2019년 기준, 우리나라 기업의 평균 재고자산회전율은 6.54회입니다. 중고차 사업의 경우, 평균 재고자산 보유일수가 30~40일 정도로 길지 않아 고정자산투자 부담이 크지 않고 현금흐름이 나쁘지 않습니다. 또, 대량 소비가 이루어지는 대형 할인점의 경우에도 평균 재고자산 보유일수가 20~30일 정도로 적습니다. 현금회전사이클cash conversion cycle은 현금을 사용하고 그 현금이 회수될 때까지 걸리는 기간으로, 매출채권회전기간에 재고자산회전기간을 더하고 매입채무회전기간을 뺀 값입니다. 현금회전사이클은 얼마나 오랜 기간 현금이 묶여 있는지 알 수 있는 지표입니다. 현금순환주기가 빠르면 운전자금 요구량이 줄고, 기업 자금에 잉여 흐름이 커집니다. 기업들 대부분은 30일에서 200일 사이에 순환주기를 가지고 있으나, 애플의 경우에는 마이너스 40일이라는 이례적인 주기를 보이고 있습니다. 마이너스 순환주기란 상품 판매 전에 대금을 현금으로 선결제 받는 것입니다. 애플은 자금회수가 빠르기 때문에 경쟁기업보다 신속히 연구개발비를 투입할 수 있는 여건이 되고, 이로 인해 경쟁우위에 설 수 있습니다. 또, 자본 중에서 자기자본이 차지하는 자기자본비율 capital adequacy ratio 은 비율이 높을수록 금융비용을 부담하지 않고 기업이 자금을 운용할 수 있어서, 기업의 안정성이 높다고 할 수 있습니다.

돈을 얼마나 벌었나?

수익성비율

> 글로벌 초우량기업들은 자산과 매출 규모 대비 이익과 시가총액이 큰 것으로 조사되었다. 이들의 배당 성향은 대체로 낮은데, 이는 주주에게 배당을 하는 대신 수익성이 높은 사업에 재투자하여 주가를 높이는 경영전략을 채택하기 때문이다.

수익성profitability은 일정 기간에 기업이 사용한 돈에 비해 얼마를 벌었는지를 나타내며, 기업의 총괄적인 경영성과를 평가하는 데 사용됩니다. 하지만 자산이 큰 기업이 더 많은 수익을 낼 가능성이 있기 때문에, 이익 금액의 절대치는 비교가 가능하지 않으므로 수익성을 판단하려면 비율로 계산해야 합니다. 자산 이용의 효율성과 이익 창출 능력을 평가할 수 있는 수익성 지표는, 특히 주식투자자들이 관심을 많이 가집니다. 보통 실무에서 수익성비율을 구할 때, 분모에는 재무상태표 항목의 기초와 기말의 평균치를 사용합니다. 왜냐하면, 분자의 포괄손익계산서 항목은 일정 기간을 기준으로 발생한 것이고, 분모의 재무상태표 항목은 일정 시점을 기준으로 작성된 것이기 때문입니다. 수익성을 나타내는 지표로는 대표적으로 매출액영업이익률, 매출액세전이익률, 총자산이익률, 금융비용 대 매출액비율, 이자보상비율 등이 있습니다.

매출액영업이익률operating income to sales은 기업의 주된 영업활동에 따른 경영성과를 측정하기 위한 것으로, 영업외손익을 제외한 순수 영업이익만을 매출액에 비교한 지표입니다. 영업이익은 매출이익에서 영업비를 차감하여 계산합니다. 따라서 영업이익은 재무활동과 같은 영업외 활동의 영향을 받지 않는 순수 판매마진입니다. 코로나19 이후, 반도체 가격 상승으로 반도체회사들의 매출액영업이익률이 높아졌습니다. 2021년 SK하이닉스의 매출액영업이익률은 30.4%이고, 삼성전자의 매출액영업이익률은 18.6%입니다. 주식시장에서 시가총액 2위인 SK하이닉스가 시가총액 1위인 삼성전자보다 높은 이유는 SK하이닉스는 반도체에만 집중하는 반면, 삼성전자는 반도체 외에 핸드폰과 가전 등 다양한 제품을 생산하고 판매하기 때문입니다. 매출액 감소에도 불구하고 비용을 효율적으로 관리하면 매출액영업이익률이 올라갑니다. 예를 들어, 2019년 고려아연의 매출액은 2.5% 감소하였으나, 영업이익률은 5.3% 증가하였습니다. 즉, 매출액이익률을 높이기 위해서는 매출액이 늘거나 비용을 줄이면 됩니다. 하지만 단순히 비용을 줄여 매출액영업이익률을 올리는 것은, 결국 매출액이 줄어드는 결과가 될 것이기 때문에 장기적으로는 위험한 발상입니다. 매출액세전이익률 return on sales before tax 은 세전순이익을 매출액으로 나눈 값으로, 법인세를 내기 전까지 영업이익과 영업외이익을 포함하는 기업의 모든 성과를 나타내는 수익성 지표입니다. 총자산이익률 return on assets: ROA 과 자기자본이익률 return on equity: ROE 은 기업의 내재가치를 평가하는 중요한 수익성 지표입니다. ROA는 기업이 보유한 총자산 대비 당기순이익이 차지하는 비중을 나타냅니다. 이는 기업의 수익 창출 능력과 총자산을 얼마나 효율적으로 운용하는지를 파악할 수 있습니다. ROE는 기업의 자기자본 대비 얼마만큼의 당기순이익을 만들어내는지 보여주는 비율로서, 주식투자자들이 가장 관심을 많이 가지는 지표입니다. ROE는 경영자의 평가에도 중요한 기준이 됩니다. ROE는 ROA와 재무레버리지를 곱한 값으로도 계산할 수 있습니다. 여기서 재무레버리지란 총자본에서 순자산이 차지하는 비율이며, 자기자본비율이 작을수록 부채비율이 클수록 재무레버리지가 커지게 됩니다. 재무레버리지가 커지면 ROE가 커지고, 이는 주주에게 배분되는 이익의 몫이 커진다는 의미입니다. 따라서 부채비율이 높으면 기업의 안정성에는 부정적이지만 수익성에는 긍정적입니다. 다만 기업이 안정성을 유지하면서 수익성을 높이기 위해서는 ROA를 우선적으로 높여야 합니다. 일반적으로 ROA와 ROE는 분자에 당기순이익을 사용하는데, 수정 ROA는 분자에 영업이익을 사용하여 기업의 본업 대비 이익률을 측정합니다. 투하자본수익률 return on investment capital: ROIC 은 기업에 자금을 제공하는 주주와 채권자의 수익성을 파악할 수 있는 비율로서, 세후 영업이익을 투하자본으로 나눈 값입니다. 여기서 투하자본은 영업활동과 관련된 자산의 합계 금액으로, 통상적으로 유형자산과 운전자본의 합입니다. ROIC 수치가 높을수록 기업이 자본을 효율적으로 사용한다는 의미로, 수익률 계산에 재무레버리지를 고려하지 않고 순수한 영업활동의 수익성을 평가하는 지표입니다. 이 밖에도, 매출원가를 매출액으로 나눈 매출원가율, 판매비와 관리비를 매출액으로 나눈 매출액판매관리비비율 등의 수익성 지표가 있습니다.

성장하는 회사인가?

성장성비율

> 투자자들의 주 관심사는 기업의 미래가치이다. 주식시장에서 성장주를 선호하는 투자가는 "주식은 꿈을 먹고 산다."고 표현한다. 글로벌 양적완화와 초저금리 시대에 기존 투자 지표로는 설명되지 않을 만큼 높은 주가를 기록하는 기업들이 등장하면서, '주가 꿈 비율 price to dream ratio: PDR' 지표가 생겨났다.

성장성비율 growth ratio 은 기업의 경영규모와 성과가 전년도에 비해 얼마만큼 증가하였는지를 보여주는 지표입니다. 이를 통해 기업의 미래 경쟁력과 수익 창출 능력을 예측합니다. 주식투자자들은 성장성비율을 매우 중요한 지표로 삼는데, 대표적인 지표로는 매출액증가율, 영업이익증가율, 총자본증가율, 자기자본증가율, 순이익증가율 등이 있습니다. 기업의 성장은 외적 성장뿐만 아니라 성장의 질적 요소도 중요하게 고려해야 합니다.

매출액증가율 net sales growth rate 은 기업의 외적인 성장, 즉 매출 규모의 성장세를 나타내는 비율이며, 당기 매출액에서 전기 매출액을 빼서 전기 매출액으로 나눈 값입니다. 매출액이 마이너스 증가율을 기록한다면 해당 기업은 성장이 멈추고 퇴보하는 기업으로 판단되어, 시장에서는 투자의 적신호로 받아들일 수 있습니다. 코로나19 발발 직후, 2020년 2분기 우리나라 영리법인기업의 매출액증가율은 −10.1%를 기록하였지만, 2021년 1분기에는 7.4%, 2분기에는 18.7%라는 큰 폭의 성장으로 반전했습니다. 영업이익증가율 operating income growth rate 은 영업이익의 성장성을 파악할 수 있는 비율인데, 당기 영업이익에서 전기 영업이익을 빼고 전기 영업이익으로 나눈 값입니다. 일반적으로 영업이익증가율은 고정비 효과로 인해 매출액증가율보다 변동성이 크며, 매출액증가율보다 영업이익증가율이 큰 기업이 좋은 기업으로 평가받습니다. 총자산증가율 total asset growth rate 은 기업의 총자산 규모가 얼마나 증가했는지 보여주는 지표로, 당기 말 총자산에서 전기말 총자산을 빼고 전기말 총자산으로 나눈 값입니다. 총자산이 증가하지 않거나, 부채의 증가로 인하여 자산증가율이 높아지는 기업은 부실로 연결될 가능성이 있습니다. 총자산증가율이 매출액증가율보다 크면, 상대적으로 자산에 과다하게 투자했음을 의미합니다. 또, 매출액증가율이 순이익증가율보다 큰 기업은 내실보다는 외형 위주로 성장하였음을 보여줍니다. 자기자본증가율 equity capital growth rate 은 이자지불 부담이 없는 자기자본의 성장성 지표로, 당기 말 자기자본에서 전기말 자기자본을 빼고 전기말 자기자본으로 나눈 값입니다. 자기자본은 이익유보금 또는 유상증자 등을 통해 증액될 수 있습니다. 이 밖에도 재고자산증가율 inventory growth rate, 유동자산증가율 current asset growth rate, 유형자산증가율 tangible growth rate 등이 성장성 지표로 사용됩니다.

경영자원의 활용

생산성비율

> 기업은 적은 양의 생산요소를 투입하고 많은 양의 생산량을 얻기 위해, 경영 효율을 높이려는 노력을 기울인다. 코로나19 확산으로 실시되었던 재택근무가 오히려 GDP 감소폭을 줄이는 데 기여했다는 분석이 나왔다. 보고서에 따르면, 재택근무가 통근 시간 절약, 자율성 증대 등으로 직무 만족도가 높아지면서, 생산성 향상이 이루어졌다고 분석하였다.

회계에서 생산성이란 경영자원 활용의 정도를 의미합니다. 생산성비율 productivity ratio 은 노동·설비·자본 등과 같은 생산요소 투입에 대한 생산 결과의 비율입니다. 생산성이 높을수록 상대적으로 적은 양의 자원을 투입하여 많은 양의 제품이나 서비스를 생산할 수 있게 되므로, 제품에 투입된 자원의 원가는 그만큼 낮아집니다. 흔히 생산성이라고 하면 노동생산성을 생각하지만, 생산성비율 분모에 투입물로 생산요소 전체를 넣으면 총생산성, 노동이 투입되면 노동생산성, 자본이 투입되면 자본생산성, 유형자산 등이 투입되면 설비생산성이라고 합니다.

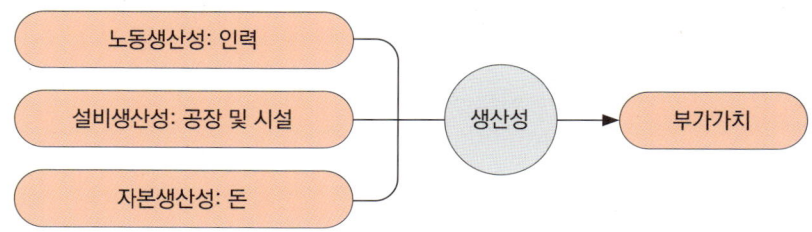

생산성측정은 보통 부가가치 added value 를 기준으로 분석합니다. 부가가치란 제품이나 서비스의 생산과정에서 새로 덧붙여진 가치입니다. 예를 들어 제주도 지하수를 마시려면

제주도에 가야 하지만, 근처 편의점에서 제주도 암반수를 손쉽게 구할 수도 있습니다. 이 경우 암반수 생수 제조업자와 이를 판매하는 편의점은 부가가치를 창출한 것입니다. 부가가치는 생산 면에서 파악하는 공제법과 분배 면에서 산출하는 가산법이 있습니다. 공제법은 총생산액에서 외부 투입액을 빼는 방법이고, 가산법은 기업이 창출한 부가가치를 기업활동에 도움을 준 이해관계자들에게 분배할 몫을 합해서 계산하는 방식입니다. 부가가치율은 일정 기간 기업이 창출한 부가가치액을 같은 기간 중의 산출액으로 나눈 비율로서, 산출액 중 생산활동에 참여한 생산요소에 귀속되는 소득을 의미합니다. 기업의 생산 효율성이 높을수록 부가가치율은 높아집니다.

노동생산성의 경우, 우리나라 중소기업의 노동생산성은 매우 낮아 OECD 국가 중 최하위에 머무르는 것으로 파악됩니다. 2018년 기준 우리나라 노동자의 87%가 중소기업에 고용되어 있고, 이들의 1인당 노동생산성은 대기업과 비교할 때 32%에 불과하다는 통계가 있습니다. 이 같은 격차는 기업의 부가가치 창출 능력을 떨어뜨리고, 노동자의 소득에도 나쁜 영향을 미칩니다. 기업은 생산성 제고를 위한 방안을 마련해야 하고, 정부와 지방자치단체는 중소기업들에게 활력을 줄 수 있는 보다 현실적인 정책 방안과 규제개혁 조치가 필요합니다.

좋은 기업 찾기

듀퐁분석

> 투자분석은 좋은 기업을 찾는 노력이다. 작지만 강한 기업을 찾는 투자 철학으로 소형주의 개척자라고 불리는 랄프 웬저는 당장 외면당하는 주식이라도 내재가치가 충분하다면 언젠가 해당 주식은 크게 주목받는 투자처가 될 것이라고 주장했다.

ROE는 자기자본으로 얼마를 벌어들였는가를 나타내는 대표적인 수익성 지표이며, 투자자들은 ROE가 높은 기업에 투자하려 합니다. 하지만 ROE가 높다고 무조건 좋은 기업은 아닙니다. 예를 들어 자동차를 생산하는 두 기업은 한 해 동안 각각 동일한 금액인 20억 원을 벌었습니다. A기업의 경우 100억의 자기자본과 100억의 타인자본을 사용했고, B기업은 200억 원 모두 자기자본으로 충당했습니다. 이때, A기업의 ROE는 20%(=20억 원 ÷ 100억 원)이고, B기업의 ROE는 10%(=20억 원 ÷ 200억 원)입니다. 이렇게 기업이 부채를 사용하여 이익을 내면 주주들에게 돌아가는 자기자본이익률이 높아지는 효과가 생기기 때문에, 일부 기업들은 ROE를 높이고자 과도한 부채를 사용하기도 합니다.

듀퐁분석Dupont analysis은 재무제표를 보다 체계적으로 분석하는 방법으로, ROE를 다음 페이지의 그림과 같이 매출액순이익률, 자본자산회전율, 재무레버리지 세 가지 요인으로 나눕니다.

이번에는 A기업과 B기업의 ROE가 같다고 가정합니다. 하지만 동일한 ROE를 요소별로 나눠보면, 다른 결과를 얻을 수 있습니다. A기업의 매출액순이익률은 10이고, 자본자산회전율은 1, 재무레버리지는 1입니다. 반면에 B기업의 매출액순이익률은 5이고, 자본자산회전율은 0.5, 재무레버리지는 4입니다. 이 경우, A기업과 B기업의 ROE를 계산하면, 10%로 동일합니다. 하지만 ROE 수치가 같은 기업이라고 해서 그 회사들의 가치가 똑같다고 판단하면 안 됩니다. A기업의 매출액순이익률은 B기업에 비해 2배 좋으며, B기업의 재무레버리

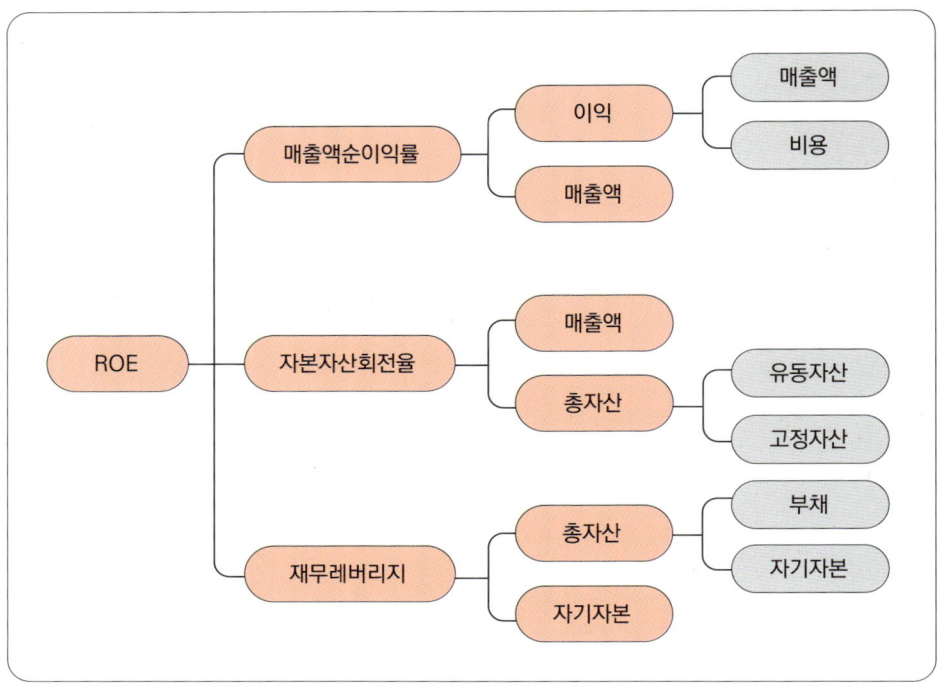

지는 A기업에 비해 4배 큽니다. 즉, B기업은 A기업에 비해 이익률이 낮고 부채비율이 높기 때문에, 안정성이 떨어진다고 볼 수 있습니다.

   기업의 경영자 입장에서도 듀퐁분석은 의미가 있습니다. ROE 분해는 ROE가 어떠한 요인 때문에 증가했고 감소했는지 구체적으로 파악할 수 있고, 경쟁업체와의 비교를 통해 원인을 분석하고 새로운 전략을 세우는 데 유의미한 정보를 제공합니다.

기업의 이윤배분

배당

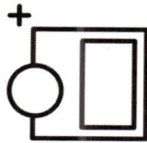

> 12월 결산법인의 경우, 투자자는 연말 폐장일 전까지 주주명부에 올라 있어야만 배당을 받을 권리가 생긴다. 배당기준일까지 주식을 보유하면 배당금을 받지만, 배당한 다음 날 바로 배당락으로 주가가 떨어진다. 따라서 투자는 배당뿐만 아니라 향후 주가 흐름까지 고려해야 한다.

배당dividend이란 기업이 벌어들인 이익을 주식 소유지분에 따라 주주에게 이윤을 분배하는 것입니다. 투자자가 채권을 보유하면 채권발행자로부터 정해진 이자를 받지만, 주식은 정해진 이자가 없습니다. 대신 주식회사의 모든 주주는 보유하고 있는 주식 지분에 따라 이윤을 배당받을 권리를 가집니다. 배당은 영업연도를 기준으로 하는데, 회사는 결산 시에 재무제표와 감사보고서 등을 정기주주총회에 제출하고, 배당 여부와 규모에 대해 승인을 받습니다. 배당금은 주주총회 승인 뒤 1개월 안에 지급해야 하며, 배당금에 대한 지급 청구권의 소멸시효는 「상법」 제464조의 2(주식배당)에 5년으로 정해져 있습니다. 배당금은 현금배당이 일반적이나 주식배당인 경우도 있습니다.

주식배당을 하게 되는 경우 전체 주식 수가 늘어나기 때문에, 시가총액을 배당 전과 동일하게 맞추기 위해서 주가를 인위적으로 떨어뜨리는 배당락ex-dividend이 생기게 됩니다.

배당수익률dividend yield ratio은 주당 배당금을 주가로 나눈 값으로, 배당금이 주가의 몇 %인가를 나타냅니다. 주식에 투자하면 배당과 자본이득(또는 자본손실)이 생기고, 이 두 가지 결과의 합으로 연간 투자수익률이 계산됩니다. 배당수익률은 총투자수익률 중 자본이득을 뺀 배당만을 감안한 수익률입니다. 배당성향propensity to dividend이란 기업의 당기순이익 중 주주에게 지급한 배당금의 비율입니다. 일반적으로 기업은 일정한 수준의 배당률을 유지하기 때문에, 회사의 당기순이익이 커지면 배당성향이 낮아지고, 당기순이익이 작아지면 배당성향이 높아지는 경향이 있습니다. 또, 기업이 성장 업종인 경우 회사는 재투자를 위해 사내유보를 강화하기 때문에 배당성향이 낮아지고, 성숙 업종인 경우에는 반대 현상이 발생합니다. 다른 조건이 모두 유사하다고 할 때, 배당성향이 큰 기업일수록 주식가격이 높은 경향을 보입니다. 주주 입장에서는 배당이 현금흐름을 발생시키므로, 그만큼이 주식가격에 유리하게 반영됩니다. 그러나 배당성향이 높으면 사내유보율이 낮아져 재투자할 금액이 줄어들어, 기업의 가치평가 시 부정적인 영향을 줄 수도 있습니다. 기업은 설비 확장 또는 재무구조의 안정을 위해 어느 정도의 이익을 사내에 유보하는데, 이를 사내유보율 reserve ratio 이라고 합니다. 사내유보율이 높은 기업일수록 경기 불황기에 대처가 가능하기 때문에, 사내유보율은 부채비율과 함께 기업의 안정성지표로 활용됩니다. 또, 사내유보율은 기업이 무상증자를 할 가능성을 측정하는 지표로도 이용됩니다.

   배당성향은 주주의 성향과 이사회의 경영전략에 따라 다릅니다. 미국의 통신사 AT&T는 지난 37년간 배당이 증가했고 배당수익률은 7.3%에 이르며, 자동차회사 쉐보레도 34년간 배당이 증가했고 배당수익률은 5.1%에 달합니다. 반면, 거대 전자상거래 업체인 아마존은 1994년 설립 이래 한 번도 배당을 지급하지 않았습니다. 대신 이익금을 새로운 사업에 성공적으로 투자하여, 투자자들에게 지난 10년간 연 39%의 투자수익률을 거둘 수 있게 했습니다. 일반적으로 주식시장에 변동성이 커지면, 투자자들은 자본이익에 대한 기대가 약해지고 대신 배당주에 관심을 갖게 됩니다. 배당금은 투자자들의 현금흐름을 좋게 만들며, 재투자로 복리 효과를 누릴 수 있습니다. 배당주를 투자할 때는 해당 기업의 과거 3~5년 장기간의 배당성향을 살펴볼 필요가 있습니다. 주가 하락으로 인해 배당수익률이 높게 보일 수도 있고, 일시적으로 배당을 높였을 수도 있기 때문입니다. 우리나라의 경우, 2020년 말 기준 코스피 200의 연간 배당수익률은 1.7% 수준으로 주요 선진국은 물론, 세계 평균 2.4%에 비해 크게 낮고, 배당성향 역시 17%대로 G20 국가 중에 최하위 수준입니다. 이는 글로벌 주식시장이 좋지 않을 때, 우리나라 주식시장이 타 국가들에 비해 더 취약한 상황을 보이는 이유 중 하나입니다. 기업이 좋은 투자 기회를 가지고 잉여 현금을 새로운 투자에 사용한다면, 주주에게나 국가경제 측면에서도 이득입니다. 하지만 우리나라 경제는 이미 저성장 국면에 진입해 있어, 기업의 신규 투자가 활성화되고 있지 못하는 실정입니다. 이러한 시점에는 기업 내에 현금을 쌓아두기보다는 주주에게 배당하는 것이 기업과 국가경제를 위해 바람직할 수 있습니다.

> 읽어두기 ⑤

비재무적 가치의 중요성이란?

기업의 존재 목적은 무엇일까요?

기업을 말할 때 이익과 효율이 강조되었던 과거에는, 이윤 창출 또는 주주 가치의 극대화가 의심할 여지 없는 정답이었습니다. 미국의 경제학자 밀턴 프리드먼이 말한 "경영자는 법률이 요구하는 이상의 사회적 책임을 지지 않는다." 그리고 "이윤 극대화는 선善이다."라는 주장은 기업경영의 원칙처럼 여겨졌습니다.

하지만 단기 이익만을 지나치게 추구한 일부 기업들의 비윤리적 경영 행위는 사회적 문제를 야기했습니다. 점차 기업의 목적이 오로지 이윤 창출에만 있는 것이 아니라 다른 다양한 기능과 목적을 가진다고 주장하는 학자와 기업가 들이 등장하기 시작했습니다. 피터 드러커는 기업의 목적이 영리 추구에만 있다는 것은 적합하지 않으며, 기업 존재의 이유는 고객이고 그 목적은 시장이라고 주장하였습니다. 즉, 사회적 책임을 다하는 기업만이 존재의 이유가 있다는 것입니다. 헨리 포드 역시 "기업은 이익을 내야 한다. 그렇지 않으면 망할 것이다. 그러나 오직 이익을 내기 위해서 비즈니스를 한다면, 그 경우에도 망할 것이다. 기업의 목적은 봉사이며, 훌륭한 서비스에 대한 결과로 주어지는 것이 이윤이다."라는 말을 남겼습니다.

매우 적극적으로 사회적 책무를 하는 기업들도 있습니다. 소비자가 신발을 살 때마다 개발도상국 아이들에게 신발을 기부하는 탐스슈즈, 버려질 뻔한 과잉 식재료를 활용하여 노숙자와 저소득층 청소년을 지원하는 DC센트럴치킨, 지역 내의 농부와 상공인 들에게 이윤을 나누는 홀푸드마켓 등이 대표적인 사회적 기업입니다. 제이피 모건 체이스의 다이먼, 아마존의 베이조스, 애플의 쿡, GM의 배라 등이 포함된 미국 200대 기업 CEO들의 모임인 '비즈니스 라운드 테이블'은 2019년 고객, 직원, 주주, 납품업체, 지역사회 등 다양한 이해당사자에 대한 사회적 책무를 이행하는 것이 기업의 목적이라는 내용의 성명을 발표하였습니다. 이 성명에는 구체적인 행동 계획이나 별도의 구속력은 없지만, 이윤 극대화나 주주

최우선이라는 오래된 개념만으로는 기업경영의 지속 가능성과 장기적 성공을 보장받을 수 없다는 기류를 반영하고 있습니다. 이는 이해당사자들을 배려하는 경영이 장기적으로는 주주에게도 이익이 된다는 인식을 확인시켜줍니다.

'ESG(환경·사회·지배구조)' 개념은 2000년대 초반에 시작되었습니다. 2004년 당시 코피 아난 유엔 사무총장이 글로벌 금융회사들에게 지속 가능한 투자를 위한 가이드라인 개발에 동참해줄 것을 요청했습니다. 이에 20여 개 금융회사가 공동연구를 통해 ESG라는 요소를 활용하여 투자 대상 기업을 평가할 수 있다는 결론을 내리게 되었고, 이는 2006년 유엔 책임투자 원칙에 반영되었습니다. 구체적으로 환경 분야에는 환경경영 목표 수립, 온실가스 배출량, 에너지 사용량, 폐기물 배출량, 친환경 인증 제품 등의 진단 항목이 포함됩니다. 사회 분야에는 신규채용 및 고용유지, 여성 고용 비율, 산업재해율, 인권 정책 수립, 지역사회에 봉사 참여 등이 주요 기준 항목입니다. 지배구조 분야는 이사회의 구성, 이사회의 활동, 배당 정책 및 이행, 내부감사부 설치 등의 여부가 주요 관심사입니다.

2021년 글로벌 자산운용사 블랙록 CEO인 래리 핑크가 투자자들과 기업 CEO들에게 보낸 서한에서 '앞으로 기업의 지속 가능성을 투자결정기준으로 삼겠다'고 선언하면서, ESG에 대한 관심이 크게 높아지는 계기가 되었습니다. 이제 ESG는 기업에게 피할 수 없는 생존을 위한 글로벌 규범이 되고 있습니다. 제도적으로는 기업의 ESG 정보공개 의무화, 협력사에 대한 실사 의무화 등 ESG 관련 규제가 전 세계적으로 강화되고 있습니다. 유럽연합은

ESG를 재무제표에 반영하는 방안을 검토하고 있어, ESG를 지키지 않는 기업은 유럽에서 활동하기 어려워질 전망입니다. 2022년 4월 일본 도쿄증권거래소는 61년 만에 주식시장 시스템을 큰 폭으로 개편하면서, 상장을 위해 ESG경영 관련 자료를 제출해야 한다는 조건을 추가했습니다. 투자 측면에서도 글로벌 연기금 등 기관투자자들의 ESG를 내재화한 책임 투자가 보편화되고 있습니다. 세계적으로 ESG 관련 투자자산 규모는 2012년 13조 달러에서 2022년 2월 현재 35조 달러로 급증하였습니다. 우리나라의 국민연금은 전체 운용자산 (2022년 2월 현재 약 920조 원) 중 ESG 관련 투자를 2022년 말 50%까지 확대할 계획이라고 합니다.

기업들은 생산과 판매, 자금운용 등 경영 전반에 있어 ESG를 적극적으로 반영하기 시작하였습니다. 예를 들어, 애플, 구글, 월마트 등은 2050년 이전에 필요한 전력의 100%를 재생에너지로만 충당한다는 RE100 Renewable Energy 100 에 참여를 선언하였고, 세계적으로 263개 사가 동참합니다. 우리나라에서는 SK그룹이 ESG경영에 있어 선두 주자입니다. SK 계열사들은 2020년 우리나라 기업 중에 처음으로 RE100에 가입하였고, 재생에너지 사용에 대해 구체적인 목표를 설정하고 있습니다. 또, 사회적책임 부문에서도 소셜밸류위원회를 두고, 경제 간접 기여 성과, 비즈니스 사회 성과 및 사회 공헌 성과 등 3대 분야에 사회적 가치를 계량화한 지표를 매년 발표합니다. 지배구조 측면에서도 각 계열사의 이사회가 독자적으로 CEO의 성과를 평가하고 연봉과 성과급 및 배당을 결정하는 등 이사회 중심의 독립 경영을 실시하고 있습니다.

소비자들도 기업의 사회적 평판에 보다 큰 관심을 가지게 되었습니다. 2021년 실시한 소비자 설문조사에 따르면, 전체 응답자의 83%는 "제품을 구매할 때 기업의 사회적 평판에 영향을 받는다."고 했고, 66%는 "다소 비싸더라도 신뢰하는 기업의 제품을 구매할 의향이 있다."고 답하였습니다.

국내외에는 600여 개의 ESG 평가기관들이 있고, 이들은 각기 다른 기준을 적용하여 ESG 평가지표를 제공합니다. 또한 ESG 평가지표들은 각 국가의 특수성을 고려하고 있지 않아, 우리나라는 산업통상자원부가 주축이 되어 2021년 12월 K-ESG 평가를 위한 가이드라인을 발표하였습니다. K-ESG 지표는 MSCI, GRI 등 국내외 주요 13개 ESG 평가기관이 사용하는 3,000개 이상의 평가지표와 측정 항목을 분석하여, 정보공시, 환경, 사회, 지배구조 영역에서 61개의 핵심적이고 공통적인 ESG 이행과 평가 항목을 추출하여, 중소·중견기업을 위한 37개 가이드라인을 별도로 제시합니다. 하지만 이 지표 역시 각 항목을 계량화하는 데 한계를 가지고 있으며, 산업에 대한 고려가 없다는 아쉬움이 있습니다. 이러한 부분은 향후 추가로 연구하여 적용되어야 할 것입니다.

PART 3

....

가치평가와 투자

투자결정

기업의 투자활동은 선택이 아니라 생존을 위한 수단이다. 자전거가 넘어지지 않고 앞으로 가기 위해서는 계속 페달을 밟아야 하는 것처럼, 기업이 경쟁에서 살아남기 위해서는 끊임없는 투자로 성과를 만들어야 한다. 투자는 미래의 수익을 기대하고 현재의 자금을 투입하는 것이다. 하지만 투자에는 위험이 따르고 기업의 성패에 중대한 영향을 미치므로 투자가치를 신중히 평가하고 결정해야 한다. 투자에는 기존 사업의 확장, 신규 사업 진출, 금융상품 투자 등 광범위한 대상이 포함된다.

Chapter 6
가치평가 방법

우리 회사는 얼마?

투자 검토의 핵심은 해당 자산의 가치평가이다.

자산가치평가 방법에는 크게 대상 자산 자체의 재무 현황을 평가하는 내재가치접근법, 유사한 자산과 시장가격을 비교하는 상대가치접근법이 있다. 본 장에서는 대출, 채권, 주식 등 금융자산의 내재가치평가 방법을 살펴본다. 금융자산의 현금흐름을 기초로 가치평가하는 방법을 학습하면, 기타 다른 자산에도 적용이 가능하기 때문이다.

가치와 가격

가치평가 방법

> 워런 버핏은 그가 이해하는 것에 투자한다.

투자란 싸게 사서 비싸게 팔아 초과수익을 획득하는 것입니다. 그럼 싸다는 건 어떤 의미일까요? 주식시장에 상장된 기업이라면, 주식가격이 기업가치보다 저렴하면 싼 것입니다.

이론적인 기업가격 = 내재가치

주식가격 = 내재가치 + 시장의 수요와 공급

이때, 기업가치가 주식가격보다 높을 때 투자하는 것을 가치투자라고 합니다. 여기서, 가치 value 란 거래 과정에서 도출되는 값이며, 가격 price 은 거래 결과의 값입니다. 다르게 표현하면, 가격은 시장에서 실제 지불된 금액이므로 과거의 값이지만, 가치는 장래에 기대되는 편익을 환원한 현재 값입니다. 따라서 과거의 값인 가격은 현재 시점에서 누구나 쉽게 알 수 있지만, 가치는 미래 효용의 현재 값이므로 분석이 필요합니다. 주식가격은 기업의 내재가치에 시장의 수요와 공급이 더해져 결정됩니다. 내재가치는 재무제표분석에 기초한 이론적 값이고 장기적인 접근인 반면, 수요와 공급은 시장참여자의 심리적 기대치와 수급에 따라 가격이 움직이므로 단기적 측면이 강하다고 할 수 있습니다.

워런 버핏은 그의 투자 철학을 "1달러 지폐를 40센트에 사는 것"이라고 설명합니다. 즉, 그는 기업의 내재가치보다 시장가격이 낮을 때만 투자해야 한다는 가치투자의 지론을 가지고 있습니다. 그럼, 1달러 가치를 가진 물건이 어떻게 시장에서 40센트에 거래될 수 있을까요? 시장이 100% 효율적이지 않기 때문에 가능합니다. 오랜 과거부터 수많은 투자자와 투자분석가 들은 수익이 많이 나고 안정적인 기업에 투자하기 위해, 다양한 방법을 사용하여 기업의 적정한 가치를 평가하려고 노력하였습니다. 투자자들은 투자하고자 하는 기업의 주가가 적정한 수준인지, 동종 산업 내에 유사 기업과 비교하여 고평가된 것은 아닌지 고민합니다. 증권시장에 상장된 기업이라면 시장에서 거래되는 시가라도 존재하지만, 비상장기업은 가치평가에 의존할 수밖에 없습니다. 또, 기업인수합병, 신규 상장, 새로운 사업의 타당성을 검토하려면 적정가치에 대한 분석이 선행되어야 합니다.

기업의 가치평가는 내재가치접근법(수익가치접근법)과 상대가치접근법(시장가치접근법)으로 나눌 수 있습니다. 내재가치접근법은 다시 현금할인법과 자산가치법으로 분류하고, 상대가치접근법은 유사거래비교법과 상대가치법으로 나뉩니다.

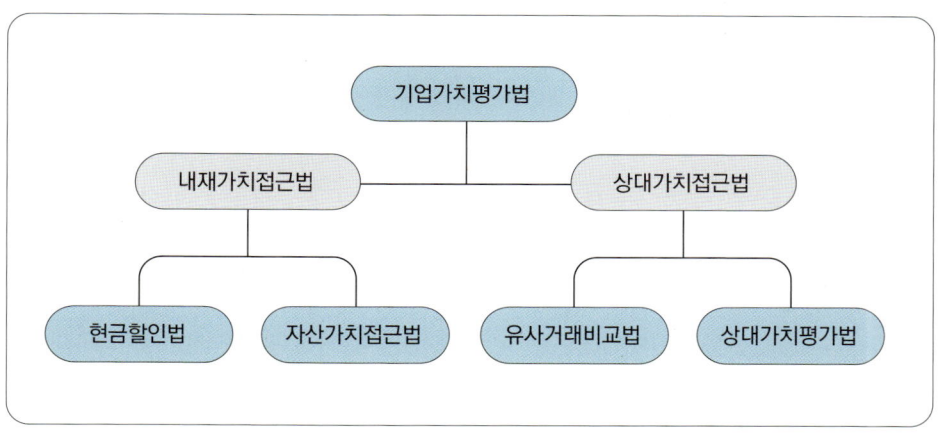

내재가치접근법 intrinsic value approach 중 현금할인법은 가장 널리 쓰이는 방법입니다. 현금할인법 discounted cash flow: DCF 은 미래에 기업이 벌어들이거나 지출할 것으로 예상되는 미래현금흐름을 추정하고, 리스크가 반영된 적절한 할인율로 할인하여 기업가치를 구하는 방법입니다. 예를 들어 기업이 새로운 빌딩을 짓는다고 할 때, 앞으로 얼마의 임대료를 받을 수 있을지, 빌딩 임대에 따른 관리비 등의 비용은 얼마나 발생할지 등에 대한 미래현금흐름을 현재가치로 평가하는 것입니다. 평가절차는 우선 기업의 과거 실적을 분석하여 자본비용을 추정하고, 미래 실적을 예측하여 잔여가치에 따라 결과를 산출하게 됩니다. 이러한 가치평가 방법은 미래현금흐름의 추정과 적용하는 할인율에 따라 큰 차이를 보일 수 있어, 이 부분에 대한 객관성이 담보되어야 합니다. 내재가치접근법에는 DCF 모델 외에 경제적부가치모형 economic value added: EVA, 배당할인모형 dividend discount model: DDM, 초과이익평가모형 residual income valuation: RIM 등이 있습니다.

자산가치접근법 asset-based approach 은 기업의 재무상태표에 기초하여, 회사의 자산, 부채 및 자본을 재평가하여 수정재무상태표를 작성한 후, 자산 총계에서 부채 총계를 차감한 순자산가치를 도출하여 기업가치를 평가하는 방법입니다. 이 방법은 순자산가치법, 청산가치법, 대체가치법으로 평가방법을 나눌 수 있습니다. 순자산가치법 net asset value: NAV 은 기업의 총자산에서 총부채, 실질가치가 없는 무형자산, 충당금 설정 부족액, 우발채무 등을 차감하고 계산하는 방법입니다. 순자산가치법의 자산과 부채의 평가는 장부가액이 아닌 공정시가를 적용합니다. 청산가치법 liquidation value 은 기업이 모든 자산을 개별적으로 분리하여 처분할 때 받을 수 있는 가치입니다. 이는 기업이 청산할 때를 가정하기 때문에 영업가치가 인정되지 않고, 일반적으로 정상 거래 가격보다 낮게 평가되며(예를 들어, 기업의 유형자산은 법원 경매의 평균 낙찰률을 적용), 기업의 회생 여부 결정에 중점을 둔 방법입니다. 대체가치법 alternative value 은 기업을 새로 설립한다고 가정하고, 신규로 구축 시에 소요되는 대체비용을 비교하여 평가하는 방법입니다. 대체가치법의 자산평가는 새로운 기계, 건물 등의 자산을 현재 시세로 매입하는 것을 전제로 하며, 자산의 내용과 감가상각 등을 조정하여 적정 가치를 산출합니다.

상대가치접근법 중 유사거래비교법 comparable company analysis 은 최근 발생한 유사한 M&A 실제 거래 사례를 분석하여, 해당 기업의 가치를 평가하는 방법입니다. 상대가치평가법 market approach 은 현재 시장에서 거래되는 주가 수준이 합리적이라는 가정하에 기업의 주식가치를 평가합니다. 상대가치평가는 해당 기업의 주식가격과 동업종 주식 또는 비교 가능한 회사의 주가를 수익성, 안정성, 배당성향 등의 측면에서 비교·분석하고, 현재 주가가 상대적으로 고평가되어 있는지 또는 저평가되어 있는지의 여부를 판단하는 것입니다.

내재가치평가와 상대가치평가는 동일한 시기에 동일한 기업을 분석하더라도 다른 결과가 도출될 수 있습니다. 내재가치평가와 상대가치평가 방법은 시장의 효율성에 대한 관점의 차이입니다. 내재가치평가는 시장가격이 실제 가치와 일시적으로 왜곡되어 형성될 수 있지만 시간이 지나면 내재가치로 수렴한다는 것이고, 상대가치평가는 시장에 거래되는 개별 기업가격에는 오류가 있을 수 있지만 평균적으로는 적절하다고 가정합니다. 따라서 기업의 합당한 가치평가를 위해서는 내재가치평가와 상대가치평가, 두 가지 방법 모두를 수행하는 것이 적합합니다.

48 화폐의 시간가치

가치평가의 중요성

> 부자가 가난한 사람에 비해 시간선호율이 더 크다는 가설은 여러 연구자들에 의해 입증되었다. 『마시멜로 이야기』는 '성공을 꿈꾸기보다는 성공을 향해 깨어나라'는 교훈을 담고 있다. 연구자들은 어린이들에게 마시멜로를 나누어주고 이를 먹지 않고 참으면 더 큰 보상을 해준다는 실험을 진행하였다. 이후 14년간 아이들을 추적한 결과, 마시멜로를 당장 먹는 유혹을 참아낸 아이들은 당장 먹은 아이들보다 더 뛰어난 성과를 보였다고 보고했다.

투자결정과 자본예산 capital budgeting 은 같은 의미로 사용됩니다. 기업 자본예산의 목표는 미래에 최대의 수익을 얻는 것입니다. 이를 위해 수익성 측면에서 신규 투자를 평가하고, 수익성이 높은 사업을 우선순위에 두고 투자를 집행합니다. 투자결정은 장기 자산에 자본을 할당하는 것뿐만 아니라, 수익성이 떨어지는 자산을 매각하는 의사결정도 포함됩니다.

투자결정에서 투자 대상 자산의 가치평가는 가장 본질적인 문제입니다. 투자는 투자하고자 하는 자산으로부터 유입될 것으로 기대되는 현금흐름이, 비용으로 유출될 것으로 예상되는 현금흐름보다 클 때에만 가치가 있습니다. 자산의 가치를 평가하기 위해서는 미래의 각기 다른 시점에 발생하는 현금흐름을 비교해야 합니다. 기업의 투자지출은 보통 사업의 시행 시점에서 이루어지지만, 추정되는 이익은 미래의 여러 기간에 걸쳐 실현됩니다. 투자가치는 현금 유출입의 발생 시기에 따라 다르기 때문에, 현금흐름을 비교할 때에는 동일한 시점의 가치로 환산하여 비교해야 합니다. 이를 위해서는 화폐의 시간가치 time value of money 개념이 필요합니다.

투자는 미래에 발생할 것으로 예상되는 기대수익뿐만 아니라 위험도 고려해야 합니다. 자산가치는 투자로부터 기대되는 미래현금흐름을 적절한 할인율로 할인한 현재가치의 합입니다. 할인율은 미래가치를 현재가치와 같게 하는 비율로서, 현금의 발생 시기가 오래 걸리거나 위험이 커지면 할인율이 높아집니다. 할인율은 투자하고자 하는 기업의 자본비용이라고 할 수 있습니다.

화폐의 시간가치란 시간의 흐름에 따라 돈의 값어치가 달라지는 것입니다. 동일한 금액의 돈이라면, 현재 돈의 가치present value: PV는 미래 돈의 가치future value: FV보다 큽니다. 즉, 대여자 입장에서는 현재 보유한 현금을 사용하지 않고 미래에 사용함으로써 기회손실이 생기는데, 이에 대해 차입자는 보상을 해야 하며 이것이 이자interest입니다. 이자율은 현재 돈의 가치와 미래 돈의 가치를 일치시켜주는 가격입니다. 즉, 이자율은 화폐시장에서 수요와 공급이 만나는 돈의 균형가격이며, 복리이자율을 적용함으로써 미래가치와 현재가치를 구할 수 있습니다.

화폐가 시간가치를 가지는 것은 사람들이 현재 소비를 더 선호하기 때문입니다. 누구에게나 미래는 불투명하기 때문에, 다른 차이가 없다면 욕구를 즉시 충족시키기 위해 현재 소비하고자 하는 시간선호time preference를 갖습니다. 하지만 차입자가 대여자에게 합당한 수준의 이자를 지급하면, 대여자 입장에서는 현재의 소비 기회를 상실하는 것에 대한 보상이 될 수 있습니다. 만일 차입자로부터 돈을 돌려받지 못할 리스크가 커지면, 대여자는 더 높은 이자를 요구합니다. 즉, 이자율은 투자자 입장에서는 최소한의 요구수익률이며, 현재가치를 미래가치로 할증하거나 미래가치를 현재가치로 할인하는 환산의 기준이 됩니다.

화폐의 시간가치 개념은 투자안의 가치평가에 반드시 고려되어야 합니다. 앞서, 우리는 재무제표상의 재무적 정보를 바탕으로 기업의 성과를 측정하였습니다. 일반적으로 개별 프로젝트를 평가할 때는 화폐의 시간가치 개념을 사용하여 가치를 평가하고, 기업 전체 성과를 평가할 때에는 재무제표분석을 사용합니다. 재무제표분석은 과거 정보에 기초한 분석이라는 단점이 있는 반면에, 가치평가 방법은 주관이 많이 개입될 수밖에 없다는 약점이 있습니다. 따라서 실제 투자의사결정 시에는 보완적 관계에 있는 두 가지 분석 방법을 동시에 수행해야 합니다.

미래가치 vs. 현재가치

> 자산가치는 미래가치를 현재가치로 환산하여 평가한다. 현재가치는 기업의 투자안 분석뿐만 아니라 금융의 모든 분야에서 활용된다. 채권이나 주식가격을 산정하거나, 각종 파생금융상품의 가치 계산에도 현재가치 개념이 사용된다.

우리가 현재 1만 원을 가지고 있다면, 다른 자산에 투자하여 초과 이익을 얻거나, 배가 고프다면 당장 밥을 사 먹어 가치 효용을 누릴 것입니다.

현재가치 PV 란 미래에 얻게 될 현금흐름을 화폐의 시간가치를 반영하여 적절한 할인율을 사용하여 현재가치로 환산한 값입니다. 기업은 미래 발생할 것으로 추정되는 수익·비용의 현금흐름을 현재가치로 계산하여, 새로운 사업에 대한 투자 타당성을 판단하게 됩니다. 일반적으로 동일한 금액의 미래가치는 현재가치보다 큽니다. 현재의 부를 무위험자산에 투자하여, 위험 없이도 이익을 취할 수 있기 때문입니다. 현재가치를 환산하는 식은 다음과 같습니다.

$$현재가치 = PV(t) = \frac{FV}{(1+r)^n}$$

FV: 미래가치 r: 할인율 n: 기간

Quiz & Answer : 1

A씨는 10년 후에 아파트를 구입하려고 합니다. 새 아파트 가격은 10억 원으로 예상되며, A씨는 매년 5%의 연수익을 올릴 수 있을 것으로 기대합니다. A씨가 새 아파트를 구입하려면, 현재 얼마의 자금이 있어야 하나요?

Answer

$$FV = \frac{1,000,000,000}{(1+0.05)^{10}} = 613,913,254$$

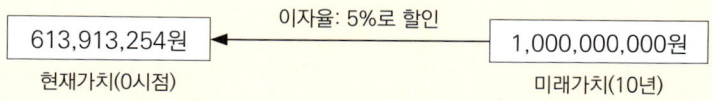

A씨가 10년 후 10억 원짜리 아파트를 구입하기 위해서는 현재 6억 1,391만 3,254원이 필요합니다.

다기간의 현금흐름이 있는 경우, 현재가치를 구하는 식은 다음과 같습니다.

$$현재가치 = PV = \frac{CF}{(1+r)^1} + \frac{CF}{(1+r)^2} + \frac{CF}{(1+r)^3} + \cdots + \frac{CF}{(1+r)^n} = \sum_{t=1}^{n} \frac{CF^t}{(1+r)^t}$$

CF: 현금흐름 r: 무위험이자율 (또는 할인율) n: 기간

Quiz & Answer : 2

B씨는 앞으로 30년 후에 정년퇴직을 합니다. 은퇴 후 연금을 받기 전까지 2년간은 매년 2,000만 원, 이후 3년간은 3,000만 원의 생활비가 필요할 것으로 예상합니다. 이자율을 연 7%로 가정할 때, B씨가 은퇴 후 필요한 생활비를 마련하려면 현재 얼마의 금액이 필요한가요?

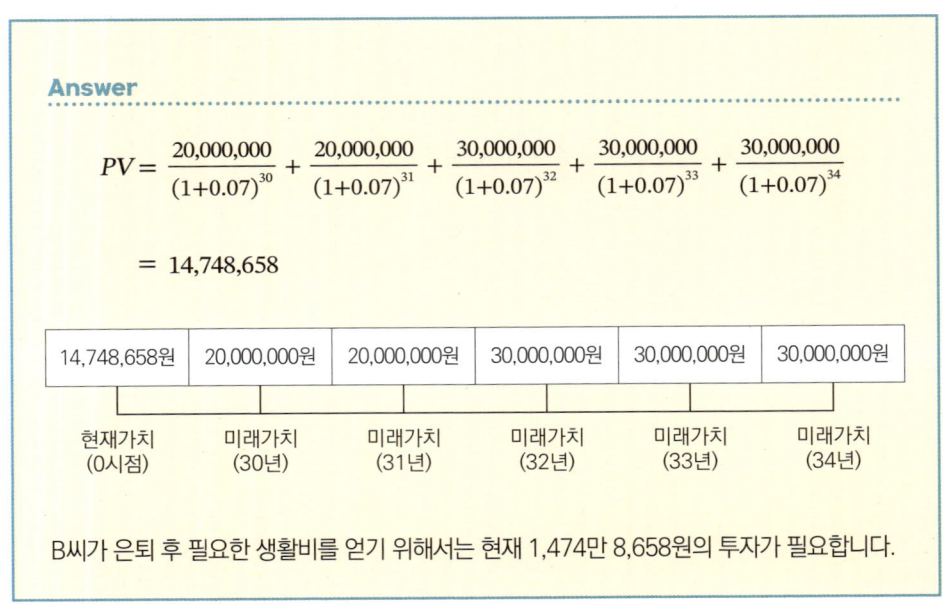

미래현금흐름의 현재가치를 구하기 위해 이자율을 사용하여 할인하였는데, 이를 할인율discount rate 라고 부릅니다. 할인율은 미래가치와 동일한 현재가치를 구하기 위해 적용하는 비율입니다. 객관적인 할인율 결정은 중요한 재무적 판단입니다. 할인율은 현재가치를 추정하여 투자가치를 평가하고, 최종적으로 재무적 의사결정을 내리는 데 중요하게 작용하기 때문입니다. 할인율을 계산하는 식은 다음과 같습니다.

$$할인율 = r = \left(\frac{FV}{PV}\right)^{1/t} - 1$$

Quiz & Answer : 3

C씨는 현재 가진 돈 1억 원을 10년 안에 두 배로 만들고자 합니다. 이를 달성하려면 C씨는 매년 얼마의 수익률을 올려야 할까요?

Answer

$$r = \left(\frac{200{,}000{,}000}{100{,}000{,}000}\right)^{1/10} - 1 = 7.18\%$$

C씨는 매년 7.18%의 수익을 만들어야 10년 후에 목표하는 금액 2억 원을 얻을 수 있습니다.

연금annuity은 일정 기간에 걸쳐 규칙적인 간격을 두고 지급되는 현금흐름을 가지고 있습니다. 연금의 현재가치를 구하는 식은 다음과 같습니다.

$$\text{연금의 현재가치} = PVA = A \times \frac{1 - \frac{1}{(1+r)^t}}{r}$$

A: 연금 지급금액

Quiz & Answer : 4

D씨는 1억 원 상당의 경품에 당첨되었습니다. 경품회사는 이 돈을 향후 33년 동안 매년 300만 원씩 지급한다고 합니다. 현재 적절한 할인율이 5%라면, 경품의 실제 가치는 얼마입니까?

Answer

$$PVA = 3{,}000{,}000 \times \frac{1 - \frac{1}{(1+0.05)^{33}}}{0.05} = 48{,}007{,}648$$

경품의 현재가치는 4,800만 7,648원으로, 실제로는 1억 원에 크게 미치지 못하는 금액입니다.

영구연금perpetuity은 매기간 같은 현금흐름이 영구히 계속 발생하는 연금입니다. 영구연금 형태로는, 원금을 상환하지 않고 일정 금액의 이자를 무한히 지급하는 영구채권이 있습니다. 과거 영국 정부는 프랑스와 전쟁 당시 콘솔console이라는 영구채권을 발행하였고, 미국에서는 테네시계곡개발공사가 영구만기채권을 발행한 적이 있습니다. 또, 일정한 금액의

Chapter 6. 가치평가 방법

배당을 지속적으로 지급하는 주식 역시 영구연금의 형태라고 할 수 있습니다. 영구연금의 현재가치를 계산하는 식은 다음과 같습니다.

$$영구연금의\ 현재가치 = PVP = \frac{C}{r}$$

C: 영구연금 지급금액

Quiz & Answer : 5

올림픽 금메달리스트인 E선수는 매년 100만 원의 연금을 영구적으로 받게 됩니다. 이자율이 연 2%라면 연금의 현재가치는 얼마인가요?

Answer

$$PVP = \frac{1,000,000}{0.02} = 50,000,000$$

금메달리스트 연금의 현재가치는 5,000만 원입니다.

재무에서는 반복적인 계산의 번거로움을 덜기 위해, 재무계산기(BA II Plus) 또는 엑셀을 사용하여 계산을 수행합니다.

복리의 마법

실효이자율

> 16세기 초반, 네덜란드의 동인도회사는 미국 원주민에게 단돈 24달러어치의 장신구를 주고, 미국 맨해튼 섬을 샀다. 만약 원주민들이 이 돈을 매년 8%의 복리로 현재까지 운용했다면, 400년 가까이 지난 지금 약 23조 달러가 되었을 것이고, 이 금액은 현재 미국 전체를 살 수 있는 돈이다.

앞서, 우리는 연 이자율과 월 이자지급을 혼용해서 사용하였습니다. 하지만 이자율은 이자를 지급하는 시기(월, 분기, 반기, 연 단위 등)에 따라 다양한 이자율이 존재합니다. 이렇게 다양한 기간의 이자율을 어떻게 연 단위 이자율로 표시할까요?

명목이자율nominal rate of interest 이란 물가상승률이 반영되지 않은, 예금, 대출 또는 채권에 붙은 표면상의 이자율을 말합니다. 명목이자율은 복리의 개념을 고려하지 않은 이자율입니다. 예를 들어 액면가가 1만 2,000원이고 명목이자율 10%를 지급하는 채권이 있다면, 월 단위로 100원을 지급하든 1년에 한 번 1,200원을 지급하든 결과가 같습니다. 하지만 월마다 100원의 이자를 지급하는 것과 일 년 후 1,200원의 이자를 일시에 지급하는 것은 명백히 다른 경제적 의미를 가지기 때문에, 명목이자율을 사용하여 투자안의 수익률을 계산하고 비교하는 것은 잘못된 방법입니다. 서로 다른 만기 또는 이자지급 기간이 다른 투자대상을 비교할 때에는 복리compounding interest 를 감안한 실효이자율effective annual rate: EAR 을 사용해야 합니다.

1억 원을 연 10%의 명목이자율 상품에 1년간 투자할 경우, 만기에 1억 1,000만 원을 받으며 이때 실효이자율 역시 10%입니다. 그러나 같은 금액을 월 복리 10%에 1년간 투자할 경우, 만기에 1억 1,047만 1,307원을 받고 이때 실효수익률은 10.47%입니다. 즉, 실효이자율은 연 2회 이상의 이자를 복리로 계산하여, 표면이자율과 동일하게 일치시켜주는 이자율을 의미합니다. 실효이자율을 구하는 식은 다음과 같습니다.

$$실효이자율 = \left(1 + \frac{r}{t}\right)^t - 1$$

r = 연 이자율 t = 이자지급 횟수

내재가치접근법 I

51 대출과 현금흐름

은행은 기업의 신용, 또는 부동산, 동산 등 각종 자산을 담보로 기업에 대출을 제공한다. 기업 대출은 자금 용도에 따라 운전자금대출과 시설자금대출로 나뉘며, 자금 용도의 목적 범위 내로 자금 사용이 엄격히 제한될 수 있다. 2022년 들어 금융당국의 대출 규제와 금리 상승 등으로 기업 대출의 증가폭은 크게 감소했다.

개인이나 기업이 돈이 부족해지면, 은행으로부터 대출을 받아 융통합니다. 차입자는 대여자로부터 빌린 원금과 이자를 약정된 조건에 따라 갚아야 할 의무가 있습니다. 대출의 종류는 대출금의 상환 방식에 따라 순할인대출, 만기일시상환대출, 원리금균등분할상환대출, 거치식상환대출 등이 있습니다.

순할인대출 pure discount loan 은 차입자가 이자를 지불하지 않는 대신에, 만기에 상환해야 할 돈을 이자율로 할인하여 차입하는 방식입니다. 미국 재무성이 발행하는 만기 1년 이하의 단기국채 Treasury-bill 또는 한국은행이 발행하는 통화안정증권이 순할인대출 방식의 채권입니다.

Quiz & Answer : 6

F사는 운영자금이 부족하여 금융기관으로부터 순할인대출 방식으로 1억 원을 1년 동안 차입하고자 합니다. 현재 1년 시장금리가 3%라고 하면, 실제 차입하는 금액은 얼마인가요?

Answer

$$PV = \frac{100{,}000{,}000}{1.03} = 97{,}087{,}378$$

F사는 금융기관에서 9,708만 7,378원을 대출받고 1년 후에 1억 원을 상환하면 됩니다.

만기일시상환대출 interest only loan 은 대출 기간에는 원금에 대한 이자만 지불하고, 만기에 원금을 상환하는 방식입니다. 매주기 상환금에 일정 수준의 원금이 포함된 원금균등상환 또는 원리금균등상환과는 달리, 대출 만기 시에 원금을 일시에 상환하기 때문에 주기별 상환액이 적습니다. 하지만 대여하는 은행 입장에서는 원금에 대한 리스크가 만기까지 이어지므로, 높은 이자율을 적용합니다. 일반적으로 기업이 발행하는 회사채가 이런 상환 방식입니다.

Quiz & Answer : 7

G씨는 1억 원을 대출받고 매월 이자만을 지불하다가 1년 후에 대출 원금 전액을 상환하고자 합니다. 현재 1년 시장금리가 3%라면, F씨는 매달 얼마의 이자를 지불해야 하나요?

Answer

G씨는 금융기관에서 1억 원을 대출받고, 매달 25만 원(= 1억 원 × 3% ÷ 12개월)의 이자를 지불하고, 1년 후 만기 시점에 1억 원을 상환하면 됩니다.

원금균등상환대출 equal principle payment 은 매주기 동일한 원금과 남은 잔금에 상응하는 이자를 상환하는 방식입니다. 원리금 상환금액이 매주기 줄어들기 때문에 이자도 함께 줄어, 상환 부담이 적습니다. 대출 초기에는 지불해야 하는 이자가 많고, 주기가 지날수록 이자가 줄어드는 상환 구조입니다.

Quiz & Answer : 8

H씨가 은행으로부터 1억 원을 1년간 매월 원금균등상환 방식으로 3% 금리에 차입한 경우, 매월 갚아야 하는 금액은 얼마인가요?

Answer

매월 8,333,333원의 원금을 상환하며 잔금에 3%의 금리를 적용하여 계산하면,

첫 달에 8,583,333원[= 8,333,333 + (100,000,000 × 3%) ÷ 12],

두 번째 달에는 달에 8,562,500원[= 8,333,333 + (100,000,000 − 8,333,333) × 3% ÷ 12]

을 상환해야 하고,

매달 이자액이 원금을 상환하는 금액만큼 줄어,

마지막 12개월째에는 8,354,147원[= 8,333,333 + (100,000,000 − 91,666,667 × 3%) ÷ 12]을 갚으면 대출금 전체를 상환하게 됩니다.

원리금균등상환대출 amortization loan 은 차입 기간 동안 원금과 이자를 균등하게 분할하여, 동일한 원금과 이자를 매주기 지불하는 방식입니다. 주기가 지날수록 상환금에서 차입 원금이 차지하는 비율은 증가하고, 이자 비율은 감소하게 됩니다. 이 방식은 차입자 입장에서는 원금균등분할상환보다 다소 높은 이자를 지불하지만, 매주기 동일한 금액을 상환하기 때문에 자금관리가 쉽다는 장점이 있습니다.

Quiz & Answer : 9

I기업은 은행으로부터 1억 원을 1년간 매월 원리금균등상환 방식으로 3% 금리에 차입하고자 합니다. 이 경우, 매월 지불해야 하는 금액은 얼마인가요?

Answer

기간	납입원금 상환	납입이자	월상환금액	납입원금누계	대출잔금
1	8,219,370	250,000	8,469,370	8,219,370	91,780,630
2	8,239,918	229,452	8,469,370	16,459,288	83,540,712
3	8,260,518	208,852	8,469,370	24,719,806	75,280,194
4	8,281,170	188,200	8,469,370	33,000,976	66,999,024
5	8,301,872	167,498	8,469,370	41,302,848	58,697,152
6	8,322,627	146,743	8,469,370	49,625,475	50,374,525
7	8,343,434	125,936	8,469,370	57,968,909	42,031,091
8	8,364,292	105,078	8,469,370	66,333,201	33,666,799
9	8,385,203	84,167	8,469,370	74,718,404	25,281,596
10	8,406,166	63,204	8,469,370	83,124,569	16,875,430
11	8,427,181	42,189	8,469,370	91,551,751	8,448,249
12	8,448,249	21,121	8,469,370	100,000,000	0

F씨는 월 846만 9,370원씩 동일하게 상환하면 됩니다. 위 상환금액의 계산은 엑셀을 이용하면 쉽게 계산할 수 있습니다. 엑셀 함수 중에서 PMT는 대출 후, 매달 상환해야 할 원리금이 얼마인지 계산할 때 사용합니다. PPMT 함수를 이용하면 상환할 원리금 중에서 원금이 얼마인지 계산할 수 있고, IPMT함수를 사용하면 이자액을 계산할 수 있습니다.

위의 사례에서 계산한 총이자를 상환 방식에 따라 단순히 비교해보면, 순할인대출의 경우 291만 2,621원, 만기일시상환은 300만 원, 원금균등상환은 162만 5,000원, 원리금균등상환의 경우는 163만 2,439원입니다. 차입자 입장에서 원금균등상환 방식이 가장 유리한 것으로 보입니다. 하지만 단순히 이자 금액의 합산만을 고려해서는 안 되고, 미래의 모든 현금흐름을 복리로 할인하여, 현재가치를 계산하고 비교하는 것이 필요합니다. 또, 차입자인 기업의 재무상황을 고려하여 대출 방식을 선택해야 합니다.

채권가치평가

> 채권의 역사는 전쟁으로부터 시작되었다. 14세기 이탈리아의 도시국가들은 잦은 전쟁으로 인해, 국민들에게 채권을 발행하여 전쟁 비용을 융통하였다. 국가는 국채를 보유한 국민들에게 정기적으로 이자를 지급하고, 세금을 면제해주는 혜택도 주었다. 이후, 17세기 암스테르담에 채권거래소가 생기면서 채권시장은 빠르게 발전했다.

투자를 위해서는 자금조달이 가능해야 합니다. 투자를 결정하기 전에 투자에 소요되는 비용과 획득 가능한 수익을 비교하여, 경제적 관점에서 투자안의 타당성을 판단합니다. 투자결정 여부는 실질이자율인 금융시장에서 거래되는 시장이자율을 사용해야 합니다. 시장이자율은 자본시장에서 자금의 수요와 공급이 균형을 이루는 이자율로, 채권수익률이 대표적입니다. 시장이자율은 채권의 액면이자율과 상관없이 변동합니다.

채권bond은 기업, 정부, 지방자치단체, 금융기관 등이 투자자들로부터 비교적 장기의 자금을 차용하기 위해 발행하는 증권 형태의 차용증서입니다. 채권은 보통 상환 기한이 정해져 있는 기한부증권이며, 이자가 확정되어 있어 이를 확정이자부증권fixed income securities이라고도 부릅니다. 채권은 일정 규모 이상의 기업이나 정부가 발행하여 상대적으로 안전성이 높고, 약정된 이자와 함께 가격변동에 따른 자본이익을 얻을 수 있으며, 보유한 채권을 시장에 매각하여 현금으로 전환이 용이합니다. 이러한 이유 때문에 채권은 기업의 주요 자금조달 수단이 되며, 투자자들에게는 중요한 투자상품입니다.

채권은 부채의 일종으로 타인자본입니다. 채권보유자는 발행자의 이익과 관계없이 이자청구권을 갖지만, 주식보유자인 주주처럼 기업경영에 대한 의결권을 갖지는 못합니다.

채권은 발행 주체에 따라 국채, 지방채, 특수채, 금융채, 회사채 등으로 나뉘며, 이자지급 방법에 따라 이표채, 할인채, 복리채 그리고 모집 방법에 따라 사모채, 공모채로 분류합니다.

채권은 액면가, 액면이자율, 만기, 만기수익률이 가격 결정의 요소입니다. 일반적으로, 채권수익률은 만기수익률 yield to maturity: YTM 을 의미합니다. 만기수익률은 투자자가 채권을 만기까지 보유했을 때, 만기까지 지급되는 이자 금액과 자본손익이 투자 원금에 비해 얼마만큼 수익을 내는지 계산한 채권수익률입니다. 이때, 수익률은 매주기 지급되는 이자를 만기수익률에 재투자한다고 전제하고 계산합니다. 만기수익률을 구하는 식은 다음과 같습니다.

$$만기수익률 = \frac{C + \frac{F-P}{n}}{\frac{F+P}{2}}$$

C: 이자액 F: 채권 액면가 P: 현재 채권 가격 n: 만기까지 남은 기간

채권의 현재가치인 채권 가격은 액면이자율의 현재가치에 액면금액의 현재가치를 더하여, 다음 식과 같이 계산됩니다.

$$채권\ 가격 = PVB = C \left[\frac{1 - \frac{1}{(1+r)^t}}{r} \right] + \frac{F}{(1+r)^t}$$

Quiz & Answer : 10

J기업은 액면금액이 100만 원이고, 만기가 3년, 연 10%의 액면이자율 채권을 보유하고 있습니다. 현재 3년 시장이자율이 5%라면 이 채권의 현재가치는 얼마입니까?

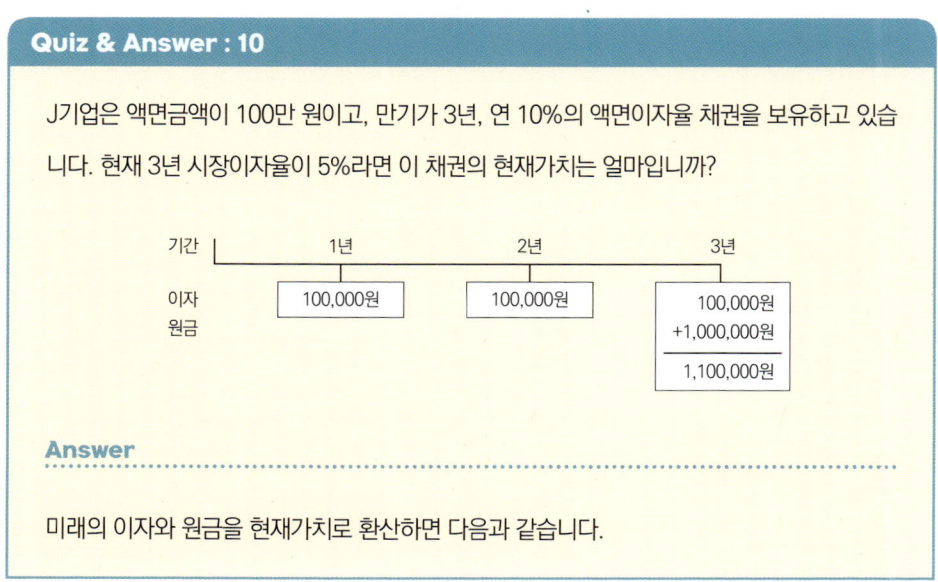

Answer

미래의 이자와 원금을 현재가치로 환산하면 다음과 같습니다.

$$PVB = 100{,}000 \left[\frac{1 - \frac{1}{(1+0.05)^3}}{0.05} \right] + \frac{1{,}000{,}000}{(1+0.05)^3} = 272{,}325 + 863{,}838 = 1{,}136{,}162$$

따라서 J기업이 이 채권을 매각하면 113만 6,162원을 얻게 됩니다.

채권보유자 입장에서는 시장이자율이 5%인데, 액면이자율이 10%인 채권을 액면금액과 동일하게 팔 이유가 없습니다. 채권보유자는 시장수익률보다 더 높은 이자를 지급하는 채권을 파는 대신에, 액면가격보다 높은 가격을 받아야 거래가 형성될 것입니다. 위 예의 채권은 액면이자율이 시장이자율보다 높기 때문에, 이 채권을 매수하고자 하는 투자자는 액면가격보다 높은 가격에 매수해야 합니다. 이를 할증채권이라고 합니다. 반면, 채권의 액면이자율이 시장이자율보다 낮은 채권을 할인채권, 채권의 액면이자율과 시장이자율이 동일한 채권은 액면가채권이라고 부릅니다. 이렇듯 채권의 만기수익률과 채권 가격은 역의 관계를 가지고 있습니다.

아래 그림과 같이, 채권의 만기수익률이 높아지면 채권 가격은 낮아지고, 수익률이 낮아지면 채권 가격은 올라갑니다. 채권의 만기수익률과 가격의 관계를 나타내는 가격곡선은 원점에 대해 볼록한 모양의 역의 관계를 가집니다. 기울기의 변화를 보기 위해 만기수익률과 채권 가격의 변동분을 미분하면, 만기수익률 하락에 의한 가격 변화가 만기수익률 상승에 의한 가격 변화보다 크고, 만기수익률의 변화가 작다면 하락에 의한 가격 변화와 상승에 의한 가격 변화는 같다는 것을 알 수 있습니다.

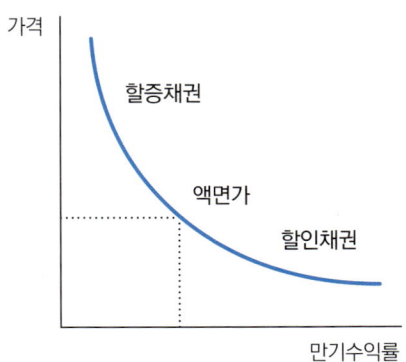

> **Quiz & Answer : 11**
>
> K기업은 잉여 자금으로 우량기업인 A기업이 발행한 회사채에 투자를 고려하고 있습니다. K기업은 증권회사로부터 연 10% 액면이자율, 만기 15년, 액면가 100만 원인 채권을 160만 원에 매수할 수 있다는 연락을 받았습니다. 이 채권의 만기수익률은 얼마인가요?
>
> **Answer**
>
> 재무계산기를 사용하여 〈15N, -1600000PV, 1000000FV, 100000PMT, CPT I/Y〉를 입력하고 계산하거나, 엑셀에서 함수 RATE(nper, pmt, pv, fv, type, guess)에 RATE(15, 100000, -1600000, 1000000, 1, 0.1)를 입력하면, A기업이 발행한 채권의 현재 만기수익률은 4.78%로 계산됩니다.

채권시장에는 다양한 종류의 채권과 다양한 이자율이 존재합니다. 시장에서는 왜 이자율의 차이가 발생할까요? 이는 이자율의 기간구조와 이자율의 위험구조로 나누어 설명할 수 있습니다.

채권은 만기별로 각기 다른 금리 구조를 가지는데, 만기가 다른 채권 이자율들 간의 관계를 이자율의 기간구조 term structure of interest rates 라고 합니다. 일반적으로, 채권 금리는 만기가 길수록 금리도 높아지는 우상향의 모양을 보이는데, 이는 크게 아래 세 가지 이론으로 설명됩니다.

- 불편기대이론은 미래의 단기이자율에 대한 시장참여자의 예상에 따라 수익률 곡선이 결정된다는 이론입니다. 이는 장기이자율이 단기이자율들의 평균과 일치한다는 것입니다.
- 유동성선호이론은 채권의 만기가 길어질수록 이자율에 대한 위험이 커지기 때문에, 이자율의 위험이 적은 단기채권을 선호한다는 이론입니다. 장기채권에 투자하는 투자자들은 유동성을 포기하는 대신 프리미엄을 얻는 반대급부가 있어야 하므로, 장기채권의 금리는 단기채권의 금리에 비해 높아진다고 설명합니다.
- 시장분할이론은 각 채권 만기별로 투자자의 선호가 다르다는 이론입니다. 즉, 특정한

만기를 가진 채권의 이자율은 다른 만기를 가진 채권의 이자율에 아무런 영향을 받지 않으며, 해당 채권의 수요와 공급에 의해서만 결정된다는 것입니다.

세 가지 이론 중 유동성선호이론이 가장 널리 받아들여지고 있습니다. 하지만 금리의 우상향성은 단지 한 이론만이 영향을 주는 것이 아니라, 여러 가지 요인이 복합적으로 작용합니다. 금리가 상승할 가능성이 있다면 투자자들은 손실을 줄이기 위해 보유한 장기채권을 매도하는데, 이로 인해 우상향하는 수익률곡선은 더욱 가파르게 됩니다. 이 경우는 불편기대이론과 유동성선호이론이 동시에 영향을 주는 결과입니다. 일반적인 형태의 수익률곡선은 대부분의 경우 우상향 곡선이고, 특히 경기확장기에는 기울기가 가파릅니다. 하지만 수익률곡선은 늘 우상향하지 않고, 때로는 장기채권의 금리가 단기채권의 금리보다 낮은 역전현상이 생기기도 합니다. 이러한 현상은 일시적인 채권의 수요와 공급의 부조화로 발생할 수 있습니다. 예를 들어 보험사나 연기금과 같은 기관투자자들은 부채의 듀레이션 duration이 매우 길기 때문에, 그들이 보유하는 자산의 듀레이션도 길게 가져가야 합니다. 따라서 이 투자자들의 중장기채권에 대한 투자수요가 존재하는데, 이들이 특정 중장기 금리 구간에 있는 채권을 집중적으로 매수하면, 만기가 긴 채권의 금리가 만기가 짧은 채권의 금리보다 낮은 경우가 발생합니다. 또, 투자자들이 향후 경기에 대해 비관적으로 전망하면, 장단

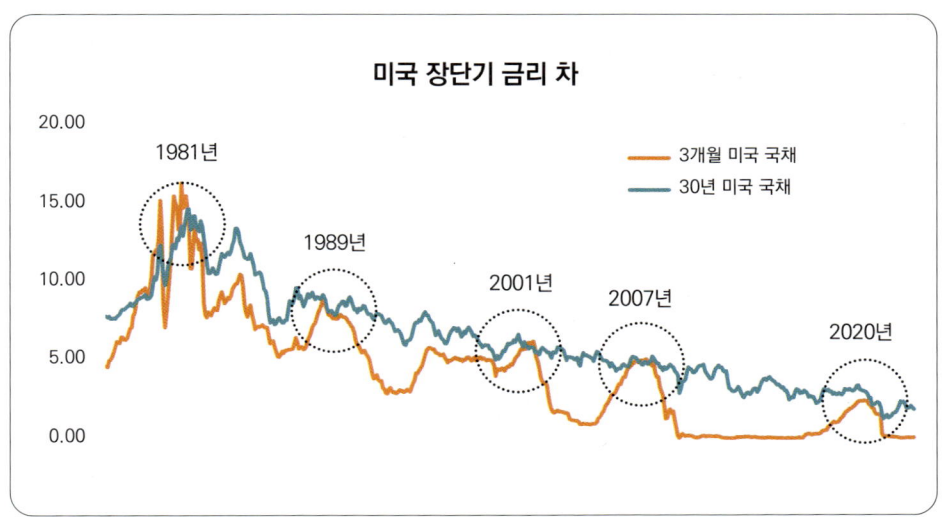

기채권의 수익률곡선이 역전되어 우하향하는 곡선을 그리게 됩니다. 만기가 긴 채권의 금리가 하락하는 것은 미래에 투자자금 수요가 줄어들 것이라는 예상을 반영하는 것입니다. 이러한 장단기채권 금리의 역전은 향후 경기가 침체될 수 있다는 선행지표로 여겨집니다.

앞의 그림에서와 같이, 1978년 이후, 미국 금리 장단기 역전현상은 5차례 발생했는데, 역전이 발생한 평균 22개월 후 경기침체가 현실로 나타났습니다. 2007년 6월에 장단기 금리가 역전되고 1년 후 글로벌 금융위기가 발발했고, 2022년 물가 폭등으로 주요국들이 금리인상과 양적 축소를 단행하면서, 장단기 금리가 역전되고 경기침체 우려를 낳고 있습니다.

만기가 같은 채권 이자율의 관계는 이자율의 위험구조risk structure of interest rates 로 설명됩니다. 이자율의 위험구조는 채무불이행위험, 유동성, 세금과 연관됩니다. 아래 그림은 채권발행자의 채무불이행위험default risk 에 따른 수익률의 차이를 보여줍니다.

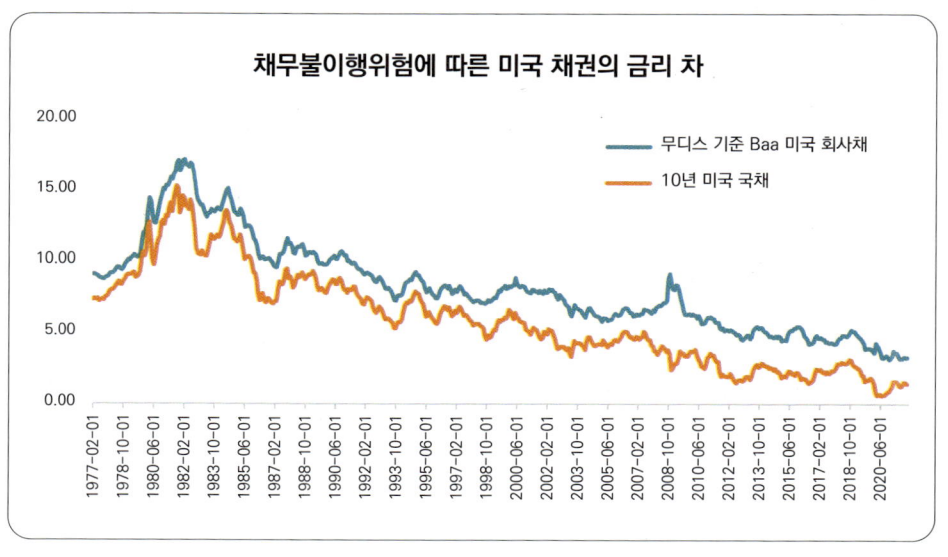

채무불이행위험은 국채보다 회사채가 더 크기 때문에 동일한 수익률이라면 투자자들은 국채를 더 선호할 것입니다(사실상 미국 국채는 위험이 없는 무위험자산risk free-asset 으로 간주). 따라서 신용등급이 낮은 회사채가 시장에서 거래되려면 더 높은 위험에 대한 보상이 요구되는데, 무위험 채권의 이자율과 위험 채권의 이자율 차이를 위험프리미엄risk premium이라고 합니다. 채권의 안정성은 글로벌 신용평가기관인 무디스, 스탠다드 앤 푸어

스, 피치, 우리나라에서는 한국기업평가, 한국신용평가, NICE신용평가, 서울신용평가와 같은 신용평가기관이 제공하는 채권의 등급으로도 판단할 수 있습니다. 채권의 등급은 등급이 좋은 순서부터, AAA, AA+, AA에서 D등급까지로 분류하고, BBB등급 이상을 투자적격등급investment grade이라고 하며, BB+ 이하의 채권을 투기등급, 고수익채권 또는 정크본드junk bond라고 부릅니다.

동일한 만기와 동일한 위험의 채권이더라도, 시중에 많이 유통되고 있는 채권일수록 매력적으로 평가되며 낮은 이자율로 거래됩니다. 따라서 발행 물량과 유통 물량이 적은 채권을 매도하려면, 매수자에게 유동성 프리미엄liquidity premium을 지불해야 합니다. 미국의 경우, 지방채와 국채는 엄연히 분리되어 관리됩니다. 지방정부가 발행하는 지방채는 국채에 비해 채무불이행위험이 높고, 유통 물량이 적어 유동성도 낮습니다. 실제로 미국의 지방채는 수차례 지급불능 상황에 빠진 적이 있습니다. 1995년 미국의 수도인 워싱턴DC는 중앙정부의 보조금 삭감과 누적 적자로 파산한 적이 있으며, 미국의 자동차 도시인 디트로이트도 막대한 부채를 감당하지 못하고 2013년 파산하였습니다. 따라서 동일 만기 지방채 이자율은 국채 이자율보다 높아야 하지만, 실제로는 지방채 이자율이 더 낮은 경우가 발생합니다. 그 원인은 세금 때문입니다. 미국에서 지방채 투자는 이자소득세를 면제해주고 있지만, 국채에 대해서는 이자소득세를 부과하기 때문입니다. 두 채권의 세후 이자율이 같아지기 위해서는, 국채의 세전 이자율이 더 높게 거래될 수밖에 없습니다.

53 주식가치평가
내재가치접근법 Ⅲ

> 증권분석의 창시자인 벤저민 그레이엄은 그의 저서에서 "주가는 투자자가 지불하는 비용일 뿐, 투자자가 실제로 구매하는 것은 기업의 내재가치이다."라고 말했다. 투자란 자산의 가치를 평가하여 가치에 비해 가격이 낮을 때 매수하고, 가격이 적정 가치에 도달하거나 넘어섰을 때 매도하여 수익을 실현하는 것이다.

주식 stock 은 채권과 함께, 기업이 자금을 조달하는 중요한 원천입니다. 주식은 주식회사의 자기자본을 구성하는 단위이며, 주주는 주식회사에 출자한 금액만큼 지분을 갖습니다. 주주는 기업이 발행한 주식을 보유한 대가로 투자금에 비례해 이익을 배당받을 권리가 있고, 주주총회를 통해 경영권을 행사할 수 있습니다. 하지만 회사의 손실에 대해서는 투자한 금액 이상으로 책임을 지지 않는 유한책임을 갖습니다.

주식을 발행하여 자본을 조달하고자 하는 기업이나, 주식에 투자하고자 하는 투자자 모두는 주식가격을 결정하는 요인과 가치평가에 관심을 가집니다. 이론적 주식가치는 채권가치와 마찬가지로 주식의 미래현금흐름(배당과 자본이득)을 적절한 할인율로 할인한 현재가치의 합으로 계산됩니다. 하지만 주식은 채권과는 달리, 정해진 이자와 만기가 없기 때문에 미래현금흐름이 불확실합니다. 또, 시장에서 요구하는 수익률을 쉽게 관찰할 수 없어 적정한 할인율 산정이 어렵습니다. 따라서 주식의 가치평가는 여러 가지 가정이 필요합니다. 할인율의 경우, 채권의 가치평가는 증권업협회가 발표하는 시장이자율을 사용하지만, 주식의 가치평가는 직접 관찰이 불가능하여, 자본자산가격결정모형 capital asset pricing model: CAPM 에서 계산된 값을 사용하여 평가하게 됩니다.

기대수익률 expected return 이란 정해진 기간에 투자자가 자신의 투자로부터 기대하는 수익률로서, 보유기간수익률이라고 부르기도 합니다. 기대수익률은 다음 식과 같이 나타낼 수 있습니다.

$$기대수익률 = E(r) = \frac{Div_0 + P_0 - P_1}{P_0} = \frac{Div_1}{P_0} + \frac{P_0 - P_1}{P_0}$$

주식가치평가는 주식을 매각하지 않고 영원히 보유하여 배당금을 받는 경우와 배당금을 받고 일정 기간 후에 보유 주식을 매도하여 자본이득이 생기는 경우로 나누어 살펴볼 수 있습니다.

배당할인모형

배당할인모형dividend discount model: DDM 은 현재의 주식가치는 주식 보유로 인해 얻게 될 것으로 기대하는 미래 배당금의 현재가치의 합과 같다는 것입니다.

Quiz & Answer : 12

L씨는 M회사 주식에 관심이 있습니다. L씨는 주식을 매수하여, 3년 동안 보유할 계획입니다. 이 회사의 3년 후 주가는 1만 원으로 예상되고, 1년 후에 1,000원, 2년 후에 1,500원, 3년 후 1,700원의 배당금을 지급받을 것으로 예상됩니다. 기대수익률이 20%라면, L씨가 주식 매입 시 적정한 가격은 얼마인가요?

Answer

기간	1년	2년	3년
이자	1,000원	1,500원	1,700원
원금			+ 10,000원
			11,700원

$$PVE_L = \frac{1,000}{(1+0.2)^1} + \frac{1,500}{(1+0.2)^2} + \frac{1,700 + 10,000}{(1+0.2)^3} = 8,645$$

> M회사의 적정 주식가격은 8,645원입니다.

주식을 매각하지 않고 영원히 보유한다면, 주식투자로부터 유일하게 발생하는 현금흐름은 배당이며, 배당할인모형은 아래 공식과 같이 일반화할 수 있습니다.

$$PVE = \frac{Div_1}{(1+r)^1} + \frac{Div_2}{(1+r)^2} + \frac{Div_3}{(1+r)^3} + \cdots = \sum_{t=1}^{\infty} \frac{Div_t}{(1+r)^t}$$

배당할인모형을 적용하려면, 미래 모든 기간에 대한 배당금의 예측이 필요합니다. 그러나 이는 실질적으로 불가능하기 때문에, 미래 배당흐름에 대한 일정한 가정을 설정하여 세 가지 모형을 제시하고 이를 응용하여 사용합니다. 배당할인모형은 무성장배당할인모형, 정률성장배당할인모형, 불규칙성장배당할인모형으로 나누어 설명할 수 있습니다.

무성장배당할인모형

무성장배당할인모형 zero growth dividend discount model 은 매년 같은 금액의 배당금을 지급한다고 가정합니다. 따라서 무성장배당할인모형은 일정한 배당금의 현금흐름을 투자자의 요구수익률로 나누어 계산합니다.

$$\text{무성장 기업의 주가} = PVE_{ZERO} = \frac{Div}{r} = \frac{EPS}{r}$$

r: 요구수익률 cost of equity EPS: 주당순이익

무성장배당할인모형은 기업의 이익 전액을 배당으로 지급한다고 전제합니다. 하지만 현실에서 이익금 전액을 배당으로 지급하는 기업은 매우 드뭅니다. 많은 기업들은 이익의 일부를 유보하여 새로운 사업에 투자하고 성과를 내는 전략을 취합니다. 따라서 모든 기간에 걸쳐 하나의 성장률 g(%)로 성장하는 무성장배당할인모형을 현실에 적용하는 데는 어려움

이 있습니다.

정률성장배당할인모형

정률성장배당할인모형constant growth dividend discount model 또는 Gordon growth model은 기업의 당기순이익이 일정한 성장률 g(%)로 증가하고, 이에 따라 배당도 일정하게 올라간다고 가정한 모형입니다. 이 경우 주식가격은 다음 식과 같이 결정됩니다.

$$\text{정률성장기업의 주가} = PVE_{constant} = \frac{Div_0(1+g)}{1-r} = \frac{Div_1}{1-g}$$

Div_0: 현재 배당금액　g: 성장률　r: 주주 요구수익률

> **Quiz & Answer : 13**
>
> N사는 올해 1,000원의 배당을 지급했고, 배당을 매년 5%씩 늘릴 계획입니다. 시장에서 이 위험자산에 대해 15%의 수익을 요구한다면, N사의 적정 주가는 얼마인가요?
>
> **Answer**
>
> $$PVE_{constant} = \frac{1,000(1+0.05)}{(0.15-0.05)} = 10,500$$
>
> N사의 적정 주가는 1만 500원입니다.

정률성장배당할인모형 역시 시장의 요구수익률과 기업의 성장률에 변동이 없다고 가정하므로 현실적이지 못합니다.

비정률성장배당할인모형

정률성장배당할인모형의 비현실적인 가정을 보완하기 위해 비정률성장배당할인모형 variable-growth dividend discount model이 사용됩니다. 비정률성장배당할인모형은 향후 배당성장률이 기간에 따라 변동될 수 있다고 가정합니다. 실제로, 많은 회사들이 창업 초반에 성장률이 높다가 점차 성장률이 낮아지며, 성숙단계에 들어가면 거의 고정된 연간 성장률, 즉 영구 성장률을 보이는 경향이 있습니다.

Quiz & Answer : 14

자동차 배터리 제조회사인 O사는 최근 배터리 주문의 폭주로, 향후 3년간 배당이 매년 30%씩 성장할 것으로 기대되며, 그 이후에는 매년 10%씩 성장할 것으로 예상됩니다. 지난해 지급된 배당금은 1,000원이었고, 이 기업 주식의 시장 기대수익률은 20%입니다. O사의 적정 주가는 얼마일까요?

Answer

O사의 이론적 적정 주가를 구하기 위해서는 아래와 같이 세 번의 단계를 거쳐야 합니다.

- 1단계: 각 기간별 배당을 계산합니다.

$$Div_1 = 1{,}000 \times (1+30\%) = 1{,}300$$

$$Div_2 = 1{,}300 \times (1+30\%) = 1{,}690$$

$$Div_3 = 1{,}690 \times (1+30\%) = 2{,}197$$

$$Div_4 = 2{,}197 \times (1+10\%) = 2{,}417$$

$$Div_5 = 2{,}417 \times (1+10\%) = 2{,}659$$

- 2단계: 1~3년 배당의 현재가치를 계산합니다.

$$PVE_{N.1\text{-}3.0} = \frac{1{,}300}{(1+0.2)^1} + \frac{1{,}690}{(1+0.2)^2} + \frac{2{,}197}{(1+0.2)^3} = 3{,}528$$

- 3단계: 4년 이후의 배당의 현재가치는 정률성장배당할인모형으로 계산합니다(여기서 현재가치 PVE는 3년 차 시점의 현재가치입니다).

$$PVE_{N.4} = \frac{Div_4}{r-g} + \frac{2{,}417}{0.2 - 0.1} = 24{,}170$$

이를 현재 시점의 현재가치로 환산하면 다음과 같습니다.

$$PVE_{N.3.0} = \frac{PVE_{N.4}}{(1+0.2)^3} = \frac{24{,}170}{(1+0.2)^3} = 13{,}987$$

- 4단계: O사 주식의 현재가치를 구하는 식은 다음과 같습니다.

$$PVE_{N.0.non\text{-}constant} = PVE_{N.1-3.0} + PVE_{N.3.0} = 3{,}528 + 13{,}987 = 17{,}515$$

따라서 O사의 적정 주가는 1만 7,515원입니다.

비정률성장배당할인모형 또한 일정 기간동안 배당이 일정하고, 시장의 요구수익률이 변하지 않고 배당정책이 변하지 않는 등 현실과 괴리가 있는 가정을 합니다.

위의 세 가지 배당할인평가모형 모두는 비현실적인 측면이 있습니다. 배당할인평가모형을 사용한 기업의 가치평가는 기업이 보유한 다양한 유무형 자산의 가치에 대한 고려 없이, 배당과 관련한 현금흐름만을 평가대상으로 삼습니다. 그러므로, 이 모형은 보수적인 기업평가라는 측면에서 의미를 찾을 수 있습니다. 실제로 배당할인평가모형을 사용하여 추정한 기업가치는 시장에서 거래되는 주가보다 낮은 경우가 대부분입니다. 따라서 배당할인평가모형을 사용한 기업가치가 거래되는 주식보다 같거나 높다면, 해당 주식의 매수를 적극적으로 고려해볼 만합니다.

54. 성장율과 주식가치 [내재가치접근법]

> 배당은 기업의 대표적인 주주 친화적 정책으로 꼽힌다. 하지만 기업이 이익금의 일부를 사내에 유보하였다가 좋은 투자처에 투자하여, 더 큰 이익을 주주에게 돌려줄 수도 있다. 때문에 배당이 주주에게 늘 최선이라고 할 수는 없다. 기업은 배당정책을 구체적으로 설정하고 주주와 소통하여, 배당에 대한 예측이 가능하도록 투명하게 관리할 필요가 있다.

채권의 가치는 이를 보유함으로써 얻게 되는 미래현금흐름의 현재가치의 합과 같고, 주식 역시 주식을 팔지 않고 보유한다고 가정하면 주식의 가치는 미래 배당금의 현재가치의 합과 같다는 것을 확인했습니다.

기업은 이익금을 어느 정도 수준으로 배당할지 또는 유보할지를 결정합니다. 만일 회사가 배당을 적게 하고 유보한 현금으로 새로운 사업에 투자한다면, 미래에 배당이 증가할 가능성이 있습니다. 따라서 기업의 성장률은 자기자본수익률에 유보율을 곱한 값으로 나타낼 수 있습니다.

Quiz & Answer : 15

P사는 내년 초에 지급해야 할 배당에 대해 두 가지 옵션을 놓고 고민하고 있습니다. 첫 번째 방법은 이익금 전부를 주당 1,000원으로 주주들에게 배당하는 것입니다. 이 경우 투자자들은 P기업의 주식에 투자하여 10%의 수익률을 얻는 결과가 됩니다. 두 번째 방법은 회사의 이익 중 40%를 사내에 유보하고, 기대수익률이 20%인 새로운 사업에 투자하는 것입니다. 두 가지 다른 배당 방법에 따른 적정 주식가치는 각각 얼마인가요?

Answer

첫 번째, 전액 배당을 하는 경우의 주가 가치 계산은 다음과 같습니다.

$$PVE = \frac{1,000}{0.1} = 10,000$$

두 번째, 이익금의 40%를 유보하는 경우의 주가 가치 계산은 다음과 같습니다.

$$성장율(g) = 0.2 \times 0.4 = 0.08$$

$$PVE_{go} = \frac{400}{0.1 - 0.08} = 20,000$$

P기업이 이익금 전부를 배당한다면 1만 원이 적정 주가인 반면, 이익금을 사내유보하고 20% 수익성이 있는 새로운 사업에 투자한 경우의 적정 주가는 2만 원이 됩니다.

여기서, 주가의 차이인 1만 원을 성장 기회의 현재가치 present value of growth opportunities: PVGO 라고 부릅니다.

55

 주가배수법

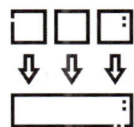

> 주가배수법은 증권분석가들이 많이 사용하는 방법으로, 투자자들에게 이해가 쉽다는 장점이 있다. 하지만 기업의 본질적 가치보다는 주식시장의 분위기를 반영하기 때문에, 특정 산업이나 기업이 과대평가되거나 과소평가될 수 있다는 약점이 있다.

증권분석가들의 투자분석 리포트 중 많은 리포트가 수익가치접근법이 아닌 상대가치접근법을 사용하여 분석합니다. 그 이유는 주가의 오르고 내리는 방향성이 아닌 상대적 가치를 분석하는 것이 보다 설득력을 가질 수 있고, 본인들의 주장을 논리적으로 방어하기 쉬운 측면이 있기 때문입니다.

상대가치평가법은 평가대상 기업과 경제적 성격이 유사한 기업의 주가 배수를 측정하고 비교하여 가치를 평가하는 방법입니다. 여기서, 배수의 분자에는 주주의 시장가치 또는 자기자본과 부채의 시장가치 등을 사용하고, 분모에는 매출액, 순자산가액, 당기순이익, 영업이익, 영업현금흐름, 장부가격 등을 사용하게 됩니다. 상대가치평가법은 주주의 관점인 주가배수법과 전체 투자자 관점인 기업가치배수법으로 구분할 수 있습니다. 평가절차는 유사 기업을 선정하고 비교 요소를 결정하여 주가 배수를 계산하고, 대상 기업에 적용하는 방식입니다. 실무에서는 경영권 프리미엄과 비유동성자산 등에 대한 평가를 추가적으로 고려합니다. 상대가치평가법은 계산과 이해가 쉬운 간편한 방법이며, 미래현금흐름에 대한 예측이나 잔여가치 추정이 필요하지 않습니다. 하지만 적합한 상대가치평가를 위해서는 유사 기업 선정의 객관성이 필요하고, 배수의 정의를 명확히 하고 일관성 있게 적용해야 합니다. 이것은, 회계 기준의 차이, 국가별 회계 항목 처리 방법의 차이, 상이한 기준연도 등으로 주당순이익의 측정 방법이 다를 수 있기 때문입니다.

주가배수법price multiple method은 현재 주가를 주요 재무 변수로 나눈 값으로, 비교 가능한 기업들과 배수를 비교하여 적정 주가를 추정하는 방법입니다. 주가배수법은 기업이 제공하는 재무제표에 근거하여 쉽게 계산이 가능하며, 이해와 해석이 쉽다는 장점이 있습니다. 주가배수법에는 PER, PBR, PCR, PSR 등의 지표가 있습니다.

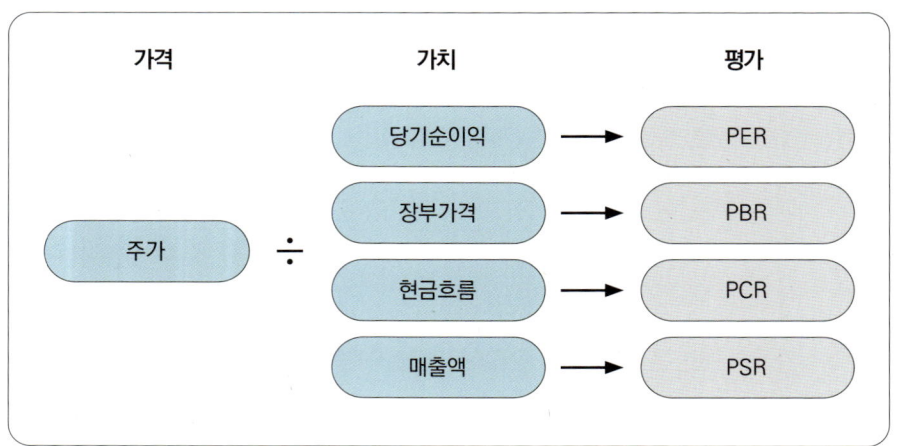

주가수익비율price-earing ratio: PER 은 주가가 주당순이익earing per share: EPS 의 배율이 얼마인지를 나타내는 지표입니다. 비율이 높으면 수익성에 비해 주식이 고평가되어 있어 위험도와 가격변동성이 높음을 뜻하고, 비율이 낮은 주식은 저평가되어 있거나 기업이 속한 산업이 성숙단계에 진입한 상황으로 판단할 수 있습니다. 어떤 기업의 주식가격이 5,000원이고 1주당 수익이 500원이면, PER는 10배가 됩니다. PER가 10배라는 의미는 해당 주식을 샀을 때 10년 안에 투자금을 회수할 수 있다는 의미입니다. PER는 경제성장률, 시장의 유동성 등과 같은 경제 전체의 흐름을 반영하지 못하고, 업종별로 큰 차이가 있을 수 있어 절대적인 기준은 없으며, 주당순이익이 마이너스인 경우에는 계산이 불가능합니다. 하지만 시장에서는 일반적으로 PER가 10 이하인 주식을 저PER로 분류합니다. 물가상승으로 각국의 중앙은행이 시중에 유동성을 회수하고, 이로 인해 시장 조정이 예상되는 시기가 오면, 투자자들은 저PER주식을 주목하게 됩니다. 미국 주식의 경우, 많은 투자분석가들은 저PER에 부합하는 종목으로 구글의 지주회사인 알파벳을 꼽습니다. 알파벳의 PER는 2021년 6월 말 현재 24배로, 애플 27.8배, 마이크로소프트 38.6배, 아마존 49.6배 등 다른 빅테크 기업들과 비교하면 낮은 수준입니다. 우리나라에서는 1992년 외국인의 주식투자가 허용되고 난 후, 외국인들이 저PER주를 집중적으로 사들이면서 PER를 주식투자에 중요한 지표로 인식하기 시작하였습니다. 2021년 6월 현재 향후 12개월 예상 실적 기준, 코스피지수의 PER은 13.8배입니다. 이는 주가지수가 3000을 상회하며 PER가 큰 폭으로 개선된 결과이나, 미국 22.7배, 일본 17.8배 등 선진국은 물론, 인도 23.1배, 대만 18.6배 등 다른 신흥국 증시에 비해서도 여전히 저평가된 수준입니다.

주가이익성장비율price-earning growth ratio: PEGR은 가치 개념의 PER에 성장률의 개념을 포함시킨 지표로, PER를 EPS 성장률로 나눈 값입니다. 이 수치가 1 이하이면, 성장률에 비해 주가가 저평가되어 있다는 의미입니다. 예를 들어, A기업의 PER가 20배이고 EPS 성장률이 40%이면 PEGR은 0.5가 되고, 유사 업종의 B기업은 PER가 10배이고 EPS 성장률이 5%라면 PEGR은 2로 계산됩니다. 이 경우, A기업의 가치는 B기업보다 고평가되어 있으나, 성장률을 감안하면 A기업의 가치가 저평가되어 있다고 할 수 있습니다.

PER은 기업의 수익성 측면에서 주가를 평가하는 지표인 반면에, PBR은 기업의 재무상태 면에서 주가를 판단하는 지표입니다. 주가순자산비율price book-value ratio: PBR은 주가를 주당순자산(=자본금+자본잉여금+이익잉여금)으로 나눈 비율입니다. 즉, 주가가 장부가 기준으로 순자산에 비해 주당 몇 배로 거래되고 있는지 나타내는 지표입니다. PBR은 기업의 장부가 기준 순자산(=총자산-총부채)이 해당 기업의 시가총액보다 크면 안정적이라고 할 수 있습니다. 기업이 부도가 나면 자산을 팔아 부채를 우선 변제하는데, 변제하고 남은 자산이 순자산입니다. 순자산이 큰 회사는 재무구조가 안정적이라고 할 수 있습니다. PBR이 1이라면, 특정 시점의 주가와 기업의 1주당 순자산이 같은 경우이며, 이 수치가 낮을수록 해당 기업의 자산가치가 증권시장에서 저평가되어 있음을 의미합니다. 순이익이 마이너스가 나면 PER 계산이 의미가 없지만, PBR은 사용이 가능합니다. 하지만 기업이 장기간 적자로 인해 자본잠식 상태가 되면, PBR 또한 의미가 없습니다. 2019년 재무제표를 반영해 산출한 코스피시장의 평균 PBR은 0.8배로 집계되었습니다. 이는 미국 3.3배, 일본 1.1배, 영국 1.4배, 프랑스 1.3배에 비해 낮은 수준이며(23개 선진국 증권시장 지수의 평균 PBR 2.2배), 중국 1.6배, 인도 2.4배, 브라질 1.4배, 대만 1.8배보다도 낮습니다(26개 신흥국 평균 PBR 1.4배). 우리나라 증권시장의 PBR이 1 미만이라는 것은 주가가 청산가치인 장부상 순자산가치에도 못 미친다는 것을 의미합니다. 이러한 한국 주식의 저평가 현상을 코리아

디스카운트Korea discount라고 부르며, 이 같은 현상은 지정학적 긴장, 취약한 기업지배구조, 낮은 노동유연성을 주요 원인으로 보고 있습니다.

주가 현금비율price per cashflow ratio: PCR은 현재의 주식가격을 주당현금흐름[=(당기순이익 + 감가상각비) ÷ 총발행주식 쉬로 나눈 수치로서, 주식가격이 기업의 영업활동으로 인한 현금흐름의 몇 배로 형성되었는가를 나타내는 비율입니다. 현금흐름이 높고 주가가 낮다면 PCR은 낮게 나오며, PCR이 낮으면 저평가되어 있다고 해석합니다. 기업은 영업활동을 통해 벌어들인 현금으로 새로운 투자를 하거나 부채를 갚기 때문에, 기업 입장에서는 발생주의에 의한 회계상 이익이 아닌 실질적인 현금의 유출입이 중요합니다. PER는 발생주의 이익에 기초한 주가 수준을 보여주기 때문에 이익의 질적인 부분을 잘 반영하지 못한다는 한계점이 있는데, 이런 면에서 PCR은 PER의 한계점을 보완해주는 지표라고 할 수 있습니다. 2020년 기준 삼성전자의 PCR은 9.58을 기록하여 2019년 13.3 대비 큰 폭으로 호전되었고, LG화학 역시 20.1로 전년 대비 주당현금흐름이 좋아졌습니다. 실제, 저PCR 회사의 투자수익률이 고PCR 회사의 투자수익률에 비해 2배 가까이 높다는 것이 확인되어, 장기적 투자 관점에서 유용한 지표라는 것이 입증되었습니다.

주가매출비율price per sales ratio: PSR은 주가를 주당 매출액으로 나눈 비율입니다. PSR은 시가총액을 매출액으로 나누어 계산할 수도 있습니다. 기업은 무엇보다도 상품을 잘 팔아야 합니다. PSR이 낮게 나온다면, 기업의 주가가 저평가된 것으로 볼 수 있습니다. 2020년 기준 삼성전자의 PSR은 2.2배이며, 주가가 급등해 시가총액이 커진 삼성SDI의 PSR은 4.3배입니다. PSR 개념은 투자분석가인 켄 피셔가 고안하였고, 그의 저서 『역발상 주식투자』에 소개되었습니다. 그는 투자를 PSR 1배를 기준으로 고평가와 저평가를 판단하였는데, PSR이 0.75배 이하이면 적극적으로 투자를 고려하고, 3배가 넘으면 위험한 투자로 규정하였습니다.

주가배수법은 간단히 계산되고 이해가 쉬운 반면, 평가대상 기업의 성장 추세와 위험도의 차이를 가격에 반영하기 어렵고, 신산업의 경우 업종 내에 비교 가능한 기업을 찾을 수 없다는 한계점도 있습니다.

상대가치접근법 II

기업가치배수법

> 상대가치접근법은 대상 기업과 유사한 속성을 가진 비교 기업의 가치를 수직적(산업 또는 시장 내 위치) 또는 수평적(동일 산업 내의 기업 간 비교)으로 비교·분석하는 평가방법이다. 이 방법은 기업의 내재가치 외에 시장의 성장성, 산업의 위험, 프리미엄 요소를 고려함으로써, 보다 객관적인 평가가 가능하다.

기업가치배수법 enterprise value multiple method은 전체 기업가치를 계산하고 채권자의 몫을 차감하여 주주의 몫을 계산하는 방법으로, 평가대상 기업과 유사 기업들을 비교하여 가치를 추정하는 것입니다. 이 방식은 PER와 함께 적정 주가 산정에 가장 많이 쓰입니다. 기업가치 enterprise value: EV는 기업 매수자가 매도자에게 지급해야 하는 금액입니다. EV는 시가총액에 순차입금(=총차입금 – 현금성자산)을 더하여 구합니다. 순차입금을 더하는 이유는 기업을 인수할 때 인수자는 주식뿐만 아니라 부채인 차입금도 함께 인수하기 때문입니다. 여기서 현금성자산이나 비영업용자산은 인수자가 매도자에게 지불할 필요가 없으므로 차감합니다. EBIT earing before interest and taxes는 세금 공제 전 당기순이익에 이자비용을 더한 값입니다. EBIT는 매출액에서 판관비 등 영업 지출을 차감하고 비영업수익을 더하여 구합니다. 이 수치는 이자를 받아야 하는 채권자, 세금을 걷어야 하는 정부와 지방자치단체의 몫을 제하고, 최종적으로 주주에게 귀속되는 이익금입니다. EBITDA earning before interest taxes, depreciation and amortization는 당기순이익에 이자, 세금, 유형자산과 무형자산의 감가상각비를 더한 금액입니다. 이는 현금흐름의 대용치로 많이 사용하며, 영업활동을 통한 현금 창출 능력입니다.

EV/EBITDA배수는 동종업체의 EV를 EBITDA로 나눈 값입니다. 이를 평가대상 기업의 EBITDA로 곱하면 이론적인 EV가 됩니다. 기업이 타 기업 M&A를 할 때는 부채도 같이 인수해야 하기 때문에, PER를 사용해서는 적정한 가치를 측정할 수 없습니다. 여기서 특별히 순이익이 아닌, EBITDA를 쓰는 이유는 자기자본과 차입금을 같이 고려해야 하기 때문입니다. 또, 감가상각비는 현금유출과 관계없는 회계상의 수치이며, 내용연수와 감가상각 방법에 따라 달라질 수 있기 때문에 EBITDA를 계산할 때는 더해주게 됩니다. EV/EBITDA는 기업인수를 위해 가치를 산정하거나, 비상장기업의 기업가치를 평가하는 데 쓰입니다. EV/EBITDA가 3이라면, 기업을 인수하여 기업이 현재 수준으로 영업을 할 경우 원금을 회수하는 데 3년이 걸린다는 의미입니다. 다시 말해, EV/EBITDA가 낮을수록, 해당 기업의 주가가 기업가치에 비해 저평가된 것으로 볼 수 있습니다. 따라서 분석가들은 추정 EV/EBITDA를 근거로 저평가된 주식을 찾으려고 노력합니다. 코스피 시가총액 상위 종목의 2021년 12월 EV/EBITDA 전망치는 삼성전자가 5.0배, SK하이닉스가 4.1배. 네이버 33.5배, 카카오 64.9배, LG화학 8.9배, 현대자동차 9.6배로 추정합니다. EV/EBITDA는 기업가치접근법을 사용하고 있어, 회계처리 방법의 차이로 인한 왜곡 가능성을 일정부분 제거할 수 있다는 장점이 있습니다. 또한, 앞서 살펴본 바와 같이, PER는 적자기업에는 사용할 수 없지만, EBITDA값은 당기순이익보다 마이너스의 값이 나올 확률이 적기 때문에 적용 가능한 기업 수가 PER에 비해서 늘어납니다. 따라서 기업인수 또는 기관투자자의 신주 인수를 위한 분석에서 PER보다는 EV/EBITDA 방법이 더 많이 사용되고 있습니다. 하지만 감가상각이 매우 중요한 석유화학, 통신, 반도체업종 등은 감가상각비를 고려하지 않을 경우, 순이익에 심각한 왜곡이 발생할 수 있기 때문에 주의가 필요합니다.

경제적부가가치 economic value added: EVA 는 주주 및 채권자의 자본비용과 기업의 수익을 비교하는 기업가치 평가 방법입니다. 이는 기업의 수익성을 측정하는 방법으로, 비율이나 배수 형태가 아닌 세후 영업이익에서 총자본비용(=투자 자본 × 가중평균자본비용)을 뺀 이익 금액입니다. 가중평균자본비용 weighted average cost of capital: WACC 은 부채 비용과 주주자본 비용을 가중평균한 값입니다. EVA는 세후 영업이익에서 총자본비용을 차감한 값으로, 주주 입장에서 본 실질적인 기업가치를 나타내는 지표입니다. 예를 들어, 기업의 세후 영업이익이 100, 부채 비용이 50, 주주들의 기대수익이 70이라고 한다면, EVA는 -20이 됩니다. 따라서 주주 입장에서는 회계상으로 순익이 나더라도, EVA가 마이너스인 경우에는 기업의 채산성이 없는 것으로 판단할 수 있습니다. EVA는 기업의 사전적 가치평가뿐만 아니라 사후적 평가에도 유용하여, 최근 많이 활용되고 있습니다. 하지만 기대수익률은 주관적인 면이 크고, 기업의 성장성에 대해서는 평가할 수 없다는 단점이 있습니다.

> 읽어두기 ❻

위대한 투자가들의 투자 원칙

    컴퓨터 엔지니어이며 IT 기업을 운영하던 인도 청년 모니시 파브라이는 공항에서 우연히 워런 버핏의 책을 읽고 성공담을 접하게 됩니다. 금융에 관한 지식과 경험이 전혀 없던 그는 워런 버핏을 철저히 모방하는 전략으로 1999년 파브라이 인베스먼트라는 자산운용회사를 세우게 됩니다. 이 회사는 100만 달러로 운용을 시작하여 10년 만에 5억 8,000만 달러로 자산운용 규모가 성장하였으며, 연평균 수익률은 13.3%로 미국에서 운용하는 펀드 가운데 상위 1%에 속합니다.

    증권분석의 창시자인 벤저민 그레이엄, 역발상 투자의 존 템플턴, 마젤란 펀드를 세계 최대의 뮤추얼펀드로 키워낸 피터 린치, 오마하의 현인이라고 불리는 워런 버핏, 이외에도 조지 소로스, 찰스 멍거, 앤서니 볼튼, 존 네프, 필립 피셔까지 이들은 20세기 가장 성공한 투자가들이며 우리에게도 잘 알려진 인물입니다. 이들이 높은 명성을 가진 것은 그들의 놀라운 성과가 단기간의 것이 아니고 오랜 기간 꾸준한 성과를 보여줌으로써 운이 아닌 실력임을 입증하였기 때문입니다.

    IT 정보화 기술의 발전으로 정보가 폭주하는 현재 시점에 투자 원칙이 중요할까요? 현재 우리에게는 지나치리만큼 많은 정보가 있고 세상에는 여러 가지 분석 기법이 존재합니다. 이런 부분에 지나치게 휘둘리는 투자자들은 상투를 잡기 일쑤이고 수익률도 현저하게 떨어집니다. 성공 투자를 위해서는 자신만의 투자 원칙을 세우고 지키는 것이 중요합니다. 우리가 대가들의 성공스토리를 통해 투자의 본질을 이해하고 투자 원칙을 만든다면 성공 투자의 가능성을 보다 높일 수 있을 것입니다. 위의 대가들은 각자 투자에 대한 철학과 관점이 다릅니다. 하지만 그들이 언급한 말과 글에서 공통적인 키워드를 찾을 수 있습니다. 이들의 핵심 키워드는 가치투자, 내재가치, 안전마진, 분산투자, 장기투자, 단순함 등입니다.

    먼저, 지불하고자 하는 가격에 비해 가치가 높아야 매력적인 투자이며, 투자 대상의 내재가치를 파악하는 것이 투자의 본질이라는 것입니다. 벤저민 그레이엄은 그의 저서 『현명한 투자자』에서 이를 안전마진margin of safety의 개념으로 소개합니다. 안전마진은 순운전자본과 주가의 차이를 말합니다. 그는 시장은 비효율적이어서 주가가 기업의 가치 이하로 형성되기도 하는데, 이때 안전마진이 큰 투자를 찾아내는 것이 가치투자라고 말했습니다. 대가들의 또 하나의 중요한 투자 원칙은 분산투자입니다. 분산투자이론theory of portfolio selection은 해리 마코위츠에 의해 체계화된 이론으로, 자산을 분산투자하여 포트폴리오를 만들면 분산투자 전보다 위험을 감소시킬 수 있다는 이론입니다. 분산투자는 다양한 산업 또는 다양한 국가에 투자하거나, 투자하는 자산의 종목 수를 늘리는 것입니다. 이를 통해, 예상치 못한 투자 손실을 줄일 수 있다는 논리입니다. 하지만 일부 대가들은 개인투자자들에게는 분산투자가 득이 될 것이 없다고 지적합니다. 피터 린치는 "많은 자금을 운용해야 하는 펀드라면 분산투자가 불가피하지만, 개인이라면 집중투자가 훨씬 효과적이다."라고 언급했습니다. 그는 또한 "주식투자에서 가장 큰 손해는 훌륭한 회사 주식을 너무 일찍 파는 데서 비롯된다."고 말했습니다. 워런 버핏 역시 분산투자보다는 장기투자에 더 관심을 가졌습니다. 그는 "분산투자는 자신이 무엇을 하는지 잘 모르는 투자자에게만 알맞은 방법이고, 시장이 10년 동안 중단된다면 가지고 있을 때 행복한 것만 사라."고 지적했습니다.

　존 템플턴은 "강세장은 비관 속에서 태어나 회의 속에서 자라며 낙관 속에서 성숙해 행복 속에서 죽는다."는 말을 남겼습니다. 즉, 시장에 비관론이 팽배할 때가 투자하기 가장 좋은 시점이라는 것입니다. 이는 특히 근자에도 잘 들어맞는 말입니다. 글로벌 금융위기와 코로나19로 인해 주식시장의 급락을 경험했지만, 그 시점이 투자의 적기였다는 것을 투자자들은 뒤늦게 회고하게 됩니다. 조지 소로스는 "균형이 깨질 때가 기회다."라고 말했으며, 피터 린치 역시 "투자할 때 최소한 냉장고를 고를 때만큼의 시간과 노력을 기울여라." 그리고 "주식투자로 돈을 벌려면 주가 하락에 대한 두려움 때문에 주식시장에서 서둘러 빠져나오는 일이 없어야 한다."는 말을 남겼습니다. 또한, 투자 대가들은 단순함을 투자 원칙으로 내세웁니다. 단순함이란 어리석거나 무지를 의미하는 것이 아니고, 필요한 정보를 모으고 축적한 뒤에 투자안 본질에 집중한다는 의미입니다. 존 템플턴은 "강약점을 명쾌하고 단순하게 정리하라."는 견해를 밝혔습니다. 피터 린치 역시 "주식투자자의 운명을 결정하는 것은 머리가 아니라 배짱이다." 그리고 "많은 지식은 오히려 투자의 방해물이며, 주식투자에 쓰이는 수학은 초등학교 4학년경에 이미 배운 것이다."는 말을 남기기도 했습니다.

투자 대가들은 금융시장뿐만 아니라 세계 경제에도 엄청난 영향력을 가지고 있습니다. 또한, 이들 중 다수는 개인적으로 많은 부를 축적했음에도, 검소한 생활을 하며 노블레스 오블리주를 실천합니다. 2022년 3월 기준 워런 버핏의 자산 규모는 약 1,200억 달러로 세계 5위의 부자입니다. 그럼에도 불구하고, 1958년 3만여 달러에 산 집에서 아직도 살고 있고, 아침은 3달러 정도의 맥도널드 아침 메뉴로 해결하고 할인 쿠폰을 자주 사용하며, 29년째 10만 달러 연봉을 받고 있습니다. 그는 검소한 삶을 살지만 소득 불평등 문제를 해결하기 위한 방안으로 부자증세를 주장하기도 했으며, 자선재단에 막대한 돈을 기부하고 있습니다. 그는 "사회는 내 돈을 필요로 하지만, 나는 그렇지 않다."고 밝히며, 지금까지 400억 달러에 가까운 돈을 빌앤멀린다게이츠 재단 등 자선단체에 기부하였습니다.

헤지펀드계의 대부인 조지 소로스 역시 "악마처럼 돈을 벌어 천사처럼 쓴다."고 평가받고 있습니다. 그는 환투기 등으로 여러 국가들을 위기에 내몰며 많은 재산을 모았지만, 보유한 재산의 80%를 사회에 환원한 기부 천사이기도 합니다. 그는 총 320억 달러를 자선단체인 오픈소사이어티재단에 기부했고, 재단의 돈은 현재 인권 보호와 보건 및 교육의 접근성을 개선하는 사업에 쓰이고 있습니다.

'투자의 원칙을 지켜라'는 충고는 투자 경험이 있는 투자자에게는 익숙하고 당연한 말로 받아들여집니다. 하지만 이를 지키는 것은 쉽지 않습니다. 필자도 지난 수십 년 동안 다양한 자산에 투자와 트레이딩을 경험했지만, 투자 원칙을 실전에서 실행에 옮기는 것은 결코 쉽지 않았습니다. 이것이 장기간 투자에 성공한 검증된 투자가를 찾기 어려운 이유입니다. 투자 대가들의 투자 철학을 주의 깊게 살펴보고, 실천 가능한 자신만의 원칙을 세우는 것이 성공 투자의 지름길입니다.

Chapter 7
투자 판단의 척도

자본예산 평가

자본예산은 지출 규모가 크고 효과가 장기간에 걸쳐 발생하여, 기업가치에 중요한 영향을 미친다. 자본예산은 유무형자산 모두를 대상으로 하며, 기업은 투자안의 수익과 비용을 추정하여 투자의 우선순위를 결정한다. 자본예산 편성은 재무관리자에게 주어진 가장 중요한 임무 중 하나이다. 재무관리자는 투자안을 합리적인 방법으로 평가하고, 기업의 이사회는 이를 근거로 투자 여부를 최종적으로 판단한다.

투자안평가 방법 I

순현재가치: NPV

> 총사업비가 500억 원 이상이고, 국가 재정지원 규모가 300억 원 이상인 대규모 재정 사업은 시행 전에 사업의 타당성을 조사하고, 의사결정에 조사 결과를 반영해야 한다. 비용-편익 분석 결과가 '1' 이상 나오면 비용 대비 편익이 커서, 사업의 경제적 타당성이 있음을 의미한다.

투자안을 평가하는 방법은 순현재가치, 회수기간법, 회계적이익률법, 내부수익률법, 수익성지수법 등이 있습니다. 투자안 평가를 위해 평가방법을 고려할 때, 다음과 같은 질문을 스스로에게 해볼 필요가 있습니다.

- 모든 현금흐름이 고려되었는가?
- 돈의 시간가치는 고려되었는가?
- 위험요인은 조정되었는가?
- 기준에 따라 프로젝트의 순위를 매길 수 있는가?
- 해당 투자안만의 가치를 독립적으로 판별할 수 있는가?

순현재가치 net present value: NPV 는 위의 기준을 모두 만족하여, 가장 널리 쓰이는 투자안 평가방법입니다. NPV는 수익과 비용의 차이, 즉 투자로 벌어들일 수 있는 현금유입의 현재가치에서 비용 발생으로 인한 현금유출의 현재가치를 차감한 것입니다. 순현재가치가 양(+)의 값을 가지면 자본비용을 회수하고도 잉여가 발생한다는 의미이기 때문에, 해당 투자안은 수락됩니다. 반면 음(-)의 값을 가지면 투자에 가치가 없다는 의미이므로 해당 투자안은 기각됩니다. NPV 계산은 다음 식을 사용합니다.

$$NPV = \sum_{t=1}^{N} \frac{CF_t}{(1+r)^t} - CF_0$$

CF_0: 초기투자비용 r: 할인율

위에 식에서 보듯이, NPV 계산은 투자안의 모든 현금흐름을 포함하고 있고, 현금흐름을 시간가치와 위험을 고려한 적절한 할인율로 할인하고, 타 투자안과 비교 가능하여 순위를 매길 수 있고, 기존 사업과는 별개로 투자안의 가치를 산정할 수 있기 때문에 합리적인 투자평가 방법이라고 할 수 있습니다. 또한, 계산과정이 쉽고, 경영자나 주주의 성향과 회계처리 방식 등에 영향을 받지 않는다는 장점이 있습니다.

Quiz & Answer : 16

건설업을 하는 Q기업은 1억 원의 벌목 장비를 구매하여, 새로운 국가 프로젝트 사업에 참여할 것을 고려하고 있습니다. 이 사업은 향후 4년간 다음과 같은 수익이 발생할 것으로 기대됩니다. 적정 할인율이 20%라고 한다면, 이 사업은 Q사에게 좋은 투자 기회일까요?

시점	현금흐름
현재 시점	-1억 원
1년 후	2,000만 원
2년 후	3,700만 원
3년 후	4,900만 원
4년 후	6,300만 원

Answer

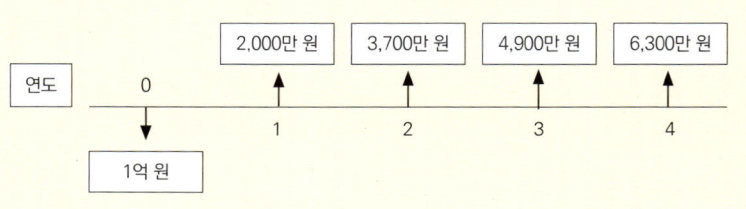

$$NPV = \frac{20,000,000}{(1+0.2)^1} + \frac{37,000,000}{(1+0.2)^2} + \frac{49,000,000}{(1+0.2)^3} + \frac{63,000,000}{(1+0.2)^4} - 100,000,000 = 1,099,537$$

NPV > 0 이므로, 본 투자안은 Q사에게 좋은 투자 기회이며, 사업안은 채택되어야 합니다.

비용 차감 후, 수익이 발생하는 것으로 추정되는 투자안은 채택해야 합니다. 실제로, 기업에는 다양한 투자 기회가 생기며, 여러 개의 투자안을 동시에 검토하는 경우도 자주 있습니다. 이들 중 사업성이 있는 투자, 즉 NPV > 0 인 경우가 다수 있을 수 있습니다. 하지만 자본은 무한하지 않기 때문에, 사업성이 있다고 해서 모든 투자안에 투자가 가능하지는 않고, 사업성이 있는 투자안 중에 우선순위를 두고 투자를 결정하게 됩니다. 다수의 투자안이 상호배타적 mutually exclusive 이면서 양의 NPV값을 가진다면, 이들 중 NPV값이 큰 투자안부터 선택해야 합니다.

위의 사례에서 보듯이, NPV는 추정되는 **미래의 현금흐름과 할인율**에 따라 결정됩니다. 특정 투자안에 대해 지나치게 낙관적 수익 전망으로 현금흐름을 추정하거나 기회자본비용인 할인율을 낮게 책정하면, NPV값에 영향을 미치고 사업의 타당성이 뒤바뀌는 결과를 낳게 됩니다. 따라서 합리적으로 투자안을 분석하기 위해서는 현금흐름 추정과 할인율을 객관적이고 투명한 방법으로 적용해야 합니다.

58 내부수익률법: IRR

투자안평가 방법 II

> 우리나라에서는 부동산 투자가 가장 수익률이 높으면서도 안전하다는 인식이 있다. 주식 투자와 부동산 투자의 예를 들어보자. 주식에 1억 원을 투자하여 매년 배당금으로 50만 원을 받고, 2년 후에 1억 3,000만 원에 매도하는 경우와, 10억 원에 아파트를 매입해 매년 500만 원의 임대료를 받다가 2년 후에 11억 원에 매도하는 경우를 가정해보자. 이 경우 주식 투자의 IRR은 9.45%이고 아파트 투자의 IRR는 5.1%로, 주식투자의 수익률이 더 높다.

내부수익률법 interest rate of return: IRR 은 대상 투자안의 사업 기간에 현금 수익의 흐름을 현재가치로 환산하여 합한 값이 투자지출과 같아지도록 할인하는 이자율을 계산하고, 이를 근거로 투자안을 판단하는 방법입니다. 즉, 자본비용보다 내부수익률이 높으면 투자로부터 수익을 얻을 수 있다는 의미이고, 복수의 투자안이 있는 경우 수익률이 높은 투자안에 우선 투자합니다. IRR을 구하기 위해서는 다음 식을 만족시키는 r값을 찾아야 합니다.

$$NPV = \sum_{t=0}^{N} \frac{CF_t}{(1+r)^t} = 0$$

Quiz & Answer : 17

〈Quiz & Answer: 16〉에서 보았던 Q기업 프로젝트의 IRR을 구하면, 이 투자안은 Q사에게 어떤 투자 기회일까요? 추정되는 현금흐름은 현재 시점에 −1억 원, 1년 후 2,000만 원, 2년 후 3,700만 원, 3년 후 4,900만 원, 4년 후 6,300만 원입니다.

Answer

$$NPV = \sum_{t=0}^{N} \frac{CF_t}{(1+r)^t} = 0$$

$$NPV = -100{,}000{,}000 + \frac{20{,}000{,}000}{(1+r)^1} + \frac{37{,}000{,}000}{(1+r)^2} + \frac{49{,}000{,}000}{(1+r)^3} + \frac{63{,}000{,}000}{(1+r)^4} = 0$$

r에 대한 N차 방정식을 풀면 다음과 같습니다.

$$r \approx 20.48\% = IRR$$

r값 20.48%를 위의 식에 대입하면, NPV = 0이 됩니다.

$$NPV = -100{,}000{,}000 + \frac{20{,}000{,}000}{(1+20.48\%)^1} + \frac{37{,}000{,}000}{(1+20.48\%)^2} + \frac{49{,}000{,}000}{(1+20.48\%)^3} + \frac{63{,}000{,}000}{(1+20.48\%)^4} = 0$$

따라서 벌목 프로젝트의 IRR은 내부수익률 20%를 초과하여, 본 프로젝트에 대한 투자는 수락해야 합니다. NPV와 IRR을 하나의 그래프로 나타내면, 아래와 같습니다. 여기서, NPV = 0이 되는 점이 IRR 20.48%입니다. IRR은 NPV = 0이 되는 경우의 수익률을 구한 것으로, NPV와 동일한 개념이라고 볼 수 있습니다.

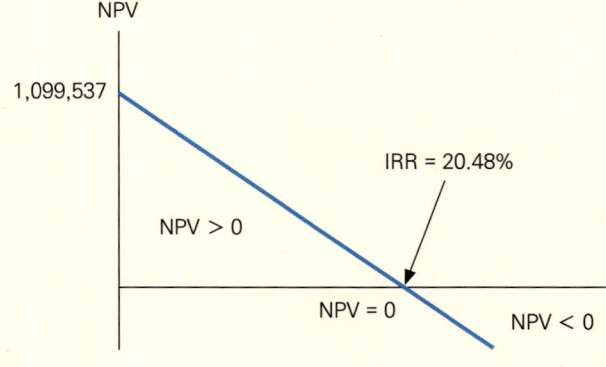

IRR은 투자안의 모든 현금흐름과 화폐의 시간가치를 고려합니다. 또, 의사결정자들이 이해하기 쉽게 비율로 표시합니다. 하지만 IRR은 투자안의 위험을 적절히 고려하지 못하다는 단점이 있습니다. 즉, 투자에 투입되는 자본비용은 투자안의 채택 여부 기준으로 활용될 뿐, IRR을 계산과정에는 반영하지 않기 때문에 위험을 고려하지 못하는 방법입니다.

59 — 투자평가 방법의 비교
NPV vs. IRR

> 기업의 투자는 투자 대상에 따라 기업가치에 미치는 영향이 상이한 것으로 조사되었다. 기업 본업과 관련된 투자일수록 투자 효과는 긍정적으로 나타났고, 비관련 사업의 지분투자 같은 일회성 투자는 장기적으로 기업가치 향상에 크게 기여하지 못하는 것으로 분석되었다.

기본적으로 NPV와 IRR은 같은 방향성을 가지고 있습니다. 하지만 현금흐름의 유출입 양상이 달라 부호(+ 또는 -)가 한 번 이상 바뀌거나, 비교 대상 사업의 투자 금액 또는 투자 기간이 현저히 차이가 나는 경우, NPV와 IRR의 평가 결과는 상이하게 나타날 수 있습니다.

Quiz & Answer : 18

R기업이 고려하는 투자안은 다음 표와 같은 현금흐름이 예상됩니다. 본 투자안의 요구수익률은 20%입니다. 투자의 타당성을 어떻게 판단할 수 있을까요?

시점	현금흐름
현재시점	-1억 원
1년 후	2억 5,500만 원
2년 후	-1억 5,700만 원

Answer

먼저, NPV를 구합니다.

$$NPV = -100{,}000{,}000 + \frac{255{,}000{,}000}{(1+0.2)^1} + \frac{-157{,}000{,}000}{(1+0.2)^2} = 3{,}472{,}222$$

다음, IRR을 구합니다.

$$NPV = -100{,}000{,}000 + \frac{255{,}000{,}000}{(1+r)^1} + \frac{-157{,}000{,}000}{(1+r)^2} = 0$$

r에 대한 N차 방정식을 풀면, r ≈ 3.92%와 51.09%로 두 가지 IRR을 구할 수 있습니다. 이처럼 현금흐름의 부호가 바뀌는 경우, 다수의 IRR이 존재하게 됩니다.

요구수익률이 20%인 본 투자안의 NPV값은 양(+)으로 계산됩니다. 하지만 IRR은 3.92%에서 51.09%의 구간에서만 양의 NPV값을 가집니다. IRR 3.92% 이하와 51.09% 이상에서는 요구수익률 20%에 미치지 못하기 때문에, IRR을 기준으로는 기각해야 합니다. 하지만 본 투자안과 같이 NPV와 IRR이 서로 상이한 평가 결과가 나오는 경우에는 NPV 결과(NPV > 0)를 받아들여, 본 투자안을 수락합니다.

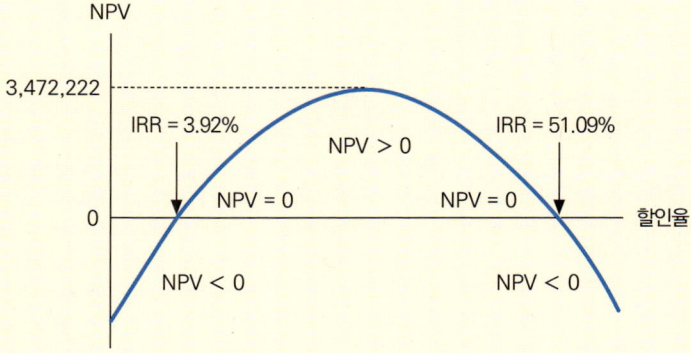

따라서 현금흐름이 한 번 이상 부호가 바뀌는 경우, IRR을 사용한 평가는 가능하지 않습니다. 대신, 수정된 IRR modified IRR: MIRR을 사용하여 계산하는 방법도 있지만, 일반적으로 이런 경우에는 NPV 결과를 따르게 됩니다.

투자 대상의 투자 금액이나 투자 기한이 크게 다른 경우의 투자안을 비교할 때, 우선순위를 잘못 선택할 수 있습니다. 두 투자안을 평가하는 데 있어, 투자안은 서로 독립적이며 상호배타적인 투자안으로 가정합니다. 여기서, 상호배타적이란 하나를 선택하면 다른 하나를 포기해야 한다는 의미입니다. 예를 들어, 원하는 대학 두 곳에서 입학허가를 받아도, 한 학교를 선택하면 다른 학교는 포기해야 하는 것과 같습니다.

Quiz & Answer : 19

S기업은 두 개의 투자안 A와 B를 가지고 있습니다. 현금흐름은 다음 표와 같이 예상되며, 두 투자안의 요구수익률은 20%로 같습니다. 이 경우, 어떤 투자안을 선택해야 할까요?

시점	A의 현금흐름	B의 현금흐름	차이 = A − B
현재시점	−1억 원	−6,000만 원	−4,000만 원
1년 후	2억 5,500만 원	4,200만 원	2억 1,300만 원
2년 후	−1억 5,700만 원	3,700만 원	−1억 9,400만 원

Answer

투자안 A와 B의 NPV와 IRR을 구하면 다음 표와 같습니다.

시점	투자안 A	투자안 B	비교	교차점
NPV	347만 2,222원	69만 4,444원	A > B	
IRR	3.92%	20.97%	A < B	16.62%

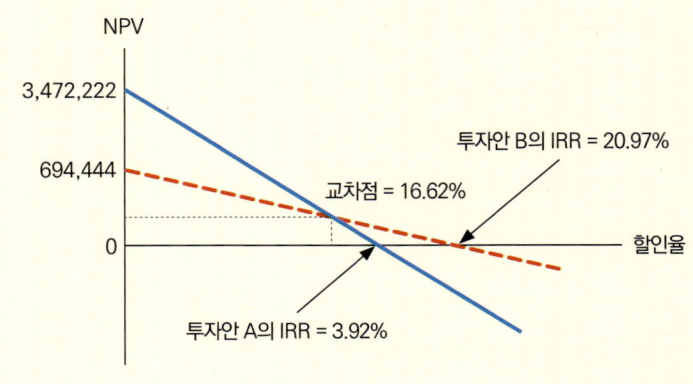

> 계산 결과, 투자안 A와 B의 NPV는 모두 양의 값을 가지지만, 투자안 A가 B보다 더 큽니다. 반면, IRR은 투자안 B가 A보다 더 큽니다. 이 경우, NPV 결과를 받아들여, 투자안 A를 선택합니다.

IRR 역시 NPV와 함께 널리 쓰이는 평가방법입니다. 하지만 IRR은 기간별 현금흐름에 따른 자본비용을 적용할 수 없습니다. 또, 투자로부터 기대되는 현금흐름을 투자안의 IRR에 재투자한다고 가정하지만, 현실적으로 수익률이 높은 투자 기회가 항상 존재하지는 않습니다. 따라서 기업의 가중평균자본비용 WACC 인 요구수익률로 재투자한다고 보는 개념인 NPV를 사용하여 투자의사결정을 내리는 것이 더 합리적일 수 있습니다.

투자안 평가방법 Ⅲ

60 회수기간법 및 회계적이익률법

> 국내 신재생에너지 사업의 대부분은 적자 상태인 것으로 조사되었다. 설치비용에 비해 수익이 낮아 평균 투자금 회수기간은 약 16년에 이르는 것으로 나타났다. 설비수명이 20년인 것을 감안하면 경제적으로 사업성이 없을 뿐만 아니라 오히려 환경파괴의 요인이 되는 것으로 보인다.

회수기간법 payback period 은 투자한 자금을 회수하는 데 걸리는 기간을 측정하여 평가하는 방법입니다. 투자의 회수기간을 미리 정하고, 이 기간 내에 회수할 수 있는 투자안을 선택하는 것입니다.

추정되는 투자 회수기간이 기업에서 내부적으로 설정한 회수기간보다 짧으면 그 투자안을 채택하고, 길면 경제성이 없는 것으로 판단하여 기각합니다. 또, 기업 내부에서 정한 회수기간보다 짧은 투자안이 복수라면, 이 투자안들 중에서 가장 짧은 투자안을 선택합니다.

Quiz & Answer : 20

〈Quiz & Answer: 16〉의 Q기업은 같은 프로젝트를 회수기간법으로 평가해보고자 합니다. 사업에 대한 Q기업의 목표 회수기간은 3년입니다. Q기업의 프로젝트에 대한 투자를 채택해야 할까요, 기각해야 할까요?

Answer

1년 차: $100,000,000 - \dfrac{20,000,000}{(1+0.2)} = 83,333,333$

> 2년 차: $83{,}333{,}333 - \dfrac{37{,}000{,}000}{(1+0.2)^2} = 57{,}638{,}889$
>
> 3년 차: $57{,}638{,}889 - \dfrac{49{,}000{,}000}{(1+0.2)^3} = 29{,}282{,}407$
>
> 4년 차: $83{,}333{,}333 - \dfrac{63{,}000{,}000}{(1+0.2)^4} = -1{,}099{,}537$
>
> 기간: $3년 + \dfrac{29{,}282{,}407}{63{,}000{,}000} = 3.46년$
>
> 프로젝트의 회수기간은 3.46년으로 추정됩니다. Q기업은 3년을 투자 회수기간으로 설정하였으므로, 투자안은 기각되어야 합니다.

회수기간법은 계산이 간편하여 평가에 대한 시간, 비용 등을 절약할 수 있으며, 최고 의사결정자가 쉽게 이해하고 판단할 수 있는 근거를 제공합니다. 또, 회수기간법은 현금흐름의 불확실성을 줄이고, 유동성을 고려한 방법입니다. 회수기간법은 투자안의 위험도의 지표가 될 수 있습니다. 즉, 회수기간이 짧으면 미래의 현금흐름에 대한 불확실성이 줄어들어 위험이 적고, 회수기간이 길면 위험이 크다고 평가할 수 있습니다. 반면 회수기간법은 회수기간 이후에 발생될 수 있는 현금흐름은 고려하지 않습니다. 또, 투자의사결정의 기준이 되는 회수기간 설정이 주관적인 판단에 근거하기 때문에, 투자안에 대한 투자 결정자의 편견이 영향을 미칠 여지가 있습니다. 따라서 회수기간법은 수익성을 나타내는 지표보다는, 투자의 위험도를 추정하는 보완적인 지표로 활용됩니다.

회계적이익률법 average rate of return: AAR 은 투자 금액 대비 회계적이익의 발생액에 대한 비율을 기준으로 투자안을 평가하는 방법입니다. 회계적이익률법은 감가상각법 중에 정액법을 사용하여, 잔존가치가 '0'이라는 가정하에 연평균 이익률을 계산합니다. 이때, 투자안의 회계적이익률이 목표한 이익률 또는 다른 투자안보다 높으면 대상 투자안은 적합한 것으로 판단합니다.

Quiz & Answer : 21

〈Quiz & Answer: 16〉의 Q기업은 같은 프로젝트의 세후순이익을 1년 차에 200만 원, 2년 차에 400만 원, 3년 차에 700만 원으로 예상합니다. 또, 3년 후 벌목 장비에 대한 잔존가치는 2,000만 원으로 예상합니다. 이 프로젝트에 대한 목표이익률이 20%라면, 이 프로젝트에 대한 판단은 어떻게 될까요?

Answer

$$평균순이익 = \frac{(2,000,000 + 4,000,000 + 7,000,000)}{3} = 4,333,333$$

$$AAR = \frac{4,333,333}{20,000,000} = 21.7\%$$

프로젝트의 회계적이익률은 21.7%가 되며 목표이익률 20%보다 높으므로, 투자안을 채택해야 합니다.

회계적이익률법은 회계상의 자료를 그대로 이용하여 계산이 간편하고, 산출된 결과와 평가방법이 이해하기 쉽다는 장점이 있습니다. 반면 회계적이익률법은 화폐의 시간가치를 고려하지 않고, 현금흐름을 분석하는 평가방법에 비해 합리성이 부족하고, 대상 투자안 판단의 비교기준인 내부 목표이익율이 자의적이라는 단점이 있습니다.

투자안 평가방법 Ⅳ
수익성지수법

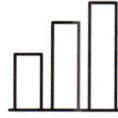

> 일상에서 우리는 이익과 수익을 혼용하지만, 경영학에서는 그 의미가 다르다. 수익은 상품 또는 서비스를 제공하고 비용을 빼기 전 벌어들인 금액이며, 이익은 수익에서 직원 급여, 원자재 비용, 전기요금, 임대료 등을 뺀 금액이다. 또, 수익이 비용보다 큰 경우를 '이익'이라고 하고, 반대로 비용이 수익보다 큰 경우에는 '손실'이라고 한다.

수익성지수법 profitability index method: PI 은 NPV에서 계산한 미래현금흐름의 현재가치와 투자 비용의 현재가치를 상대적인 수익성의 비율로 표시하여 투자의 타당성 여부를 판단하는 방법입니다.

$$PI = \frac{NPV}{초기투자} = \frac{\sum_{t=1}^{N} \frac{CF_t}{(1+r)^t}}{CF_0}$$

투자 판단의 기준은 PI가 1보다 크면, 즉 미래현금흐름의 현재가치 합이 투자액보다 크면 투자안을 채택하고 1보다 적으면 기각합니다. 여러 개의 투자안을 동시에 평가한다면, 각 투자안의 NPV를 구하여 합해서 초기 투자로 나눠주면 여러 프로젝트를 한데 묶었을 때 어느 정도 수익이 나는지 판단할 수 있습니다.

Quiz & Answer : 22

R기업은 초기 투자가 5억 원이 필요한 프로젝트에 투자를 고려하고 있습니다. 이 프로젝트는 5개의 개별 투자안으로 구성되어 있습니다. 투자안 A의 NPV는 1억 원, B의 NPV는 2억 원, C의 NPV는 1억 원, D의 NPV는 5,000만 원, E의 NPV는 8,000만 원으로 추정됩니다. R기업은 이 프로젝트에 투자를 해야 할까요?

Answer

$$PI = \frac{100{,}000{,}000 + 200{,}000{,}000 + 100{,}000{,}000 + 50{,}000{,}000 + 80{,}000{,}000}{500{,}000{,}000} = 1.06$$

PI > 1이므로, 본 투자안을 채택해야 합니다.

PI는 모든 현금흐름을 포함하고, 화폐의 시간가치를 고려하고 있습니다. 또, 전달하고 이해하기 쉬우며, 제한된 범위 내의 투자 규모를 평가할 때 유용합니다. 하지만 상호배타적인 투자안을 비교할 때 잘못된 결과를 도출할 수 있습니다. 예를 들어, NPV > 0 또는 NPV < 0이지만, PI는 PI < 1 또는 PI > 1로 반대의 결과가 나올 수 있습니다.

62 기타 평가방법과 실제 활용

투자안 평가방법 V

> 국내외 신용평가기관들은 기업의 시설 투자, 인수합병, 부동산개발, SOC 투자 등의 사업성을 분석하고 평가하는 서비스를 제공한다. 일반적인 평가절차는 시장 환경, 경쟁력, 제도와 환경, 투자 규모, 자금조달계획 등을 분석하고 현금흐름을 추정한 후, 다양한 방법을 사용하여 사업의 타당성을 평가한다.

본 파트에서 살펴본 평가방법과 투자결정기준을 정리하면 다음 표와 같습니다.

방법	의미	투자결정기준
NPV	모든 현금흐름과 요구수익률을 반영	NPV > 0
IRR	요구수익률을 찾는 관점	IRR > 기회자본비용
회수기간법	불확실성과 유동성 측면에 유용	회수기간 < 설정한 회수기간
회계적이익률법	총자산순이익률의 관점	AAR > 요구수익률
수익성지수법	투자안들의 우선순위를 정하는데 유용	PI > 1

이 이외에도, 다양한 평가방법들이 있습니다.

장애율 hurdle rate 이란 투자안을 선택할 때 반드시 보장되어야 할 최소한의 수익률이라는 뜻으로, 특정 투자안에 대해 긍정/부정이 갈리는 기준이 됩니다. 투자안의 수익률이 장애율보다 높으면 프로젝트를 채택하고, 낮으면 기각합니다. 장애율은 주로 자본비용과 위험에 따라 결정됩니다. P/E승수법 price-to-earnings multiple method 은 주가를 주당순이익으로 나눈 값으로, 주식시장에서 형성되는 시장가격으로 기업의 상대적 가치를 평가하는 방법입니다. 할인회수기간법 discounted payback period 은 회수기간법에 현재가치 개념을 고려한 변형된 가치평가 방법입니다. 회수기간법은 미래의 현금흐름을 사용하여 회수기간을 측정하였으나, 할인회수기간법은 미래의 현금흐름을 가중평균자본비용으로 할인하여 계산하는 방법으로 좀 더 정확한 방법입니다. 리얼옵션법real option analysis은 금융의 옵션이론을 투자안의 가치평가에 적용하여, 급변하는 기업 환경에서 투자안의 불확실성을 줄이기 위한 평가방법입니다. 단순히 투자를 할지 말지를 현재 시점에서 결정하는 것이 아닌, 시간의 흐름에 따라 투자안의 가치를 평가하여 투자 여부를 결정하는 방법입니다. 리얼옵션법은 해외 진출, 인수합병, 고객 개발 등 다양한 분야에서 가치분석과 경영전략에 활용되고 있습니다. 시뮬레이션법simulation analysis은 주요 변수의 확률분포로부터 경우의 수를 추출하여 분석하는 방법으로, 투자평가를 실제와 비슷한 상태의 수식으로 만들어 모의적으로 연산을 되풀이하여 결과를 파악하는 방법입니다. 시나리오분석scenario analysis은 최상과 최악을 포함한 몇 가지 가능성 있는 시나리오를 만들어 분석을 수행하는 방법입니다. 민감도분석sensitivity analysis은 다른 변수들을 고정하고, 특정 변수만을 변화시키면서 분석하는 방법입니다. 조정현가법adjusted present value: APV은 부채가 없고 자기자본만으로 조달한 기업의 가치를 구하고, 추가적으로 부채를 사용하였을 때 타인자본으로부터 생기는 부채의 절세 효과를 더하여 기업가치를 계산하는 방법입니다.

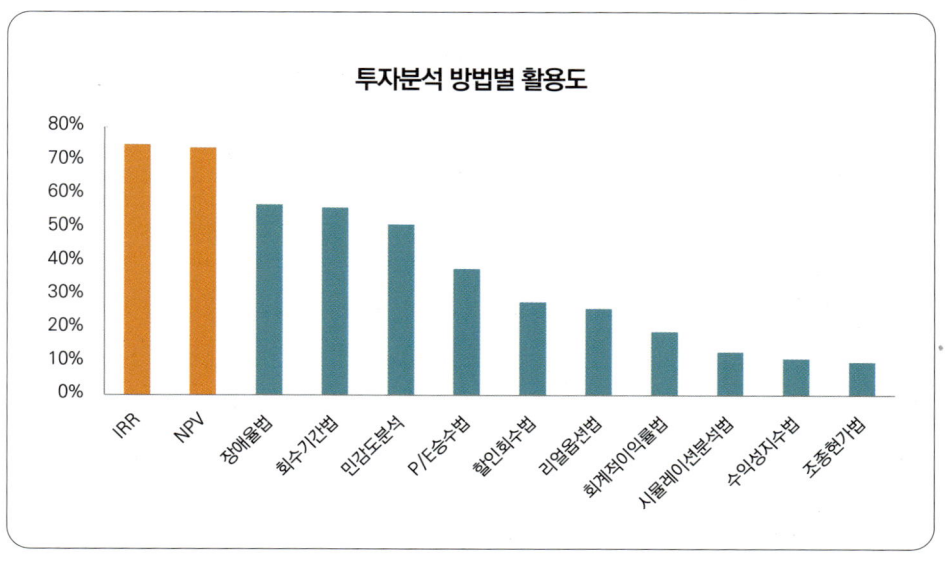

투자평가 방법과 관련하여 미국 400개 기업의 CFO를 대상으로 진행한 설문조사 결과를 보면, 기업에서 가장 일반적으로 사용되는 투자평가 방법은 IRR과 NPV로 조사되었습니다. 또한 보조적인 수단으로 장애율법과 회수기간법이 많이 사용되며, 특히 소규모 기업에서는 회수기간법의 선호도가 높은 것으로 조사되었습니다.

읽어두기 ⑦

투자와 투기

투자와 투기는 유사한 점이 있어, 많은 사람들이 혼동합니다. 우리가 투자를 공부하면서 실제로는 투기 방법을 배우는 상황이 벌어질 수도 있어, 개념 정리가 필요합니다.

일반적으로 투기는 카지노에서 베팅하듯이 단지 운에 맡기는 것이고, 투자는 투자안의 가치를 분석해 확률적으로 이익이 날 가능성을 판단하고 실행에 옮기는 것입니다. 투기는 잘못될 경우 투기자 본인뿐만 아니라 시장 자체를 교란시켜 많은 투자자들에게 고통을 줄 수 있다는 점에서 부정적인 이미지가 큽니다.

그렇다면 투자와 투기는 어떤 점이 다를까요? 투자investment는 수익을 목적으로 투자 대상의 가치 변화에 주목하여 자산을 투자 대상에 할당하는 것입니다. 반면, 투기speculation는 수익을 목적으로 기회를 틈타 시세차익을 노리고자 위험 관리 없이 자산을 높은 위험에 노출시켜 큰 이익을 보려는 행위입니다.

투자와 투기는 수익을 내려는 목적은 같지만, 투자 대상을 보는 관점이 다릅니다. 투자는 투자안의 가치를 판단하고 가격과 비교합니다. 시장가격에는 해당 자산의 가치가 녹아 있지만 가격이 가치를 전적으로 반영하지는 못합니다. 왜냐하면 시장가격에는 경제적, 사회적, 정치적, 심리적, 제도적 요소뿐만 아니라, 단기간의 수요와 공급 등과 같은 수많은 시장 내외적인 요소들이 반영되기 때문입니다. 예를 들어 단기간에 주식가격이 오르고 내린다는 것은 기업의 가치가 일정함에도 시장의 수요와 공급 또는 시장 외적인 요인들이 작용할 수 있기 때문입니다. 따라서 투자는 투자 대상의 본래의 가치에 주목하고, 가치에 대한 적정가격을 산정하고 난 후, 형성된 가격과 시간에 따른 가격 변화를 분석합니다. 이 결과를 바탕으로 투자 대상의 가치가 저평가되어 있으면 신규로 투자를 결정하고, 투자한 대상이 고평가되는 시점에 투자를 청산합니다.

투자와 투기의 또 다른 점은 위험에 대한 노출의 정도입니다. 투자와 투기 모두 위험이 따르며, 일반적으로 위험과 수익률은 정비례하는 상관관계를 가집니다. 하지만 실제로는 위험이 높다고 무조건 수익이 높지는 않습니다. 투자는 위험을 사전적으로 측정하고 분석하여, 감당할 수 있는 위험 안에서 최고의 수익을 추구하는 것입니다. 이는 레버리지를 통해 감내할 수 없는 크기의 위험을 실행하는 투기와는 엄연히 구분됩니다. 또 다른 점은 기간입니다. 투자는 장기적 관점에 더 적합한 개념이고, 투기는 단기적 성향이 더 강합니다.

자본예산 평가

NPV를 구하기 위한 현금흐름은 어떻게 추정하며, 적합한 할인율은 무엇인가? 본 장에서는 우선 현금흐름을 어떻게 예측하는지 살펴본다.

투자안에 긍정적인 사람은 낙관주의적 경향을 가지고 현금흐름을 예측할 수 있기 때문에, 예측 편향을 줄이려는 노력이 필요하다. 민감도, 시나리오분석 및 손익분기점분석 등은 예측오차를 줄이고 투자안에 대한 판단의 타당성을 높일 수 있다.

투자계획 수립

자본예산 절차

> 카카오의 폭발적 성장은 공격적인 인수합병을 통한 시장 선점 전략이 큰 역할을 하였다. 카카오는 2021년에도 1조 1,462억 원을 투입해 23개에 달하는 기업을 인수하여, 500대 기업 중에서 가장 많은 수의 인수합병을 이룬 것으로 조사되었다. 이로 인해, 전체 계열사는 해외 법인을 포함해 158개 사에 이른다.

자본예산capital budgeting이라고 부르는 투자결정은 1년 이상 효과가 지속되는 투자로서, 새로운 설비 도입, 교체, 확장 및 타 기업 인수합병, 연구개발 등이 포함됩니다. 자본예산은 기업의 중·장기적인 경영전략하에, 미래의 자금 수요와 투자 효과에 대한 합리적인 예측을 바탕으로 이루어져야 합니다. 일반적으로 기업 자본예산 계획은 다음과 같은 절차를 통해 이루어집니다.

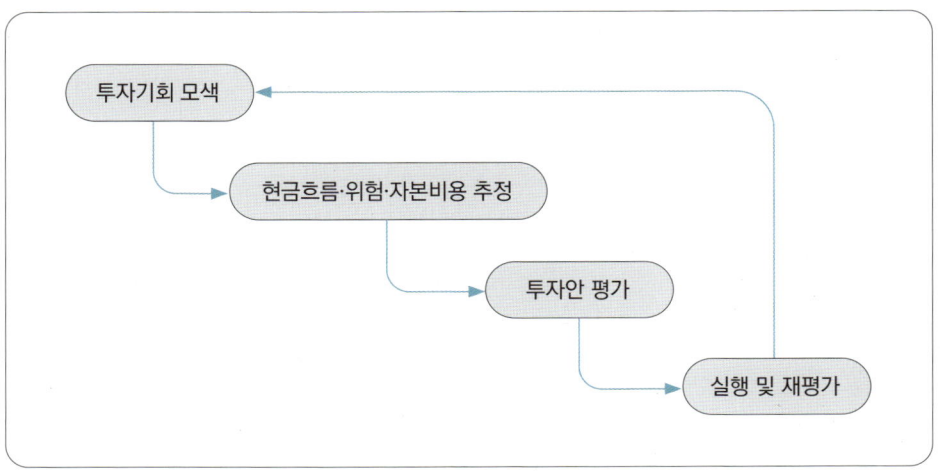

첫 번째 단계에서 기업은 여러 경로를 통해 적합한 투자 대상을 찾고, 투자안을 목적과 성격에 따라 분류합니다. 이때, 투자안이 독립적인 투자안independent investment 인지 또는 상호배타적인 투자안mutually exclusive investment 인지 구분하여 파악해야 합니다. 두 번째 단계에서는 각 투자 대상의 현금흐름을 예측하고 투자안의 위험을 평가하여, 자본비용을 추정합니다. 세 번째 단계에서는 합리적인 투자안 평가방법을 사용하여, 투자안의 경제성을 평가하고 적합한 투자안을 선택합니다. 네 번째 단계에서는 선택된 투자안을 실행한 후, 성과를 재평가하고 다시 새로운 투자 기회를 모색합니다. 재무관리자는 자본예산의 네 가지 절차 중에서 주로 두 번째와 세 번째 절차를 주도적으로 수행합니다.

64 현금흐름의 추정

> 주요국 통화정책의 변화와 함께 자산가치는 조정 국면에 진입하고 있으며, 기업의 전략은 '성장 위주의 경영'에서 '현금흐름 중시의 경영'으로 전환 국면을 맞이하고 있다. 현금흐름은 기업의 본질적 가치의 원천이자 생존과 직접적으로 연결된다. 특히, 경기가 둔화되는 시점에 기업의 현금 관리 능력은 중요한 투자 지표가 된다.

현금흐름cash flow이란 투자로 인해 발생하는 수익과 이와 관련하여 지출되는 비용으로, 투자와 관련된 모든 현금 유출입을 말합니다. 투자안을 분석할 때 고려되는 현금흐름은 회계적이익과는 다른 개념입니다. 손익계산서상의 회계적이익은 현금의 유출입에 관계없이 발생주의원칙하에서 수익·비용을 인식하기 때문에, 실제 현금흐름을 반영하지 못합니다.

투자안의 현금흐름을 추정하는 데에는 유의사항들이 있습니다. 우선 투자안 분석은 증분 기준incremental basis(=투자안이 존재하는 현금흐름 - 투자안이 없는 현금흐름)으로 측정된 순현금흐름을 사용합니다. 또, 투자안은 기존 사업과 분리하여 미니 회사 형태로 분석하는 것이 보다 명확한 평가 결과를 얻을 수 있습니다.

투자안 분석에 어떠한 현금흐름을 포함시킬지 파악하려면, 아래 질문을 스스로에게 해볼 필요가 있습니다.

"이 현금흐름은 우리가 투자안을 수락하는 경우에만 발생하는가?"
"예." 또는 "아니요."

만일, 답변이 애매한 경우에는 필요한 부분 '일부'만을 현금흐름으로 반영해야 하는데, 이는 결코 쉬운 결정이 아니며 자본예산 편성에 있어 가장 고민되는 부분입니다.

투자안 분석을 위한 현금흐름 추정의 기본 원칙

• 감가상각비 등 비현금 지출 비용은 제외

감가상각비 등과 같은 실제 현금지출이 일어나지 않는 비용은 현금유출에 포함시키지 않아야 합니다.

• 이자비용과 배당금 등 금융비용은 제외

이자비용과 배당금은 실제 현금유출이 발생하지만, 이는 미래현금흐름을 할인하는 과정에서 할인율(자본비용)에 반영됩니다. 따라서 금융비용을 현금유출에 포함시키면 비용을 이중으로 감안한 것이므로 제외시켜야 합니다.

• 운전자본과 자본적지출은 포함

새로운 투자가 이루어지면 기업에 재고자산, 매출채권 등이 발생하면서 순운전자본이 증가합니다. 순운전자본의 변동은 현금 지출을 수반하기 때문에, 이를 투자안의 현금흐름에 포함시켜야 합니다.

• 매몰원가는 제외

매몰원가 sunk cost 는 과거의 의사결정으로 인해 이미 투입된 원가입니다. 새로운 투자안의 채택 여부에 관계가 없기 때문에, 새로운 투자안의 현금흐름에 반영하면 안 됩니다. 예를 들어, 기업이 경영합리화를 위해 컨설팅업체로부터 컨설팅을 받고 비용을 지불했다면, 그 비용은 현재 투자안의 현금흐름 추정에서 제외해야 합니다.

• 기회비용은 포함

기회비용은 새로운 투자안으로 인해 발생하는 비용이므로, 투자안의 현금흐름 추정에 포함시켜야 합니다. 예를 들어 기업이 보유한 빌딩을 새로운 투자안을 위해 사용하는 경우, 이 빌딩의 임대료 수입은 포기해야 합니다. 따라서 임대료 수입으로 인한 기회비용은 투자안 현금유출에 포함시켜야 합니다.

• 부수적 효과는 포함

투자안은 기업의 다른 사업 부문들에 영향을 줄 수 있는데, 이러한 부수적 효과 side effect 는 투자안의 현금흐름 추정에 포함해야 합니다. 부수적 효과는 음(-)의 효과와 양(+)의 효과가 생길 수 있습니다. 잠식 비용 erosion cost 은 음의 부수적 효과 중 하나입니다. 예를 들어 현대자동차가 연료 소모량이 현격히 낮은 새로운 엔진의 SUV 차량을 출시하면, 기아자동차에서 판매하고 있었던 기존 SUV의 판매량은 감소할 수 있습니다. 이 같은 잠식 비용은 투자안의 현금흐름을 추정할 때 현금유출에 포함시켜야 합니다. 반면, 유통업을 하는 기업이 운송업에 새롭게 투자를 고려한다면 양의 부수적 효과가 생길 수 있고, 이는 투자안 평가 시 현금유입에 포함시켜야 합니다.

• 법인세 효과는 포함

투자안의 현금흐름 추정에 감가상각비와 이자비용 등은 포함시키지 않습니다. 하지만 이들 비용은 회계상의 과세 대상 이익을 줄여, 기업이 납부해야 할 세금을 감소시킵니다. 따라서 투자안의 현금흐름을 추정할 때, 세금절감효과 tax shield effect 는 현금유입에 포함시켜야 합니다.

현금흐름과 NPV

순현금흐름

> 유니콘 기업의 급부상으로 가치평가에 논란이 일고 있다. 과거 노동과 자본을 투입하고 대량으로 생산하는 제조업 중심에서, 디지털, 네트워킹, 플랫폼으로 산업의 패러다임이 빠르게 변화하고 있다. 이에 가치평가의 중심 또한 전통적인 유형자산에서 기술력, 데이터, 브랜드, ESG 경영활동 등과 같은 무형자산으로 바뀌고 있다.

투자안의 가치는 해당 투자결정으로 인해 수익이 창출되거나 비용이 소요되는 증분 개념의 순현금흐름을 사용하여 평가합니다. 여기서, 순현금흐름이란 일정 기간에 발생한 모든 현금유입에서 모든 현금유출을 뺀 값이며, 이는 발생주의에 의거해 작성된 재무제표상의 숫자와는 다를 수 있습니다.

먼저 투자안의 순현금흐름과 재무제표상 현금 유출입의 관계를 살펴봅시다.

순현금흐름net capital flow: NCF 은 영업현금흐름operating cash flow: OCF, 자본적지출net capital spending: NCS, 순운전자본의 변동net working capital: NWC의 합이며, 각 항목별 현금흐름은 다음과 같이 계산할 수 있습니다.

$$OCF = \text{이자 및 세전이익}^{EBIT} + \text{감가상각비} - \text{법인세}$$
$$= \text{당기순이익}^{NI} + \text{감가상각비} + \text{이자비용}$$

$$NCS = \text{기말 비유동자산} - \text{기초 비유동자산} + \text{감가상각비}$$
$$NWC = (\text{기말 유동자산} - \text{기말 유동부채}) - (\text{기초 유동자산} - \text{기초 유동부채})$$

Quiz & Answer : 23

음료 제조 및 유통 기업인 S기업은 이번에 건강음료 사업을 계획하고 있습니다. 이 사업의 예상 수익과 비용은 다음과 같습니다.

- 예상 매출: 5만 캔
- 캔당 원가: 2,500원
- 초기 설비 구입비: 9,000만 원
- 순운전자본투자: 2,000만 원
- 법인세율: 40%
- 캔당 판매가: 4,000원
- 고정비용: 연 1,200만 원
- 감가상각 내용연수: 3년
- 차입 이자: 200만 원
- 자본비용: 5%

새로운 건강음료를 생산하기 위해서는 공장 일부분을 사용해야 하는데, 이에 포기해야 하는 임대료가 1,000만 원 발생할 것이며, 건강음료 출시로 인해 기존 음료의 판매 감소로 인한 손실액이 1,200만 원 발생할 것으로 예상됩니다.

이때, 본 사업안의 순현금흐름은 어떻게 되며, 순현금흐름을 기준으로 볼 때 사업성이 있는 투자안인가요?

Answer

본 투자안의 추정손익계산서 pro-forma income statement 의 회계적이익은 다음 표와 같습니다.

계정과목	금액(단위: 천 원)
매출액	200,000
- 매출원가	125,000
매출총이익	**75,000**
- 판매비 및 관리비 (감가상각비 제외)	12,000
- 감가상각비	30,000
영업이익 EBIT	**33,000**
- 이자비용	2,000
법인세 차감전 순이익	**31,000**
- 법인세(세율: 40%)	12,400
순이익	**18,600**

앞의 추정손익계산서를 근거로 순현금흐름을 파악하면 다음과 같습니다(이때, 순현금흐름은 투자안을 채택하였을 경우를 가정하여, 증분흐름으로 계산해야 함).

(단위: 천 원)

기간	0년 차	1년 차	2년 차	3년 차
OCF[1]	0	50,600	50,600	50,600
NCF의 증분	−90,000	0	0	0
기회비용[2]		−6,000	−6,000	−6,000
잠식비용[3]		−7,200	−7,200	−7,200
NWS의 증분	−20,000	0	0	20,000
NCF	−110,000	37,400	37,400	57,400

주) 1. OCF = EBIT + 감가상각비 − 법인세 = 33,000 + 30,000 − 12,400 = 50,600
    2. 기회비용 = 10,000 × (1 − 0.4) = 6,000
    3. 잠식비용 = 12,000 × (1 − 0.4) = 7,200

위의 NCF에 근거하여 NPV를 구해봅시다.

$$NPV = -110,000 + \frac{37,400}{(1+0.05)^1} + \frac{37,400}{(1+0.05)^2} + \frac{57,400}{(1+0.05)^3} = 9,126,230$$

$$NPV = 9,126,230원 > 0$$

IRR을 구해봅시다.

$$-110,000 + \frac{37,400}{(1+IRR)^1} + \frac{37,400}{(1+IRR)^2} + \frac{57,400}{(1+IRR)^3} = 0$$

$$IRR = 9.05\% > 5\%$$

따라서 본 건강음료 사업은 경제성이 있는 것으로 평가되어, 투자안은 채택되어야 합니다.

사업 기회의 발견

> 새로운 사업 기회는 누구에게나 생기지만, 기업을 운영하는 경영자에 따라 기회를 포착하는 방법과 수단에는 큰 차이가 있다. 미국의 경제학자 이즈리얼 커즈너는 기존 정보의 새로운 활용, 관찰, 자원 활용의 최적화를 통해 더 좋은 사업 기회를 발견한다고 주장하였다. 사업 기회의 포착은 가치 창출, 지속 가능성, 시의 적절성 등을 고려하여 판단해야 한다.

기업은 기업의 내재가치를 높이고 성장 동력을 확보하기 위해서, 새로운 사업 기회를 찾고 지속적인 투자활동을 합니다. 새로운 투자 기회가 발견되면 기업은 사업타당성을 치밀하게 분석합니다. 사업타당성분석이란 사업에 영향을 미칠 수 있는 핵심 요소들을 체계적으로 점검하고, 새로운 사업의 시장성, 경제성, 위험도 등을 분석하고 평가하는 행위입니다. 이는 새로운 사업안을 조사하고 분석하여 타당성을 검토하고, 최적의 투자안을 선정하여 사업의 실행 여부를 결정하며, 사업전략과 실행계획을 수립하는 등 총체적으로 사업을 분석하는 과정을 의미합니다.

사업의 기회는 기존에 영위하던 사업의 확장일 수도 있지만, 전혀 새로운 사업 분야일 수도 있습니다. 그럼, 새로운 사업 기회는 어디서 어떻게 얻을 수 있을까요?

기업은 현재 영위하는 사업의 비효율성을 구조적으로 개선하는 방향으로 새로운 사업 아이디어를 구상할 수 있습니다. 또, 20~30년 주기로 바뀌는 사회·문화적 변화, 즉 메가트렌드mega trend를 읽고, 소비 측면의 수요 변화, 기술 발전, 공급 측면의 산업구조 변화, 정부 정책 변화 등에 따라 새로운 사업 기회를 확보하기도 합니다. 이때, 다른 경쟁기업의 신사업 동향 등을 포괄적으로 고려해야 합니다. 또, 소비자의 수요가 다양해지면서 틈새시장niche market이 확대되고 있어, 특정 소비자 계층을 대상으로 사업 아이디어를 찾을 수 있습니다. 더불어 사업 간, 기술 간의 융합 기회를 활용하여 기존 사업들을 잘 규합하거나 패러다임을 변화시킴으로써 새로운 사업의 기회로 삼을 수 있습니다. 여기서, 초기 사업 비용을 줄이고 효율성을 높이기 위해 기업은 위탁경영outsourcing을 적극적으로 활용하기도 합니다.

투자안의 가치

타당성분석

> 우리나라 기업들의 2021년 3분기 해외 직접 투자액은 170억 달러로, 전년 동기 대비 58.2% 증가하였다. 반면, 국내 투자는 지속적으로 위축되어, 국내 산업에 공동화 우려가 커지고 있다. 기업들의 해외투자 확대는 국내 창업의 어려움과 노동시장의 경직성이 주요 원인으로 지적되고 있다. 이밖에, 지나친 규제와 잦은 정책 변경도 기업이 국내 투자를 꺼리는 요인으로 조사되었다.

앞서 여러 가지 투자안 평가방법을 사용하여, 투자안의 타당성을 분석하였습니다. 특히, NPV는 가장 보편적인 평가방법입니다. 그럼 양(+)의 NPV는 어떤 의미인가요? 투자안을 수락해도 좋을 만큼 사업타당성이 있다는 의미입니다. 하지만 여전히 투자안 가치에 대해 다음과 같은 의문이 있을 수 있습니다.

"현금흐름 추정은 어느 정도 신뢰할 수 있는가?"
"예측에 편향이 없는가?"
"대내외적 위험요인은 충분히 고려되었는가?"
"투자를 준비하는 기업은 새로운 사업을 수행하기 위해 충분한 경쟁력을 가지고 있는가?"

투자안이 양(+)의 NPV값을 가진다는 것은 투자가 타당할 가능성이 많다는 의미 있는 출발점입니다. 하지만 투자안을 확정하기 위해서는 좀 더 면밀히 검토할 필요가 있습니다.

경쟁력을 유지하고자 하는 기업은 마땅한 투자 기회를 끊임없이 찾습니다. 이러한 지속 성장을 위한 투자 기회는 기업의 전략적 목표와 부합해야 합니다. 투자 제안은 보통 상향식 bottom-up 접근으로 이루어집니다. 기업에서 실제로 진행하는 투자안의 확보와 평가의 일반적인 절차를 보면, 기업의 각 사업부는 새로운 투자안을 재무본부로 보내고, 재무본부는 이를 수집·검토하고, 최고경영진으로부터 승인을 받아, 차기 연도 자본예산 capital budget에 반영합니다. 자본예산을 검토하는 과정은 NPV값뿐만 아니라 기업의 경쟁력과 시장 환경의 예측 등 다양한 측면을 고려합니다. 이때, 예측의 일관성을 유지해야 하며, 경영자와 주주 간의 이해충돌이 생길 수 있는 부분도 제거해야 합니다.

기업의 자본은 한정되어 있어서, 이를 최적으로 사용하기 위해서는 합리적으로 투자안을 배분하는 자본할당 capital rationing 을 수행해야 합니다. 자본할당은 투자안의 NPV가 최대치가 되도록 하는 데 목표가 있으며, 투자안들에 대해 더 높은 자본비용을 부과하거나 예산에 한도를 정하는 등의 방법을 사용할 수 있습니다.

기업이 투자안을 고려할 때 현금흐름의 추정치는 단지 추정치일 뿐입니다. 투자안을 승인하고 실행하는 과정에 경기가 나빠질 수도 있고, 경쟁회사가 같은 시장에 진입할 수도 있는 등 예측하지 못한 다양한 상황이 벌어질 수 있습니다. 따라서 불확실한 상황에 처할 수 있다는 가상의 상황을 설정하여, 투자안의 타당성을 비교·분석하는 작업이 필요합니다.

이를 시나리오분석 scenario analysis 이라고 하는데, 일반적으로 세 가지 시나리오를 두고 각각의 현금흐름을 추정하여 투자안의 NPV를 비교합니다. 세 가지 시나리오는 보통의 경우 base case, 최상의 경우 best case, 최악의 경우 worst case 를 상정합니다. 최상의 경우는 보통의 경우보다 수익이 증가하고 비용은 줄어드는 경우이고, 최악의 경우는 수익은 줄고 비용이 올라가는 경우입니다.

〈Quiz & Answer 23〉를 기준으로 최악의 경우와 최상의 경우인 시나리오를 만들어봅니다. 최악의 경우는 판매량이 50% 줄고 원가는 10% 상승하는 시나리오이고, 최상의 경우는 판매량이 50% 늘고 원가는 10% 하락하는 시나리오입니다. 세 가지 시나리오의 현금흐름을 추정하고 NPV와 IRR을 구하면, 다음 페이지에 있는 표와 같습니다.

NPV와 IRR 결과에서 보듯이, 최악의 경우를 상정하면 투자안은 기각되어야 하고 최상의 경우를 예측하면 투자안은 마땅히 채택되어야 합니다. 이 같은 시나리오분석은 기업의 투자안 판단에 유용하게 사용됩니다. 하지만 시나리오는 가상의 상황을 상정한 것이기 때문에, 시나리오 설정 및 해석과 적용에는 한계가 있습니다.

(단위: 천 원)

시나리오	보통	최악	최상
판매량(캔)	50,000	**50% 감소** 25,000	**50% 증가** 75,000
단가/캔	4	4	4
원가/캔	2.5	**10% 상승** 2.75	**10% 하락** 2.25
고정비	12,000	12,000	12,000
매출액	200,000	100,000	300,000
변동비	125,000	56,250	168,750
고정비	12,000	12,000	12,000
감가상각	30,000	30,000	30,000
EBIT	33,000	1,750	89,250
이자비용	2,000	2,000	2,000
법인세	12,400	0	34,900
순이익	18,600	−250	52,350
감가상각	30,000	30,000	30,000
순현금흐름(순이익+감가상각)	48,600	29,750	82,350
NPV	**9,126**	**−11,706.62**	**131,536.23**
IRR	**9.05%**	**−0.31%**	**58.86%**

주) 1. 기회비용 = 10,000 × (1 − 0.4) = 6,000   2. 잠식 비용 = 12,000 × (1 − 0.4) = 7,200

    가상의 상황을 가정한 분석의 오류를 줄이기 위해, 민감도분석 sensitivity analysis을 수행합니다. 민감도분석은 다른 조건이 일정하다고 가정하고, 특정한 투입 요소의 변동이 투자안의 NPV에 얼마나 크게 영향을 미치는지 분석하는 것입니다. 민감도가 큰 투자안일수록 NPV의 변동이 크게 나타나며, 이는 더 위험한 투자안임을 뜻합니다. 즉, 특정 변수와 관련된 NPV의 변동성이 클수록, 해당 변수와 관련된 예측 위험이 커지고 추정에 더 많은 주의를 기울여야 합니다.

    앞의 사례를 이번에는 판매량과 고정비를 변동시키는 것으로 민감도분석을 해봅니다. 첫 번째로 판매량이 50% 감소하는 최악의 상황, 두 번째로 50% 증가하는 최상의 상황을 가정합니다. 그리고 고정비가 50% 오르는 경우와 50% 하락하는 경우를 상정합니다. 이처럼 두 가지 경우의 순현금흐름을 구하고 NPV와 IRR을 계산하면 다음 표와 같고, 해당 민감도는

239페이지 그림과 같이 나타낼 수 있습니다.

(단위: 천 원)

시나리오	판매량만 변동			고정비만 변동		
	보통	최악 (50% 감소)	최상 (50% 증가)	보통	최악 (50% 증가)	최상 (50% 감소)
판매량(캔)	50,000	25,000	75,000	50,000	5,0000	50,000
단가/캔	4	4	4	4	4	4
원가/캔	2.5	2.5	2.5	2.5	2.5	2.5
고정비	12,000	12,000	12,000	12,000	18,000	6,000
매출액	200,000	100,000	300,000	200,000	200,000	200,000
변동비	125,000	62,500	187,500	125,000	125,000	125,000
고정비	12,000	12,000	12,000	12,000	18,000	6,000
감가상각	30,000	30,000	30,000	30,000	30,000	30,000
EBIT	33,000	−4,500	70,500	33,000	27,000	39,000
이자비용	2,000	2,000	2,000	2,000	2,000	2,000
법인세	12,400	0	27,400	12,400	10,000	14,800
순이익	18,600	−6,500	41,100	18,600	15,000	22,200
감가상각	30,000	30,000	30,000	30,000	30,000	30,000
순현금흐름	48,600	29,750	71,100	48,600	45,000	52,200
NPV	9,126	−47,653	64,952	9,126	−6,123	13,483
IRR	9.05%	−17.7%	32.6%	9.1%	2.2%	11.0%

주) 1. 기회비용=10,000×(1−0.4)=6,000 2. 잠식 비용=12,000×(1−0.4)=7,200

분석 결과, 판매량과 NPV값은 정(+)의 상관관계, 고정비와 NPV값은 부(−)의 상관관계를 가집니다. 또, 판매량 변동으로 인한 NPV값 변동폭은 고정비 변동으로 인한 NPV값 변동폭보다 크다는 것을 확인할 수 있습니다. 따라서 본 투자안은 사업을 시행함에 있어 예기치 못한 변동 상황이 발생할 때, 고정비보다 판매량이 더 큰 위험 요소라는 것을 파악할 수 있습니다.

기업의 CEO는 투자안에 결정을 내려야 합니다. 세 가지 시나리오 모두에서 NPV가 양(+)의 값을 보여준다면, 투자안을 승인하는 데 큰 무리가 없을 것입니다. 하지만 추정치의 적

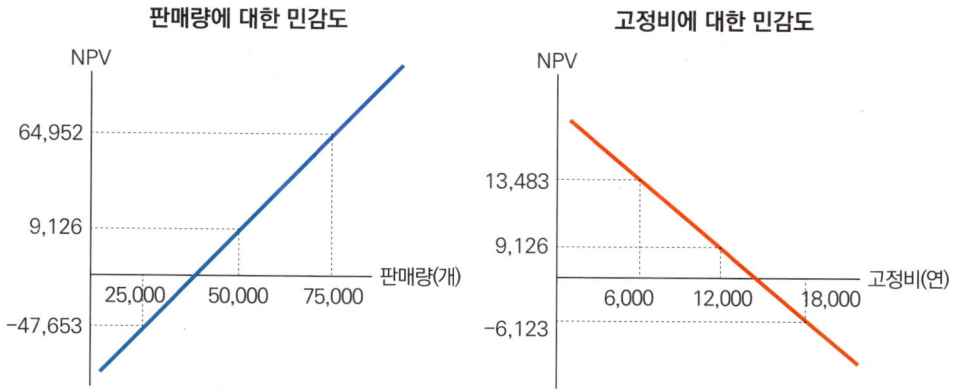

은 변동이 투자안의 NPV를 음(-)의 값으로 바뀌게 만든다면, 새로운 투자안은 결정을 보류하고 추가적인 분석을 수행해야 할 수도 있습니다. 이처럼 민감도분석은 투자안의 위험한 변수의 식별을 가능하게 하며, 투자안의 손익분기점 break-even point 정보를 제공합니다. 하지만 민감도분석은 어떤 변수를 분석의 요인으로 고려해야 하는지, 변수 간의 관계에 대해서는 정보를 제공하지 못한다는 한계가 있습니다.

지금까지 살펴본 재무적 접근 이외에도, 환경분석을 통해 사업의 타당성을 분석하기도 합니다. 환경분석은 새로운 사업에 진출하여 생존하고 성장하는 데 실질적으로 영향을 미치는 모든 내외부적인 환경을 검토하고 분석하는 것입니다. 내부환경분석에는 산업 내의 경쟁 정도, 신규 시장진입자의 위협, 대체재의 등장, 구매자 또는 공급자의 협상력 등이 포함됩니다. 이는 기업의 장기적 미래에 영향을 주는 PEST분석 political, economic, social and technological analysis 또는 마이클 포터의 5force모델과 같은 산업구조 분석이 포함됩니다. 또, 기업의 주위 환경을 분석하는 SWOT분석 strength, weakness, opportunity, threat analysis 방법을 사용하기도 합니다. 외부 환경분석으로는 원가 측면에서 경쟁력을 파악하는 BGC메트릭스 Boston consulting group matrix, 이를 9개로 좀 더 세분화하고 점수화한 GE매트릭스 9-Box matrix, 전문가의 의견을 토대로 분석하는 계층화분석법 analytic hierarchy process: AHP 등이 대표적인 분석 기법으로 사용되고 있습니다.

> 읽어두기 ⑧

성공 투자의 핵심은 위험관리!

"공짜 점심은 없다 There ain't no such thing as a free lunch."라는 격언이 있습니다. 어떠한 편익을 얻기 위해서는 그에 상응하는 대가 혹은 기회비용이 발생한다는 의미입니다.

투자는 기대한 만큼 수익을 얻지 못하거나 손실이 발생할 불확실성 위험 risk 이 존재합니다. 일반적으로 기대수익이 높은 투자는 위험이 커, 수익과 위험은 상충관계 trade-off relationship 에 있습니다.

전설적인 투자가이자 변호사인 찰리 멍거는 "투자 판단은 리스크 진단에서 시작해야 한다."라고 말했습니다. 과거 많은 투자자들이 의심 없이 은행주에 투자했지만, 글로벌 금융위기가 터지고 난 뒤 은행 산업에도 위험이 있다는 것을 인지하게 되었습니다. 세스 클라먼은 270억 달러에 달하는 미국의 헤지펀드 바우포스트를 이끄는 헤지펀드 업계의 거물입니다. 그는 고위험 고수익을 쫓는 대다수의 헤지펀드와는 달리 과도한 위험을 피하고 보수적으로 투자하는 철학을 가지고 있습니다. 그는 "현금 보유도 투자다."라고 말합니다. 즉, 시장 전망이 불확실하고 좋지 않을 때는 투자 포트폴리오의 50% 이상을 현금으로 보유하기도 하는데, 장이 나쁠 때 현금을 쥐고 있으면 그만큼 돈을 버는 것과 마찬가지라는 논리입니다. 면밀한 분석 없이 기술주에 많은 비중의 재산을 투자하는 투자가들이 생각해봐야 할 부분입니다.

투자는 이득을 목적으로 자금을 지출하는 행위입니다. 돈이 있으면 누구나 쉽게 투자할 수 있고, 장이 좋으면 누구든 어렵지 않게 투자수익을 낼 수 있습니다. 하지만 예상치 못한 이벤트가 생기거나 시장이 안 좋아지면 어떤 상황이 발생할까요? 필자의 경험으로 볼 때, 위험관리 없이 꾸준한 수익을 내는 것은 거의 불가능합니다. 보통 수익이 좋을 때에는 위험을 잊고 있다가, 좋지 않게 되면 뒤늦게 후회합니다. 위험이 없는 투자는 없습니다. 단지 어떤 종류와 어떤 크기의 위험을 감수하느냐의 문제일 뿐입니다.

그럼 위험에는 어떤 종류가 있으며, 이를 어떻게 측정하고 관리해야 할까요?

위험은 발생 원천에 따라 재무적 위험과 비재무적 위험으로 나뉘고, 재무적 위험은 신용위험, 시장위험, 유동성위험으로 구분합니다.

신용위험 credit risk 은 거래 당사자 중 일방이 의무를 이행하지 않아 상대방에게 재무적 손실을 입힐 가능성입니다. 협의로 신용위험은 채무불이행위험 default risk 을 뜻하지만, 광의로는 거래 당사자의 신용이 하락하여 자산이나 계약의 시장가치가 떨어짐으로써 발생하는 손실위험도 포함됩니다. 신용사건 credit event 은 채무불이행뿐만 아니라 채무자가 대출에 명시된 약관의 일부를 이행하지 못하여 발생하는 기술적채무불이행 technical default 과, 하나의 채무 계약을 이행하지 못하면 다른 채무 계약도 위반되는 교차 부도 cross default 를 포함합니다. 투자에는 기업이나 개인의 신용위험뿐만 아니라 국가부도위험도 신중히 고려하여 적절히 배분하고 관리해야 합니다. 국가위험은 지불유예를 선언하는 모라토리엄 moratorium, 상환금의 일방적 미지급, 신용평가사가 부도 상태로 평가하는 기술적 부도가 있습니다. 지난 20여 년간의 국가부도는 1998년 러시아의 지불유예와 우크라이나의 외국통화 미결제, 1999년과 2001년 에콰도르와 아르헨티나의 지불유예, 2015년 그리스의 채무불이행 등의 사례가 있습니다. 2022년 6월 현재 러시아와 우크라이나와의 전쟁이 장기화되면서, 러시아의 국가부도위험이 커지고 있습니다. 기업과 금융기관들은 거래상대방 기업과 국가의 재무적 능력을 자체적으로 분석하거나, 신용평가기관들의 등급을 사용하여 신용위험을 관리합니다. 신용위험이 일정 수준을 넘어서게 되면, 신용부도스와프 credit default swap: CDS 계약을 통해 위험을 헤지하기도 합니다.

기업과 금융기관의 재무적 활동은 금융시장 가격변동에 따라 위험에 노출될 수 있습니다. 시장위험 market risk 은 금융시장 지표들의 변동성, 즉 이자율, 환율, 시장 유동성 등이 기대하지 않는 방향으로 움직이면서 기업의 성과 및 가치에 부정적인 영향을 미칠 수 있는 위험입니다. 시장의 가격변동성은 기업의 수익을 불안정하게 만들어, 불균형이 지속되는 경우 경영에 불확실성이 커지게 됩니다. 시장에서의 가격은 수요와 공급에 따라 시장에서 균형가격이 형성되어야 하지만, 실제로 시장가격은 정부의 규제나 시장개입 또는 시장의 비효율성 때문에 균형의 궤도에서 이탈된 가격이 형성되기도 합니다. 따라서 재무관리자는 금융시장에 상품별 가격 메커니즘에 대한 이해가 필요합니다. 시장위험 측정은 여러 방법이 있지만, 최근에는 최대예상손실액 value at risk: VaR 방법을 주로 사용합니다. VaR이란 시장별 위험 요소의 변동성을 신뢰구간에 따라 분석하여 산출한 자산가치의 최대 손실액을 계산하는 방법입니다. 이 방법은 환율, 금리, 주식과 같은 시장에서 발생하는 위험뿐만 아니라 신용위험도 계산이 가능하여, 여러 부문에서 발생하는 위험을 일괄적으로 측정하고 관리할 수 있다는 이점이 있습니다.

　유동성위험 liquidity risk 은 운용과 조달기간의 불일치 또는 예기치 못한 자금 유출 등으로 유동성이 부족하여, 정상적인 상황보다 높은 금리를 지불하고도 자금조달이 어려운 경우가 발생하는 위험입니다. 흑자기업도 유동성이 부족하면 도산할 수 있기 때문에, 매우 신중한 관리가 요구됩니다. 유동성위험은 부채비율뿐만 아니라 유동성 갭 GAP 또는 유동성커버비율 등으로 측정하고 관리합니다. 경기가 통화 긴축 사이클에 진입하는 경우, 기업들은 보다 엄격한 유동성 한도를 설정하여 부채를 관리할 필요가 있습니다.

　최근 비재무적 위험 또한 중요성이 커지고 있습니다. 비재무적 위험에는 사업위험, 법적위험, 정치위험, 평판위험 등이 있습니다.

　사업위험 business risk 은 신규 사업 및 투자하는 기존 사업의 매출과 이익이 하락할 수 있는 위험입니다. 사업위험은 경제성장률의 하락, 물가의 상승 등 거시경제 환경이 좋지 않거나, 시장에 수요와 공급이 변하는 사업의 체계적위험, 경영 관리상의 잘못된 결정, 임직원의 부정과 비리 또는 근로자의 파업 등과 같은 운영위험, 위치로 인해 발생하는 위치위험 등이 있습니다. 사업위험은 적절한 분산투자를 통해, 어느 정도 완화할 수 있습니다.

　법적위험 legal risk 은 기업의 경영활동 과정에서 법규나 규제를 위반해 발생하는 위험입니다. 기업이 법이나 규제를 위반하면 형사적, 행정적 제재를 받을 수 있고, 여러 이해관계자와의 분쟁이 생겨 경영상의 손실이 발생할 수 있습니다. 기업에 대한 규제가 강화되면서, 법적 위험관리는 공정거래, 정보보호, 지적재산권 등 다루어야 할 분야가 점차 넓어지고 있습니다. 기업은 법무와 준법 감시를 위한 조직을 두고, 사전적으로 법적위험을 관리해야 합니다.

정치위험 political risk 은 국내외 정치적인 힘이 경영환경에 변화를 일으켜, 기업의 성과에 부정적인 영향을 미칠 수 있는 위험입니다. 정치위험은 지정학적 위험, 잦은 정책 변경, 차별과 갈등, 부패, 테러리즘 등으로 재산 또는 인명 피해가 생길 수 있습니다. 예를 들어, 2017년 사드 배치 이후 중국과의 정치적 갈등이 생기면서, 보복에 시달리던 롯데마트는 중국의 112개 매장을 매각하고 철수했습니다. 정치위험의 측정은 여러 가지 정성적, 정량적 분석 방법이 사용되고 있으며, 기업들은 다양한 시나리오분석을 통해 사전적으로 대응 방안을 만들기도 합니다. BERI business environment risk intelligence 는 각국의 정치위험지수를 매년 공시하고, Economic Policy Uncertainty는 주요국의 경제정책불확실성지수와 한반도를 포함한 지정학적위험지수를 발표합니다.

평판위험 reputation risk 은 부정적인 여론으로 인해 경영상의 손실이 발생할 수 있는 위험입니다. 기업이 만드는 제품부터 임직원들의 행동까지 평판에 영향을 주며, 평판은 기업 이해관계자들의 관심사이기도 합니다. 좋은 평판을 쌓기 위해 기업은 수억 원의 돈을 들여 광고를 하고 사회 기부 활동 등을 하지만 나쁜 평판은 돈이 들지 않고 좋은 평판을 순식간에 무너뜨립니다. 독일 폭스바겐의 배기가스 조작이 밝혀지면서, 폭스바겐의 주가는 3일 만에 34.7% 하락하였고, 판매량이 급감하였으며, 각국에서 소송이 진행 중에 있습니다. 우리나라에서는 특히 CEO들의 횡령, 탈세, 배임 등과 오너 및 오너 2~3세들의 갑질로 사회적 문제가 되고 회사 평판에 나쁜 영향을 주기도 하였습니다. 글로벌기업의 평판은 『포춘』과 『월스트리트저널』의 평판지수 등을 참고하지만, 우리나라 기업들은 현재 리스트에 포함되어 있지 않습니다. 미국의 기업평가회사인 렙트랙도 매년 평판이 높은 100개의 기업 순위를 발표하는데, 2020년에는 레고가 전 세계 1위를 차지하였습니다. 삼성은 44위를 차지하여 국내 기업 중에 1위였고, LG는 70위입니다. 소셜미디어의 발달로 평판은 매우 빠르게 전달되며, 기업의 생존과도 직결됩니다. 기업의 평판관리는 기업이 다양한 도전과 압력에 직면할 때 최고 수준의 성실성과 정직성 및 윤리적 행동, 법률 준수를 통해 사업을 운영한다는 기준을 행동강령 code of conduct 에 충실히 반영하고, 고객과의 소통을 강화하고, 실시간으로 다양한 미디어들을 모니터링하는 체계를 갖추는 것이 필요합니다.

투자결정

투자는 현재의 현금흐름을 포기하고, 그 대가로 미래의 더 큰 현금흐름을 얻기 위한 행위이다. 하지만 투자로부터 얻을 것으로 기대하는 미래현금흐름은 불확실하다. 따라서 투자안을 평가할 때에는 위험요인을 고려해야 한다. 앞서, 미래 현금을 추정했던 전제는 투자로부터 얻을 수 있는 현금흐름의 예측이 가능하다는 것이었지만, 실제로는 불확실성이 존재하기 때문에 이에 따른 위험을 투자안 평가에 반영해야 한다.

수익과 위험

> 위험이 낮은데 수익이 높은 투자안이 있다면 모든 투자자가 그 자산에 투자하고자 할 것이며, 자원의 공급 과잉으로 인해 수익은 빠른 속도로 떨어질 것이다. 결국 시장에는 위험이 높고 수익이 높거나, 위험이 낮고 수익도 낮은 투자안만이 남게 된다.

자본예산에서 요구수익률은 NPV값을 결정하는 핵심 요소입니다.

실물 투자안에 대한 수익은 유사한 위험의 금융자산을 매입하여 얻을 수 있는 수익보다 크거나 최소한 같아야 합니다. 왜냐하면 금융자산은 금융시장에서 상대적으로 적은 비용으로 매매가 가능하며, 공정가격을 평가기관으로부터 얻을 수 있기 때문입니다. 따라서 실물자산의 투자안을 검토할 때는 금융시장에서 얻을 수 있는 위험에 따른 수익율을 기준으로 삼습니다.

100년이 넘는 자본시장의 역사를 통해, 우리는 높은 수익에는 높은 위험이 따른다는 것을 알고 있습니다. 즉, 위험과 수익은 항상 비례하여 위험-수익 상충 risk-return trade off 관계를 가집니다. 따라서 위험이 큰 투자안일수록 투자자의 요구수익률은 높아집니다.

우선 수익률을 어떻게 계산하는지 알아봅시다. 앞서 살펴본 대로, 금융시장에서 채권을 투자하면 이자, 주식을 투자하면 배당, 그리고 자본이득(또는 손실)이라는 수익을 얻게 됩니다. 예를 들어, 주식을 투자했을 때 명목수익률을 구하는 식은 다음과 같습니다.

$$\text{투자수익률} = \text{배당수익률} + \text{자본이득(또는 손실)} = \frac{\text{배당}}{\text{기초 주가}} + \frac{\text{자본이득}}{\text{기초 주가}}$$

여기서 인플레이션을 고려하면 실질수익률이 되며, 이를 구하는 식은 다음과 같습니다.

$$실질수익률 = \frac{(1+ 명목수익률)}{(1+ 인플레이션율)} - 1$$

기대수익률expected return: E(r)은 각 투자로부터 실현될 가능성이 있는 수익률을 합한 값입니다.

$$기대수익률 = E(r) = \sum_{i=1}^{n} p_i r_i$$

p_i : i 상황이 나타날 확률 r_i : i 상황에서의 수익률 n : 미래 상황의 가짓수

즉, 기대수익률은 보유한 자산 또는 포트폴리오에서 기대되는 평균수익률을 의미합니다. 자산의 미래 수익률은 경기 상황이나 자산의 특징 등에 따라 유동적이기 때문에, 미래에 발생할 수익률은 확정된 숫자가 아닌 각 상황이 발생할 확률에 따른 기대치로 표시합니다. 기대수익률은 미래의 실현수익률과 괴리가 있을 수 있습니다. 기대수익률과 미래 실현수익률 간의 편차가 크면, 기대수익률을 달성할 확률이 낮아집니다. 즉, 투자의 위험은 실제수익률이 기대수익률과 다르게 실현될 가능성을 의미하며, 이는 수익률 확률분포의 분산과 표준편차를 통해 측정할 수 있습니다.

수익률의 분산variance of return: σ^2은 다음과 같은 식으로 표시됩니다.

$$\sigma^2 = \sum_{i=1}^{n} p_i (r_i - E(r))^2$$

수익률의 표준편차standard deviation: σ는 분산을 제곱근하여 계산합니다.

$$\sigma = \sqrt{\sum_{i=1}^{n} p_i (r_i - E(r))^2}$$

위의 식에서와 같이, 수익률의 분산과 표준편차가 크다는 것은 미래의 실제수익률과 기대수익률 간에 차이가 크고, 이는 투자위험이 높다는 의미입니다.

Quiz & Answer : 24

T기업은 투자안 A와 B를 두고 고민하고 있습니다. T기업의 경기 예측별 투자안 수익률이 아래 표와 같다면, 투자안 A와 B의 기대수익률과 위험은 얼마인가요? 또, 무위험자산의 수익률이 3%라고 한다면 투자안 A와 B의 위험프리미엄은 얼마인가요?

경기 예측	가능성	투자안 A	투자안 B
호황	30%	15%	25%
보통	50%	10%	20%
불황	20%	2%	1%

Answer

- 투자안 A의 기대수익률 = $(0.3 \times 0.15) + (0.5 \times 0.10) + (0.2 \times 0.02) = 9.9\%$

- 투자안 A의 위험프리미엄 = $9.9\% - 3\% = 6.9\%$

- 투자안 B의 기대수익률 = $(0.3 \times 0.25) + (0.5 \times 0.20) + (0.2 \times 0.01) = 17.7\%$

- 투자안 B의 위험프리미엄 = $17.7\% - 3\% = 14.7\%$

- 투자안 A의 분산 = $\sigma_A^2 = 0.3(0.15 - 0.099)^2 + 0.5(0.10 - 0.099)^2 + 0.2(0.02 - 0.099)^2 = 0.002029$

- 투자안 A의 표준편차 = $\sigma_A = 0.045$

- 투자안 B의 분산 = $\sigma_B^2 = 0.3(0.25 - 0.177)^2 + 0.5(0.20 - 0.177)^2 + 0.2(0.01 - 0.177)^2 = 0.007441$

- 투자안 B의 표준편차 = $\sigma_B = 0.086$

정리하면 투자안 A의 기대수익률은 9.9%, 위험프리미엄은 6.9%, 표준편차는 4.5%입니다. 반면 투자안 B의 기대수익률은 17.7%, 위험프리미엄은 14.7%, 표준편차는 8.6%입니다. 따라서 투자안 B는 A에 비해 기대수익률이 높지만 투자위험도 높습니다.

투자안을 평가할 때는 기대수익률뿐만 아니라 기대수익률이 실현되지 않을 가능성인 위험에 대해서도 고려해야 합니다. 실질적으로 기업의 자본예산을 결정할 때, 기대수익률보다는 요구수익률 개념을 더 많이 사용합니다. 기대수익률은 어떤 투자 대상에 대해 투자해서 기대되는 예상수익률인 반면, 요구수익률은 투자자 입장에서 투자결정을 위해 충족되어야 할 최소한의 수익률을 의미합니다. 이는 목표수익률 또는 외부 수익률과 같은 의미이며, 투자의 기회비용이라고 할 수 있습니다. 요구수익률은 다음 식과 같이 정리할 수 있습니다.

요구수익률 = 무위험자산의 수익 + 위험프리미엄 + 예상 인플레이션율

여기서 무위험자산의 수익이란 부도 위험이 없는 국가가 발행하는 채권수익률로서, 현재의 소비를 희생하는 시간의 대가에 해당하며 위험프리미엄은 장래의 불확실성에 따른 투자안의 위험에 대한 대가입니다.

69 포트폴리오의 효과

계란을 한 바구니에 담지 마라

> 포트폴리오란 본래 '서류철'을 뜻하는 단어로, 예전에 유대인들이 자신들의 투자 내역을 보관했던 작은 가방을 말한다. 현재의 포트폴리오라는 용어는 미국의 경제학자인 해리 마코위츠가 투자의 위험을 줄이고 투자수익 극대화를 위한 '포트폴리오 이론'을 제시하면서 사용되기 시작하였다.

재무에서 포트폴리오portfolio란 두 개 이상의 자산으로 구성된 투자 대상의 집합을 의미합니다. 금융기관이나 자산 규모가 큰 투자자들은 투자금을 하나의 자산에 투자하지 않고 다양한 투자 대상에 분산하여 투자하는데, 이를 포트폴리오라고 합니다. 포트폴리오의 위험과 수익 간의 상충관계는 개별 자산과 마찬가지로 포트폴리오의 기대수익률과 표준편차로 측정합니다. 포트폴리오의 기대수익률을 구하는 식은 다음과 같습니다.

$$\text{포트폴리오의 기대수익률} = E(r_p) = \sum_{i=1}^{m} W_j E(r_j)$$

w_j : 자산 j의 구성비율 r_j : 자산 j의 수익률   m : 구성한 자산의 수

포트폴리오의 분산은 다음과 같이 계산합니다.

$$\sigma^2 = \sum_{i=1}^{n} p_i (r_i - E(r))^2$$

포트폴리오의 표준편차는 다음과 같이 계산합니다.

$$\sigma = \sqrt{\sum_{i=1}^{n} p_i (r_i - E(r))^2}$$

Quiz & Answer : 25

U기업은 A와 B 두 가지 투자안에 가용한 자금의 50%씩을 각각 투자하는 방안을 고려하고 있습니다. 경기가 호황일 경우와 불황일 가능성, 이에 따른 각 투자안의 수익률은 아래 표와 같이 예상됩니다. 이 포트폴리오의 기대수익률과 위험은 얼마일까요?

경기예측	가능성	투자안 A 수익률	투자안 B 수익률	포트폴리오 수익률*
불황	40%	20%	−5%	7.5%
호황	60%	−10%	15%	2.5%

* 불황인 경우 포트폴리오 수익률 = (0.2 × 0.5) + (−0.05 × 0.5) = 7.5%
   호황인 경우 포트폴리오 수익률 = (−0.1 × 0.5) + (0.15 × 0.5) = 2.5%

Answer

개별 투자안 A와 B의 기대수익률과 표준편차를 계산하면 다음과 같습니다.

- 투자안 A의 기대수익률 = $E(r_A) = 0.4 \times 0.2 + 0.6 \times -0.1 = 2\%$
- 투자안 B의 기대수익률 = $E(r_B) = 0.4 \times -0.05 + 0.6 \times 0.15 = 7\%$

- 투자안 A의 분산 = $\sigma_A^2 = 0.4 \times (0.2 - 0.02)^2 + 0.6 \times (-0.1 - 0.02)^2 = 0.0216$
- 투자안 A의 표준편차 = $\sigma_A = \sqrt{0.0216} = 0.147$

- 투자안 B의 분산 = $\sigma_B^2 = 0.4 \times (-0.05 - 0.07)^2 + 0.6 \times (0.15 - 0.07)^2 = 0.0096$
- 투자안 B의 표준편차 = $\sigma_B = \sqrt{0.0096} = 0.098$

포트폴리오의 기대수익률과 표준편차를 구하면 다음과 같습니다.

- 포트폴리오의 기대수익률 = $E(r_p) = 0.4 \times 0.075 + 0.6 \times 0.025 = 4.5\%$
  또는 $0.5 \times 0.02 + 0.5 \times 0.07 = 4.5\%$

- 포트폴리오의 분산 = $\sigma_p^2 = 0.4 \times (0.075 - 0.045)^2 + 0.6 \times (0.025 - 0.045)^2$
  $= 0.0006$

- 포트폴리오의 표준편차 = $\sigma_p = \sqrt{0.0006} = 0.025$

포트폴리오 투자의 기대수익률은 4.5%로, 투자안 A보다 2.5% 높고 투자안 B에 비해서는 2.5% 낮습니다. 하지만 포트폴리오의 위험은 2.5%에 불과하여, 분산효과 덕분에 개별 투자안의 위험보다 현저히 줄어드는 것을 확인할 수 있습니다.

여기서, 통계학 개념을 적용하여 분산과 표준편차를 살펴봅니다. A와 B 두 자산으로 구성된 포트폴리오의 분산은 다음과 같은 식으로 표현됩니다.

$$\text{포트폴리오의 분산} = \sigma_p^2 = \sigma^2(w_A r_A + w_B r_B)$$
$$= w_A^2 \sigma^2(r_A) + w_B^2 \sigma^2(r_B) + 2 w_A w_B Cov(r_A, r_B)$$

두 자산의 수익률 간에 관계를 나타내는 공분산covariance 은 다음 식과 같이 정의됩니다.

$$\text{공분산} = Cov(r_A, r_B) = E[(r_A - E(r_A))(r_B - E(r_B))]$$

공분산이 자산수익률의 크기에 따른 영향을 제거하기 위해, 공분산을 각 자산수익률의 표준편차로 나눈 값을 상관계수라고 하며, 이는 다음 식과 같이 표시됩니다.

$$\text{상관계수} = \rho_{AB} = \frac{Cov(r_A, r_B)}{\sigma_A \sigma_B}$$

상관계수는 두 자산의 수익률의 밀접도를 나타내는 측정치입니다. 상관계수는 항상 -1과 1사이의 값을 가지는데, ρ_{AB} = 1이면 두 자산의 수익률은 정비례, ρ_{AB} = -1이면 반비례, ρ_{AB} = 0이면 두 자산의 수익률 간에 선형관계가 없다는 것을 의미합니다.

포트폴리오의 분산을 상관계수를 사용하여 정리하면 다음 식과 같습니다.

$$\text{포트폴리오의 분산} = \sigma_p^2 = \sigma^2(w_A r_A + w_B r_B)$$
$$= w_A^2 \sigma^2(r_A) + w_B^2 \sigma^2(r_B) + 2w_A w_B \sigma_A \sigma_B \rho_{AB}$$

위에 식에서, 상관계수 ρ_{AB}가 작아지면 포트폴리오 분산이 감소, 즉 포트폴리오의 위험분산효과 diversification effect가 커진다는 것을 알 수 있습니다. 따라서 자산의 포트폴리오를 구성하는 데 있어 다른 조건이 동일하다면, 위험을 감소하기 위해서는 상관계수가 낮은 자산으로 구성해야 합니다.

다음 그래프는 포트폴리오의 결합선과 상관계수에 따른 포트폴리오의 기대수익률과 위험의 조합을 보여줍니다. 그래프의 각 선은 상관계수에 따라 주어지는 투자 기회의 집합입니다. 두 자산 간의 상관계수가 1보다 작기만 하면, 투자 기회의 집합선이 왼쪽으로 움직여 분산효과가 발생하는 것을 확인할 수 있습니다.

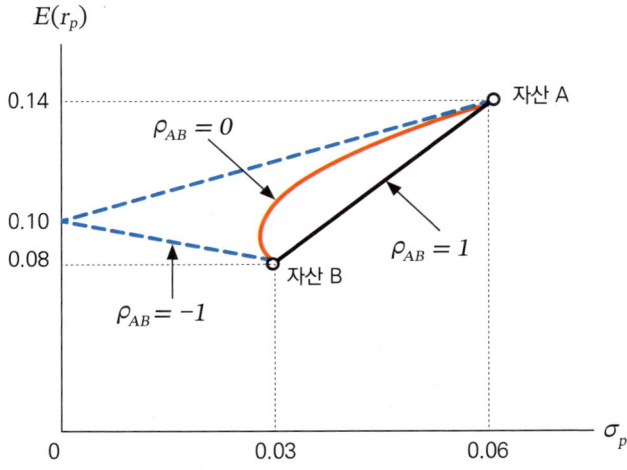

또, 포트폴리오 구성 자산의 수를 증가시키면 위험 분산 효과는 커집니다. 하지만 포트폴리오를 구성하는 자산의 수가 증가할수록, 개별 자산수익률의 분산이 포트폴리오 수익률의 분산에 미치는 영향력은 감소합니다.

위험의 분해

70 체계적위험 vs. 비체계적위험

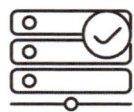

> 투자위험은 손해의 가능성을 의미하며, 가치를 잃을 잠재성을 포함한다. 변동성은 시간에 따라 거래 가격이 상승하거나 하락할 수 있는 변동의 정도이며, 보통 변동성이 높으면 투자위험이 크다고 할 수 있다. 하지만 위험과 변동성이 반드시 일치하는 개념은 아니다. 위험은 가치 자체의 문제이지만, 변동성은 투자자들에게 기회일 수 있기 때문이다.

새로운 뉴스와 기업의 공시는 수익률에 영향을 미칩니다. 특히 시장이 예상하지 못한 뉴스나 공시는 자산 가격에 큰 영향을 줍니다. 효율적시장가설 efficient market hypothesis 에 의하면, 투자자의 합리적 기대는 가격에 빠르게 반영되기 때문에 가격 예측은 의미가 없습니다. 즉, 자산 가격과 기대수익률은 이미 공개된 모든 정보를 반영하기 때문에, 추가적인 위험을 부담하지 않고서는 더 높은 수익률을 기대할 수 없다는 주장입니다. 투자수익률은 기대한 수익률 E(r)과 기대하지 않은 수익률 U의 합으로 구성됩니다. 그리고 기대하지 않은 수익은 양(+) 이거나 음(-)의 결과일 수 있습니다.

$$R = E(r) + U$$

앞서, 자산의 분산투자를 통해 위험을 줄일 수 있다는 사실을 확인했습니다. 하지만 위험에는 분산투자로 위험을 줄일 수 있는 비체계적위험뿐만 아니라 분산투자로도 위험을 제거할 수 없는 체계적위험이 존재합니다. 따라서 투자수익률은 다음 식과 같이 재정리할 수 있습니다.

$$R = E(r) + m + \varepsilon$$

m : 체계적위험요인 ε : 비체계적위험요인

체계적위험 systematic risk 은 경제주체에 공통적으로 영향을 미치는 경기변동, 물가상승, 정부 정책, 이자율 등과 같은 거시적 요인이 투자에 미치는 위험입니다. IMF 외환위기와 글로벌 금융위기 당시 많은 기업이 도산하였는데, 이런 거시적 요인이 체계적위험에 해당합니다. 그러므로 체계적위험은 분산투자를 통해서 제거할 수 없습니다. 체계적위험은 전체 시장과 개별 자산 간의 상관관계를 회귀방정식의 기울기인 베타 β로 표시합니다. 비체계적위험 unsystematic risk 은 자산 고유의 위험입니다. 예를 들어, 기업의 경영성과, 재무구조, 투자성과, 노사문제, 연구개발, 소송 등과 같은 내부요인에 의해서 발생하는 위험입니다. 이러한 요인은 개별 자산에만 제한적으로 영향을 주며, 전체 자산의 총위험에서 체계적위험을 차감하여 측정할 수 있습니다.

체계적위험은 모든 자산에 공통적으로 영향을 미치는 요인으로 제거할 수 없지만, 비체계적위험은 특정 자산에만 영향을 미치기 때문에 분산투자를 통해 위험을 줄이거나 제거할 수 있습니다. 즉, 하나의 자산으로부터 얻는 불리한 상황을, 다른 자산으로부터 유리한 상황을 얻어 상쇄할 수 있습니다. 따라서 자산을 적절하게 분산투자한다면, 유사한 수익률을 기대하면서도 자산가치의 변동에 따른 투자위험을 현저히 줄일 수 있습니다.

그렇다면 얼마나 많은 자산에 분산투자를 해야 효과가 있을까요? 미국의 경제학자 메이어 스태트먼 교수는 미국의 20개 다른 산업의 50개 기업의 주식에 투자하고, 투자수익률을 조사하여 다음 페이지 그림과 같은 분석 결과를 발표했습니다.

분석 결과에서 보듯이, 분산투자를 통해 큰 폭의 기대수익률 감소 없이 수익의 변동성을 크게 줄일 수 있습니다. 이러한 위험의 감소는 한 자산의 나쁜 수익이 다른 자산의 더 나은 수익으로 상쇄되기 때문입니다. 하지만 분산투자로 줄일 수 없는 최소한의 위험 수준이 있고, 이것이 체계적위험입니다.

일정 수준 이상의 더 많은 종목들을 추가하여도, 포트폴리오의 분산효과는 크게 발생하지 않습니다. 연구에서는 잘 분산된 포트폴리오 구성은 단일종목 주식투자로 인해 발생하는 위험의 약 절반을 줄일 수 있는 것으로 분석됩니다. 또, 약 40개 종목이 포함된 후 수익률의 표준편차는 매우 천천히 하락하여, 1,000개 종목으로 분산하여도 거의 차이가 없는 것으로 나타났습니다.

포트폴리오와 위험에 대해 정리하면, 우선 포트폴리오를 구성하면 위험을 줄일 수 있습니다. 포트폴리오의 총위험은 체계적위험과 비체계적위험으로 나눌 수 있고, 잘 분산된 포트폴리오의 경우 비체계적위험은 매우 작습니다. 결과적으로 포트폴리오의 총위험은 본질적으로 체계적위험과 같습니다.

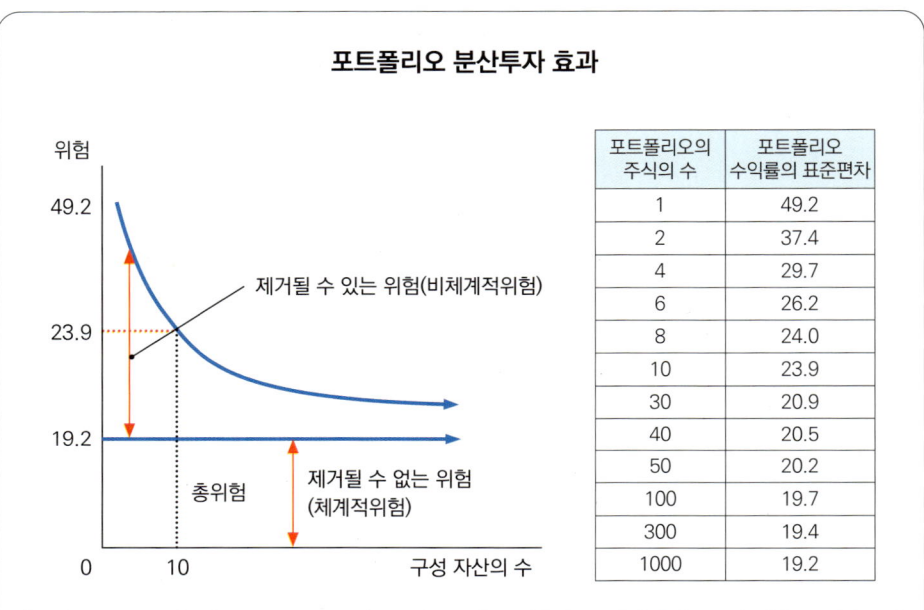

⟨M Statman, 1987, How many stocks make a diversified portfolio? Journal of financial and quantitative analysis⟩

 (투자기회집합)

효율적 포트폴리오

> 분산투자는 현재 보편화된 투자 원칙이다. 하지만 과거에 많은 투자자들은 이를 모르거나 지키지 못해 투자에 실패를 경험했다. 아이작 뉴턴은 투자 실패 후 "우주의 법칙은 알 수 있어도 주식시장의 광기는 도저히 예상할 수 없다."라는 말을 남겼고, 『톰 소여의 모험』으로 유명한 소설가 마크 트웨인도 광산주에 투자했다가 큰 손실을 보았다. 윈스턴 처칠도 뉴욕 증시에 투자해 파산 직전까지 갔다고 전해진다. 현재에도 여전히 '몰빵투자'가 횡행하여 곳곳에서 투자 실패담이 들려오고 있다.

앞서 분산투자는 기대수익의 큰 손실 없이, 위험을 줄일 수 있는 이점이 있다는 것을 확인하였습니다.

그렇다면 어떻게 포트폴리오를 구성하는 것이 효과적일까요? 두 개 이상의 자산들로 구성된 포트폴리오의 기대수익률과 표준편차를 측정하면, 선택 가능한 투자기회집합investment opportunity set을 찾을 수 있습니다. 투자기회집합 내에는 자산의 종류와 비율에 따라 수없이 많은 포트폴리오가 존재하지만, 이들 중에 지배원리dominance principle를 만족시키는 효율적 포트폴리오만이 고려 대상이 됩니다. 여기서 지배원리란, 동일한 기대수익률을 가진 투자 대상 중에는 위험이 작은 것이 큰 것을 지배하고, 동일한 위험을 갖는 투자 대상 중에서는 기대수익률이 높은 투자가 낮은 투자를 지배한다는 원리입니다.

포트폴리오의 결합선과 다양한 상관계수에 따른 포트폴리오의 기대수익률과 위험의 조합을 나타내면, 다음 그림과 같습니다. 선이 활처럼 휘어지는 것은 두 자산 간의 상관계수가 1보다 작으면 분산 효과가 발생하기 때문입니다.

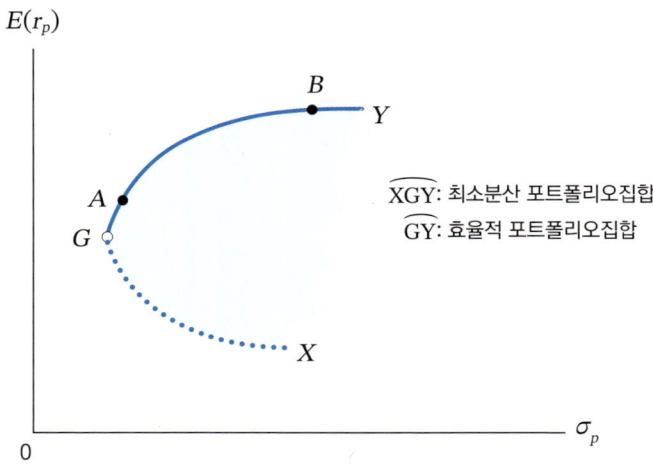

투자기회집합 중에서, 동일한 기대수익률을 갖는 포트폴리오들 중 가장 위험이 작은 포트폴리오, 즉 최소분산 포트폴리오집합minimum variance portfolio set은 $\widehat{XGY}$에 해당합니다(G점이 분산의 최저점). 하지만 $\widehat{XGY}$는 지배원리를 충족시키는 효율적 포트폴리오는 아니며, 동일한 위험하에서는 기대수익률이 가장 높은 집합인 $\widehat{GY}$가 효율적 투자선efficient frontier입니다.

효율적 투자선상에서, 투자자는 위험 성향에 따라 하나의 포트폴리오, 즉 최적의 포트폴리오optimal portfolio를 선택하게 됩니다. 위 그림에서와 같이, 위험을 원치 않는 보수적인 투자자들은 기대수익률이 낮고 위험도 낮은 포트폴리오 A를 선택합니다. 반면, 공격적인 성향의 투자자들은 위험이 높고 기대수익률도 높은 포트폴리오 B를 선택할 것입니다.

72. 자본시장선

위험자산+무위험자산

> 투자 포트폴리오는 기본적으로 주식 같은 위험자산과 채권 같은 안전자산으로 구성된다. 여기에 부동산, 금 같은 대체자산과 현금을 보유하는 것 역시 포트폴리오의 구성 요소이다. 2021년 11월 현재, 국민연금기금은 국내외 주식 44%, 국내외 채권 44%, 대체투자 11%, 현금 1%로 투자 포트폴리오를 구성하고 있다.

투자자는 위험자산 risky asset 뿐만 아니라 무위험자산 risk-free asset 에도 투자합니다.

본 장에서는, 앞서 살펴보았던 효율적투자선을 위험자산에 무위험자산을 결합하여 살펴봅니다. 무위험자산이란 정부가 발행한 부도 위험이 거의 없는, 단기 국채와 같은 확실한 투자수익을 얻을 수 있는 자산을 의미합니다. 무위험자산은 기대수익률이 낮고, 다른 증권 수익률과의 공분산이 '0'인 자산입니다. 위험자산에 w, 무위험자산에 (1-w)만큼 투자한 포트폴리오를 수식으로 표현하면 다음과 같습니다.

$$\text{포트폴리오 수익률} = r_p = wr_i + (1-w)r_f$$

r_i : 위험자산의 수익률 r_f : 무위험자산의 수익률

$$\text{포트폴리오 기대수익률} = E(r_p) = wE(r_i) + (1-w)r_f = r_f + w[E(r_i) - r_f]$$

$$\text{포트폴리오 수익률의 표준편차} = \sigma_p = w\sigma_i$$

$$\text{기대수익률과 위험의 관계식} = E(r_p) = r_f + \left[\frac{E(r_i) - r_f}{\sigma_i}\right]\sigma_p$$

Chapter 9. 위험과 기대수익률

예를 들어 위험자산의 기대수익률이 20%, 표준편차가 30%, 무위험자산의 기대수익률이 5%이면, 절편이 5이고 기울기가 0.5인, 다음과 같은 선형식으로 표시할 수 있습니다.

$$E(r_p) = 5 + \left[\frac{20-5}{30}\right]\sigma_p = 5 + 0.5\,\sigma_p$$

자본시장선capital market line: CML 은 위험자산에 무위험자산을 포함시키고, 완전 분산투자를 가정하여 균형된 자본시장에서 효율적 포트폴리오의 기대수익과 위험과의 관계를 선형으로 표시한 것입니다. 즉, 자본시장선은 위험자산과 무위험자산으로 구성된 자본배분선capital allocation line: CAL 입니다. 다음 그림은 효율적투자선상에서 무위험자산의 투자가 추가될 때, 어떤 선택을 하는지 보여주는 자본시장선입니다. 무위험자산 r_f과 위험자산만으로 구성된 효율적투자선 $\overline{GY}$선상을 직선으로 연결하면, M점을 통과하는 자본시장선 $\overline{r_f MQ}$선이 그려집니다.

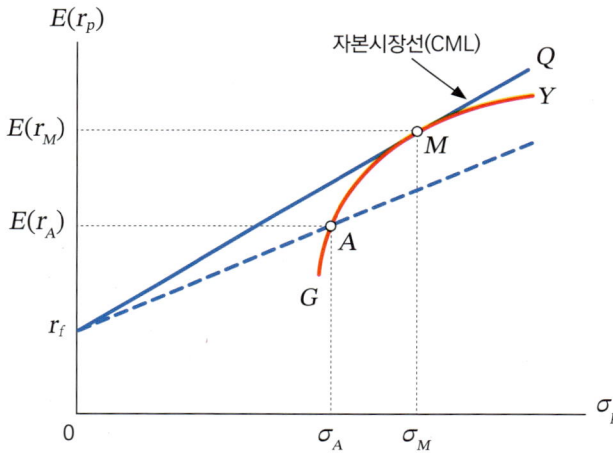

접점인 M은 무위험자산이 존재할 때 투자자들이 선택하는 효율적투자선에서 가장 우월한 시장포트폴리오market portfolio 입니다. 투자자가 시장포트폴리오를 선택한다는 것은 시장에서 거래되는 모든 위험자산을 동일한 비율로 구성하는 포트폴리오를 만든다는 뜻입니다. 하지만 모든 위험자산을 포함하는 시장포트폴리오를 구성하는 것은 거래비용도 크고 현실적으로 가능하지 않기 때문에, 시장포트폴리오의 변화를 비교적 잘 반영하는 대용치, 우리나라의 유가증권시장에서는 코스피지수를 사용합니다.

 자본시장선의 기울기는 추가적인 위험 한 단위에 대한 자본시장에서의 보상액, 다시 말해 위험보상비율(=초과수익률 ÷ 위험의 크기) 또는 위험의 균형가격 equilibrium price of risk: EPR입니다. 기대효용극대화를 위한 포트폴리오의 선택은 투자자의 위험회피 성향에 따라 다릅니다. 무위험자산이 있다면 보수적인 투자자의 경우 $\overline{r_f M}$ 사이에서 포트폴리오를 선택할 것이고, 공격적인 투자자는 $\overline{MQ}$ 사이에서 포트폴리오를 선택할 것입니다. 앞의 그림에서, 무위험자산이 포함된 $\overline{r_f MQ}$가 위험자산으로만 구성된 $\overline{GMY}$보다 기대효용이 높다는 것을 확인할 수 있습니다.

73. 자본자산가격결정모형

기대수익률 추정

> 베타계수는 주식시장에서 개별종목이 시장 전체 평균 변동성에 비해 얼마나 민감하게 반응하는지 나타내는 값이다. 우리나라 증시는 글로벌 주식시장에 비해 베타계수가 높아, 금리상승기나 경기침체기에 변동성이 크게 나타난다. 일반적으로 은행과 전기·전자 업종은 베타계수가 높고, 경기에 둔감한 통신과 가스 업종 등은 베타계수가 낮은 업종에 속한다.

완전자본시장에서 투자자들은 시장포트폴리오를 항상 선택하며, 분산투자를 통해 비체계적위험을 제거할 수 있습니다. 하지만 분산투자를 통해서도 체계적위험을 제거할 수는 없기 때문에, 결국 투자자들이 처하는 위험은 체계적위험입니다. 이에 근거하여, 모든 자본자산의 체계적위험과 기대수익률 사이에 균형 관계를 설명하는 것이 자본자산가격결정모형 capital asset pricing model: CAPM 입니다.

앞서 살펴본 대로, 투자안의 가치를 평가하기 위해서는 미래에 발생할 것으로 예상되는 현금흐름을 현재가치로 환산해야 합니다. 이때 적정한 할인율로 할인해야 하는데, CAPM은 위험이 반영된 할인율입니다. CAPM은 여러 가지 가격결정모형 중 가장 널리 알려진 모형이며, 증권의 가치평가, 자본예산, 투자의 성과평가 등 재무에서 광범위하게 사용됩니다. CAPM은 복잡한 요인들이 상호작용하는 위험과 기대수익률 간의 관계를 일반화하기 위해, 다음과 같이 다섯 가지 가정을 두고 있습니다.

- 투자자들은 위험회피형이며, 투자자들이 투자결정을 내릴 때는 평균-분산에 따라 포트폴리오를 선택함.
- 모든 투자자는 단일 투자 기간을 가지며 미래 증권수익률의 확률분포에 대해 동질적으로 예측함.

- 자본시장은 마찰적 장애 요인이 존재하지 않는 완전시장임.
- 무위험자산은 시장에서 존재하며, 모든 투자자는 무위험 이자율에 자금을 차입하거나 운영이 가능함.
- 자본시장은 수요와 공급이 일치하는 균형상태에 있음.

CAPM은 넓은 의미로 자본시장선과 증권시장선을 포함하는 개념이나, 일반적으로는 증권시장선을 의미합니다. 증권시장선과 자본시장선 모두 자산의 위험에 의해 발생하는 기대수익률을 선형으로 표현한 것입니다. 하지만 주요한 차이점은 자본시장선은 위험을 표준편차로 측정하고, 증권시장선은 베타계수beta coefficient로 측정한다는 것입니다. 그리고 자본시장선이 포트폴리오의 기대수익률과 총위험 간의 관계를 나타낸다면, 증권시장선은 개별 증권의 기대수익률과 위험 간의 관계를 보여줍니다.

앞서 다룬, 자본시장선capital market line: CML은 비체계적위험이 존재하지 않는 효율적 포트폴리오의 기대수익률과 총위험 간의 관계를 선형으로 나타낸 것으로, 총위험은 표준편차를 사용하여 측정하였습니다. 하지만 자본시장선은 비체계적위험이 존재하는 개별 자산이나 비효율적 포트폴리오의 기대수익률과 위험 간의 관계를 설명하지 못합니다. 개별 자산의 위험 측정치는 표준편차가 아닌 체계적위험의 지표인 베타계수 β를 사용해야 합니다. 개별 자산의 기대수익률은 무위험자산의 수익률과 개별 위험자산의 분산 불가능한 위험을 반영한 위험프리미엄의 합으로 계산됩니다. 이때, 체계적위험과 균형 기대수익률의 관계는 다음의 식으로 나타낼 수 있습니다.

$$\text{개별 자산 } j \text{의 기대수익률} = E(r_j) = r_f + [E(r_m) - r_f] \times \beta_j$$

r_f : 무위험이자율 $E(r_m)$: 시장포트폴리오의 기대수익률
$[E(r_m) - r_f]$: 위험프리미엄 β_j : 자산의 체계적위험

증권시장선security market line: SML은 비효율적인 포트폴리오를 포함한 모든 투자자산의 기대수익률과 위험 간의 관계를 설명해줍니다. 즉, 균형 자본시장에서 개별 증권 j의 체계적위험의 척도인 베타 β_j와 기대수익률 $E(r_j)$ 사이의 가격 결정 관계를 설명해주는 선형관계

의 식이 CAPM이며, 이를 그래프로 표현한 것이 증권시장선입니다. 아래 그림은 자본시장선에서 증권시장선을 도출한 그래프입니다.

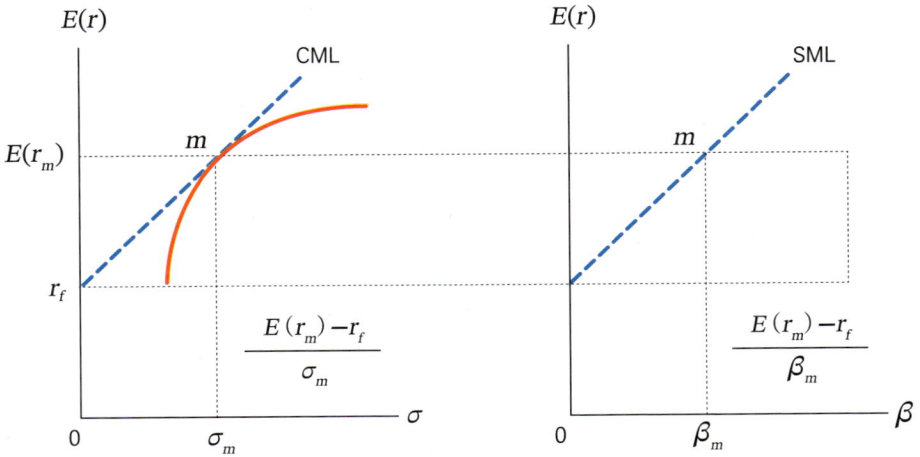

베타계수는 시장수익률 변동에 대한 개별 자산의 민감도 sensitivity를 나타내며, 다음 식으로 구할 수 있습니다.

$$\beta_j = \frac{Cov(r_j, r_m)}{Var(r_m)}$$

베타계수는 개별 투자자산 j와 시장포트폴리오 m과의 관련성을 나타내는 공분산 $Var(r_m)$을 시장포트폴리오의 분산 $Cov(r_j, r_m)$으로 나눈 값입니다. 베타계수는 시장포트폴리오의 변동성에 대한 개별 자산의 상대적인 변동성의 비율, 즉 민감도입니다. 따라서 개별 자산의 기대수익률은 자산의 체계적위험에 비례하고, 베타가 큰 증권일수록 시장 전체 수익률의 변동에 더 민감합니다. 즉, 베타가 큰 증권은 베타가 작은 증권보다 위험이 더 크기 때문에 더 큰 보상이 이루어져야 한다는 의미입니다. 예를 들어, 베타계수가 5인 증권 A와 0.5인 증권 B가 있다면, 시장수익률이 1% 포인트 변동할 때 증권 A의 수익률은 5% 포인트 변동하고 증권 B의 수익률은 0.5% 포인트 변동합니다. 따라서 베타계수가 1.0보다 큰 증권에 투자하는 것은 공격적 투자이며, 1.0보다 작은 증권에 투자하는 것은 방어적 투자라고 할 수 있습니다. 베타계수가 음(-)이라면, 개별 증권의 수익률과 시장수익률이 반대로 움직이는 경우입니다.

> **Quiz & Answer : 26**
>
> 무위험이자율이 2%이고 시장의 기대수익률이 7%인 경우, 증권시장선은 어떻게 표시되나요? 또, 증권 C의 베타계수가 2라면 증권 C의 기대수익률은 얼마일까요?
>
> **Answer**
>
> 증권시장선: $E(r_c) = r_f + [E(r_m) - r_f] \times \beta_c = 0.02 + (0.07 - 0.02) \times \beta_c$
>
> 증권 C의 기대수익률: $0.02 + 0.05 \times \beta_c = 0.02 + 0.05 \times 2 = 0.12 = 12\%$

CAPM을 이용한 투자안 평가

74 요구수익률

> 2021년 기준으로 창업한 지 100년이 넘는 우리나라 기업은 단 8개 회사뿐이다. 물론, 자본주의 연혁이 오래되지 않은 데 기인하지만, 일본의 3만여 개, 미국과 독일 1만여 개와 비교하면 몹시 초라한 수치이다. 100년 넘게 지속적으로 성장하는 글로벌기업을 보면, 코카콜라, 켈로그 등과 같이 사업 방향을 빠르게 전환할 수 있는 능력이 있거나, UPS와 같이 내부 효율화를 추구하는 기업이 있다.

수요와 공급이 일치하는 균형상태에 있으면, 자산의 기대수익률은 체계적위험에 선형적이므로 증권시장선상에서 결정됩니다. 만약 개별 증권에 불균형이 생기면 증권시장선에서 이탈하는 경우가 발생합니다. 하지만 시장의 가격 조정 기능으로 인해 이탈의 상태는 오래 지속되지 못하고, 균형상태로 회귀하여 장기적으로는 자본시장선상에 존재하게 됩니다.

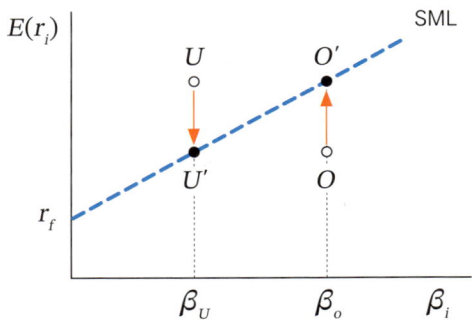

U는 기대수익률이 요구수익률보다 큰 과소평가 상태입니다. 이 경우, 매수세가 유입되어 가격은 상승하고 기대수익률은 U' 수준으로 하락할 것입니다. 반면에 O는 기대수익률이 요구수익률보다 낮은 과대평가 상태로, 매도세의 유입으로 가격이 하락하고 기대수익률은

O′로 상승 회복할 것입니다. 결국, 모든 점은 증권시장선으로 수렴하게 되며, 자산은 균형가격을 이루게 됩니다.

투자안의 체계적위험인 베타값을 추정하면, 체계적위험에 대한 적절한 보상인 기대수익률을 증권시장선상에서 측정할 수 있습니다. CAPM에 의하여 계산되는 증권시장선상의 균형기대수익률은 투자자들이 요구하는 최소한의 요구수익률required rate of return: RRR과 동일합니다. 즉, 요구수익률은 효율적인 시장에서 기대되는 평균수익률로서, NPV 계산의 할인율로 사용되는 수익률이며 이는 기업의 투자로 인한 기회비용인 자본비용cost of capital 입니다. 또, 요구수익률은 사후적으로 투자 성과를 평가할 때 부담했던 위험 수준의 기준으로도 사용됩니다. CAPM을 이용한 투자의 가치평가 과정은 다음 그림과 같습니다.

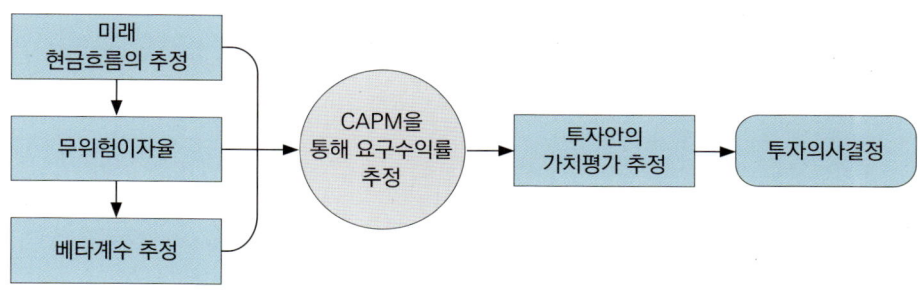

Quiz & Answer : 27

V기업이 고려하는 투자안의 기대현금흐름은 다음 표와 같습니다.

(단위: 억 원)

시점	기대현금흐름	베타계수
투자시점	-600	
1차 연도	100	
2차 연도	150	1.2
3차 연도	200	
4차 연도	250	

현재 무위험이자율인 국채 수익률은 3%이고, 시장의 기대수익률은 10%입니다. 이 투자안을 어떻게 평가해야 할까요?

Answer

$$E(r_j) = r_f + [E(r_m) - r_f] \times \beta_j = 0.03 + (0.1 - 0.03) \times 0.07 = 0.0349 = 3.49\%$$

할인율 3.49%를 적용하여, NPV를 계산하면, 다음과 같습니다.

$$NPV = -600 + \frac{100}{(1+0.0349)^1} + \frac{150}{(1+0.0349)^2} + \frac{200}{(1+0.0349)^3} + \frac{250}{(1+0.0349)^4} = 35.07$$

투자안의 NPV > 0이므로, 본 투자안을 채택해야 합니다.

증권시장선은 무위험이자율이 상승하면 절편이 상하로 이동하고, 시장의 위험프리미엄이 증가하면 기울기가 변동하고, 개별투자안의 위험이 증가하면 증권시장선상의 점이 아래 그래프와 같이 이동합니다.

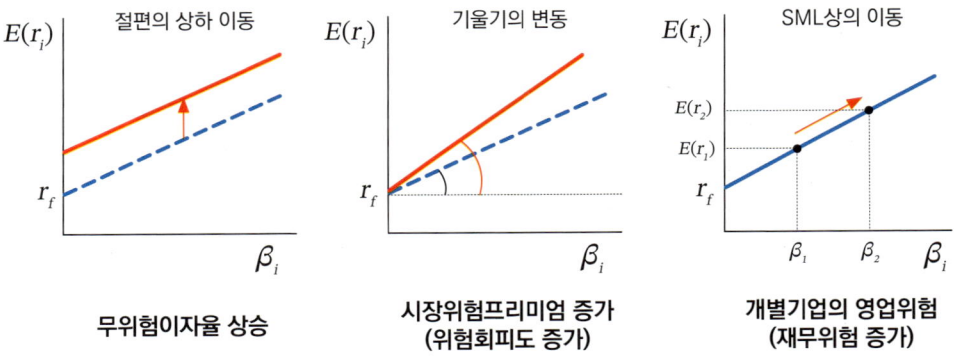

무위험이자율 상승 | 시장위험프리미엄 증가 (위험회피도 증가) | 개별기업의 영업위험 (재무위험 증가)

읽어두기 ⑨

나무를 보기 전에 숲을 보라

투자전략 설정에 가장 우선시되어야 하는 것은 감내할 수 있는 위험 수준을 스스로 정하는 것입니다. 투자 주체마다 투자 시기와 기대수익률이 다르듯, 감수할 수 있는 위험 수준도 다릅니다. 위험수용 수준은 투자 주체의 재무적 목표에 따라 달라지며, 자금조달 능력도 고려해야 합니다.

투자 성향과 위험수용 수준이 파악되면, 각 투자안의 기간별 투자수익률, 유동성, 위험도를 파악해야 합니다. 투자는 기업의 수익 환경, 시장의 수급, 산업 트렌드, 거시경제 흐름, 정부의 정책 등 다양한 요인들에 의해 영향을 받습니다.

아래 그림(1987년 1월~2021년 2월 데이터: e-나라지표)을 보면, 투자수익률과 경기 사이클은 매우 밀접한 관계가 있음을 확인할 수 있습니다. 투자수익은 경기 호황과 불황이 반복되듯이, 고점을 찍으면 다시 저점을 향하는 일정한 주기를 가집니다.

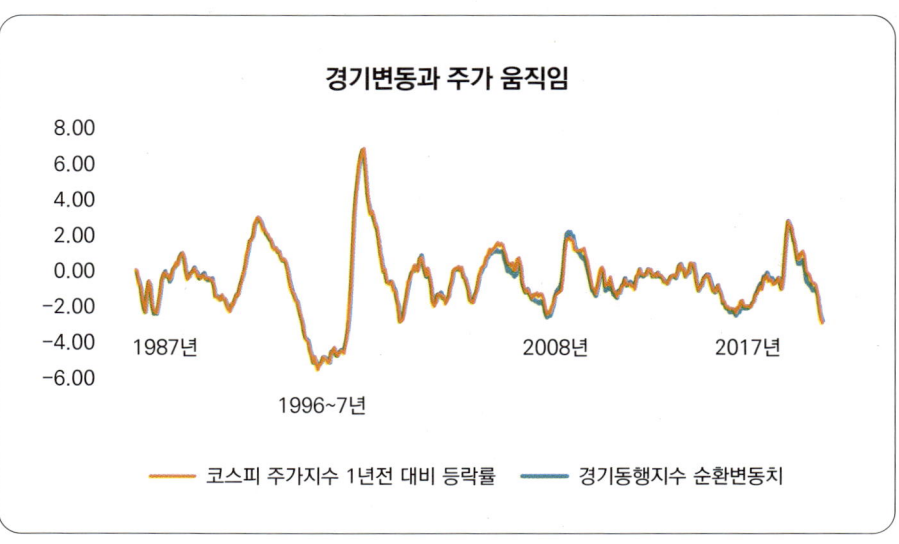

경기변동 사이클은 주기에 따라, 재고투자 변동에 기인하여 순환을 대략 40개월로 보는 단기파장(키친사이클 Kitchin cycle), 설비투자의 내용연수를 바탕으로 순환주기를 10년으로 보는 중기파장(주글라사이클 Juglar cycle), 기술혁신, 전쟁, 신자원 개발에 의해 주기를 50~60년으로 보는 장기파장(콘트라티예프사이클 Kontratiev cycle) 등의 이론이 있습니다. 이중 과거 1987년 블랙먼데이, 1996~1997년 신흥국 외환위기, 2008년 글로벌 금융위기, 2017년 경기둔화에 이은 2020년 코로나19 위기 등과 같이 대략 10년을 주기로 위기가 닥치고 가격이 폭락한 경험이 있어, 시장에서는 중기파동을 많이 거론합니다.

투자 시에는 현재 사이클이 경기가 확장 국면인지 수축 국면인지 파악하는 것이 중요합니다. 역설적으로, 부실한 투자 행위는 경제와 시장이 호황인 시기에 나타나는 경향이 있습니다. 투자자들은 호황 국면에서 경계심을 잃고 지나치게 낙관적이 되기 때문입니다. 경기변동 사이클은 매번 다른 양상을 보이고 변수가 많아 예측하는 것은 쉬운 일이 아니지만, 거시경제지표를 주의 깊게 살필 필요가 있습니다. 하지만 경기변동 사이클을 예측하는 것만으로는 부족합니다. 예상되는 상황에 대해 제때 적절한 대응책을 마련하지 못하는 화이트스완 white swan 상황이 생기면 의미가 없습니다.

경기변동 사이클을 파악하였으면, 이에 맞게 능동적으로 포트폴리오를 조정해야 합니다. 경기변동 사이클에 따라 각 자산별 투자 성과가 달라집니다. 경기 팽창기에는 위험자산인 주식, 부동산, 회사채 등의 수익이 높고, 경기 수축기에는 경기 방어적 자산인 국채, 투자등급채권, 현금 보유가 손실을 줄일 수 있습니다. 즉, 불황기에 경기를 부양하는 목적으로 통화를 재팽창하는 국면인 리플레이션^{reflation}에서는 채권, 경기가 회복되고 있는 국면일 때는 원자재와 주식, 과열 국면이 생겨나고 스태그플레이션^{stagflation}의 조짐이 보이면 보다 많은 현금을 확보하는 것이 현명합니다. 또, 위험자산과 안전자산에 분산하여 투자 포트폴리오를 구성하면, 포트폴리오 중 일부의 성과가 부진하더라도 전체적으로는 변동성이 줄어 안정적인 수익을 거둘 수 있습니다. 분산투자는 자산, 기간, 지역, 통화의 분산을 고려하여 배분합니다. 더불어 장기투자도 수익의 변동성을 줄일 수 있는 방법입니다.

PART 4
자본비용과 자본구조

자본조달

투자금의 조달은 통상 기업에 유보된 이익잉여금을 사용하거나, 투자자에게 증권발행을 통해 확보한다. 자본조달에는 비용이 발생하고, 자본비용은 투자의사결정을 내리는 판단 기준이 된다. 투자안의 기대수익률이 자본비용보다 크면 투자안은 채택되고, 적으면 기각된다. 자본비용은 투자자 입장에서는 자본 제공의 대가로 요구하는 요구수익률이지만, 기업 입장에서는 해당 투자로부터 벌어들여야 할 필수수익률이다.

Chapter 10
자본비용

할인율 결정

자본비용은 기업이 자본제공자에게 자본 사용의 대가로 지불하는 비용이다. 기업의 자본조달 비용은 자금조달 원천에 따라 달라진다. 부채를 사용하면 일정한 이자를 지급해야 하고, 주식을 발행하여 자금을 조달한 경우에는 주주에게 이익금을 배당한다. 자본비용은 자본조달 원천별 비용을 평균한 가중평균자본비용을 사용하는데, 이는 투자안의 평가뿐만 아니라 최적의 자본구조 결정, 성과측정, 운전자본관리 등 기업의 주요 재무적 의사결정에 기준이 되는 핵심 요소이다.

자본비용의 의미
자본조달 방법

> 고등학교에서 수학을 가르치던 리드 헤이스팅스는 비디오 반환 기한을 조금 넘겼다는 이유로 40달러의 연체료를 물어야 했다. 이 경험으로 그는 테이프를 무료로 반납하는 서비스를 제공하는 넷플릭스를 창업했다. 넷플릭스의 고속 성장에는 적절한 시기에 IPO를 통해 성공적으로 자기자본을 조달한 것이 큰 역할을 했다.

기업은 다양한 방법으로 자본을 조달합니다. 자본조달은 자기자본조달과 타인자본조달로 나눌 수 있습니다. 자기자본조달은 기업의 이익잉여금을 주주에게 배당하지 않고 적립한 내부의 이익유보금과 자본시장에서 주식을 발행한 자본금이 이에 해당됩니다. 타인자본조달에는 금융기관으로부터의 장·단기차입금과 자본시장에서 채권을 발행하여 조달한 부채가 포함됩니다.

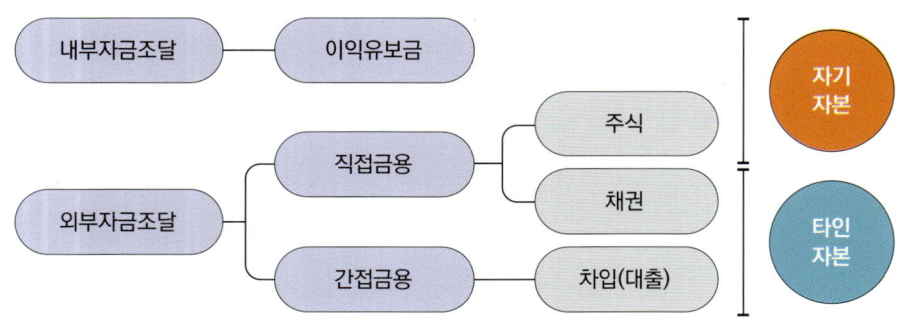

자본비용은 기업이 자본을 사용하는 대가로 주주 또는 채권자인 자본제공자에게 지불하는 비용입니다. 자본제공자 입장에서 자본비용은 다른 유사한 위험을 가진 투자안에 투자할 때 기대할 수 있는 수익을 희생하는 기회비용입니다. 따라서 기업은 자본제공자에게 기회비용을 보상해야 하며, 기업의 투자수익이 자본비용에 비해 낮으면 기업가치가 하락합니다. 자본비용은 투자안의 미래현금흐름을 현재가치로 전환할 때 할인율로 사용되어, 투자결정의 기준이 됩니다. 또, 자본비용은 기업의 자본비용을 최소화하기 위한 최적의 자본구조를 결정하는 요인이며, 기업 전체 또는 사업부의 경영 성과를 평가하기 위한 기준으로도 사용됩니다.

이 밖에도 자본비용은 다양한 의미로 사용됩니다. 자본비용은 투자로부터 기대하는 확률적 수익률의 개념으로 기대수익률, 투자자 입장에서 자본 제공의 대가로 요구하는 요구수익률, 미래현금흐름을 현재가치로 할인하는 데 이용한다는 의미의 할인율 또는 자본환원율, 투자안의 기대수익률이 투자자의 요구수익률을 뛰어넘어야 한다는 의미의 장애률로 사용됩니다. 또한, 기대수익률보다 높은 자본비용이 발생할 것으로 예상되어 투자안 거부의 기준이 되는 거부율cut-off rate 개념으로도 사용됩니다.

부채와 자기자본

자본조달 원천별 자본비용

> 벤처기업들이 인터넷을 통해 익명의 다수로부터 자금을 투자받는 크라우드펀딩은 2012년 미국의 「신생기업육성법」 이후 크게 발전하였다. 성공적인 사례로는 미국의 페블테크놀로지스가 스마트워치를 개발하기 위해 진행했던 크라우드펀딩을 꼽는다. 이 회사는 크라우드펀딩을 통해 1,000만 달러 이상을 조달했고, 이듬해 성공적으로 제품을 출시할 수 있었다.

자본비용이란 기업이 특정한 형태의 자본을 조달하는 대가로 부담하는 비용으로, 자본조달 원천별로 다음과 같이 분류할 수 있습니다.

- 금융기관으로부터의 차입이나 채권발행을 통한 타인자본비용, 즉 부채의 자본비용 cost of debt
- 우선주의 자본비용 cost of preferred stock
- 보통주의 자본비용 cost of common stock
- 유보이익의 자본비용 cost of retained earning

원천별 자본비용의 가중평균값이 가중평균자본비용 weighted average cost of capital: WACC 입니다.

자본비용은 자본조달을 대가로 미래에 지불해야 하는 현금유출의 현재가치와 현재 자본조달액을 같게 해주는 할인율입니다. 자본비용은 투자자인 자본제공자들이 기업이 발행한 증권에 대해 실제로 지불하려고 하는 것, 즉 증권의 장부가치가 아닌 시장가치가 기준이 됩니다. 또, 부채의 경우, 세금 부분을 조정하여 세후 현금흐름을 할인합니다. 각 자본조달 원천별로 자본비용을 구하는 방법을 살펴보겠습니다.

부채의 자본비용

부채는 약정된 시기에 일정한 이자를 지급하고 만기일에 원금을 상환해야 하는 자금조달 방법입니다. 부채의 자본비용이란 기업이 금융기관으로부터 차입하거나 채권을 발행하여 부채를 사용할 때 지급하는 대가, 즉 이자율입니다. 부채의 자본비용 R_D는 다음 식과 같습니다.

$$R_D = \frac{이자비용}{부채의\ 가치}$$

기업 입장에서 부채 비용은 기업이 부채로 조달한 자본에 대한 대가로 채권자에게 지불하는 비용이며, 채권자 입장에서는 자본을 제공하면서 기업에게 요구하는 투자자의 요구수익률입니다. 채권의 자본비용은 채권의 액면금리가 아닌 만기수익률을 사용하여 계산합니다. 채권의 만기수익률은 시장에서 거래되는 유통수익률로서, 채권의 만기와 채권발행자의 위험이 반영된 실세금리입니다.

부채에 대한 이자지급액은 법인세 계산에서 손금 deduction 이 가능하기 때문에, 법인세를 절약하는 효과가 있습니다. 법인세 공제가 감안된 부채의 세후 자본비용을 구하는 계산식은 다음과 같습니다.

$$부채의\ 세후\ 자본비용 = R_D \times (1 - t)$$

R_D : 부채의 세전 자본비용 t : 법인세율

Quiz & Answer : 28

〈Quiz & Answer 11〉에서 K기업이 A기업이 발행한 회사채에 투자하는 경우, 만기수익률은 4.78%였습니다. 이때, A기업에 적용되는 법인세율이 40%라면 A기업의 세후 자본비용은 얼마인가요?

Answer

$$R_D = 0.0478 \times (1 - 0.4) = 2.87\%$$

A기업의 실제 자본비용은 법인세를 공제한 후, 2.87%입니다.

우선주의 자본비용

우선주는 일정한 배당액을 기마다 우선적으로 지급하는 주식입니다. 기업 입장에서 우선주는 부채와 유사하게 우선주 배당이라는 고정 자본비용을 부담하는 자본조달 방법입니다. 하지만 우선주 배당은 법인세 계산에서 손금으로 처리되지 않기 때문에, 법인세 절약 효과는 없습니다. 우선주의 배당은 통상 확정 배당으로 만기가 없는 영구채권의 이자와 유사한 성격을 가지고 있어 다음 식과 같이 쓸 수 있습니다.

$$R_D = \frac{\text{우선주의 주당배당금}}{\text{우선주의 주식가격}}$$

Quiz & Answer : 29

W기업의 우선주가 현재 주당 10,000원이고, 매기 우선주 배당률(액면가 5,000원)이 7%라면, W기업의 우선주 자본비용은 얼마인가요?

Answer

$$R_D = \frac{5,000 \times 0.07}{10,000} = 3.5\%$$

W기업의 우선주 자본비용은 3.5%입니다.

보통주의 자본비용

주식회사의 경우, 자기자본은 주주의 청구권입니다. 자기자본의 자본비용이란 기업이 보통주를 발행하여 자본을 조달할 때 발생하는 비용입니다. 자기자본비용은 보통주를 소유한 주주들이 요구하는 요구수익률로서, 기업 위험에 상응하는 대가를 반영합니다. 보통주의 자본비용은 배당의 정률성장배당할인모형 또는 자본자산가격결정모형을 사용하여 추정합니다. 보통주에 지불되는 배당액 역시 손비로 인정되지 않아 법인세 절감 효과는 없습니다.

정률성장배당할인모형 Gordon growth model 을 이용한 자기자본비용 추정

미래 배당이 일정한 비율로 성장하는 보통주의 자본비용을 구하는 식은 다음과 같습니다.

$$R_E = \frac{D_1}{P_0} + g$$

P_0 : 현재 주식가격 D_1 : 1차 연도의 예상 주당 배당금 g = 성장률(= 유보비율 × 투자수익률)

Quiz & Answer : 30

X사는 전년도 연말에 주당 400원의 배당금을 지급하였습니다. 배당금은 매년 3.4%씩 꾸준히 성장해왔으며, 시장은 이러한 성장 추세가 계속될 것으로 예상합니다. 회사 주식가격이 2만 원일 때 자기자본비용은 얼마인가요?

Answer

$$R_E = \frac{400(1 + 0.034)}{20{,}000} + 0.034 = 5.5\%$$

X사의 보통주에 대한 자본비용, 즉 자기자본의 자본비용은 5.5%입니다.

정률성장배달할인모형을 이용한 자기자본의 자본비용 추정은 사용하기 쉬운 반면, 현재 배당금을 지급하는 기업에만 적용이 가능하고 배당금이 일정한 비율로 증가하지 않으면 적용할 수 없습니다. 또, 자기자본의 자본비용은 배당금의 성장률에 매우 민감한데, 성장률의 예측 자체가 주관적일 수 있습니다. 그리고 위험을 명시적으로 고려하지 않는다는 단점이 있습니다.

CAPM을 이용한 자기자본비용의 추정

자본시장이 균형상태라는 가정하에, CAPM에서 추정되는 기대수익률은 자본시장에서 투자자들이 요구하는 요구수익률이며, 이는 자기자본의 자본비용과 동일한 의미를 갖습니다. 즉, CAPM으로 산출한 기대수익률은 보통주를 발행하여 조달한 자본의 기회비용으로서, 증권시장선SML을 이용하면 다음과 같은 식으로 표현할 수 있습니다.

$$R_E = R_f + \beta_E \times (E(R_M) - R_f)$$

R_f : 무위험이자율 $E(R_M)$: 시장의 기대수익률 $\beta_E = \dfrac{Cov(R_E, R_M)}{Var(R_M)}$

Quiz & Answer : 31

Y기업의 주식 베타계수는 1.2이고, 시장 기대수익률이 5%입니다. 현재 무위험수익률이 3%라면, 보통주 자본비용은 얼마인가요?

Answer

$$R_E = 0.03 + 1.2 \times (0.05 - 0.03) = 5.4\%$$

Y사의 보통주에 대한 자본비용, 즉 자기자본의 자본비용은 5.4%입니다. 이 값은 투자자들이 Y사의 자기자본에 대하여 최소한으로 요구하는 보상률입니다. 즉, Y사가 5.4%의 수익을 거두어야 주가를 현재 상태로 유지할 수 있음을 뜻합니다.

체계적위험을 나타내는 보통주의 베타계수 β_E는 해당 주식의 과거 수익률을 이용하여 추정합니다. 하지만 새로운 투자안 또는 비상장기업은 과거 자료가 존재하지 않습니다. 이러한 경우, 유사한 위험을 가진 대용기업proxy company의 베타 또는 동종 산업에 속해 있는 기업들의 평균 베타계수를 사용하여 자본비용을 추정합니다. CAPM을 이용한 자기자본의 자본비용 추정은 체계적위험만을 반영하며, 베타계수를 산출할 수 있는 모든 회사에 적용이 가능합니다. 하지만 위험프리미엄과 베타계수의 추정을 과거 자료에 의존할 수밖에 없어, 추정치에 대한 신뢰에 의문이 있을 수 있습니다.

유보이익의 자본비용

유보이익은 내부에 축적된 자기자본, 즉 이익 중에서 주주에게 배당으로 지급하지 않고 사내에 유보한 자금입니다. 유보이익은 외관상 비용이 발생하지 않는 자기자본이지만, 암묵적으로는 자본비용이 발생합니다. 만일 기업이 이익금 전액을 주주들에게 배당하였다면, 그들은 동일한 위험을 갖는 다른 투자안에 투자하여 수익을 얻었을 것입니다. 유보이익의 자본비용은 기업의 보통주에 투자하는 투자자들의 기회비용이라고 할 수 있습니다. 유보이익의 재투자수익률은 적어도 투자자의 요구수익률 이상을 얻어야 기업의 생존 및 지속 성장이 가능합니다.

따라서 유보이익의 자본비용은 보통주의 자본비용과 동일하게 처리됩니다.

$$R_R = R_E$$

R_E: 보통주의 자본비용

하지만 실제 보통주나 우선주를 발행할 때는 발행비용이 발생되므로, 이러한 비용이 발생하지 않는 내부 자기자본인 유보이익의 자본비용은 실제 외부 자기자본비용보다 낮습니다.

투자안의 비용추정

가중평균자본비용

> 신용평가등급은 기업의 정보를 효율적으로 전달하는 수단으로, 투자자들의 투자의사결정과 기업의 자금조달을 원활하게 하여 국가경제적으로 자금의 효율적 배분을 높이는 기능을 한다. 최근 연구에 따르면, 신용등급의 상향은 부채조달 비용뿐만 아니라 자기자본조달 비용에도 긍정적인 영향을 미치는 것으로 조사되었다.

자기자본비용과 타인자본비용을 평균하면, 기업의 평균자본비용을 구할 수 있습니다.

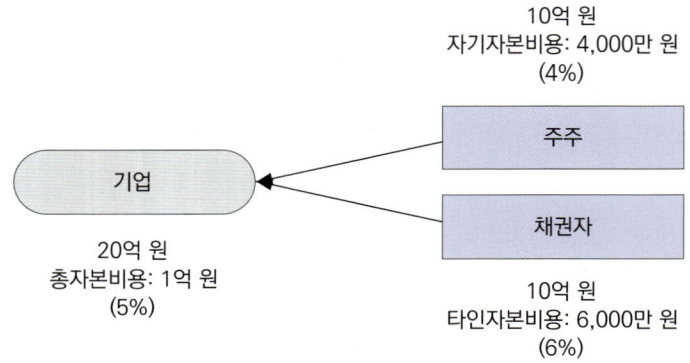

위에 그림과 같이, 자기자본 10억 원에 대한 자본비용이 4%이고, 채권자로부터 조달한 10억 원 부채 비용이 6%라면, 총자본 20억 원에 대한 자기자본비용은 5%가 됩니다.

가중평균자본비용 weighted average cost of capital: WACC 은 원천별 자본비용을 전체 총자본에서 각기 조달한 자본이 차지하는 구성비율을 가중치로 산출한 평균자본비용입니다. 여기서 평균값의 의미는 자산의 위험에 대한 시장의 인식을 기반으로 한 자산에 대한 요구수익률입니다. WACC를 구하는 식은 다음과 같습니다.

$$WACC = W_E R_E + W_P R_P + W_D R_D(1-T_C) =$$

$$\left(\frac{E}{E+P+D}\right)R_E + \left(\frac{P}{E+P+D}\right)R_P + \left(\frac{D}{E+P+D}\right)R_D(1-T_C)$$

E : 보통주의 현재가치 P : 우선주의 현재가치 D : 부채의 현재가치

R_E : 보통주의 자본비용 R_P : 우선주의 자본비용 R_D : 부채의 자본비용 T_C : 법인세율

WACC 계산에서, 장부 가치가 아닌 시장가치를 사용하는 이유는 시장가치가 자산의 실질 가치를 더 잘 반영하여, 투자안의 평가와 목표 자본구조를 결정하는 데 더 합리적이기 때문입니다.

Quiz & Answer : 32

Z기업의 자본조달은 주식과 채권으로 구성되는데, 구체적인 내용은 다음 표와 같습니다. 무위험이자율은 3%, 시장의 기대수익률은 5%, 법인세율이 40%면 Z기업의 가중평균자본비용은 얼마인가요?

보통주	채권
총발행주식 수: 100만 주	발행액면가액: 100억 원
주가: 20,000원	현재가격: 110억 원
베타: 1.2	액면이자율: 8% 매분기 지급
무위험이자율: 3%	잔여만기: 10년
시장위험프리미엄: 2%	법인세율: 40%

Answer

Z기업의 총자본 시장가치 V는 310억 원(=200억 원 + 110억 원)입니다.

- 보통주의 가중평균 $W_E = E \div V = 200 \div 310 = 64.5\%$
- 채권의 가중평균 $W_D = D \div V = 110 \div 310 = 35.5\%$

Z기업의 보통주의 자본비용을 구하면,

- $R_E = 0.03 + 1.2 \times (0.05 - 0.03) = 5.4\%$

Z기업 채권의 자본비용을 구하면,

- 세전 R_D = N40, PV-1100, PMT20, FV1000, CPT I/Y = 1.688%
  (엑셀에서 함수 RATE(nper, pmt, pv, fv, type, guess)에 RATE(40, 2, -110, 100, 1, 0.02) 값을 입력)
- 세후 $R_D = 0.01688 \times (1 - 0.4) = 1\%$

Z기업의 총자본 비용을 구하면,

- WACC = $0.645 \times 5.4\% + 0.355 \times 1\% = 3.84\%$

Z기업의 가중평균자본비용은 3.84%이며, 이보다 높은 수익을 만들 수 있는 투자안이면 투자의 가치가 있습니다.

가중평균자본비용은 투자안을 평가하는 데 사용합니다. 자본비용은 거시경제적 측면에서 국민경제의 효율적 자본배분의 기준이 될 수 있습니다. 자본비용이 높으면 투자가치를 갖는 투자안이 상대적으로 축소되어 투자가 위축되고, 기업의 성장이 둔화되어 경기침체에 빠질 수 있습니다. 반대의 경우에는, 과잉투자로 인해 경제의 효율이 떨어지고 인플레이션으로 이어질 수 있습니다.

많은 기업들은 사업을 회사 내에서 여러 사업부로 나누고 다양한 사업을 영위합니다. 기업이 기존 사업과 다른 새로운 사업에 투자를 검토하는 경우, 새로운 투자안의 체계적위험은 기존 사업의 체계적위험과는 다를 수 있습니다. 따라서 기업의 기존 사업의 자본비용으로 새로운 투자안을 평가한다면 투자가 실패할 수 있습니다. 예를 들어, 가중평균자본비용

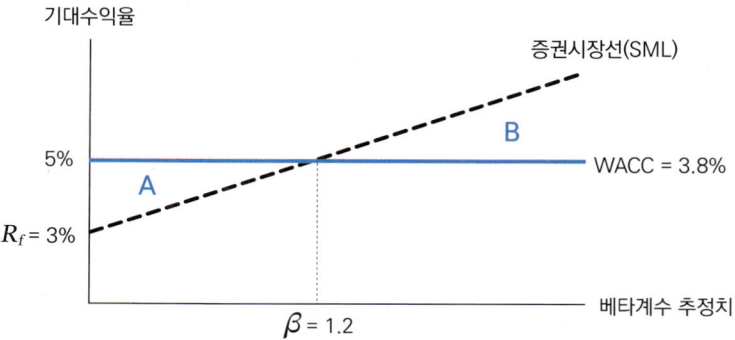

인 3.8%를 특정 투자안 평가를 위해 사용한다면, 다음 그림과 같이 투자안 A는 기각되고 투자안 B는 채택되는 잘못된 평가 결과를 만들 수 있습니다.

따라서 새로운 사업을 위한 투자안을 검토하는 경우, 투자안 자체의 체계적위험이 고려된 자본비용이 측정되어야 합니다. 새로운 사업 투자안의 자본비용을 찾으려면, 고려하고 있는 제품이나 서비스를 전문으로 하는 단일 비즈니스를 영위하는 하나 이상의 회사를 찾고 각 회사의 베타를 계산하고 평균을 취하여, 해당 사업의 자본비용을 계산할 수 있습니다.

휴대폰 시장 진출을 목표로 사업을 고려하고 있다면, 자본비용을 파악하기 위해 어떤 대상 기업을 선택해야 할까요? 삼성전자일까요? 아니면 애플일까요? 종종, 비교 가능한 단일 사업을 영위하는 회사를 찾는 것이 가능하지 않을 수 있습니다. 이런 경우, 회사 전체에 대한 투자안의 위험을 고려하여 주관적인 접근으로 평가를 수행합니다. 즉, 아래 그림처럼 투자안을 세 가지 등급으로 분류하고, 회사의 WACC를 조정하여 평가합니다(높은 위험의 경

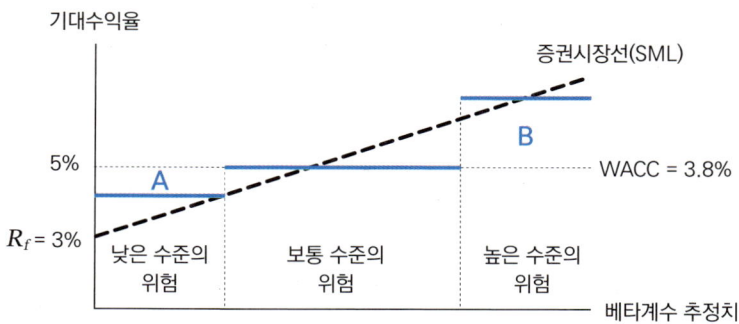

우 요소를 높이고, 낮은 위험의 경우 요소를 낮춤). 이는, 단순히 WACC를 사용하여 결정을 내리는 것보다 확률적으로 잘못된 결정을 줄일 가능성이 있습니다.

또, 정확한 자본조달 비용을 산출하기 위해서는 자본조달을 위한 발행비용이 고려되어야 합니다.

읽어두기 ⑩

자금을 확보하고 조달비용을 줄여라!

글로벌 원자재 가격 폭등과 함께 물가 불안이 전 세계 경제를 강타하고 있습니다. 미국은 2022년 5월 소비자물가지수가 8.3% 올라 40년 만에 최고 수준을 기록했습니다.

물가상승은 주요국의 금리인상을 초래하고 있습니다. 미 연준은 2년 만에 제로금리 시대를 끝내고 기준금리를 2022년 3월에 0.25%, 5월에는 0.5%, 6월에는 0.75%를 전격적으로 올려 소위 '빅스텝'을 밟고 있습니다. 미 연준은 2022년 연내 6차례, 2023년에도 3차례 추가적인 금리인상을 시사하였고, 인상 폭도 한 번에 1%를 올리는 울트라스텝을 밟을 가능성이 있습니다. 또, 미 연준은 2022년 6월부터 양적긴축을 시작해, 유동성의 시대는 가고 긴축의 시대로 접어들고 있습니다. 한국은행은 미국이 금리를 인상하기 전 2021년 8월, 11월, 그리고 2022년 1월 선제적으로 기준금리를 0.25%씩 올렸고, 2022년 4월과 5월 0.25%, 그리고 7월에는 한국 역사상 처음으로 0.5% 인상을 단행했습니다. 하지만 미국이 금리인상의 강도와 속도를 높이면 우리나라 역시 금리를 추가적으로 인상해야 하고, 이는 기업의 조달비용을 높이고 과도한 채무를 지고 있는 가계에 심각한 타격이 될 것입니다. 실제 2022년 2월 현재 기업 대출금리는 3.44%로 큰 폭으로 올랐고, 주택담보대출 금리는 3.88%로 8년 11개월 만에 최고 수준이며, 개인신용대출 금리는 6%에 육박합니다. 금리인상을 예상했던 많은 기업들은 이미 자금을 확보하였으나, 그렇지 못한 기업과 개인 들은 노심초사하고 있습니다. 채권에 대한 투자자들의 인기가 식으면서, 카드사 등 일부 기업들은 자금 확보 자체에 문제가 생기고 있습니다.

그러면 작금의 상황에서 어떠한 방법으로 자금을 확보하고 조달비용을 줄일 수 있을까요?

추가적 금리인상이 예상되는 시점에 자금이 필요한 기업은 가급적 자금을 고정금리부로 장기간 빌리는 것이 유리합니다. 변동금리부로 자금을 빌리고 있는 경우에는 고정금리부로 대출 조건의 변경을 요구하거나 스와프 시장에서 금리스와프를 통해 변동금리로 전환할 수 있습니다.

또, 자금조달 방법을 다각화할 필요가 있습니다. 기업은 보유하고 있는 각종 자산을 담보로 증권을 발행asset back securities: ABS할 수 있습니다. 투자자 입장에서는 증권발행자의 신용이 담보로 인해 보강되는 효과가 생기기 때문에, 증권발행자는 상대적으로 낮은 금리로 자금조달이 가능합니다. 시장 상황에 따라 해외자금조달이 유리할 수 있습니다. 외화로 자금을 조달하고 스와프 시장을 통해 원화로 전환하여 자금을 충당하는 것입니다. 외화 자금 조달이 유리할 수도 있는 이유는 원화 스와프 시장이 충분히 탄력적이지 못해 재정거래가 시장 왜곡을 막지 못하는 경우가 발생하기 때문입니다. 그 밖에도 주식으로 전환될 수 있는 전환형 조건부자본증권, 채권의 상환과 이자지급 의무가 감면되는 상각형 조건부자본증권, 이사 선임과 같은 특정 분야에서만 의결권이 없는 우선주식, 이익배당우선권이 없는 부분적 의결권부 보통주식 등과 같은 신종증권을 발행하여 자금 비용을 낮추는 방법도 고려해야 합니다. 또, 자산이나 지표 등의 변동과 연계하여 상환 또는 지급 금액이 결정되는 파생

결합증권, 만기 없이 매년 일정한 이자나 배당을 지급하여 채권과 주식의 특성을 동시에 가지는 신종자본증권, 영업신탁을 설정하는 신탁수익증권 등의 발행도 고려할 수 있습니다. ESG채권 발행도 기업의 자금조달 수단이 됩니다(물론 ESG채권 발행은 ESG 관련 투자를 위해 쓰여야 함). ESG에 대한 사회적 관심이 커지면서 기업들의 ESG채권 발행이 급증하고 있습니다. 2021년 기준 ESG채권 규모는 13조 7,400억 원으로 2020년에 비해 20배 가까이 늘었고, 전체 회사채 시장에서 ESG채권 비중은 20%를 넘었습니다.

투자자 입장에서, 금리가 오르면 자금을 조달하고자 하는 기업과는 반대의 자세를 취해야 합니다. 긴축 시기에 투자자는 위험자산 비중을 줄여 유동성을 확보하고, 장기채권을 줄이고 단기채권에 투자하여 채권 가격 민감도인 듀레이션^{duration}을 줄여야 합니다.

이러한 부분의 의미를 좀 더 면밀히 파악하려면 파생상품에 대한 이해가 필요합니다. 해외자금조달과 파생상품에 대한 구체적인 내용은 PART 5에서 소개합니다.

Chapter 11
자본구조

자본과 부채의 구성비율

지금까지 우리는 주어진 자본구조 안에서 투자안의 평가 기법과 결정 방법을 살펴보았습니다. 그렇다면 기업의 자본구조는 어떻게 이루어질까요? 자본구조는 자본조달의 원천인 자기자본과 부채의 구성비율을 의미합니다. 기업은 기업가치의 극대화를 위하여, 적절한 최적의 자본구조를 고민합니다. 본 파트에서는 먼저 기업의 자본조달 방법을 알아보고, 자본구조의 이론과 최적의 자본구조에 대해 살펴봅니다.

[레버리지]
78 자본구조의 중요성

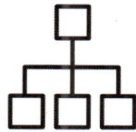

> "세상에 공짜 점심은 없다."

현명한 투자결정은 기업가치를 증대시킵니다. 또, 적절한 방법, 시기, 조건의 자본조달 결정 역시 이해관계자들에게 이익을 가져다줍니다.

그렇다면 시장이자율이 5%인데, 3%의 금리로 돈을 빌릴 수 있을까요? 적정 주식가치가 1만 원인데, 2만 원에 주식 발행이 가능할까요? 외부로부터의 자본조달은 대부분 금융시장을 통해 이루어집니다. 금융시장에는 많은 금융상품이 존재하고, 거대한 금액의 자금 거래가 매우 빈번히 이루어집니다. 정보기술의 발전과 함께, 금융시장의 글로벌화 및 통합화는 빠르게 진전되어, 언제 어디서 누구나 금융거래에 참여할 수 있는 환경이 되었습니다. 금융시장에는 많은 참여자가 있으며, 많은 전문가들이 끊임없이 정보를 분석하고, 치열한 수익률 게임을 합니다. 따라서 제품시장과 달리 금융시장에서 틈새시장을 찾기란 매우 어렵습니다.

기업 입장에서는 낮은 금리로 채권발행을 원하지만, 투자자 입장에서는 높은 금리의 투자를 기대할 것입니다. 이들 사이에 적정 가치를 반영하는 시장가격이 형성되어야 거래가 이루어질 것입니다. 여기서 적정 가치란, 미래를 반영하는 가치가 아닌 현재 시점에서 모든 정보를 공정하게 반영하는 가격입니다. 효율적시장가설에 의하면, 얻을 수 있는 모든 정보는 즉시 가격에 반영되어 과소 또는 과대 평가된 자산은 존재하지 않으며, 남보다 우월한 수익을 얻는 것은 불가능합니다. 즉, 시장은 공정하고 경쟁적이기 때문에, 기업 입장에서 값싼 자본조달 기회를 찾는 것은 쉽지 않습니다.

기업은 수익의 극대화를 달성하기 위해, 자기자본 외에 남의 돈인 타인자본을 사용하게 됩니다. 타인자본인 부채는 기업의 수익성을 높일 수 있지만, 지나친 사용은 위험을 수반합니다.

 기업의 자본조달 결정은 재무관리자에게 매우 어려운 과제입니다. 재무관리자의 자본구조 목표는 무엇일까요? 재무관리자는 기업이 지속적인 성장을 통해, 이해관계자들의 부를 극대화할 수 있는 방향으로 재무활동을 수행합니다. 이해관계자의 부는 투자수익의 극대화 및 자본비용의 최소화를 통해 달성됩니다. 자본구조 capital structuring 란 기업의 자본조달 원천인 자기자본과 부채 간에 구성비율을 의미합니다. 재무관리자는 돈을 주주로부터 출자받을 것인지 아니면 채권자로부터 빌릴 것인지를 판단하고, 어떠한 조건으로 조달할지를 결정합니다.

 기업의 가치는 미래현금흐름의 크기와 정(+)의 관계에 있고, 할인율과는 부(-)의 관계에 있습니다. 기업의 자기자본비용과 부채 비용은 다를 수 있기 때문에, 자본조달 원천을 구성하는 비율에 따라 할인율인 가중평균자본비용 WACC 이 달라집니다.

$$기업의\ 가치 = \frac{미래현금흐름}{가중평균자본비용}$$

 따라서 가중평균자본비용을 최소화하는 것이 기업가치를 높이는 것이고, 이를 위한 자본구조를 선택해야 합니다. 자본구조는 기업이 새로운 사업에 투자할 때 추가적으로 요구되는 자본조달뿐만 아니라, 자본구조의 조정 capital restructuring 즉, 전체 자산에는 변동 없이 레버리지 leverage 만을 변경하는 행위를 포함합니다.

자본조달은 주식 및 채권을 발행하거나 차입을 통해 외부로부터 조달할 수도 있고, 기업 내부의 유보된 잉여 이익금을 사용할 수도 있습니다.

자본구조와 재무구조는 의미가 다르게 쓰입니다. 일반적으로 자본구조는 재무상태표의 대변 구성 항목 중, 단기 항목들을 제외한 기업의 장기자본의 구성 상태, 즉 보통주, 우선주 및 유보이익으로 구성되는 자기자본과 장기부채로 구성되는 타인자본과의 비율을 의미합니다. 반면, 재무구조 financial structure 는 기업이 자산을 보유하기 위해 조달한 재무상태표의 대변에 있는 모든 구성 항목을 일컫습니다.

본 장에서는 자본조달 방법을 알아보고, 자본구조의 변화가 기업가치에 어떻게 영향을 미치는지 살펴보겠습니다.

효율적 자금조달 수단
자본조달의 형태

> 한국은행이 발표한 기업경영분석에 따르면, 2017년 말 현재, 우리나라 전체 제조기업의 자금조달 구조는 내부 유보자금 41%, 금융기관 차입금 17%, 주식 발행 15%, 회사채 발행 3%로 구성되어 있다.

기업의 장기자금조달의 원천은 내부자금과 외부자금으로 나눌 수 있습니다. 내부자금은 기업이 영업활동으로 얻은 수익 중에, 각종 비용과 주주에 대한 배당금 등을 지급한 후 기업 내부에 유보하여 적립한 잉여금입니다. 내부자금은 이자와 증권발행비용 등의 조달비용이 들지 않고, 자금의 사용기간에도 제약이 없어 기업 입장에서는 편한 자금조달 수단입니다. 하지만 내부자금만으로 투자에 불충분할 때에는 외부로부터 부족한 자금을 충당하게 됩니다. 외부자금은 조달 형태에 따라 직접금융과 간접금융으로 나눕니다. 직접금융은 기업이 자본시장에서 보통주, 우선주, 채권 등 증권을 발행하고 투자자들을 모집하여 자금을 조달하는 방식이며, 간접금융은 금융기관들로부터 자금을 차입하는 방법입니다. 기업의 장기자금조달은 자본조달 비용뿐만 아니라, 원리금 상환 부담, 담보 또는 보증 여부, 세액에 대한 손비 인정, 경영권 방어 등 여러 측면을 종합적으로 고려하여 결정해야 합니다. 기업이 필요한 자금을 어떤 방법으로 조달하는지 구체적으로 살펴보겠습니다.

보통주

직접금융시장에서 자금을 조달하는 주식과 채권발행은 전혀 다른 성격을 가진 자본조달 방법입니다. 채권을 발행하는 기업은 자신의 신용도와 만기구조에 따라 다른 이자율을 적용받고, 만기에는 원금을 상환해야 합니다. 반면, 주식은 원금 상환의 개념이 없으며, 주식을 발행한 기업은 이익금의 일부를 배당으로 지급합니다. 기업 입장에서 주식 발행을 통해 자본금을 확충하는 것은 채권발행이나 금융기관 차입 같은 부채보다 안정적인 조달방법일 수 있습니다. 하지만 주식을 보유한 주주들로부터 지나친 배당을 요구받거나, 경영 간섭을 받을 우려가 있습니다. 또, 보통주의 배당은 법인세 절감 효과가 없어서, 보통주의 자본조달 비용은 부채의 자본조달 비용보다 높을 수 있습니다.

주식은 보통주와 우선주로 나뉩니다. 보통주 common stock 는 주식회사가 자본금을 출자한 주주에게 발행하는 증권입니다. 보통주의 주주는 주주총회에서 CEO를 포함한 임원의 선임 및 기타 사항에 대해서 주식을 소유한 비율만큼 의결권을 행사할 수 있으며, 이익을 배당받을 권리가 있습니다. 보통주 발행을 통한 자본조달은 자기자본 확충을 통해 기업의 재무구조를 개선시켜, 대외 신용도 제고에 도움이 됩니다. 반면, 보통주의 주주는 해당 기업의 위험을 출자 한도 내에서 부담하게 됩니다.

증권시장에 상장된 회사의 주식에 대해 많은 투자자들이 다양한 목적으로 투자합니다. 미국 나스닥시장에 상장된 테슬라의 전체 발행 주식을 소유하려면, 1조 달러가 넘는 천문학적인 돈이 필요합니다. 이 회사 주식의 52%는 기관투자자, 17%는 CEO인 일론 머스크, 나머지 28%는 수많은 개인투자자들이 일정부분 나누어 보유하고 있습니다. 테슬라의 총 발행 주식 수는 10억 주이므로, 1,000주를 보유한 투자자는 0.0000001%의 지분을 소유하고 있는 셈입니다. 만일, 테슬라가 주식시장에서 추가로 자본을 조달하려고 한다면, 주주들의 동의 없이 수권주식 authorized share capital 내에서 발행이 가능합니다. 테슬라 정관상의 수권자본은 보통주 20억 주와 우선주 1억 주이기 때문에, 11억 주의 주식을 추가로 발행할 수 있습니다.

우선주

일반적으로 주식은 보통주를 의미하지만, 우선주preferred stock 역시 법적으로 자기자본에 해당하는 주식의 일종입니다. 우선주는 일반적으로 약속된 배당을 지급하기 때문에, 부채와 유사한 성격을 갖습니다. 하지만 우선주는 정해진 이자를 지급해야 하는 채권과는 달리, 배당지급이 의무는 아닙니다. 또, 의결권이 없는 무의결권주식이기 때문에, 발행하는 기업 입장에서는 경영권의 침해를 받지 않는다는 이점이 있습니다. 투자자 입장에서는 우선주에 대한 배당이 보통주보다 우선하기 때문에 보통주보다 높은 배당을 받을 기회가 있으며, 해당 기업이 부도 시에는 잔여재산분배에 대한 청구권이 채권자보다는 후순위이지만 보통주보다는 선순위라는 장점이 있습니다. 그러나 세금절감의 효과가 없기 때문에 채권에 비해 자본비용이 높고, 발행과 유통되는 주식 수가 상대적으로 적어 시장 변동성이 크다는 단점이 있습니다.

우선주는 보통주 종목명 뒤에 '우'가 붙습니다. '삼성전자우' 또는 '현대차우'와 같이 표시합니다. 또, 1996년 상법 개정 후에 발행된 신형 우선주는 '현대차2우B' 또는 '삼성물산우B'와 같이 'B'를 표시합니다. 신형 우선주는 일정 배당을 약속하였는데 당해 기업의 사정이 좋지 않아 배당이 여의치 않을 때, 다음에 배당하지 못한 배당금을 누적하여 배당하는 누적적우선주, 예정된 우선 배당금 외에 보통주와 같이 초과 배당을 받을 수 있는 참가적우선주, 일정 기간 이후에 보통주로 전환될 권리가 부여된 전환권 등이 있습니다. 우선주와 보통주에는 가격에 괴리가 있습니다. 일반적으로 우선주는 보통주에 비해 발행가에 10~20%, 시세에 5~30% 정도 낮게 형성됩니다.

보통주와 우선주의 차이점을 살펴보면 다음표와 같습니다.

구분	의결권	배당금	회사 청산 시	주식 수	거래량	투자 성향
보통주	있음	우선주보다 적음	후순위 변제권	많음	많음	주가변동에 따른 차익 실현
우선주	없음	보통주보다 많음	선순위 변제권	적음	적음	배당목적 장기투자

채권

기업은 회사채를 발행하여, 새로운 투자나 운영자금을 조달하고 기업 이익과 관계없이 채권자에게 정해진 이자를 지급하고 만기일에 원금을 상환합니다. 또, 기업이 해산하는 경우, 잔여재산에 대해 주식보다 우선적인 청구권을 갖습니다.

회사채를 발행하고자 하는 기업은 발행하는 채권에 대해 원리금 상환능력에 대한 신용등급을 받아야 하는데, 신용등급에 따라 지불해야 하는 금리 및 기타 발행조건이 달라집니다. 회사채 시장과 금융기관으로부터 차입은 상호 대체적입니다. 대여자가 기업에 대출한 자금은 만기 전에 조기 회수하는 것이 쉽지 않습니다. 하지만 해당 기업이 발행한 채권을 매입하는 경우, 시장이자율에 채권을 매도하면 대출금을 조기 회수하는 것과 같은 효과를 얻습니다. 하지만 회사채 발행은 두 군데 이상의 신용평가기관으로부터 신용등급을 받아야 하며, 기타 여러 가지 발행비용이 발생합니다. 또, 채권의 경우 시장이자율이 가격에 바로 반영되지만 금융기관의 대출금리는 상당한 시차를 두고 바뀝니다. 따라서 기업 입장에서 금리 인상기에는 금융기관 차입이 유리하고, 금리 인하기에는 회사채 발행을 통하여 자금을 조달하는 것이 유리한 측면이 있습니다.

한편, 차입금이나 채권발행은 법인세를 계산할 때 기업의 이익에서 이자비용이 공제되어, 세금 부담이 줄어드는 이점이 있습니다. 하지만 기업은 부채를 적정 수준에서 관리해야 합니다. 지나친 부채는 시장금리가 오를 때 이자비용이 커지고, 금융시장 여건이 나빠지면 원리금을 상환하지 못할 위험에 처할 수 있습니다. 우리나라는 과거 주로 부채에 의존하여 사업을 확장하였던 기업들이 1990년대 중후반에 접어들면서 IMF 외환위기라는 국가적 위기가 닥치자, 이 위기를 이기지 못해 대거 파산하였고 금융기관들이 부실화되어 문을 닫기도 하였습니다.

합성채권

기업은 채권에 주식과 관련한 추가적인 권리를 부여한 합성채권을 발행하여, 보다 유리한 조건으로 자금을 조달하기도 합니다.

합성채권 중 전환사채 convertible bond: CB 는 채권보유자의 청구에 의해 발행 회사의 보통주로 전환할 수 있는 선택권이 부여된 회사채입니다. 이때, 주식으로 전환되면 채권의 가치는 소멸됩니다. 전환사채 발행은 기업 입장에서는 조달비용을 낮추고 주식으로 전환되면 재무구조가 개선되는 효과가 있으나, 대주주 입장에서는 지분율이 하락할 수 있습니다. 신주인수권부사채 bond with warrant: BW 는 발행 기업의 주식을 매입할 수 있는 권리가 부여된 채권입니다. 즉, 회사채에 주식 콜옵션이 더해진 합성채권입니다. 채권보유자가 신주인수권을 행사하면, 발행한 기업은 미리 정해진 가격에 정해진 수량의 주식을 팔아야 할 의무가 있습니다. 채권보유자는 발행 기업의 주식시세가 약정했던 가격보다 높을 때만 경제적 가치가 발생하므로, 이 경우에 신주인수권을 행사합니다. 교환사채 exchangeable bond: EB 는 채권보유자에게 채권발행 기업이 소유하고 있는 상장주식과 교환을 청구할 수 있는 권리를 부여한 채권입니다. 채권보유자는 권리행사 기간 내에, 사전에 약정된 교환조건에 따라 특정 주식과의 교환을 발행 회사에 청구할 수 있습니다. 이때, 교환사채와 타 발행 주식을 교환하면 교환사채의 가치는 소멸됩니다. 교환사채 역시 일반 회사채에 비해 조달비용이 낮으나, 타 회사 발행 주식을 교환하는 것이기 때문에 자본에 변동은 없습니다.

신종채권

약 30여 년 전 금융시장에서 파생상품이 등장하고, 여러 기초자산으로 급속히 발전하면서, 투자자와 발행자의 다양한 수요를 충족시킬 수 있는 새로운 형태의 증권들이 생겨났습니다.

지금은 보편화된 변동금리부채권 floating rate note: FRN 은 시장 실세금리의 변동을 반영하여 표면이자율을 이자지급 기간마다 재조정하는 채권입니다. 변동금리부채권의 지급 이자율은 기준금리에 가산금리를 더하여 정하며, 가산금리는 발행자의 신용위험에 따라 결정됩니다. 변동금리부채권은 최근 우리나라를 포함한 주요국에서 정책 금리 인상을 본격화하면서, 투자자들의 선호도가 높아지고 있습니다. 자산유동화증권 asset backed securities: ABS 은 기업이 보유한 자산을 증권화 securitization 하여 자금을 조달하는 방법입니다. 유동화 대상의 기초자산이 주택담보대출이면 주택저당증권 mortgage backed securities: MBS, 회사채이면 채권담보부증권collateralized bond obligation: CBO, 대출채권이면 대출채권담보부증권collateralized loan obligation: CLO 이라고 합니다. 기업은 자산을 특별목적회사special purpose vehicle: SPV에 양도하고, 특별목적회사가 유동화증권을 발행하여 자금을 조달합니다. 물가연동채권inflation linked bond은 물가상승에 따라 원금과 이자지급액이 변하는, 정부가 발행하는 국채 중 하나입니다. 투자자 입장에서는 물가가 상승하면 투자수익률이 높아져, 인플레이션 헤지 기능이 있습니다. 또, 타 국채에 비해 낮은 표면금리로 발행되어 절세 효과가 있고, 2015년 이전의 발행분은 물가상승에 따른 원금 증가분이 비과세이며, 2013년 이전의 만기 10년 이상 채권발행분은 분리과세 신청이 가능합니다. 주가지수연계채권equity linked note: ELN은 이자와 만기 상환액이 주가 또는 주가지수에 연동되어 수익률이 결정되는 채권입니다. 주가지수연계채권은 투자금의 대부분을 일반 채권에 투자하고, 나머지 일부를 주식 선물 또는 옵션 등 파생상품에 투자합니다. ESG채권은 기업이 친환경, 사회적 책임, 지배구조 개선 등에 사용할 목적으로 자금을 모집하는 채권으로, 발행자는 일반적인 회사채 발행보다 저금리로 자금을 조달할 수 있고 기업의 긍정적인 이미지를 높일 수 있습니다. 신종자본증권hybrid bond은 주식과 부채의 중간 성격으로, 만기가 없거나 30년 이상으로 매우 깁니다. 또, 신종자본증권은 은행의 BIS비율 계산에 기본자본tier1 으로 인정되기 때문에, 은행들의 자기자본 확충 수단으로도 사용됩니다. 주식처럼 만기가 반영구적이며, 채권과 같이 확정된 금리가 있고, 발행자가 부도 시에는 주식보다 변제가 우선합니다.

글로벌 증권 및 해외 원화표채권

자금시장에 국경은 더 이상 존재하지 않습니다. 2020년 1분기 기준으로 33개의 우리나라 기업들이 해외증권시장에 상장되어 있습니다. 포스코, 한국전력, SK텔레콤 등 10개 기업은 미국 유가증권시장, KT와 LG화학 등 12개 회사는 런던증권거래소에 상장되어 있습니다. 전자상거래 업체인 쿠팡은 2021년 3월 기업공개를 통해, 5조 원이라는 대규모 자본조달에 성공했습니다. 이는 2019년 우버 이후 뉴욕 증시 최대 규모이며, 2014년 알리바바 상장 이후 미국에 상장된 최대 규모의 외국회사입니다. 우리나라 주식시장에는 2020년 기준으로 총 36개 외국 기업이 상장하였으나 이 중 14개 사가 상장폐지되어, 현재 22개 사만이 상장

유지 중입니다. 우리나라 증시에서 외국 기업이 차지하는 비율은 불과 0.97%로, 이는 싱가포르 53.9%, 대만 10.3%, 홍콩 7.8%와 비교하면 매우 낮은 수준입니다. 이와는 대조적으로, 국내 투자자들의 외국 주식투자 규모는 2020년 기준 1,000억 달러를 넘어 10년 전에 비해 무려 76배가 커졌습니다. 우리나라 금융시장의 발전을 위해서는 우리나라 기업의 해외상장 규모를 늘리는 것도 필요하지만, 외국 기업의 우리나라 거래소 상장 역시 중요합니다. 우량 외국 기업이 우리나라 시장에 상장하면, 국내로 대규모의 국제 자금이 유입될 수 있고 국내 투자자들에게도 투자의 선택지를 넓혀준다는 이점이 있습니다. 외화채권 역시 우리나라 기업의 주요한 자금조달 수단이 되고 있습니다. 지난 3년간, 우리나라 기업 및 금융기관들이 해외 채권발행을 통해 조달한 금액은 매년 약 350억 달러 수준입니다. 이는 우리나라 기업과 금융기관의 재무적 성과뿐만 아니라, 국가 신용등급(2022년 6월 현재, S&P 기준으로 AA, 무디스 기준으로 Aa2)이 안정적으로 유지되고 있어, 낮은 금리에 자금조달이 가능했습니다.

우리나라에 적을 두지 않은 외국 기업이나 국내 기업의 해외 법인 등도 우리나라에서 원화표시채권을 발행하여, 우리나라 투자자들로부터 자금조달이 가능합니다. 이는 미국 양키본드, 일본 사무라이본드처럼 해당국 통화로 발행하는 방식인데, 외국 기업의 원화표시채권은 아리랑본드라고 부릅니다. 1995년 아시아개발은행이 처음으로 아리랑본드를 발행하였으며, 미국 투자은행인 골드만삭스는 자금조달 다변화를 목적으로 2017년 5월 200억 원 규모의 아리랑본드를 발행한 이래, 우리나라 시장에서 장기 원화표시채권을 지속적으로 발행하고 있습니다.

외부자본 조달방법

증권발행 절차

> 전 세계에서 수천만 대의 PC를 팔던 델은, 2013년 미국 주식시장에서 비공개기업으로 전환했다. 이때, 애널리스트들과 언론은 모바일 시대에 적응하지 못한 델이 주식시장에서 사라졌다며, 델의 경영 실패를 비난했다. 하지만 델은 PC시장은 죽지 않을 것이고, 더 다양한 디바이스로 변모할 것이라고 주장했으며, 5년 후 다시 재상장한다.

외부로부터 자본조달은 어떠한 절차로 이루어지나요? 먼저, 자기자본인 주식 발행 방법에 대해 알아봅니다.

기업은 기업공개 initial public offering: IPO 를 통해 자본을 조달할 수 있습니다. 기업공개란 기업의 경영 상황을 외부에 공개한다는 의미뿐만 아니라, 기업의 주식을 외부 투자자들에게 처음으로 매각하는 행위를 포함합니다. IPO는 기업의 자금조달을 원활히 하여 재무구조를 개선하는 데 도움이 되며, 소유와 경영의 분리를 통해 경영의 효율성을 높일 수 있습니다. 이러한 이점에도 불구하고, 기업공개가 기업에게 늘 유리한 면이 있는 것은 아닙니다. 미국 기업 중 일부는 기업을 공개했다가 주주들의 지나친 간섭 끝에 상장을 철회하고 비공개기업으로 전환한 경우도 있었습니다.

기업공개는 추가 자금을 마련하기 위해 새로운 주식을 발행하는 신주발행 primary offering, 기업의 기존 주주들이 보유한 주식을 팔아 이익을 실현하는 구주매출 secondary offering 이 있으며, 일반적으로 기업공개는 신주발행과 구주매출이 혼합되어 이루어집니다. 예를 들어, 쿠팡은 기업공개 당시 1억 주는 신규로 발행하여 새로이 자본을 조달하였고, 2,000만 주는 벤처 투자자 및 임직원 들이 기존에 보유하고 있던 구주를 매출하였습니다. IPO 절차는 다음과 같습니다.

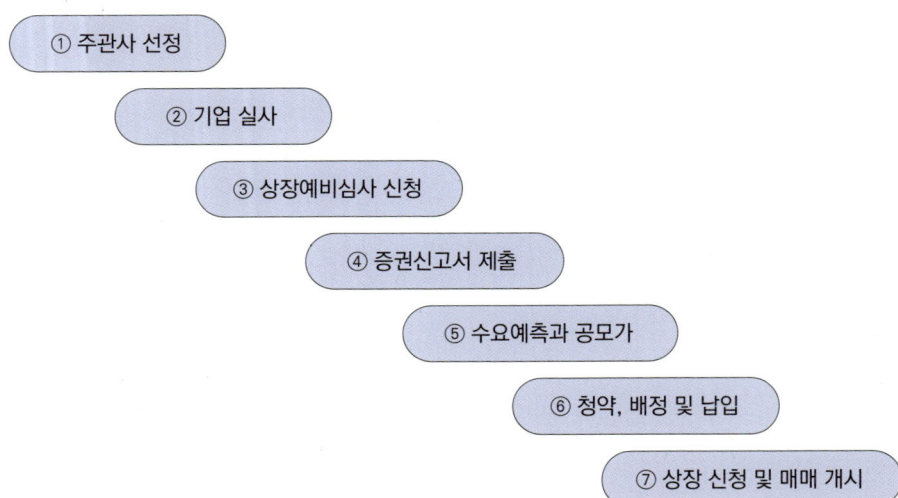

① 주간사 underwriter 선정

먼저, 기업은 내부적으로 기업공개 및 상장의 목적을 논의하고 상장준비추진팀을 구성하여 최대주주의 지분변동을 사전에 점검합니다. 회계감사인 감리회사 및 주간회사를 선정하고, 상장을 위해 이사회 및 주주총회의 결의를 얻습니다.

② 기업 실사 due diligence

대표 주간사와 법률대리인이 기업의 실사를 진행합니다. 이때 기업의 경영상태, 재무상태, 영업활동 등 기업의 전반적인 상황에 대하여 조사·검토를 실시합니다.

③ 상장예비심사 신청

증권거래소에 상장예비심사 청구서를 제출합니다. 거래소 상장심사팀은 해당 기업의 상장 적정성 등의 심사를 진행하고, 45영업일 내에 심사 결과를 통보합니다. 일반적으로 신청에서 심사 결과까지 2개월의 기간이 소요됩니다.

④ 증권신고서 제출

거래소로부터 상장 적격의 통지를 받은 기업은 상장예비심사 결과를 첨부하여 증권신고서를 금융위원회에 제출합니다. 증권신고서는 유가증권의 모집과 매출, 유가증권을 발행하고자 하는 기업에 대한 정보가 기재된 청약 권유의 근간이 되는 공시 서류입니다.

⑤ **수요예측 book building 과 공모가 결정**
공모가격을 결정하기에 앞서, 주간사는 기관투자자와 증권회사(일반투자자)로부터 사전에 수요(희망 매수가격과 수량)를 조사하는 투자설명회 road show 를 개최하여, 수요예측을 실시합니다. 이를 기반으로 대표주간사와 발행 회사가 협의하여 공모가격을 결정하게 됩니다.

⑥ **청약, 배정 및 납입**
대표주간사는 청약을 공고하고, 증권신고서 효력 발생 이후 2일간 청약을 받습니다. 청약 마감 후 청약 결과를 집계하여 배정하고, 청약자로부터 납입 대금을 받습니다.

⑦ **상장 신청 및 매매 개시**
신규 상장 신청서를 한국거래소에 제출하여, 최종적으로 상장을 승인받습니다. 상장 listing 이란 기업이 발행한 증권이 거래소가 정한 일정한 요건을 충족하여, 유가증권시장, 코스닥시장 및 코넥스시장에서 거래될 수 있는 자격을 부여하는 것입니다. 코스피시장은 기업규모가 큰 대기업 중심의 시장이고, 코스닥시장은 주로 기술 위주의 기업이 상장되어 있습니다. 코넥스시장은 창업한 지 얼마 안 된 중소기업을 위한 시장으로서, 코스닥시장에 상장되기에는 부족한 기업들을 위한 시장입니다.

상장이 승인되면, 투자자는 신규 상장일의 기준가격을 중심으로 90%에서 200% 범위 안에 호가를 제출하고, 장이 시작되면 가격제한폭 범위 내에서 복수 가격에 의한 개별경쟁매매 방식으로 매매가 체결됩니다.

증권발행 형태는 투자자 모집 방법에 따라 공모발행과 사모발행으로 나뉘며, 발행에 따른 위험부담과 발행 모집의 사무절차 부담에 따라 직접발행과 간접발행으로 나눌 수 있습니다. 공모발행은 50인 이상의 불특정 다수의 투자자를 대상으로 투자를 모집·매출하는 방법이고, 사모발행은 49인 미만의 특정한 개인이나 기관투자자들에게 유가증권을 인수하도록 하는 방법입니다. 직접발행은 발행자가 발행 위험을 부담하고, 발행 모집 사무를 직접 담당하여 유가증권을 발행하는 방법입니다. 하지만 일반적으로 발행자인 기업은 투자자 모집 능력과 발행 절차에 대해 전문적인 지식과 경험이 부족하여, 증권사 또는 투자은행과 같은 대표주간사를 선정하여 발행 업무를 위임하는 간접발행 형태를 취합니다. 간접발행은 발행 위험부담 방법에 따라 위탁모집, 잔액인수, 총액인수 방법으로 나뉩니다. 공모발행의 경우, 대부분 총액인수 방식으로 발행되는데, 총액인수란 주간사가 구성한 인수단이 공모 증권발행 총액의 전액을 자기 책임과 계산하에 인수하여, 모든 발행 위험과 발행 및 모집 사무를 담당하는 방법입니다.

회사채 발행 역시 위의 절차와 유사하나, 채권발행을 위해서는 신용평가기관으로부터 신용평가등급을 부여받아야 합니다. 우리나라에서는 한국기업평가, 한국신용평가, NICE신용평가, 서울신용평가가 허가된 평가기관이며, 세계적으로는 무디스, S&P, 피치가 전 세계 신용평가 시장의 95%를 점유하고 있습니다. 일반적으로, 회사채 발행을 원하는 기업은 2개 이상의 신용평가기관으로부터 평가를 받는데, 우리나라에서는 BBB 이상의 중견기업 위주로 회사채 시장이 형성되어 있습니다. 기업은 금융기관으로부터 필요한 자금을 차입할 수 있습니다. 금융기관은 차입하고자 하는 회사의 원리금 상환능력을 까다로운 심사평가 절차를 거쳐 결정합니다. 이때, 신용 상태가 만족스럽지 못하면, 담보 또는 보증을 요구하게 됩니다.

기업 규모가 크지 않고 신용도가 약할 수밖에 없는 벤처기업은 금융기관 차입이나 증권 상장을 통해 외부로부터 자금을 공급받는 것이 쉽지 않습니다. 하지만 이러한 기업들도 발전 가능한 기술력과 사업에 대한 장래성이 있으면, 벤처캐피탈로부터 자금을 조달받을 수 있습니다. 정부가 벤처산업을 적극적으로 육성하면서, 벤처캐피탈은 코스닥시장과 연계해 신생기업의 중요한 자금원이 되고 있습니다. 아주 작은 규모의 벤처기업은 크라우드펀딩을 통해 자금을 조달받기도 합니다. 크라우드펀딩이란 SNS를 통해 다수의 개인들로부터 자금을 모으는 행위로서, 투자 방식 및 목적에 따라 지분투자, 대출, 보상, 후원 등으로 분류됩니다. 우리나라에는 오마이컴퍼니, 와디즈, 크라우디 등의 크라우드펀딩 플랫폼이 있고, 해외에는 인디고고(미국), 마쿠아케(일본) 젝젝(대만) 등이 대표적인 크라우드펀딩 플랫폼입니다.

최적의 자본구조

자본구조이론

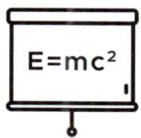

> 경제학과 경영학은 이익극대화를 위해, 최적의 선택에 대해 탐구하는 학문이다. 선택에 영향을 미치는 변수는 매우 다양하고 상호 간에 복잡하게 얽혀 있어, 답을 찾기 위해서는 여러 가지 가정들이 있을 수밖에 없다.

기업이 주식으로만 자금을 조달하면, 기업의 자산과 영업활동으로부터 생성되는 모든 현금흐름은 주주에게 귀속됩니다. 하지만 기업이 주식과 부채를 통해 조달했다면, 채권자에게 이자를 우선 지급하고 남은 이익을 주주들이 나누게 됩니다. 이렇게 기업의 총자본 중에서 자기자본과 타인자본의 비율을 자본구조 capital structure 라고 합니다. 자본구조는 부채 비중의 측정치로서, 부채비율 또는 레버리지 leverage 와 같은 의미입니다. 자본구조는 돈을 주주로부터 투자를 받을 것인지, 채권자에게 빌릴 것인지, 빌린다면 얼마를 빌릴 것인가에 대한 문제입니다. 기업의 자본구조는 주주들의 요구와 자본시장의 상황에 따라 달라질 수 있습니다.

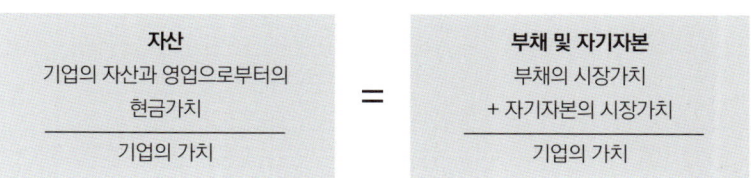

그럼 기업가치 극대화를 위한 최적의 자본구조는 존재할까요? 존재한다면 최적의 자본구조는 어떻게 결정될까요? 타인자본 사용이 기업가치에 미치는 영향을 파악하기 위해, 오랫동안 많은 학자들이 연구를 진행해왔습니다.

1990년 노벨경제학상을 수상한 프랑코 모딜리아니와 머턴 밀러('MM'이라고 인용)는 법인세가 없고 자본시장이 완벽하다면, 기업의 가치는 자본구조와 상관이 없다고 주장하였습니다. 즉, 기업이 자기자본과 타인자본 조합을 변경해도, 기업가치에는 영향을 주지 않는다는 것입니다.

MM의 제1명제

'MM의 제1명제'는 자본구조를 제외하고 모든 조건이 동일한 두 기업이 있다고 가정할 때, 두 기업의 가치는 동일하다는 이론입니다. 즉, 기업가치는 자본구조와 무관하다는 주장입니다.

다음 표는 A기업의 두 가지 자본구조입니다.

(단위: 천 원)

자본구조	부채가 없는 경우			부채가 있는 경우 (50%)		
주식 수 / 주당 가격	100,000주 / 5			50,000주 / 5		
자기자본의 시장가치	500,000			250,000		
부채의 시장가치	0			250,000		
경제상황예측	불황	보통	호황	불황	보통	호황
영업이익	50,000	100,000	150,000	50,000	100,000	150,000
이자비용	0	0	0	30,000	30,000	30,000
당기순이익	50,000	100,000	150,000	20,000	70,000	120,000
주당순이익 EPS	0.5	1	1.5	0.4	1.4	2.4
자기자본수익률 ROE	10%	20%	30%	8%	28%	48%

위의 표에서 왼쪽 열은 A기업이 5억 원의 자기자본만으로 총자본을 구성하는 경우로, A기업의 영업이익 모두는 주주들에게 배당으로 지급됩니다. 현재 경기하에서 EPS는 1,000원으로 예상되며, 경기가 호황이면 1,500원으로 증가, 불황이면 500원으로 하락할 것이 예측됩니다. 반면 오른쪽 열은 A기업이 총자본의 절반인 2억 5,000만 원을 연 12% 이자의 부

채를 사용하는 경우로, 이자비용을 뺀 나머지 이익이 주주들에게 지급됩니다. 현재 경기하에서 EPS는 400원이 증가하여 1,400원이 되고, 호황이면 900원이 증가하여 2,400원, 불황이면 부채를 사용하지 않는 경우보다 100원이 감소하여 400원이 될 것으로 예상됩니다. 즉, 불황이 오지 않는다면, 부채 사용이 주주에게 이득이라고 할 수 있습니다. 하지만 주주 입장에서는 기업이 부채를 사용하지 않고, 주주 자신이 투자금의 차입 homemade leverage 을 통해 A기업이 발행한 주식을 두 배 매입한다면, 같은 효과를 볼 수 있습니다.

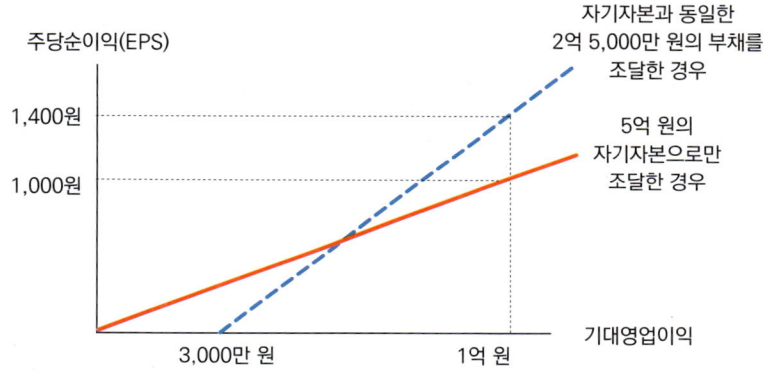

이는 완전한 자본시장에서 기업의 부채 정책은 주주의 이득과 무관하다는 것을 입증하는 논리로서, 이를 'MM의 제1명제'라고 부릅니다.

위에 예에서 보듯이, 자본구조의 변경은 영업이익에는 영향이 없고, EPS에만 영향을 미칩니다. 또, 부채를 사용하게 되면, ROE의 변동이 경기변동에 따라 더 민감하게 변하는 것(10~33%, 8~48%)을 확인할 수 있습니다. 따라서 부채를 사용한 자본조달은 영업에 대한 위험은 없으나, 적은 자기자본으로 같은 크기의 영업위험을 감수해야 하므로 주당 위험은 증가하게 됩니다. 즉, 부채비율 증가는 주주들의 기대수익률 증가를 가져오는 것과 함께 위험을 증가시켜, 결국 주주 가치에는 변함이 없다는 논리입니다.

MM의 제2명제

앞의 표에서, A사가 자기자본으로만 조달하는 경우, 자기자본에 대한 기대수익률은 20%[= 1,000원(주당순이익) ÷ 5,000원(주가)]였습니다. 20%는 자기자본비용(R_{equity})이고, 이는 자산의 기대수익률(R_{assets})입니다.

50% 부채를 사용한 경우를 보면, 주식가격은 변함이 없지만 EPS가 1,400원이 되면서 자기자본에 대한 기대수익률은 28%(= 1,400원 ÷ 5,000원)이고, 부채의 수익률은 돈을 차입한 이자 12%입니다. 따라서 자산 전체의 기대수익률(R_{assets})은 20%[= (28 × 50%) + (12 × 50%)]로 자기자본만으로 조달한 기대수익률과 같습니다.

부채 사용을 포함한 자산의 전체 기대수익률은 다음과 같이 표시할 수 있습니다.

$$R_{assets} = \left(R_{debt} \times \frac{D}{V} \right) + \left(R_{equity} \times \frac{E}{V} \right)$$

R_{debt} : 부채 비용 R_{equity} : 자기자본비용 D : 부채 금액(시장가치)
E : 자기자본 금액(시장가치) V : 기업 전체의 가치(시장가치)

부채비율 증가에 따른 자기자본 기대수익률 변동을 살펴보기 위해 위의 공식을 정리하면, 다음과 같습니다.

$$R_{equity} = R_{assets} + \frac{D}{V} (R_{equity} - R_{debt})$$

이 식에서 부채를 사용하는 기업의 자기자본비용은 부채비율에 비례한다는 것을 알 수 있습니다. 이것이 'MM의 제2명제'입니다. 즉, 부채 비용은 상대적으로 저렴한 대신, 주주의 위험이 증가하여 자기자본비용이 상승하게 되므로, 부채를 사용하는 이점이 자기자본비용의 증가로 상쇄됩니다. 따라서 부채의 사용과는 관계없이 기업의 기대수익률과 가중평균자본비용의 비율은 일정하다는 논리입니다.

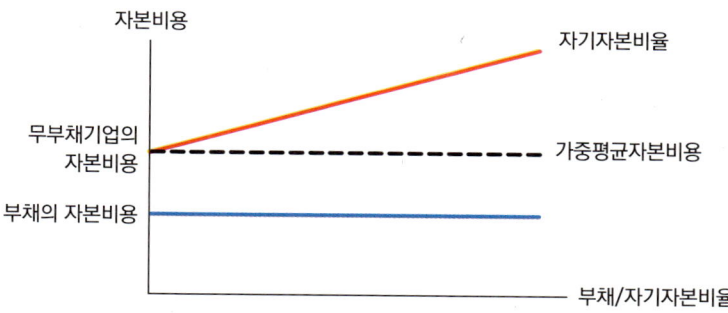

부채와 자기자본비용을 분리해서 보면, 부채비율이 증가하면 자기자본비용이 증가하지만, 가중평균자본비용은 늘 일정하게 나타납니다.

MM의 수정이론

MM의 명제에 따르면, 부채 정책은 기본적으로 기업가치에 영향을 미치지 않습니다. 하지만 부채 사용에는 이점이 있습니다. 법인세 계산에 있어, 주주에게 지급되는 배당에는 적용되지 않는 손비 인정이 부채의 이자지급에는 인정됩니다.

위의 A사의 예에서 30%의 법인세가 적용된다고 하면, 다음 표와 같이 계산할 수 있습니다.

(단위: 천 원)

자본구조	부채가 없는 경우	부채가 있는 경우 (50%)
주식 수 / 주당 가격	100,000주 / 5	50,000주 / 5
자기자본의 시장가치	500,000	250,000
부채의 시장가치	0	250,000
경제상황 예측	보통	보통
영업이익	100,000	100,000
이자비용	0	30,000
당기순이익	100,000	70,000
법인세(세율30%)	30,000	21,000
세후 이익	70,000	49,000
채권자와 주주에게 귀속되는 전체 이익	70,000	79,000

앞 표의 계산에 따르면, 50% 부채가 있는 경우가 부채 없이 자기자본으로만 조달하는 경우에 비해, 채권자와 주주에게 귀속되는 이익이 900만 원 더 많습니다. 이는 매년 이자 3,000만 원에 대해 30%인 900만 원이 법인세 손비로 인정되어, 이자비용에 대한 절세 효과가 생기기 때문입니다. 채권자는 정해진 이자만을 가져가므로, 절세 효과로 인한 이익은 주주의 몫입니다. 이자비용에 대한 법인세 절감효과로 인해, 부채의 증가가 기업가치의 증가로 이어진다는 것이 'MM의 수정 이론'입니다.

부채의 절세 효과를 반영한 가중평균자본비용WACC 을 구하는 식은 다음과 같습니다.

$$WACC = (1 - T_c) \times R_{debt} \times \left(\frac{D}{D+E} \right) + R_{equity} \times \left(\frac{E}{D+E} \right)$$

T_c : 기업의 법인세율

A사가 자기자본만으로 조달한 경우, WACC는 20%이고 총기업가치는 5억 원입니다. A사가 50%인 2억 5,000만 원을 부채로 조달한 경우, 이자비용 절세 효과의 현재가치는 4,500만 원[= 30% × 2억 5,000만 원 × (12% ÷ 20%)]이 되고, 절세 효과는 모두 자기자본가치에 귀속되어 2억 9,500만 원(= 2억 5,000만 원 + 4,500만 원)이 됩니다. 앞의 표에서, 이자와 법인세 차감 후 주주에게 귀속되는 세후 이익이 4,900만 원이므로, 주주의 기대수익률은 16.6%(= 4,900만 원 ÷ 2억 9,500만 원)이 됩니다.

$$WACC = (1 - T_c) \times R_{debt} \times \left(\frac{D}{D+E} \right) + R_{equity} \times \left(\frac{E}{D+E} \right)$$

$$= (1 - 0.3) \times 0.12 \times \left(\frac{250,000}{250,000 + 295,000} \right) + 0.166 \times \left(\frac{295,000}{250,000 + 295,000} \right) = 12.83\%$$

부채비율이 0.85(= 2억 5,000만 원 ÷ 2억 9,500만 원)일 때, WACC는 12.83%입니다. 즉, 주주 입장에서 이자비용의 절세효과는 4,900만 원에 대한 금액이므로, WACC는 20%에서 12.83%로 떨어집니다.

따라서 부채의 사용으로 가중평균자본비용이 낮아진다는 것을 보여줍니다.

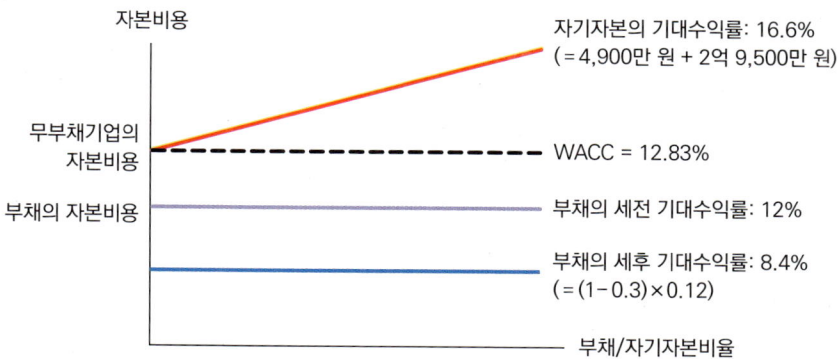

그렇다면 부채를 최대한 늘리면, 가중평균자본비용이 낮아져 기업가치를 높일 수 있을까요?

그렇지 않습니다. 일정 비율 이상의 부채를 사용하면, 법인세 절감 효과가 없어집니다. 부채를 과도하게 사용하여 영업이익이 모두 이자지급 비용으로 사용되면, 법인세를 낼 이익 자체가 생성되지 않기 때문입니다. 또, 부채가 증가하면 기업은 재무적 의무를 이행하지 못하고 곤경에 빠질 수 있습니다. 부채가 많은 기업은 차입과 증권발행이 원활하지 않고, 극단적인 경우 파산할 수 있습니다. 채권자들은 기업의 파산 가능성이 클수록 높은 수익률을 요구하며, 파산비용 bankruptcy cost 은 주주가 부담하는 비용이기에 결국 기업의 가치가 떨어집니다. 여기서 파산비용은 파산위험 자체만을 의미하는 것이 아니라, 파산과 관련된 제반 비용, 즉 회계사 비용, 소송비용 등과 같은 직접비용과, 직원의 이탈, 매출액 감소, 낮은 가격에 자산매각 등과 같은 간접비용을 포함합니다.

이를 그림으로 표현하면, 다음과 같습니다.

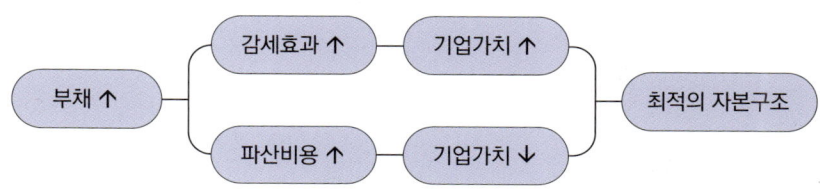

따라서 기업의 총가치는 아래 식과 같이 정리할 수 있습니다.

기업의 총가치 = 무부채 상황의 가치 + 절세 효과의 현재가치 − 재무적 곤경 비용의 현재가치

이는, 다음 그림과 같이 나타낼 수 있습니다.

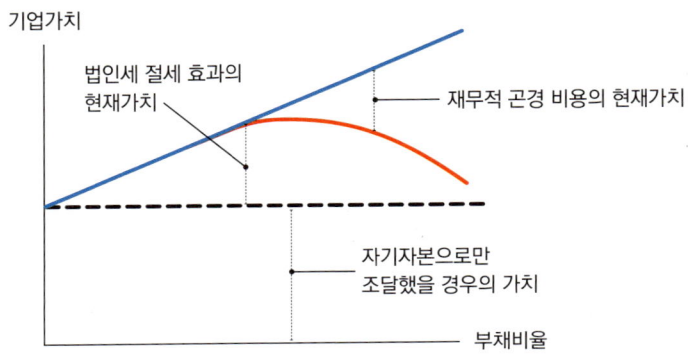

절충이론

일반적인 부채 수준에서는 파산위험이 크지 않기 때문에 부채의 절세 효과가 생깁니다. 하지만 일정 수준 이상으로 부채가 커지면 파산위험이 높아지고, 잠재적 파산위험에 대한 비용이 기업가치에 영향을 미치게 됩니다. 따라서 자본구조의 최적점은 현재가치 기준으로 부채 사용의 절세 효과가 파산위험의 잠재적비용을 상쇄하는 점이 됩니다. 이를 최적 자본구조의 절충이론 trade-off theory 이라고 합니다.

부채비율은 기업이 처한 상황에 따라 다른 전략이 필요합니다. 일반적으로 안전하고 상대적으로 큰 금액의 과세소득을 가진 기업은 부채 사용으로 인한 절세 효과가 크기 때문에 부채비율을 높이고, 반대로 위험하고 수익이 많이 나지 않는 기업은 자기자본으로 조달하는 것이 유리합니다. 하지만 실상은 이와는 반대로, 안정적이고 수익을 많이 내는 기업들은 부채 사용 비중이 낮습니다. 삼성전자의 경우, 2021년 9월 현재 현금, 유가증권 보유액 및

이익잉여금 합계가 200조 원 이상입니다. 또, 주식의 시가총액은 530조 원에 이르지만, 회사채와 장기차입금은 1,500억 원에 불과합니다. 미국의 마이크로소프트 역시 현금, 유가증권 보유액 및 이익잉여금 합계가 2,000억 달러 수준이며, 주식의 시가총액은 2조 3,000억 달러에 이르지만, 장기차입금은 500억 달러 수준입니다. 우리나라 전체 기업군을 보더라도, 대기업의 평균 부채비율은 2021년 9월 기준 79% 수준이지만 중소기업은 이보다 높은 105%입니다. 이는 절충이론으로는 설명되지 않는 부분입니다.

순위이론

자본을 조달하는 기업 입장에서는 이익잉여금을 포함한 내부자금의 재투자가 가장 편한 자금원입니다. 그 다음 선택은 부채를 사용하는 것입니다. 부채 사용은 주가에 덜 민감하게 반영되기 때문입니다. 마지막으로 자기자본을 선택하는데, 이러한 선택 과정을 순위이론pecking-order theory이라고 합니다. 이 이론은 내부의 유보된 이익의 효용이 가장 크기 때문에, 수익이 큰 기업이 부채를 적게 사용하는 것에 대한 설명이 가능합니다. 반면, 수익성이 낮아 내부에 자기자본이 축적되어 있지 않은 기업은 차선으로 부채를 사용하게 됩니다. 실제로 많은 성숙단계에 속한 기업들은 신규 투자 자금을 내부 자기자본으로 사용하고, 부족한 자금을 부채로 조달합니다. 하지만 성장단계의 기업들은 투자자금조달을 주식 발행에 의존하는 경향이 있습니다.

앞서 언급한 대로 모든 기업에 적용 가능한 최적의 자본구조를 일반화시키는 것은 쉽지 않습니다. 이는 기업이 처한 상황, 산업, 국가, 글로벌 경제의 흐름 등을 전반적으로 고려하여 판단해야 합니다.

읽어두기 ⑪

창업자를 위한 제언

탐험가와 사업가는 낙관주의, 결단력, 행동력, 상상력 등과 같은 공통적인 특징을 가지고 있습니다. 성공한 사업가들 중에는 낙관주의자들이 많으며, 이들의 낙관주의 optimism 는 긍정적인 기대를 스스로에게 부여하여 일의 능률을 높이는 경우가 많이 있습니다. 하지만 지나친 낙관주의는 투자자들을 실망시키고 사업을 실패로 이끌기도 합니다.

필자는 금융기관에 근무하면서 많은 벤처사업가들을 만날 기회가 있었습니다. 필자가 만난 벤처사업가들은 다양한 아이디어와 새로운 기술력을 가지고 있었고, 스스로 사업에 대해 큰 확신을 가지고 있었습니다. 하지만 그들이 필자에게 보여준 투자제안서에는 타당성분석과 재무계획이 불충분한 경우가 많았습니다. 사실 스타트업은 불확실성이 매우 커서, 애초에 사업계획서대로 사업이 진행되는 것을 기대하기 어렵습니다.

하지만 재무적 투자자들은 사업계획서에 의존하여 투자 여부를 판가름합니다. 보통 투자자들은 해당 사업의 아이디어와 기술력을 평가할 만한 전문적인 지식이 없습니다. 반면 투자자들의 주 관심사는 회사의 자금조달 방법과 매출액에서 비용을 뺀 순이익 전망치이며, 이러한 수익성 분석이 객관적 근거와 함께 신뢰가 가게끔 작성되었는지를 살펴봅니다. 또, 투자자들은 어느 시점에 어떠한 방법으로 투자한 자금을 회수할 수 있을지도 검토합니다.

아이디어와 기술력을 가지고 있음에도 자금조달에 어려움을 겪고 사업화에 실패하는 경우를 어렵지 않게 볼 수 있습니다. 창업에는 사업장 확보 비용, 설비비용 등 같은 시설자금과 사업 운용에 필요한 운전자금이 필요합니다. 자금조달은 사전적으로 자금 용도를 정하고 소요자금을 예측하여, 조달비용, 조달기간, 조달에 따른 잠재적 재무위험, 정책자금의 조달 가능성 등을 꼼꼼히 살펴야 합니다. 또, 실제로 사업을 진행하다 보면 예상치 못했던 비용 지출이 발생하거나 사업 정상화에 시간이 길어지기 때문에 여유자금을 확보할 필요가 있습니다. 스타트업은 제조업, 유통업, 서비스업 모두에서 가능하지만, 서비스업 분야의 창업은 진입장벽이 상대적으로 낮기 때문에 경쟁이 더 치열하여 성공 확률이 낮습니다. 하지만 과거 벤처기업 중에 살아남은 엔씨소프트나 네오위즈게임즈와 같은 온라인 게임업체나 네이버와 카카오와 같은 각종 인터넷 포털 회사들은 현재 주식시장 시가총액 선두에 있을 만큼 큰 기업으로 성장하였습니다. 외부자금조달에 성공한 기업을 조사한 최근 연구에 따르면, 창업 회사의 기술적 우수성, 창업자의 경력과 사업 의지 및 태도, 정책금융을 포함한 전략적 투자자들의 재무적 지원, 체계적 IR 등이 자금조달 성공과 관련이 큰 것으로 조사되었습니다.

경영학자 피터 드러커는 "어떤 현상을 숫자로 표현하지 못하는 것은 문제를 정확히 알지 못하는 것이고, 정확히 모른다는 것은 관리할 수 없다는 것이며, 관리할 수 없다는 것은 현재의 상태를 개선할 수 없다는 의미이다."라는 말을 남겼습니다. 사업 목표와 계획을 숫자로 명확하게 제시하지 못한다면, 투자자로부터 조력을 구할 수 없습니다. 사업계획서는 실현 가능한 방법으로 작성되어야 하고, 좋은 사업계획서는 입증된 데이터를 사용하여 비교 가능해야 하며, 특장점을 객관적으로 소개하여 차별화해야 합니다. 또, 최악의 결과를 가정한 시나리오분석과 민감도분석을 통해 사업의 가능성을 다방면으로 알려, 투자자의 신뢰도를 높여야 합니다.

『비관하는 힘』의 저자 모리 히로시는 그의 책에서 "미래에 닥칠 일의 중요성을 정확히 파악해야 한다. 비관을 통해서 진정한 가치와 합리적 방법을 찾는 데 필요한 진중함이 생기고, 결과적으로 보다 굳건하고 치밀하게 일을 추진할 수 있다."고 썼습니다. 사업을 단순히 낙관적 시각에서 보기보다는 다양한 시각에서 객관적으로 검토하고, 사전적으로 대안을 만들면 투자자들로부터 더 큰 호응을 받게 될 것입니다.

이익배분

배당정책은 기업이 벌어들인 이익을 주주에게 분배하거나, 미래 투자 기회를 포착하기 위해 이익금을 사내에 유보하는 이익금 지급 정책이다.

배당결정은 주주 선호도에 따라 달라질 수 있다. 일반적으로 성장단계에 있는 기업에 투자하는 주주는 배당을 받기보다는 기업이 이익금을 유보하고 활발한 재투자를 통해 자본이득이 커질 것을 기대한다. 반면, 성숙단계에 진입한 기업에 투자한 주주는 기업의 과도한 잉여 현금이 성공적이지 않은 사업 투자로 이어질 수 있다고 우려하여, 상대적으로 배당에 대한 기대가 더 크다.

배당의 고객효과

82 배당지급 방법

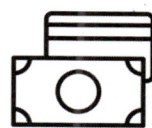

금융당국은 2021년, 일부 금융기관들에 대해 배당성향을 20% 내로 제한하는 자본관리 권고 조치를 시행하였다. 비상장회사의 경우, 상법에서는 주주가 현금으로 배당받을 수 있는 권리를 보장하기 위해 주식배당을 이익배당 총액의 50%를 초과하지 못하도록 규정하고 있다.

기업이 벌어들인 이익은 기업 목적과 재무상태에 따라, 주주에게 배당으로 지급하거나, 주식시장에서 유통 중인 자사주를 매입하여 소각하거나, 새로운 사업에 재투자됩니다.

배당의 지급 시기는 대부분 실적 발표 시기와 일치하지만, 기업 상황에 따라서 어느 시점에서든 지급할 수 있습니다. 예를 들어, 자회사 매각으로 상당한 자금 유입이 발생한 경우, 결산 전이라도 주주에게 배당금을 추가로 지급할 수 있습니다. 우리나라 상법에 따르면, 연말 배당에 관한 사항은 주주총회의 결의를 거쳐야 하고, 중간배당은 영업연도 중 1회에 한하여 이사회 결의를 거치면 배당을 결정할 수 있습니다.

기업의 배당지급에는 크게 두 가지 방법이 있습니다. 배당의 형태는 현금배당과 주식·상품·비화폐성 자산으로 실시되는 현물배당이 있습니다. 현금배당은 기업의 이익을 재원으로 하여 지급되며, 주당 액수로 표시합니다. 예를 들어, 기업이 주당 100원의 배당을 결정하는 경우, 100주를 보유한 주주는 배당금 1만 원을 받게 됩니다. 기업은 현금 대신에 신주를 발행하여, 주식으로 배당하기도 합니다. 주식배당은 현금배당으로 인한 자금의 외부 유출을 막고, 자본금이 증액되는 효과를 볼 수 있습니다. 또, 주식을 받을 수 있는 옵션을 주주에게 부여하는 가증권배당script dividend도 배당지급 방법 중 하나입니다. 가증권배당이란 현금의 사외유출을 일시적으로 방지하기 위하여, 배당금을 수개월 후에 지급하겠다는 약속 증서를 발행하는 것입니다.

기업은 배당지급을 통해 주주와 이익을 공유합니다. 주식시장에서 기업의 꾸준한 배당은 향후 실적 증가에 대한 경영진의 자신감과 기업의 견조함의 신호로 인식됩니다. 경영자가 투자자에 비해 더 우월한 정보를 가지고 있는 정보비대칭 상황하에서, 경영자가 투자자에게 정보를 전달하기 위해 배당정책을 이용할 수 있는데, 이를 배당의 신호효과 signaling effect 라고 합니다. 또, 안정적으로 배당을 지급하는 기업은 투자자들에게 매력적인 투자처로 어필하여, 추가적인 자본조달이 용이합니다. 특히, 정기적인 수입이 필요한 은퇴자 또는 사회단체 등 안전한 투자수익을 얻기 원하는 투자자들에게 마땅한 투자처로 선택될 수 있습니다. 기업은 이러한 주주들의 구성과 선호도에 따라 배당정책을 달리하는데, 이를 배당의 고객효과 clientele effect 라고 합니다.

 기업의 배당지급은 보장되어 있지 않습니다. 오랫동안 매력적인 배당을 지급해온 기업이라고 해도, 이익이 충분히 나지 않거나 대규모 현금이 필요한 외부 기업인수나 투자를 계획 중이라면 배당을 지급하지 않을 수 있습니다. 일반적으로, 규모가 크고 안정된 기업의 배당지급은 성장형 기업보다 높은 경향이 있습니다. 성장형 기업은 이익을 주주에게 배당하는 대신, 재투자하여 사업 규모를 보다 성장시켜야 할 필요가 있기 때문입니다.

 배당수익률은 현재 주가로 주식을 매수할 경우, 배당으로 몇 %의 수익률을 올릴 수 있는지 판단하는 지표입니다. 배당수익률을 계산하는 식은 다음과 같습니다.

$$배당수익률 = \frac{연간배당률}{현재주가} \times 100$$

 예를 들어, 주가가 1만 원인 B기업이 연간 주당 500원을 배당할 경우, 배당수익률은 5%(=500원÷10,000원)가 됩니다. 한편, 주가가 2만 원인 C기업이 주당 700원을 배당하면, 투자자가 받는 금액은 더 많지만, 배당수익률은 낮은 3.5%(=700원÷20,000원)가 됩니다.

 주식을 매각하지 않고 영원히 보유한다고 가정하면, 주식의 가치를 결정하는 기준은 배당입니다. 주식을 1년간 보유 후에 매도한다면, 1년 동안 주가 움직임의 차이와 배당금이 투자의 총수익률입니다. 예를 들어, 기업의 주가가 1년 사이에 5%가 오르고 3%의 배당을 지급한다면, 총투자수익률은 8%가 됩니다.

 배당은 배당가능이익 profit available for dividend 안에서 지급해야 합니다. 배당가능이익은 재무제표상의 법인세비용을 차감 후, 당기순이익에 이월이익잉여금을 가산하거나 이월결

손금을 공제하고, 이익준비금을 차감한 금액입니다. 배당금은 기업이 영업으로 인해 얻은 이익금 중 일부가 사외로 유출되는 것으로, 기업의 순자산을 감소시키는 요인입니다. 과도한 배당금 지급은 자본금 잠식으로 기업을 파산에 이르게 할 수도 있기 때문에, 채권자들이 피해를 볼 수도 있습니다. 따라서 현행법에서는 기업의 순자산이 과도하게 줄어드는 것을 방지하기 위하여, 주주에게 배당할 수 있는 이익을 구체적으로 규정합니다.

무배당, 배당, 자사주 매입

83 배당의 기업가치

> 자사주 매입은 대표적인 주주환원 정책 중 하나이다. 기업이 자사 주식을 사들이면, 시장에 유통되는 주식 수가 줄어 주당순이익이 높아지고 주가가 오를 수 있다. 실제로 자사주를 사들인 코스피 기업들의 주가는 공시 후 60일 뒤, 평균 8.6% 상승한 것으로 조사되었다. 또, 자사주 매입은 주주들에게 주가가 실적보다 저평가됐다는 신호로 받아들여진다.

기업이 주주들에게 이익을 배분하는 방법에는 배당 외에도 자사주 매입이 있습니다. 자사주 매입stock repurchase이란 기업이 자기 회사의 주식을 주식시장 등에서 사들이는 것으로, 자사주 매입 후 소각하면 배당과 마찬가지로 주주에게 이익을 환원하는 효과가 있습니다.

그럼, 기업이 배당을 하지 않고 이익을 유보하거나, 배당을 하거나, 자사주 매입을 하는 것에 따라 기업가치에 어떠한 변화가 있는지 살펴보겠습니다. 결론부터 제시하면, MM은 1961년 그들의 논문에서 완전자본시장하에 기업의 지급 정책은 기업가치와 무관하다고 결론을 내렸습니다. MM의 이론을 A, B, C 세 가지 지급 방법으로 나누어 살펴봅시다.

A는 배당을 하지 않는 경우로, 기업가치는 100억 원이며 주당 가격은 2만 원입니다.

B는 현금배당을 1,000원 지급하는 경우로, 기업가치는 95억 원으로 떨어지고 주당 가격 역시 배당락으로 인해 1만 9,000원으로 떨어집니다. 주주 입장에서는 배당금으로 1,000원을 받았고, 현재 주당 가격이 1만 9,000원이므로, 결국 배당 전 2만 원과 동일한 가치입니다. 이때, 이미 현금을 다른 사업에 투자하여 신주를 발행하여 배당을 지급하는 경우에도 주주 입장에서는 동일한 가치를 가집니다.

C는 2만 5,000주의 자사주를 현금으로 매입하는 경우로, 기업가치는 95억 원으로 줄었으나, 유통되는 주식 수가 47만 5,000주로 2만 5,000주가 줄어들면서 주당 가격은 2만 원

A 배당 없음	재무상태표(단위: 백만 원)			
	현금	1,000	부채	0
	기타자산	9,000	자기자본	10,000
	기업의 총가치	10,000	기업의 총가치	10,000
	보통주의 주식 수: 500,000			
	주당 가격: 100억 원 ÷ 500,000주 = 20,000원			
B 배당 1,000원 지급	재무상태표(단위: 백만 원)			
	현금	500	부채	0
	기타자산	9,000	자기자본	9,500
	기업의 총가치	9,500	기업의 총가치	9,500
	보통주의 주식 수: 500,000			
	주당 가격: 95억 원 ÷ 500,000주 = 19,000원			
C 자사주 25,000주 매입	재무상태표(단위: 백만 원)			
	현금	500	부채	0
	기타자산	9,000	자기자본	9,500
	기업의 총가치	9,500	기업의 총가치	9,500
	보통주의 주식 수: 475,000			
	주당 가격: 95억 원 ÷ 475,000주 = 20,000원			

으로 동일합니다.

 기업의 지급 정책은 현금배당, 보통주의 발행 또는 자사주 매입 중에 선택의 문제입니다. 하지만 MM의 무관련성 주장에 따르면, 지급정책의 변경은 기업의 가치 즉, 주주의 부에 영향을 주지 않습니다. 다만, 세금, 발행비용과 기타 현실적인 문제들을 고려하면 다른 결론이 생길 수 있습니다.

84 배당소득세 [세금효과]

> 해외 주식은 국내 주식과는 달리 매매차익에 대해 양도소득세를 부과한다. 양도세율은 과세표준의 22%(양도소득세율 20%+지방소득세 2%)이며, 배당은 현금배당과 주식배당 모두 원천징수 대상이다. 미국 주식의 배당은 한미조세협약에 따라 배당소득세 15%의 세율이 부과된다 (중국 10%, 일본 15.315%).

　MM의 주장은 완전하고 효율적인 자본시장이라는 가정을 두고 있습니다. 하지만 현실에서는 고배당 기업이 더 안정적이며, 수익성이 뛰어난 회사라고 믿는 투자자가 많습니다. 고배당을 선호하는 배경에는 많은 투자자들이 미래 수입보다는 현재 수입을 선호하기 때문입니다. 현재 수입을 확정하기 위해서는 보유한 주식을 매각하면 되지만, 주식거래에는 거래비용이 발생하기 때문에 투자 원금이 줄어들 수 있습니다. 또, 미래의 배당은 현재의 배당보다 불확실성이 크기 때문에, 위험이 발생하면 투자자들의 요구수익률이 높아지고 주가는 떨어지게 됩니다.

　세율과 발행비용 등에 따라, 주주들은 저배당을 더 선호할 수 있습니다. 기업이 배당을 하면, 주주는 배당소득세dividend incomes tax를 내게 됩니다. 하지만 배당을 하지 않고 기업이 미래 투자를 위해 이익을 유보하는 경우에는 이익유보금이 주가에 반영되어 주식을 매각할 때 자본이득이 생기고, 주주는 자본이득세capital gains tax를 납부하게 됩니다. 이때, 배당소득세와 자본이득세의 세율이 다르면, 배당정책은 주주 부에 영향을 미치게 됩니다.

　우리나라의 경우, 배당소득세는 배당금액의 14%에 지방소득세 1.4%를 더해, 총 15.4%가 부과됩니다. 만약, 배당금으로 받은 금액이 이자소득 등 다른 금융소득을 포함하여 연간 2,000만 원을 초과하게 되면, 급여 등의 다른 소득에 합산하여 종합소득세를 추가로 내야 합니다. 종합소득세 세율은 금액에 따라 6.6~49.5%(지방소득세 포함)가 적용됩니다.

주식을 매도하여 발생하는 자본이득, 즉 양도소득이 생기는 경우에는 양도소득세를 내야 합니다. 주식 양도소득세는 소액으로 투자하는 개인투자자에게는 부과되지 않지만, 2023년부터는 과세 대상입니다. 2022년 현재에도, 상장주식의 경우 지분율이 코스피 1%, 코스닥 2% 이상 혹은 종목별로 보유한 평가액이 10억 원 이상인 대주주에게는 주식 양도소득세가 부과되고 있습니다. 대주주의 양도소득세는 1년 미만 보유 시에는 33%, 1년 이상 보유 시에는 양도차익 3억 원을 기준으로 각각 22%와 27.5%가 적용됩니다.

이와 같이, 2022년 우리나라 현행 세제하에서는 자본이득이 배당소득보다 투자자에게 대체로 유리하여, 기업이 배당을 적극적으로 실시하지 않고 유보하는 하나의 이유가 되고 있습니다. 하지만 2023년부터는 주식양도세가 배당소득세보다 커질 수 있어, 투자자 입장에서는 소득 구간별 유불리를 따져야 합니다.

85 배당결정

배당정책의 장단점

> 특수목적법인을 제외하고, 2021년 시가 대비 배당이 높은 기업은 현대중공업(9%), LX인터내셔널(8.6%), 삼성증권(7.7%), 세아베스틸(7.4%), 신영증권1우(7%), 하나금융지주(6.9%), 우리금융지주(6.9%) 등이며, 이외에도 다수의 금융기관들이 상위권에 있다.

그럼 저배당과 고배당 정책의 장단점이 각각 존재하는 상황에서, 어떤 배당정책이 기업에게 실효적일까요?

기업 배당결정에 대해 확실한 답은 없습니다. 기업의 신주발행은 여러 가지 비용을 수반하기 때문에, 새로운 투자를 고려하는 기업 입장에서는 외부로부터 자금조달이 아닌 내부자금을 선호합니다. 따라서 기업은 유보한 이익금을 새로운 투자에 지출하고, 남은 잔여 자금을 배당으로 지급하는 소위 잔여배당정책 residual dividend policy 이 유효한 옵션이 될 수 있습니다. 이 경우, 고속 성장을 하는 산업군에 속한 기업이나 신설회사들은 상대적으로 새로운 투자 기회가 많아서 배당이 적어지고, 반면 저성장 산업군에 속한 기업 또는 안정단계에 진입한 기업들은 새로운 투자에 집중하기보다는 많은 배당을 지급하려 할 것입니다. 기업은 배당을 안정적으로 유지하려는 경향이 있습니다. 기업의 이익이 일시적으로 변동되어도 배당을 일정한 수준으로 지급하는 것이 투자자 확보에 유리한 면이 있기 때문입니다. 기업의 배당결정은 현금 유동성, 차입능력 및 기업 지배력 강화 등을 고려해야 합니다. 실제로 많은 기업들이 잔여배당정책을 사용하고 있지만, 주주와의 관계 및 회사 내부의 여러 가지 사정을 고려하여 최종적으로 배당정책을 판단합니다.

다음 그림은 2021년 12월 기준, 한국거래소의 산업별 배당수익률입니다(자료: KRX 정보데이터 시스템). 한국거래소에 상장된 기업 중 상위 30개 회사의 배당수익률은 2.4%이고, 100개 회사의 배당수익률은 이보다 낮은 2.04%입니다. 업종별로 보면, 큰 차이가 있습니다.

은행, 보험, 증권 등 금융업종의 배당수익률은 높은 편인데, 특히 2021년 증권 업종은 최대 실적을 기록하면서 높은 배당수익률을 보였습니다. 반면, 의약품, 의료기기, 의료서비스, 식품 및 화장품 산업이 속한 헬스케어 업종은 0.17%로 가장 낮았습니다. 이들 업종은 연구개발비를 적기에 투자해야 하기 때문에, 유보 성향이 강하게 작용한 것으로 보입니다.

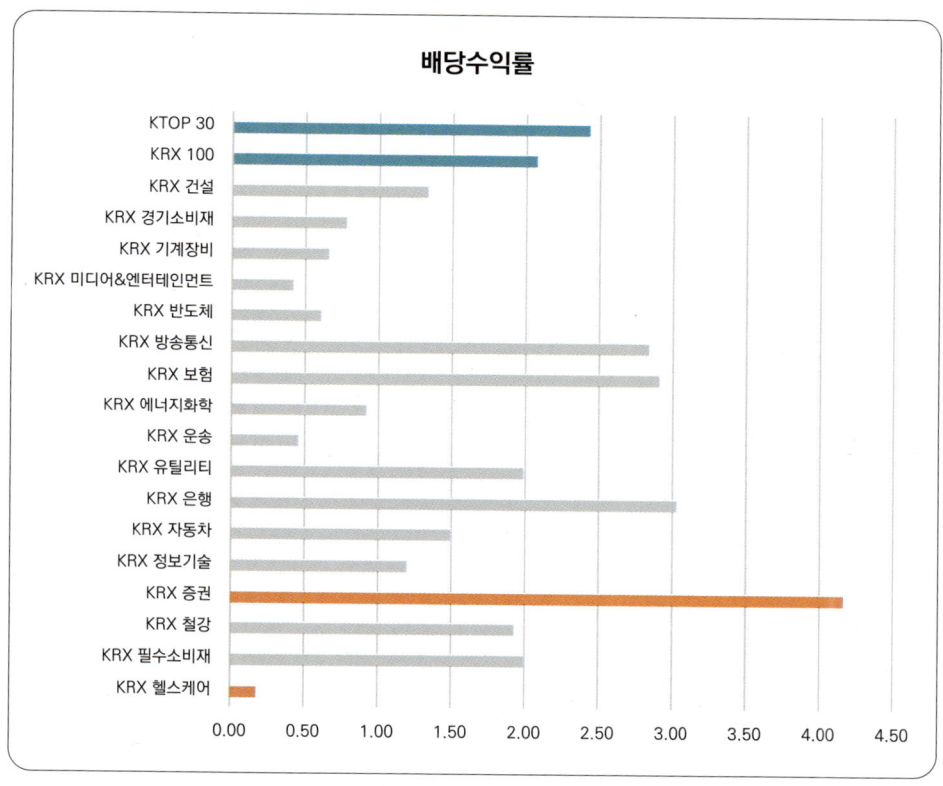

읽어두기 ⑫

투자 고수가 되려면 IR에 쫓아다녀라

　많은 기업들은 숫자로 표현되는 재무제표상의 기본적인 정보 외에 기업설명회 investor relations: IR를 통해 전략 변화, 기술혁신 등의 정보를 투자자들에게 적극적으로 알립니다. 이는 투자자의 신뢰를 높여, 추가로 투자를 유치하거나, 자본조달 비용을 절감하거나, 주식가치를 높이기 위한 일종의 기업 마케팅 수단으로 활용됩니다. 기업의 경영진은 기업설명회를 통해 투자자들에게 경영진에 대한 신뢰를 높이고, 우호적인 인식을 심어주고자 합니다.

　기업설명회는 투자자들을 대상으로 기업의 경영활동 및 추진 중인 사업의 경과보고, 미래 사업 추진 계획뿐만 아니라 사업의 불확실성 등 어려운 점도 포함시켜, 객관적으로 정보를 제공하려고 노력합니다. 기업설명회는 회사 현황, 사업 개요, 재무제표, 생산 및 시설계획, 추정 소요자금, 미래의 재무예측 자료, 투자 제안 등의 내용이 포함됩니다. 투자자들을 대상으로 하는 기업설명회는 여러 내용 중 사업의 수익성에 초점을 맞추어, 수익 경과보고와 예상 수익 전망 정보를 중심으로 설명합니다.

　주식 고수들은 기업설명회에 큰 관심을 가집니다.
　기업설명회는 의무적인 것은 아니지만, 많은 기업들이 기업설명회에 막대한 시간과 비용을 투자합니다. 기업이 기업설명회를 한다는 것은 실적이나 미래 전망에 자신이 있다는 것입니다. 그렇지 않은 기업은 스스로 나서서 설명할 이유가 없기 때문입니다. 실제로 좋은 기업일수록 기업의 홍보 및 투자를 위해 IR을 더 적극적으로 수행한다는 실증분석이 있습니다.

투자자들에게 기업설명회는 매우 중요합니다. 경험이 많지 않은 개인투자자들은 기업의 과거 실적에 지나치게 집착합니다. 하지만 과거 실적이 좋거나 사업성에 대해 검증을 받았다고 해서, 미래의 사업 성과가 꼭 좋다는 보장은 없습니다. 투자자는 기업의 투자설명회에서 발표하는 내용을 차분히 검토하고, 사업의 지속 가능성과 위험 및 보상을 점검하고, 객관적으로 판단하는 능력이 필요합니다.

실제로 기업설명회를 충실히 잘하는 기업이 주가수익률도 양호한 것으로 조사되었습니다. 2018년 국내 한 비영리 연구기관은 코스피와 코스닥 상장기업 1,974곳을 전수 조사하여, IR 우수 기업 22곳을 선정하였습니다. 우수 기업 선정에는 IR의 신뢰성, 적극성, 공정성을 고려하였습니다. 이들 22개 기업 중 주가가 오른 기업은 16곳으로 전체에서 73%를 차지했고, 주가는 평균 13% 상승하였습니다. 특히, 덴티움(80%), 모두투어(57%), LG화학(55%), 파워로직스(53%), 이마트(48%), SKC(42%) 등 기업의 주가수익률이 높았습니다.

PART 5

효율적 재무관리

재무계획과
해외자금조달 및 투자

오늘날 기업은 해외 여러 나라에서 사업활동을 전개하고, 전체 순이익의 상당 부분을 해외사업을 통해 얻고 있다. 이러한 사업활동은 국가 간 무역뿐만 아니라 국제재무활동을 포함한다. 기업경영자는 세계를 무대로 다양한 투자와 자금조달 기회를 살피고 의사결정을 해야 하며, 재무책임자 역시 국경을 넘는 재무정책과 전략을 마련하고 수행해야 한다.

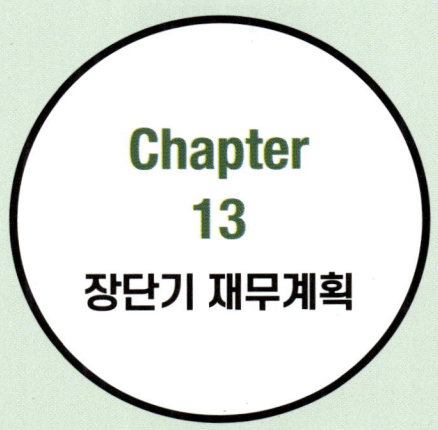

Chapter 13
장단기 재무계획

추정을 통한 계획

기업은 미래를 보다 명확히 예측하고 자금 수요와 공급에 대처하기 위해 재무계획을 수립한다. 예측에는 매출예측, 비용과 이익 예측, 성장률예측이 핵심이다. 자산 2조 원 이상 공공기관 역시 중장기 재무계획을 수립하여 국회에 제출한다. 이는 공공기관들의 재무건전성을 점검하고, 사전에 문제점을 모니터링하는 데 그 목적이 있다.

재무예측

재무계획

오랫동안 수많은 노력에도 불과하고, 예측은 여전히 풀기 어려운 과제이다. 예측 방법에는 크게 정성적방법과 정량적방법이 있다. 정성적방법은 데이터에 의존하지 않고 주관적 의견 또는 판단에 의한 수요예측 기법으로, 주로 장기적 예측에 활용된다. 정량적방법은 객관적 데이터를 기반으로 주로 단기적 예측에 사용된다.

    기업은 조직의 목표달성을 위해, 향후 투자와 자금조달을 고려한 미래의 재무상태와 경영성과를 추정할 수 있는 재무계획 financial planning 을 수립합니다. 재무계획은 재무정책을 집행할 때, 미래의 재무상태와 경영성과를 예측해 파악하고 통제하는 재무관리 활동을 포괄하는 프로세스입니다.

    재무계획 설정의 첫 번째 단계는 기업이 달성하고자 하는 미래의 재무 목표를 명확히 하는 것입니다. 재무계획은 단기재무계획과 장기재무계획으로 나눌 수 있습니다. 단기재무계획은 1년 내에 기업에 영향을 미치는 운전자본과 관련한 재무, 즉 기업이 최적의 현금 유동성을 갖도록 유동자산 및 단기채무를 효과적으로 관리하는 것을 목표로 합니다. 기업을 운영하면 일시적으로 현금이 부족하거나 과잉 상태가 발생할 수 있는데, 단기재무계획을 통해 효과적인 대응책을 마련해야 합니다. 기업은 단기재무계획 외에, 1년 이상의 장기투자 등을 위한 다양한 방법의 자본조달, 즉 내부자본조달, 외부자금조달, 배당 여건 등을 고려한 장기재무계획을 수립하게 됩니다. 장기재무계획의 목표는 기업의 미래 수익성 향상을 통한 성장률을 극대화하는 것입니다. 장기재무계획은 특정 사업부의 매출이나 순이익 증가와 같은 협소한 개념보다는, 장기적 관점에서 기업의 시장가치를 올리는 데 목적이 있습니다.

    재무 목표가 명확히 설정되면, 신규 투자 기회, 부채 수용 능력 및 현금 보유 수준 등을 고려하여 재무정책을 수립하고, 미래의 재무 상황을 예측하고 이를 반영하여 추정재무제표pro-forma를 작성하여 분석합니다. 기업의 정교한 재무계획 수립은 투자자금 확보에 도움을 주며, 의사결정 요인들 간의 상호 관련성을 보다 명확히 할 수 있습니다. 또, 예측하지 못한 상황을 사전에 파악하여 다른 대안을 고려하고, 경영정책 수립과 경영통제 등에 일관성을 확보하는 데 도움을 줍니다. 재무계획은 일반적으로 아래와 같은 절차로 진행됩니다.

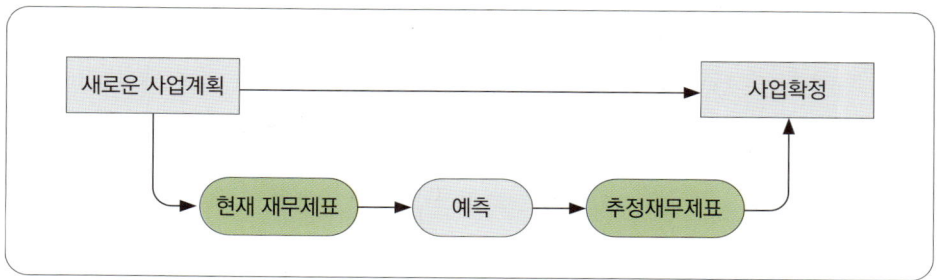

재무계획은 미래의 예측을 통하여 재무제표를 구성하는 각 항목, 즉 매출액 및 수익 등을 추정하고 요구되는 자금을 파악하는 과정입니다. 즉, 재무예측이 재무계획 수립의 본질입니다. 추정재무제표를 만드는 과정을 좀 더 세분화하면, 다음 그림과 같습니다.

재무예측은 주관적인 예측 방법과 객관적인 예측 방법이 있습니다. 주관적 예측 방법은 예측자의 경험과 판단에 근거하여 미래의 경제, 산업 및 기업의 여건 등을 예측하는 것입니다. 이 방법은 비과학적인 방법으로 비판받을 수 있으나, 예측자의 판단 능력에 따라 더 좋은 성과를 내기도 합니다. 객관적인 예측 방법은 통계적 모형에 과거 자료를 투입하여, 미래의 재무상태와 경영성과를 예측하는 방법입니다. 분석 방법으로는 시계열분석, 횡단면회귀분석, 이동평균법 등이 있습니다. 미래의 매출액을 추정하려면 영업부서의 수주 계획뿐만 아니라 국내외 경기 전망, 산업 동향, 정부의 정책 변화 등 많은 사내외 예측치가 필요합니다.

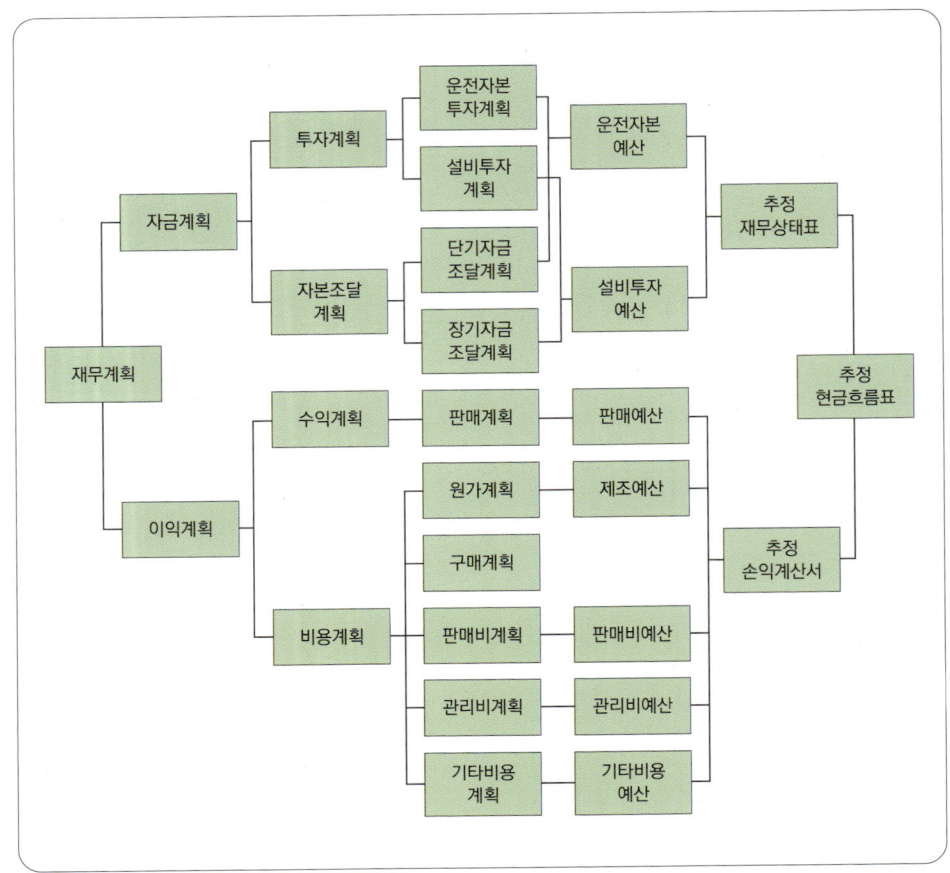

추정재무제표

장기재무계획

> 장기재무계획은 향후 인플레이션, 경제성장률, 원자재 가격 등 경제 환경에 대한 일관된 가정이 필요하다. 동시에 미래 경제 환경이 바뀌는 상황을 반영할 수 있도록 재무계획이 탄력적으로 관리·운용되어야 한다.

일반적으로 재무계획은 장기재무계획을 의미합니다. 장기재무계획을 위해 추정재무제표를 만드는 사례를 살펴봅시다.

D기업은 2021 사업연도의 손익계산서와 재무상태표를 다음 표에 ㉠열과 같이 공시하였습니다. 이를 기준으로 하여, 향후 3년간 추정재무제표를 만들어봅시다. D기업은 향후 3년간 매년 20%의 매출 성장을 예상하며, 이에 따른 추가 투자가 필요합니다. 이때, 어떠한 방법으로 자금을 조달해야 할까요? 해답을 찾기 위해, 다음과 같은 표를 작성하면, 훨씬 쉽게 상황을 이해할 수 있습니다. 여기서 계산의 편의를 위해, 매출액 증가와 다른 주요 변수들은 정비례하는 것으로 추정하는 매출액백분율모형을 사용하겠습니다.

(단위: 억 원)

손익계산서		2021㉠	2022㉡	2023㉢	2024㉣
① 매출(성장률: 매년 20%)		1,000	1,200	1,440	1,728
② 매출원가(매출액의 90%)		900	1,080	1,296	1,555
③ 감가상각비(고정자산의 10%)		25	28	33	40
④ 영업이익(①-②-③)		75	93	111	133
⑤ 이자비용(장기부채의 5%)		12	15	18	22
⑥ 세전이익(④-⑤)		63	78	93	111
⑦ 법인세비용(세전이익의 30%)		19	23	28	33
⑧ 당기순이익(⑥-⑦)		44	55	65	78
⑨ 배당금(당기순이익의 10%)		4	5	7	8
⑩ 재투자된 수입(⑧-⑨)		40	49	59	70

재무상태표	2020 기말	2021	2022	2023	2024
자산					
⑪ 순운전자본(매출액의 21%)*	150	210	252	302	363
⑫ 고정자산(매출액의 27.5%)	250	275	330	397	475
⑬ 총순자산(⑪+⑫)	400	485	582	699	838
부채와 자기자본					
⑭ 장기부채(전기말 장기부채+ⓕ)	150	195	243	302	371
⑮ 자기자본(전기말 자기자본+⑩)	250	290	339	397	467
⑯ 부채와 자본총계(⑭+⑮)	400	485	582	699	838

*순운전자본: 유동자산 − 유동부채

위의 추정재무제표를 사용하여, 필요한 외부자금과 이에 따른 재무비율을 계산하면 다음 표와 같습니다.

자금의 원천과 지출	2021	2022	2023	2024
ⓐ 영업현금흐름(③+⑧)	69	82	98	117
ⓑ 운전자본의 증감(⑪의 차이)	60	42	50	61
ⓒ 고정자산투자(⑫+③)	50	83	99	119
ⓓ 배당금(⑨)	4	5	7	8
ⓔ 총현금지출(ⓑ+ⓒ+ⓓ)	114	130	156	188
ⓕ 필요한 외부자금(ⓔ−ⓐ)	45	48	59	70
재무비율	2021	2022	2023	2024
⑨ 부채비율(⑭÷⑯)	0.4	0.42	0.43	0.44
ⓗ 이자보상비율(④÷⑤)	6.2	6.4	6.1	6.0

매출 증가에 따른 배당지급과 투자의 증가로 인해, 필요 자금 역시 증가하게 됩니다. 필요한 외부자금은 다음과 같이 표시할 수 있습니다.

필요외부자금 = 운전자본투자 + 고정자산투자 + 배당금 − 영업현금흐름

위의 표에 의하면, 외부로부터 조달해야 하는 자금은 2022년 48억 원, 2023년 59억 원, 2024년에는 70억 원이 필요할 것으로 추정됩니다.

그럼, 이 자금을 어떻게 마련하는 것이 최선일까요? 앞서 언급한 대로, 기업은 장·단기차

입, 신주발행, 배당을 줄이고 유보이익을 증가시켜 필요한 자금을 마련할 수 있습니다. 또, 재고를 줄이거나 매출채권회수기간을 앞당기는 등의 노력을 통해 운전자본을 줄일 수 있습니다.

추정재무제표는 재무 변수들을 일관성 있게 예측하는 데 도움을 줍니다. 하지만 재무정책의 최종 선택을 위한 답을 제공하지는 않습니다. 앞의 예에서, 우리는 모든 필요한 외부자금은 차입을 통해 조달한다고 가정했습니다. 이때 재무비율을 살펴보면, 부채비율 및 이자보상비율의 차이가 크지 않아, 부채를 통한 자본조달은 큰 무리가 없다고 평가할 수 있습니다. 성장률을 높이면 필요한 외부자금의 양이 증가하고, 성장률이 낮으면 유보된 이익금으로 충당이 가능합니다. 또, 앞의 예에서는 매출액백분율모델을 사용하였는데, 실제 상황에서는 매출과 비례하지 않는 변수들이 많이 발생합니다. 이에 모형의 조정과 함께, 성장률을 얼마까지 높이는 것이 기업의 이익인지 검토할 필요가 있습니다.

장기재무계획은 최종적인 계획을 마련하기 전까지, 미래 예측을 기반으로 숫자를 추정·분석하고, 다시 조정하는 반복적인 과정을 거치게 됩니다. 최종 계획 역시 일부 가정들을 전제로 하고 있지만, 여러 이해관계자들의 다양한 목표를 수렴하여 최선의 방안을 찾아야 합니다. 따라서 재무계획은 기업 전반의 공동 목표를 설정해나가는 과정입니다.

 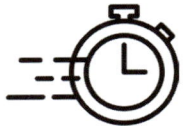

유동성과 수익성

단기재무계획

> 1970년대, 일본의 토요타 자동차는 부품 재고를 쌓아두지 않고, 필요한 만큼만 공급받아 제품을 생산하는 적시생산시스템 just in time system 방식으로 재고를 관리하였다. 이는 재고를 쌓아두는 데 들어가는 비용을 없애고, 5분 단위로 생산량을 조절해 수요 변화에 대응하는 전략이다.

단기재무결정은 주로 1년 이내에 발생하는 현금유입 또는 현금유출, 예를 들면 외상판매와 외상매입 등과 관련된 의사결정입니다. 기업에서는 현금의 유출입시점이 서로 일치하지 않기 때문에, 단기자금 관리가 필요합니다. 단기재무관리는 장기재무결정보다는 상대적으로 덜 복잡할 수 있으나, 그렇다고 덜 중요하다는 의미는 아닙니다. 아무리 효율적이고 탄탄한 장기재무정책을 가지고 있어도, 단기자금 관리에 실패하면, 기업 생존에 심각한 문제가 생길 수 있습니다.

기업은 현금의 원천과 사용에 따라 지속적으로 순현금흐름이 바뀌어, 단기자본조달 또는 운영이 필요합니다. 기업은 적정 수준의 유동성을 유지하기 위해, 보다 효과적인 자금계획을 세울 필요가 있습니다. 기업의 적정 유동성 수준은 기업이 처한 상황, 산업 및 경제 상황에 대한 예측 등에 따라 달라질 수 있습니다. 급속히 성장하고 있는 산업군에 속한 기업, 예를 들어 바이오기업은 신약 개발을 빠르게 수행하기 위해 타 산업보다 더 많은 현금 유동성을 확보하는 경향이 있습니다. 또, 경기가 좋아질 것으로 예측한다면, 앞으로 금리가 오를 가능성이 커지므로 서둘러 장기자금을 확보할 필요가 있습니다. 안정적인 유동성 관리를 위해 자산과 부채의 만기를 매치하는 전략이 사용되기도 합니다. 즉, 공장이나 기계설비와 같은 장기 비유동성 자산은 장기차입이나 주식 등의 방법으로 조달하고, 외상매출금과 재고자산과 같은 단기 자산은 단기차입을 통해 조달하는 방식입니다.

기간		1분기	2분기	3분기	4분기
현금원천	외상매출금	100	150	500	1,050
현금사용	외상매입금	200	250	300	350
	재고자산	50	60	70	80
	인건비와 기타 비용	80	80	80	80
	자본비용	20	20	20	30
	세금, 이자, 배당금	40	40	40	40
순현금흐름	현금원천 - 현금사용	-290	-300	-10	470
단기자금조달 필요금액	기초현금	250	-40	-340	-350
	순현금유입	-290	-300	-10	470
	기말현금	-40	-340	-350	120

현금흐름은 영업활동 현금흐름, 투자활동 현금흐름, 재무활동 현금흐름으로 구분하여, 재무제표의 현금흐름표에 작성됩니다. 기업의 재무관리자는 현금흐름표를 기반으로 현금의 원천과 사용을 추정하여, 현금의 부족 또는 잉여 여부를 예측합니다. 위에 표를 보면, 1분기부터 3분기까지는 현금이 부족하여 단기로 자금조달이 필요하고, 4분기에는 현금의 잉여가 생겨 자금을 운용해야 합니다. 기업의 자금이 단기적으로 부족해지면, 기업은 은행으로부터 단기로 대출을 받거나, 단기사채를 발행하거나, 거래처에 미지급금 지급의 연장을 요청하거나, 투자 시기를 조정하는 등의 방법으로 자금을 융통합니다. 이때 발생하는 경제적 비용, 거래처와의 관계 및 평판 등을 고려하여 자금조달 방법을 결정합니다.

기업은 유동성과 수익성을 최적으로 유지하기 위해, 운전자본을 적극적으로 관리합니다. 유동성과 수익성은 보통 상호상충trade-off 관계를 가집니다. 기업의 자금을 유동성에 치중하여 관리하면 수익성은 상대적으로 떨어질 수 있으며, 반대로 수익성을 지나치게 강조하여 유동성이 약화되면 단기채무 지급 능력이 나빠져 흑자도산 위험에 빠질 수 있습니다. 운전자본 정책은 1년 이하 기업활동의 최적화를 위해, 순운전자본을 어느 정도 수준으로 관리할지를 판단하는 의사결정입니다. 여기서 순운전자본net working capital이란 일상적인 기업 운영에 필요한 자본을 의미하는데, 유동자산에서 유동부채를 차감한 금액입니다. 유동자산은 주로 외상매출금, 재고자산, 현금 및 시장성유가증권 등으로 구성되며, 유동부채는 외상매입금, 단기차입금 및 미지급비용이 큰 비중을 차지합니다.

기업의 다양하고 불특정한 영업활동은 예상치 못한 현금의 유입과 유출을 발생시킵니다. 이러한 현금유출입은 영업주기에 따라 달라집니다. 다음은 제조업의 일반적인 영업주기 모습입니다.

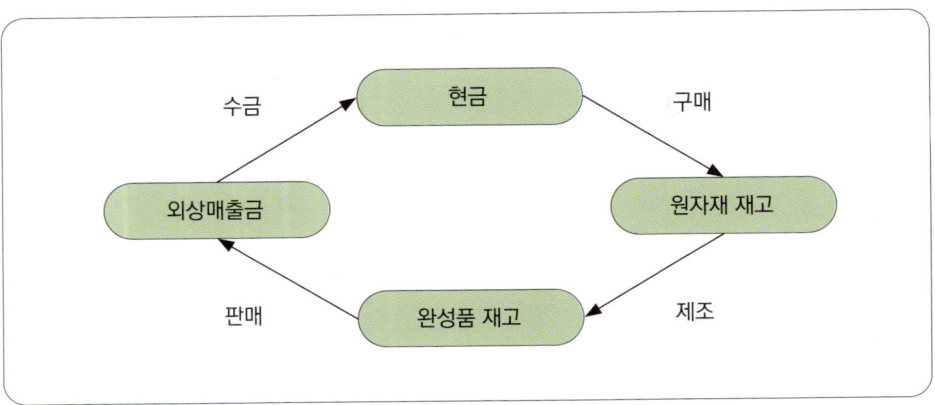

영업주기는 원자재를 구매하여 판매하고, 매출이 발생하고 현금을 회수하는 데까지 걸리는 기간입니다. 그리고 실제 현금이 발생하는 현금주기는 영업주기에서 매입채무 지급 기간을 뺀 기간입니다. 현금주기는 회사의 영업 환경과 업종의 관행에 따라 크게 다를 수 있습니다. 또, 각 항목들은 고정된 변수가 아니므로, 기업이 성과를 내기 위해서는 합당한 관리가 필요합니다. 특히, 경기 불황기에는 매출채권 및 재고를 철저히 관리하여, 양(+)의 현금흐름을 유지하는 것이 중요합니다. 대부분의 기업에서 유동자산 중에 외상매출금은 가장 큰 비중을 차지합니다. 기업들은 매출을 증대하기 위해, 제품이나 서비스를 현금뿐만 아니라 기업의 자금을 선투자하여 신용으로 판매합니다. 매출채권 선투자는 외상 판매의 규모와 매출채권회수기간에 의해 결정되므로, 기업은 신용 기간과 같은 판매 조건, 고객의 신용 분석, 회수 정책 등과 같은 신용 정책 수립이 필요합니다. 외상으로 판매한 기업은 매출처의 신용위험을 줄이고 현금을 확보하기 위해, 외상매출채권을 외상 대금 지급기일 전에 자금공급자에게 할인 매각하여, 즉시 현금화하는 팩토링 factoring 제도를 이용하기도 합니다. 팩토링을 이용하는 경우, 구매자는 외상 대금 지급기일이 도래하면, 판매한 기업이 아닌 자금공급자인 팩토링회사에 외상 대금을 지급하게 됩니다.

재고자산 역시 유동자산 중에 중요한 항목입니다. 재고자산은 정상적인 영업 과정에서 판매를 위하여 보유하거나, 생산 중에 있는 자산, 생산 또는 서비스 제공 과정에 투입될 원재료나 소모품 형태로 존재하는 자산입니다. 기업에게 적정 재고 유지는 매우 중요합니다. 재고가 지나치게 많으면 자본비용을 포함한 재고보유비용 carrying cost 이 커지며, 반대로 너무 적으면 수급의 불확실성이 커지고 주문 비용이 많이 발생할 수 있습니다. 재고관리의 효율성을 기하기 위해, 고가품을 제조하는 회사에서는 수요를 예상하면서 생산하는 예측생산과는 달리, 고객의 주문에 응하여 생산하는 주문생산 made to order 방식을 사용하기도 합니다.

적절한 현금 보유는 기업의 경영활동을 수행하는 데 있어 중요합니다. 기업은 일상적인 거래뿐만 아니라 예상치 못한 상황에 대비하여, 현금예산을 마련하고 일정부분 현금잔고를 유지할 필요가 있습니다. 하지만 현금 보유는 단기 증권과는 달리 이자를 얻을 수 없어, 기업 입장에서는 기회비용이 발생하기 때문에, 최소한의 현금만을 보유하려 합니다. 즉, 유동성의 한계가치와 거래비용을 포함한 이자를 포기하는 가치가 같아질 때까지, 현금잔고를 보유하게 됩니다.

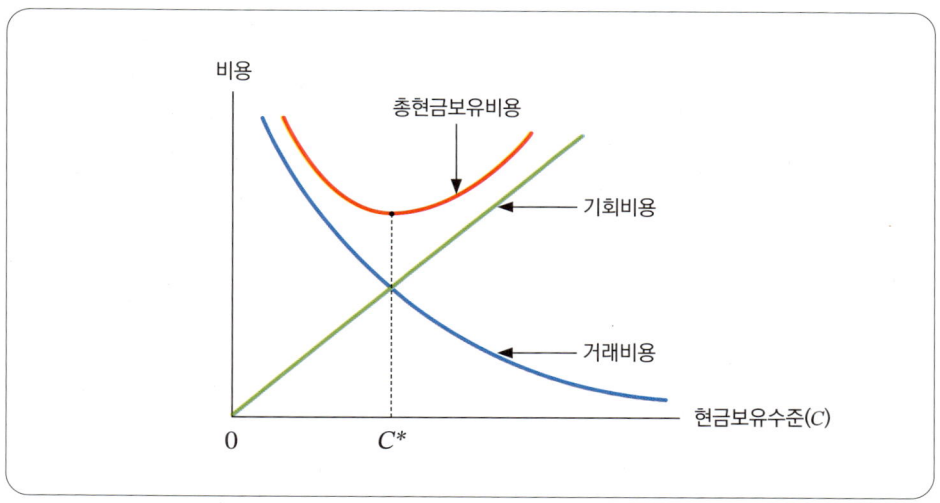

위의 그림과 같이, 적정 현금보유수준은 기회비용과 거래비용의 합이 최소가 되는 C^*에서 결정됩니다.

단기로 자금이 부족한 기업의 자금 원천은 일반적으로 담보가 없는 은행 대출입니다. 또, 기업들 대부분은 은행에 당좌예금 구좌를 만들고 현금을 예입한 후, 필요에 따라 수표를 발행하여 거래처에 대금을 지급합니다. 당좌수표는 당좌예금 범위 내에서 발행하는 것이 원칙이지만, 당좌차월 overdraft facility 을 통해, 일정 금액 한도 내에서는 예금 잔액을 초과하여 초단기간의 수표를 발행하기도 합니다. 따라서 당좌차월 역시 은행으로부터의 부채입니다. 신용 상태가 좋지 않은 기업들은 외상매출금, 재고자산과 같은 유동성이 풍부한 자산을 담보로 제공하고, 은행으로부터 단기로 차입을 제공받기도 합니다. 또, 은행을 통하지 않고 기업어음을 발행하는 방법으로 투자자들로부터 직접 자금을 조달받기도 합니다. 기업어음은 최장 만기 1년의 융통어음이지만, 대부분의 기업어음 만기는 90일입니다. 반대로 유휴자금이 있는 기업은 단기금융시장에서 자금을 운용합니다. 국가가 발행한 단기국채 또는 한국은행이 발행한 통화안정증권을 매입하거나, 은행이 발행하는 양도성예금증서, 환매조건부채권 또는 타 기업이 발행한 기업어음에 단기투자하기도 합니다.

읽어두기 ⑬

비이성적 결정과 행동경제학

이콘econ이란 원래 기독교에서 그리스도와 12명의 사도, 성모 마리아, 성인들을 그린 성화를 뜻하지만, 다른 의미로는 매사 합리적이어서 현명하게 대처하는 사람을 일컫기도 합니다.

현대 경제학은 합리적 인간이라는 명제 위에 발전해왔습니다. 합리적 인간이란 서로 다른 상품 조합 중에 더 선호하는 상품에 대한 판단을 내릴 수 있고, 상품에 대한 선호가 상호 간에 일관된다는 의미입니다. 또, 주관적 기대효용이론에 의하면, 인간은 의사결정을 할 때 자신에게 유익한 것이 최대화되거나 해로운 것이 최소화되게끔 선택한다고 주장합니다. 주류경제학의 이론과 모형은 한결같이 호모에코노미쿠스homo economicus로 이콘의 능력을 가지고 있다고 가정합니다.

하지만 현실에서 인간은 늘 경제적이고 합리적인 선택을 하는 것은 아닙니다. 이를 연구하고 발전시키고 있는 분야가 행동경제학behavioral economics입니다. 행동경제학은 인간의 심리와 본성에 주목하여, 경제학에 심리학을 접목한 학문 분야입니다. 하지만 주류경제학 전체를 부정하는 것은 아니며, 인간은 제한적으로 적당히 합리적이라는 데에서 출발합니다. 행동경제학의 이론 중에 구조화효과framing effect란 동일한 사안임에도 제시되는 방법에 따라 해석과 선택이 달라질 수 있는 인식의 왜곡 현상을 말합니다. 또 하나의 중요한 이론은 손실회피성향loss aversion, 즉 사람들은 불확실한 이익보다 확실한 손해를 더 체감한다는 것입니다. 이외에 동일한 물건이라도 자신이 소유했을 때 더 높은 가치를 부여하는 소유효과endowment effect, 결과가 나타난 뒤 사전에 예측했다고 착각하는 사후판단편향hindsight bias, 위험을 수반하는 상황에서의 의사결정 원리를 설명하는 전망이론prospect theory, 사람들이 소득을 심리적인 틀 속에 넣는 경향을 보여주는 심리계좌mental accounting, 투자자들이 특정 투자 정보를 과대평가하여 시장에 반응하는 현상을 소개한 과잉반응가설overreaction hypothesis 등의 흥미로운 이론들이 있습니다.

　재무 분야에서도 모든 시장참여자가 완벽한 정보를 가지고 있을 때 자산 가격이 균형에 도달한다는 효율적시장가설efficient market hypothesis이 오랫동안 이어져온 주류 이론입니다. 즉, 시장에 가격은 상품에 대해 얻을 수 있는 모든 정보를 빠르게 반영하기 때문에, 정보를 이용하여 장기적으로 시장수익률을 넘을 수 없다는 가설입니다. 하지만 투자자들은 때론 비이성적으로 행동하며, 시장에는 비효율성이 존재합니다. 행동경제학 중에서도 행동재무학behavioral finance은 전통적 재무 이론으로는 설명하기 어려운 시장에서의 현상과 심리적 편향들을 연구하여 예측하는 데 활용됩니다. 연구에 따르면 투자자들, 특히 개인투자자들은 충분한 정보와 합리적 분석이 아닌 루머나 주관적인 판단에 의존해 감정적으로 투자하기 때문에 시장에 비효율이 발생한다는 것입니다. 그렇다면 이러한 시장 비효율을 이용해 수익을 취하는 세력이 나타나 시장이 다시 빠르게 효율적으로 바뀌어야 하는데, 실제 시장에는 거래비용, 유동성, 공매도, 대리인의 문제 등으로 차익거래arbitrage 제약이 존재합니다. 이로 인해 시장은 비이성적으로 가격이 형성되기도 하며, 실제 1990년대 후반 닷컴버블이 생겨났고 2022년 현재에도 미래가치와 동떨어진 가격이 형성되는 경우가 종종 발생합니다.

　행동재무학이 등장하면서, 시장은 언제나 효율적이기 때문에 주가가 싼 종목을 찾으려고 노력하는 것은 헛된 짓이라는 과거의 수동적 투자전략을 포기하고 행동재무학 이론에 근거해 주식을 운용하려는 펀드에 많은 돈이 몰리면서 펀드 수가 늘어나고 있는 추세입니다. 모

글로벌 자산운용회사는 개인투자자들은 정보에 대한 대응이 느리거나, 과잉반응이나 과소반응을 하기 때문에 이들의 비이성적인 투자심리를 이용하여 높은 투자수익을 올릴 수 있다고 소개하기도 합니다.

  기업이나 개인 모두 소중한 자산을 자신의 감이나 운에 맡길 수는 없습니다. 이성적인 방법으로 자산을 지키고 더 높은 수익을 만들고자 하는 노력이 재무를 배우는 기본적인 목적입니다.

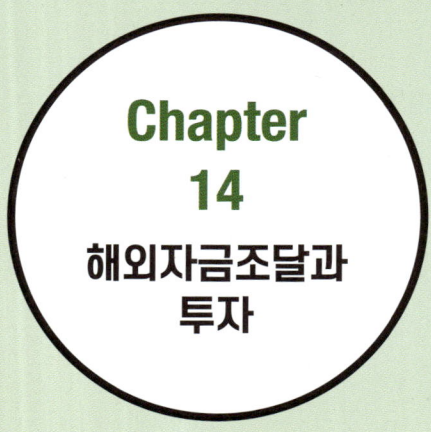

Chapter 14
해외자금조달과 투자

국제금융

많은 기업들이 다국적기업 형태를 취하면서, 기업의 국제재무관리는 중요한 영역이 되었다. 기업은 해외와의 무역 거래뿐만 아니라 해외에 투자하기도 하고 국제금융시장을 통하여 자금을 조달하기도 한다. 국제재무관리는 일반재무관리와 원칙적으로는 다를 바가 없으나, 국가 간의 환율, 이자율, 회계처리방법, 조세제도, 노동조례, 정치적 요인 등 재무적·비재무적 요인들을 추가로 고려할 필요가 있다.

다국적기업

국제재무관리

> 우리나라의 경우, 2020년 기준 국내 법인세 세수 중에 다국적기업의 비중이 43%로, 아일랜드, 미국, 노르웨이, 룩셈부르크에 이어 세계 7위 수준이다. 전체 다국적기업의 절반 정도인 1,101개 사는 미국에 본사를 두고 있으며, 일본이 715개 사, 한국은 185개 사로 확인된다.

국제재무관리 international financial management 는 기업이 경영활동을 해외로 확장하는 경우에 필요한 재무관리로서, 국제적으로 자금을 조달, 운용, 관리하는 재무적 의사결정을 수행하는 분야입니다. 기업의 국제경영활동은 기업가치 극대화에 기여할 수 있습니다. 기업이 필요한 자금조달이나 투자를 국제적으로 수행하면, 더 좋은 조건의 거래 기회가 생길 수 있고 이는 기업가치를 높이는 데 긍정적으로 작용할 수 있습니다. 특히 다국적화되고 있는 오늘날 기업의 현실을 감안하면, 국제금융시장에서의 자본관리의 중요성은 더욱 커지고 있습니다.

국제재무관리의 목표는 조달자금의 최적 조합과 운영자금의 최적 배분을 통한 국내외 자산의 가치 극대화입니다. 국제재무관리가 일반적인 재무관리와 다른 부분은 자본의 조달과 운용을 하는 시장이 다르다는 점입니다. 국제재무관리의 주요 관심 영역은 ① 해외로부터 자금조달, ② 해외에 투자, ③ 운전자본관리, ④ 이익의 처분, ⑤ 위험관리, ⑥ 조직관리 등입니다. 이러한 영역의 의사결정에는 해당 국가의 환율, 금리, 금융제도, 물가수준, 신용도, 시장 접근성, 조세제도, 노동환경, 정치적 환경, 사회적 관습 등 환경의 상이성이 고려되어야 합니다.

국제재무관리는 1980년대 말 이후, 세계 경제가 급속히 통합되면서 금융시장에도 자유화와 규제완화가 본격적으로 진행되었고, 금융시장의 동조화, 개방화, 증권화, 금융기관의 대형화가 진전되면서 중요성이 커졌습니다. 국내외 금융시장 간에 연계성이 높아지고 상호

의존성이 확대되면서, 오늘날 세계 금융시장은 하나의 시장으로 인식되고 있습니다. 과거 금융산업을 보면 정부의 엄격한 통제하에 있었고, 금리와 환율은 정부의 정책에 의해 인위적으로 결정되었습니다. 하지만 글로벌화가 진행되면서 불가피하게 규제가 완화되고, 금융시장은 정부의 통제보다는 시장원리에 의해 결정되고 있습니다. 또, 국제적 경쟁의 심화로 금융기관은 대형화되고 금융의 증권화 추세가 가속화되면서, 간접금융보다 직접금융의 수요가 더 확산되고 있습니다. 이러한 금융의 통합화와 세계화는 자산의 효율화와 최적화를 꾀할 수 있다는 측면에서 기업에게 긍정적인 면이 있는 반면, 국경을 초월한 자금의 지나치게 빠른 흐름과 경쟁의 심화는 부작용을 가져오기도 합니다. 즉, 국가 간 자유로운 자본의 유출입은 환율의 변동성을 증가시켜, 국가의 경제적 안정성에 중대한 타격을 입히기도 합니다. 또, 금융시장의 동조화현상은 특정 국가의 금리정책과 같은 주요 통화정책이 시장에서 작동하지 않는 상황을 만들기도 합니다. 금융기관의 대형화와 지나친 경쟁은 2000년대 후반 글로벌 금융위기의 원인이 되었고, 전 세계 금융시장뿐만 아니라 실물경제에도 심각한 영향을 미쳤습니다.

글로벌 무한경쟁 환경하에서, 기업은 국제금융시장에 대한 폭넓은 이해를 가지고, 이를 최대한 활용하여 재무전략을 수립해야 합니다. 이를 기능별로 구분하면 다음과 같습니다.

① 자금조달

기업은 국내금융시장에서 자금을 조달할 뿐만 아니라 국제금융시장에서 자금을 조달하는 방법을 고려하여, 최적의 조달방법을 택해야 합니다. 이는 국제금융시장에서의 장기자금조달뿐만 아니라 국가 간에 수출입을 위한 무역금융을 포함합니다.

② 투자

기업은 조달한 자금을 사용하여 여러 가지 투자활동을 수행합니다. 투자 범위 역시 국내시장에 한정되지 않고, 글로벌시장의 직간접 투자안이 투자의 고려 대상이 됩니다.

③ 운전자본관리

장기자본조달과 운용뿐만 아니라 순자본관리에 있어서도 국내시장뿐만이 아닌 글로벌

시장에서 관리가 이루어져야 합니다. 특히, 다국적기업의 운전자본관리는 본사와 해외 자회사 간에 협조하여 관리하게 됩니다. 일반적으로 기업들은 국내외 자회사들의 운영자금을 본사 또는 지역 본부에서 중앙집중체제로 관리합니다.

④ 이익의 처분

오늘날 기업에는 다양한 국적과 목적을 가진 이해관계자들이 있습니다. 이에 따라, 기업의 이익 배당, 자사주 매입 또는 재투자를 위한 사내유보 등의 결정은 국내 특정 투자자들뿐만 아니라, 글로벌 투자자들의 선호와 경향까지도 이해하고 결정해야 합니다.

⑤ 위험관리

글로벌기업들은 환율변동 위험, 국제 금리 변동 위험 등과 같은 시장위험에 직면하게 됩니다. 또, 국내외 거래처의 신용위험 및 국가위험에도 노출됩니다. 뿐만 아니라 각국의 경제 및 조세정책, 정치적 환경, 관습, 문화가 상이하여 여러 가지 제약이 생길 수 있습니다. 국제금융시장에서는 이러한 위험을 관리하고 최소화하기 위해, 다양한 금융 수단과 기법이 사용됩니다.

⑥ 조직관리

국제재무관리를 위해서는 국제금융시장에 대해 전문적인 지식과 이해를 가진 재무 직능에 적합한 인력과 조직이 필요합니다. 또, 글로벌기업은 재무담당 관리자의 역할과 책임 영역을 명확히 할 필요가 있습니다. 재무 분야뿐만 아니라 전체 조직의 효율적인 관리와 통제

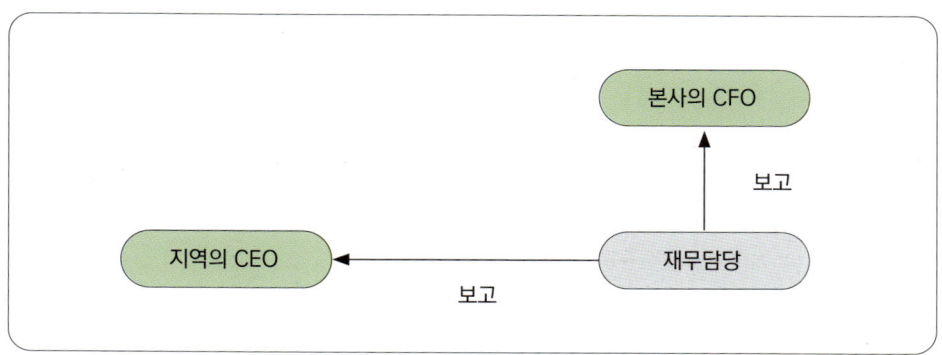

를 위해, 많은 다국적기업들은 글로벌 매트릭스matrix 조직을 운영합니다. 글로벌 매트릭스 조직이란 전 세계에 있는 제품 조직과 지역 조직을 매트릭스화한 체제를 의미하는데, 글로벌 통합과 현지화 문제를 동시에 해결할 수 있다는 장점이 있습니다. 재무관리 조직의 경우, 해외 자회사 재무담당은 본사의 CFO와 동시에 해당 지역의 CEO에게 보고하는 체제입니다.

자금흐름

국제금융시장

> 국제결제은행이 파악한 세계 외환시장 거래 규모는 2019년 기준 하루 평균 6조 6,000억 달러에 이르며, 세계 장외금리파생상품 거래 규모는 하루 평균 6조 5,000억 달러로 실물 시장의 20배에 달하는 것으로 조사되었다.

국제재무관리는 국제금융시장international finance market을 통해 이루어집니다. 국제금융이란 국가 간에 발생하는 경제활동 가운데, 자금의 이동과 관련된 모든 거래를 말합니다. 국제금융시장에서 기업은 국내금융시장에 비해 저렴한 비용, 또는 원하는 통화로 자금을 조달할 수 있는 기회가 있습니다. 또, 투자자는 국내금융시장보다 많은 투자 대상을 찾아 위험 분산이 가능할 뿐만 아니라, 고수익 투자 기회를 얻을 수도 있습니다. 세계가 거대한 단일 경제체제로 변모되어가는 현재의 시점에, 국제금융시장의 자금 흐름을 파악하는 것은 재무관리에 있어 매우 중요한 부분입니다.

실제로 국제금융시장의 규모는 막대하고, 거래빈도와 거래량은 실물경제를 압도합니다. 2021년을 기준으로, 글로벌기업들이 주식, 채권, 대출 등을 통해 신규로 자금을 조달한 금액은 12조 달러에 달합니다. 이는 2019년 대비 4배나 증가한 규모입니다. 코로나19로 인한 경제적 충격을 완화하기 위해, 각국의 중앙은행은 폭발적으로 유동성을 늘렸고, 기업은 낮은 비용으로 자금조달이 가능해졌습니다. 또, 2021년 전 세계 기업인수합병 시장 역시 2020년 대비 63%가 급증하여, 사상 처음으로 5조 달러 규모를 넘어선 것으로 조사되었습니다.

국제자금의 흐름에는 여러 가지 원인이 있습니다. 국제금융거래는 상품 및 용역 거래와 관련한 자금의 움직임뿐만 아니라, 투자 또는 대차를 목적으로 하는 자금이동도 포함됩니다. 일반적으로, 국제금융은 한 나라의 경제주체들이 다른 나라의 경제주체들을 상대로 자금을 차입하거나 대여 또는 투자하는 행위를 말합니다. 수출입 대금 결제와 관련한 무역금융 역시 국제금융의 한 부분입니다.

금융시장은 시장 참가자의 국적에 따라, 국내금융시장과 국제금융시장으로 분류합니다. 국내금융시장은 자금을 공여하는 참가자들이 거주자이고 이를 연결하는 금융기관이 국내에 소재하는 데 반하여, 국제금융시장은 참자가들이 비거주자이거나 외국 소재 금융기관으로 구성된 경우입니다. 국제금융시장에서의 거래는 통화 간의 교환인 환율이 개재된다는 점이 국내금융시장과 가장 큰 차이점입니다.

국제금융시장은 관련 금융에 대해 적용되는 법규에 따라 외국금융시장과 유로시장으로 나눌 수 있습니다. 어떤 특정 국가의 국내금융시장에서 국적이 다른 외국차입자가 해당 국가의 발행 통화로 금융거래를 행할 때, 관련 국가의 법규와 금융시장의 관행에 의해 지배받는 시장을 외국금융시장foreign financial market이라 부릅니다. 예를 들어, 오스트레일리아의 기업이 미국 주식시장에서 증권을 발행하는 경우, 발행자는 미국 내에서 거래를 지배하는 법규, 시장 관행, 규제 기준 등에 따라야 합니다. 반면, 표시 통화 발행국이 아닌 해외에서 거래를 수행하여, 해당 통화 발행국의 법적 규제나 거래 관행이 적용되지 않는 시장을 유로시장Euro-market 또는 역외시장off-shore market이라고 합니다. 예를 들어, 런던이나 홍콩 같은 미국 이외의 지역에서 미 달러화를 투자하거나 차입하는 거래가 이루어지는 시장이 유로시장입니다.

유로시장은 국제금융시장에서 매우 중요한 위치를 차지합니다. 유로통화Euro-currency란 해당 통화를 발행하는 국가 이외의 지역에 있는 금융기관에 예치되어 거래되는 통화를 말합니다. 미 달러화가 미국 이외 지역에서 통용되는 경우 유로달러Eurodollar, 일본 엔화가 일본 이외 지역에서 거래되는 경우 유로엔Euroyen이라고 합니다. 유로통화시장의 50%는 유로달러가 차지합니다. 유로달러시장은 1950년대 동서 냉전체제로 공산권 국가들이 미국 내 달러를 영국 등 유럽의 금융기관에 예치하기 시작하면서 거래가 촉발되었고, 1960년대에 미국의 이자율평형세 도입으로 금융기관의 대외 대출과 미국 기업들의 해외직접투자 규제 조치로 성장하였습니다. 유로통화시장은 초기에 은행들에게 무역금융에 소요되는 단기자금을 공급하는 원천으로 이용되었으나, 점차 역할이 확대되어 국제 단기자금시장의 주요 창구로 이용되고 있습니다. 유로달러시장이 성장하면서 런던은행 간 대출금리LIBOR: London interbank offered rate가 모든 국제금융거래에 기준금리로 자리매김하게 되었습니다.

유로시장에서의 예금금리는 해당 표시 통화를 사용하는 국가의 국내 예금금리보다 대체로 높으며, 대출금리는 해당 표시 통화를 사용하는 국가의 국내 대출금리보다 낮은 경향이 있습니다. 유로달러 예금금리가 미국 금융시장의 예금금리보다 높은 이유는 미국의 지불준비금 제도 규정 및 미국 내 달러 예금에 대하여 연방예금보험공사에 보험료를 납부해야 하는 의무 등의 제한을 받지 않기 때문입니다. 또, 유로은행들은 각국 정부의 간섭이나 영향력 아래에 있지 않아, 자산운용의 수익을 높일 수 있고, 그만큼 더 높은 이자를 지급할 수 있기 때문입니다. 유로시장 대출금리가 국내시장의 대출금리보다 낮은 이유는 유로시장은 거래 단위가 100만 달러 이상 거래되는 도매시장으로, 규모의 경제에 의해 대출금리를 낮게 책정하는 것이 가능하고, 차입자들이 금융기관, 대기업, 각국 정부 등으로 신용도가 높기 때문입니다.

자본조달 절차

해외자금조달

2021년 말 현재, 글로벌 채권시장에서 전체 채권발행 규모는 120조 달러에 이르는 것으로 추정된다. 2021년 상반기에 우리나라 정부와 기업의 외국채권발행 규모는 275억 달러로 전년 동기 대비 56% 급증했고, 일본을 제외한 아시아계 채권발행액은 2,500억 달러로 2020년 동기 대비 16% 증가했다.

 기업은 국내금융시장뿐만 아니라 국제금융시장의 상황을 고려하여, 기업가치 극대화를 위한 최적의 자금조달 전략을 마련해야 합니다. 시장 상황에 따라, 해외시장에서의 자금조달이 국내시장에서의 자금조달보다 더 유리한 기회를 제공하기도 합니다. 해외시장에서의 자금조달은 환율, 금리, 금융규제, 조세제도 등 위험구조가 다를 수 있기 때문에 추가적인 고려가 필요합니다.

 기업은 필요한 자금을 어떻게 조달할지에 대한 전략을 세웁니다. 최적의 자본구조를 만들기 위해서는 우선 조달 자금의 용도를 명확히 하고, 필요한 자금의 규모를 측정하고, 자금조달의 경로 및 자본비용을 산정합니다. 그리고 자기자본과 타인자본의 적정 비율을 정합니다. 특히, 국제재무관리에서는 국제금융시장의 자금 흐름과 다양한 금융상품의 구조와 특성을 파악하고, 최적의 선택을 해야 합니다. 즉, 시장 상황과 조건에 따라 우리나라 기업이 미국 나스닥시장에 주식을 상장하여 달러 투자자를 모집할 수도 있고, 유로화로 채권을 발행하여 자금을 빌리거나, 일본의 은행으로부터 엔을 차입할 수도 있습니다.

 국제금융시장 역시 국내금융시장과 같이 직접금융시장과 간접금융시장으로 분류할 수 있습니다. 먼저, 국제직접금융시장을 살펴봅시다. 기업은 해외 금융시장에서 채권이나 주식을 직접 발행하여, 투자자로부터 자금을 모집할 수 있습니다. 국제채권 international bond 은 외국채권과 유로채권으로 나눌 수 있습니다.

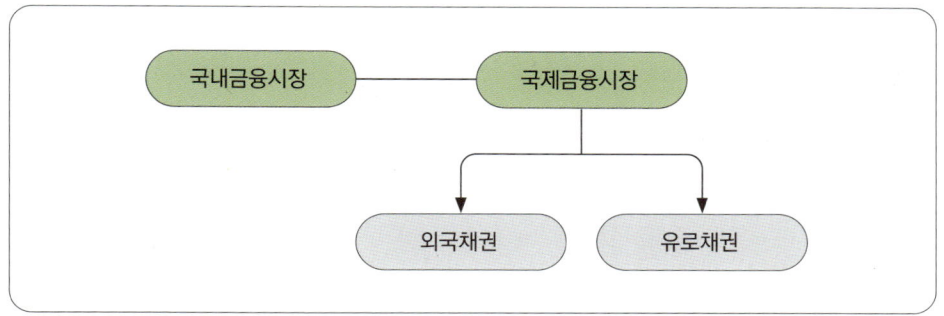

외국 기업이 현지 자본시장에서 현지 통화로 발행하는 채권을 외국채권 foreign bond 이라고 합니다. 예를 들어, 우리나라 정부가 미국 자본시장에서 미 달러 표시로 발행하는 채권은 외국채권입니다. 외국 기업이 미국시장에서 미 달러화로 발행하는 채권은 양키본드 yankee bond, 영국에서 파운드화로 발행하는 채권을 불도그본드 bulldog bond, 일본에서 엔화로 발행하는 채권을 사무라이본드 samurai bond, 오스트레일리아에서 호주 달러로 발행하는 채권을 캥거루본드 kangaroo bond, 한국에서 원화 표시로 발행하는 채권을 아리랑본드 arirang bond 라고 부릅니다.

또, 기업은 표시 통화국 이외의 외국에서 주식이나 채권과 같은 증권을 발행하여 자금을 조달할 수 있습니다. 이를 유로자본시장이라고 하며, 거래되는 채권을 유로채권 Eurobond 라고 부릅니다. 미 달러 표시로 발행되어, 미국 이외의 나라에서 상장되고 거래되는 채권을 유로달러채권 Eurodollar bond 이라고 합니다. 예를 들어, 외국 기업이 우리나라 국내금융시장에서 원화가 아닌 다른 국가 통화로 채권을 발행하면 유로채권이 됩니다. 2006년 미국의 투자은행인 베어스턴스는 우리나라에서 미 달러화로 채권을 발행한 적이 있습니다. 이 채권을 김치본드 kimchi bond 라고 부르며, 일본에서 엔화가 아닌 다른 국가 통화로 발행하는 채권을 쇼군본드 shogun bond, 홍콩에서 중국 위안화로 발행되는 채권을 딤섬본드 dim sum bond라고 부릅니다.

국제주식시장은 국제채권시장에 비해 규모가 작습니다. 미국 주식시장에는 해외기업들이 가장 많이 상장되어 있습니다. 뉴욕증권거래소에는 쿠팡을 포함하여 508개 사, 나스닥 시장에는 460개 사의 해외기업이 상장되어 있습니다. 유럽에서는 런던증권거래소에 378개, 아시아에서는 싱가포르증권거래소에 251개 해외 기업이 상장되어 있습니다. 반면, 한국거래소에는 총 22개 해외기업이 상장되어, 우리나라 전체 시장 규모에 비해 해외기업 상장 비중이 미미한 실정입니다.

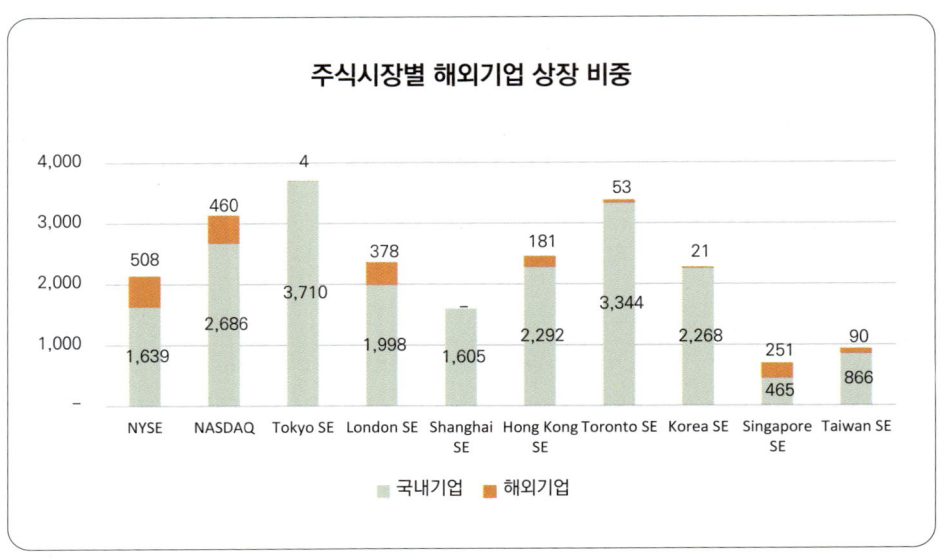

해외증권시장 발행을 통한 자금조달에는 전문적인 지식이 요구됩니다.

먼저, 각 거래소별 장점과 발행 요건을 분석하여, 회사의 전반적인 상황에 어떻게 부합하는지 살펴보아야 합니다. 또, 기업이 속한 산업에 따라 자본시장의 특징을 파악해야 합니다. 예를 들어, IT 기업의 경우 미국의 나스닥 상장, 게임/바이오 기업의 경우 일본, 자원 기업의 경우 캐나다 또는 오스트레일리아에 상장하는 것이 유리할 수 있습니다. 또, 지리적, 문화적 근접성 및 이해관계자들과의 역학관계를 고려하여, 적합한 시장이 어디인지 파악해야 합니다. 예를 들어, 중국시장 진출을 고려하는 기업은 홍콩 또는 대만, 유럽 시장 진출을 꾀하는 기업은 영국에 상장하는 것이 유리할 수 있습니다. 그리고 상장요건을 충족할 수 있는지를 검토하고, 상장공시제도를 파악하고 관련 비용을 분석하는 작업이 필요합니다. 더불어, 기업지배구조 및 사외이사 제도와 같은 상장요건을 이해하고 기업 구조에 미칠 영향을 고려해야 합니다. 이 밖에도, 정치적 환경, 사업 규제, 투자자의 성향, 세법, 통화 단위, 유동성, 금융시장 인프라 등을 살펴야 합니다. 해외상장 준비에는 대략 2년 정도의 시간이 필요하며, 상장까지의 일정은 다음과 같습니다.

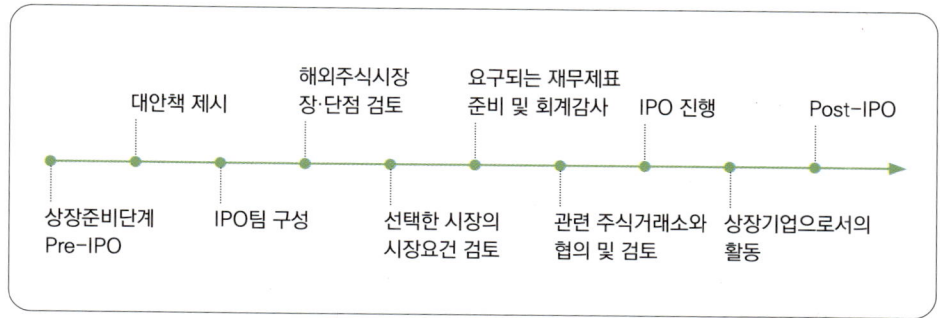

해외자본시장의 상장 절차는 국내자본시장과 크게 다르지 않지만, 일반적인 상장 절차를 정리하면 다음과 같습니다.

① 준비 작업

- 부실 자산 정리 및 소송 등의 문제를 해결하고, IR을 통해 기업 이미지를 제고
- 회계시스템과 내부통제 시스템을 정비하고, 해당 거래소가 요구하는 회계기준의 재무제표를 준비

② 개시

- 상세 계획 및 전략 설정
- 워킹그룹 working group (변호사, 회계법인, 증권사)과의 미팅
- 이사회 결의를 통해 신규 주식 발행 승인

③ 투자설명서 작성 및 제출 offering circular or prospectus

- 투자설명서의 초안을 작성하고 간사단에 배포
- 주간사인 증권사는 기업 실사를 실시
- 이사회 승인 및 서명
- 관련 증권거래소 또는 감독기관에 투자설명서 및 관련 상장 서류 제출

④ 감독기관의 검토

- 증권거래소 또는 감독기관으로부터 질의서를 받고 수정하여 제출
- 수정된 투자설명서 승인을 위한 이사회 개최

⑤ 투자자 모집
- 보장장comfort letter 초안 작성 후 증권사에 배포하고, 예비 투자설명서red herring 발행
- 기업설명회road show를 개최하여, 투자자들을 접촉하고 투자 고객 장부book building를 만들고, 발행가격 확정pricing
- 인수계약서underwriting agreement에 사인하고, 최종청약안내문final offering circular 발행
- 증권거래소로부터 등록registration 승인통지서 수령

⑥ 상장listing
- 발행 금액이 입금되고 주식/채권 거래

중기채권medium term note: MTN은 설정된 기간과 한도 내에서, 수시로 단기어음을 발행하는 중장기자금조달 방법 중 하나입니다. 예를 들어, MTN의 차입 기간을 20년으로 설정하고 이 기간 내에서 여러 번 단기어음을 발행할 수 있습니다. 차입자는 이를 이용해 자신의 여건에 맞는 만기와 금리를 선택해서 발행할 수 있기 때문에 자금조달에 신축성이 생기고, 시장 여건에 따른 금리를 선택할 수 있어 자금조달 비용도 절감할 수 있다는 장점이 있습니다.

다음으로 국제간접금융시장에 대해 알아봅니다.

유로시장은 통화 발행국 역외에서, 유로통화의 국제적 단기자금이 조성되고 대출·유통되는 시장입니다. 유로단기금융시장Euromoney market은 유로은행이 기업이나 정부로부터 단기적인 여유 외화 자금을 예금으로 수취하고, 조성된 자금은 유로은행 간에 재예치하거나 최종 차입자에게 대출합니다. 유로단기금융시장은 유로콜, 유로예금, 유로양도성예금증서 등이 대표적인 상품입니다. 유로대출시장Euro-credit market은 일반적으로 유로은행이 단기금융시장에서 조성된 자금을 정부와 기업 등에 대출하는 시장입니다. 유로대출시장의 만기는 보통 중장기로, 단기인 유로단기금융시장과 장기인 유로회사채의 중간 형태입

니다. 유로대출은 기본적으로 기간 대출 방식의 형태지만, 대출의 회전을 통해 대출 기간을 연장하거나 대출한도를 미리 설정하여 한도 내에서 언제든지 대출이 가능하게 하는 등의 다양한 방법이 있습니다. 대출시장은 대출 규모가 크고 기간이 비교적 길어 금리 변동 위험의 노출 정도가 크기 때문에, 유로대출시장에서는 차입자의 신용도에 따라 LIBOR에 가산금리를 적용하는 변동금리부대출이 주종을 이루고 있습니다. 유로대출의 형태는 신용한도 방식, 대출회전 방식, 기간대출 방식이 있습니다. 신용한도 방식은 대출한도를 미리 설정하여, 은행이 허용해준 신용한도 내에서 약정 기간 내에 언제든지 자금을 차입할 수 있는 방식입니다. 대출회전 방식은 은행이 30일, 60일, 또는 180일 등의 단기 대출을 3년 내지 5년의 중장기에 걸쳐 회전을 약정하는 방식으로, 단기 대출을 연장하면 중장기차입의 효과가 있습니다. 기간대출 방식은 차입자가 특정 기간 이내에 자금을 인출하고 약정에 따라 상환하는 방식으로, 기업 장기 대출의 대표적인 형태입니다. 유로대출시장은 각 국가의 규제에서 벗어나 있어, 부대 비용이나 세금 비용이 절감되며, 담보 요구가 없어 간접비용이 줄 수 있고, 각국의 통화정책이나 국내 경기변동에 크게 영향을 받지 않아 금리가 상대적으로 안정적이라는 장점이 있습니다.

대출 규모가 매우 큰 경우에는 신디케이트대출 syndicated loan 구조를 취합니다. 이는 대출 규모가 커서 한 은행이 독자적으로 대출하기 어렵다는 문제점을 보완하고, 위험을 분산시킬 목적으로 여러 은행이 공동으로 컨소시엄을 구성하여 대출하는 방식입니다. 신디케이트대출은 규모가 클 뿐만 아니라 대출 기간도 5~10년의 중장기입니다. 차입자는 필요한 대규모 자금을 대형 국제금융기관을 주간사로 선정하여 여러 은행과 일괄적으로 차입 계약을 맺어, 시간과 비용을 절감할 수 있습니다. 금융기관도 대출 위험을 여러 금융기관이 나누어 부담하고, 주간사의 신용평가 및 채무 회수 능력을 적극 활용하여, 자산운용을 원활히 할 수 있다는 이점이 있습니다. 1980년대 초반까지, 신디케이트대출은 국제자본시장에서의 비중이 75%를 차지할 정도로 큰 시장이었으나, 1982년 멕시코 채무불이행선언에 따른 원리금 상환 문제가 대두되고, 선진국 투자자들의 채권 선호도가 커지면서 시장이 위축되었습니다. 하지만 1990년대 이후 전 세계 기업인수합병이 증가하고, 개발도상국들의 프로젝트파이낸싱 수요가 늘면서, 신디케이트대출시장은 다시 활기를 띠고 있습니다.

신디케이트를 구성하는 금융기관들은 그 역할에 따라서 주간사은행 lead manager, 대리은행agent, 간사은행manager, 참여은행participant 등으로 분류합니다. 신디케이트의 대략적인 절차는 다음과 같습니다.

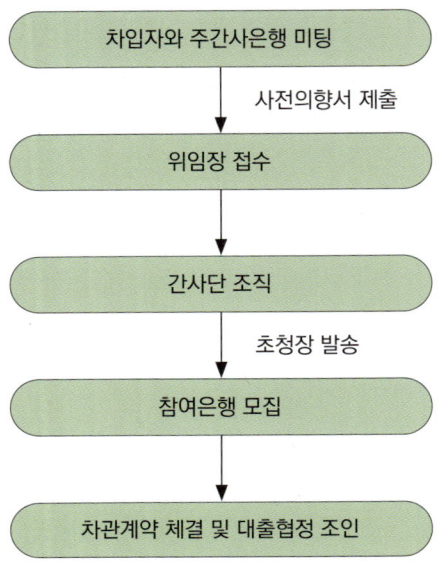

주간사은행은 차입자의 신용 상태와 대출의 시장성 등을 분석하여, 차입자와 시장의 요구를 모두 충족시킬 수 있는 적절한 대출 조건을 제시하는 역할을 맡습니다. 동시에, 다른 국제 상업은행 및 투자은행과 접촉하여 신디케이트를 구성하고, 대출금액의 전부 또는 일부를 인수할 간사단을 구성하는 등 대출의 중심적 역할을 담당하게 됩니다. 대리은행은 계약 체결 이후, 신디케이트대출에 대한 제반 관련 사항의 사후관리를 주간사은행과 같이 담당하게 됩니다. 간사은행은 신디케이션이 원활히 진행될 수 있도록, 대출 조건 협약과 신디케이션에 참여하는 은행과의 협상을 지원하는 업무를 수행합니다. 참여은행은 할당된 금액을 인수하지만, 대출 주선이나 신디케이트 구성에 관련된 책임은 없습니다.

투자방법

해외투자

> 2021년 우리나라의 해외 기업인수합병 건수는 12건에 달하며, 인수 대상 기업도 다양해지고 있다. 넷마블은 약 22억 달러의 돈을 들여 세계 3위 소셜 카지노 게임업체인 홍콩의 스핀엑스를 인수하였고, 사모펀드인 센트로이드PE는 아디다스의 테일러메이드를 17억 달러에 인수하였다.

기업의 국제투자에는 해외직접투자, 국제인수합병 및 국제포트폴리오투자 등의 방법이 있습니다.

먼저, 해외직접투자 foreign direct investment: FDI를 살펴봅시다. 해외직접투자는 해외에 소재한 기업의 경영을 지배하거나 통제권을 행사하여 생산과 판매를 수행하기 위한 목적으로 투자하는 것입니다. 해외직접투자는 소유권 정도에 따라 단독투자와 합작투자로 구분되며, 단독투자는 진출 형태에 따라 신설 greenfield과 인수합병으로 분류됩니다. 여기서, 단독투자란 모기업이 현지 투자 대상 기업의 의결권주 95% 이상을 소유하는 형태로 해외에 진출하는 경우입니다. 합작투자는 2개 이상의 기업이 특정 기업체의 운영에 공동으로 참여하는 경우입니다. 신설은 과거에 존재하지 않았던 기업을 해외에 새로 설립하여 해외시장에 진출하는 경우입니다. 인수합병은 투자 대상국에서 기업의 주식이나 자산 등을 매입하여 경영권을 확보하는 것으로, 결합 형태에 따라 신설합병 또는 흡수합병으로 분류됩니다. 단독투자는 자회사에 대한 통제가 용이하고 불필요한 통합 비용이 발생하지 않을 수 있으나, 시장 적응력이 낮고 시행착오 위험이 클 수 있습니다. 합작투자는 신규 시장 적응력이 좋고 경쟁이 줄어 회사의 자원과 역량을 향상시킬 수 있으나, 통합에 따른 적응 비용이 발생하고 자회사에 대한 통제의 어려움과 문화적 이질감에서 오는 기업의 역량 저하가 생길 수 있습니다. 인수합병은 신규 시장 적응력이 좋고 파트너 기업 자산에 대한 높은 통제력이 생기며, 경쟁자를 제거한다는 측면에서 경영자원을 확보한다는 장점이 있습니다. 반면 인수합병 비용, 문화 차이로 인한 직원 간에 충돌 가능성, 불필요한 통합 노력 등이 필요할 수 있습니다.

해외직접투자는 세 가지 형태로 분류합니다.

① 수평적 투자

투자 기업이 본국에서 생산하고 있는 제품과 동일한 제품을 해외에서 생산하기 위해 생산 자회사를 설립하여 해외에 진출하는 투자 형태입니다. 이 경우, 제품 생산라인을 지역적으로 다변화하여 규모의 경제를 기대할 수 있습니다.

② 수직적 투자

기업이 최종 소비재를 생산하는 데, 필요한 원료를 확보하거나 중간재를 생산하기 위하여 해외에 진출하는 투자입니다.

③ 혼합적 투자

기존 사업 영역과는 다른 새로운 분야의 사업을 위한 투자입니다.

해외에서의 기업활동은 국내 기업활동에 비해 불확실성이 크며, 경영활동에 필요한 정보수집도 용이하지 않습니다. 기업은 해외투자에 있어서 해당 국가의 통화 단위, 세제, 노동시장, 정부의 정책, 기업활동에 대한 법적 규제 등 여러 가지 다른 상황에 직면하게 됩니다. 따라서 기업은 사전적으로 많은 자료와 정보를 수집하고 분석하여, 적절한 의사결정을 도모해야 합니다. 투자 기업은 해외직접투자안의 순현금흐름을 분석하여, NPV값을 추정하고, 투자안의 기대수익률과 위험 요소를 고려하여 시나리오분석을 수행합니다. 여기서 해외 투자안의 NPV값 추정을 위한 할인율은 일반적으로 가중평균자본비용 수치를 사용합니다. 하지만 실제로 투자하고자 하는 해외 투자안의 자본조달 비용과 투자회사의 조달 비용은 다를 수 있기 때문에, 투자안의 특성에 따라 비용 평가치의 조정이 필요합니다. 또, 해외 투자에 영향을 미치는 잠재적 위험 요소로는 해당 투자 국가의 인플레이션, 외환관리, 과실

송금의 제한, 재산권의 제한 등이 있습니다. 2021년 3분기 우리나라 기업의 해외직접투자는 60% 가량 급증하여, 170억 달러를 돌파하였습니다. 우리나라는 거주자가 해외직접투자를 하고자 하는 경우, 사전에 지정거래 외국환은행에 신고할 의무가 있습니다.

기업의 국제투자에는 국제인수합병 international merger and acquisition 이 있습니다. 국제인수합병이란 한 나라의 기업이나 투자자가 다른 나라에 있는 기업이나 사업 부문을 매입하는 거래입니다. 기업의 인수합병은 인수기업이 피인수기업의 주식이나 자산의 일정부분 이상을 취득하여, 경영권을 획득하고 하나의 단일기업을 만드는 것입니다. 기업의 경영자는 기업의 생존과 성장을 위해 새로운 사업 분야에 진출하는데, 해당 사업 분야의 기업을 인수함으로써 이를 효과적으로 수행할 수 있습니다. 인수합병은 시너지효과를 통한 경영 효율성 증대, 사업다각화를 통한 위험 분산, 시장지배력 강화, 세금효과 등 긍정적인 측면이 있습니다. 기업의 인수합병은 경제 전체의 효율성을 증대하는 측면이 있지만, 거대기업군 출현에 따른 지나친 경제력 집중이라는 문제점도 가지고 있습니다. 인수합병은 상대 기업의 동의를 얻어 해당 기업의 경영권을 얻는 우호적 합병과, 상대 기업의 동의 없이 경영권을 차지하는 적대적 합병이 있습니다. 인수합병은 기업의 중요한 성장 수단 중의 하나입니다. 세계 최고의 제품 경쟁력을 보유하고 있는 GE나 마이크로소프트와 같은 많은 글로벌기업들은 기업인수합병을 통해 지속 성장을 구가하고 있습니다. 하지만 인수합병이 성공한 사례가 있는 것만은 아닙니다. 인수합병으로 인한 시너지효과를 지나치게 확신하여, 과도한 프리미엄을 지급하거나 산업 변화를 면밀히 분석하지 못하고 조급하게 합병하거나 조직문화 통합에 어려움을 겪으면서 실패한 사례도 다수 있습니다. 기업가치를 높일 수 있는 인수합병을 위해서는 사전에 목적과 기대 효과, 상호 간의 역할 분담을 명확히 할 수 있어야 합니다. 또한, 기업전략, 문화, 조직의 이해가 상반되지는 않는지, 파트너가 가진 핵심역량이 서로 보완적인지에 대한 사전 검증이 필요합니다. 더불어, 종업원, 노조, 채권자, 주주, 관련 업자 등과 같은 이해관계자에게 미치는 영향을 고려하여, 경영 프로세스 통합 방안을 마련해야 합니다. 기회비용, 평판, 시장에서의 새로운 경쟁구도, 조직 구성원들의 반응 등을 고려한 다양한 시나리오를 만들고, 사업리스크를 회피할 수 있는 구체적인 전략을 세워야 합니다.

다음으로 국제포트폴리오투자international portfolio investment에 대해 살펴봅니다. 국제포트폴리오투자는 기업을 지배하거나 사업의 운명을 공유하는 해외직접투자와 기업인수합병과는 달리, 투자 기회를 국제금융시장으로 확대하여 보다 유리한 투자 기회를 가질 수 있으며, 투자 다변화로 비체계적위험을 줄일 수 있습니다. 국내주식시장과 해외주식시장 간에 상관관계가 낮을수록, 국제분산투자를 통한 위험감소 효과는 커집니다. 최근에는 금융시장 동조화현상으로 국가별 분산효과는 줄어드는 반면, 산업별 분산효과는 커지고 있습니다. 하지만 국가별 경제성숙도에 차이가 나면, 한 국가에서 사양산업 내지 성숙산업이 다른 국가에서는 성장산업이 될 수도 있어, 국가별 분산효과는 여전히 존재합니다. 실제로 국내외 기관투자가들은 위험저감효과를 극대화시키기 위하여, 포트폴리오구성에 해외증권의 편입 비율을 해마다 높이고 있습니다. 국제포트폴리오투자는 여러 가지 방법으로 구성할 수 있습니다. 다양한 금융상품 중에 해외주식투자를 예로 들면 다음과 같습니다.

① **직접해외주식투자**

증권사에 종합계좌를 개설하고, 해외 주식거래를 위한 약관설명서, 위험 고지 등의 내용을 확인한 후, 거래 신청을 등록하면 매매가 가능합니다. 거래하려는 종목의 해당 거래 시장 통화로만 매매가 가능하므로, 외화 가상계좌로 해당 통화를 환전하여 입금하고, 온라인 또는 오프라인을 통해 매매합니다.

② **주식예탁증서** depositary receipt: DR

잘 알려진 중국 기업인 알리바바와 니오, 대만의 TSMC 등은 ADR 방식으로 미국증권거래소에 상장되어 있습니다. 주식예탁증서는 주식은 본국에 보관한 채, 이를 대신하는 증서를 만들어 외국에서 유통시키는 대체주식증서입니다. 이를 미국시장에서 발행한 경우에는 ADR american depositary receipt이라고 부르고, 미국·유럽 등 복수 시장에서 동시에 발행한 경우는 GDR global depositary receipt이라고 합니다. 주식을 발행하려는 기업이 해외증시에 직접 상장하려면 발행 요건이 까다롭고 복잡하기 때문에, DR 방식을 사용합니다. 투자자가 중국이나 대만 주식을 사려면 해당 주식시장에 매매 절차를 밟아야 하는데, 이런 번거로운 절차 없이 미국시장에서 같은 주식을 거래할 수 있습니다. 본주와 DR 주가는 환율과 수요의 차이로 인해 완전히 일치하지는 않으나 거의 유사한 움직임을 보입니다. 아래 그림은 미국에 상장된 알리바바 ADR의 가격과 홍콩 시장에 상장된 알리바바의 원주가를 비교한 것입니다.

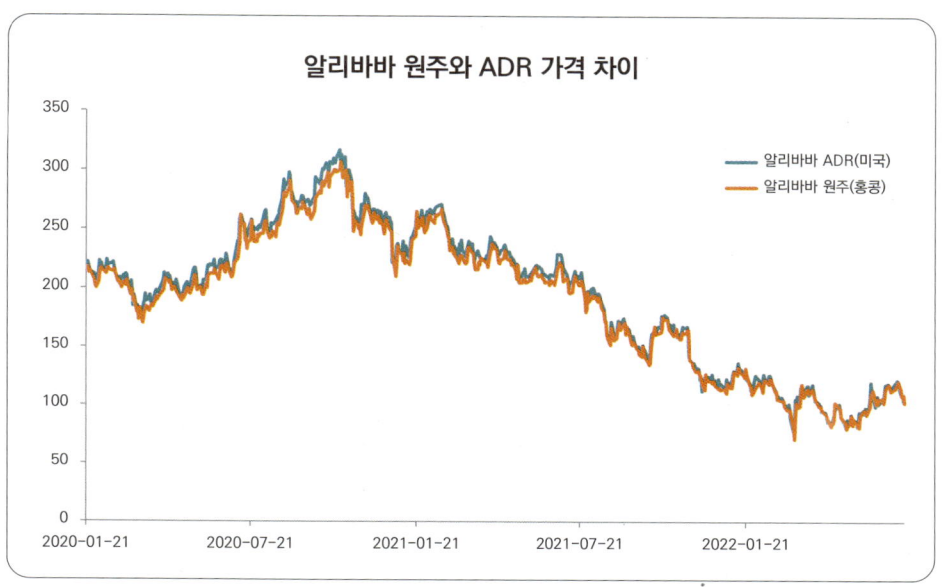

③ 글로벌 뮤추얼펀드 global mutual fund

글로벌시장에 투자 기회를 갖고 싶지만, 번거로움을 원치 않는 투자자는 뮤추얼펀드를 선택할 수 있습니다. 뮤추얼펀드는 공격적 투자를 지향하는 액티브펀드 active fund, 보수적인 투자 관점에서 해외 주가지수를 추종하는 패시브인덱스펀드 passive index fund가 있습니다. 일반적으로 글로벌 뮤추얼펀드는 국내 뮤추얼펀드보다 비용과 운용 수수료가 높은 편입니다.

④ 국제상장지수펀드 international exchange-traded fund: ETF

국제상장지수펀드는 투자자들에게 해외시장에 접근할 수 있는 편리한 방법을 제공합니다. 올바른 상장지수펀드를 선택하는 것은 개별적으로 주식포트폴리오를 구성하는 것보다 비용이 적고 간편할 수 있습니다. 지역, 산업, 시가총액, 투자자의 성향 등에 따라 다양한 국제상장지수펀드가 출시되어 있습니다. 투자자는 비용과 국제상장지수펀드의 편입 종목, 수수료, 유동성, 세금 등을 사전에 파악해야 합니다.

⑤ 다국적기업 MNC에 투자

국제자본이동이 자유롭지 않고 각종 투자 장벽이 존재하거나, 해외주식을 직접 구매하는 것을 꺼리는 투자자는 다국적기업에 투자하여 국제분산투자 효과를 누릴 수 있습니다. 이는 해외 매출 의존도가 높은 삼성전자(해외 매출 의존도 85%)나 기아자동차(해외 매출 의존도 70%) 같은 회사의 주식에 투자하는 것입니다. 사실 우리나라 10대 기업의 해외 매출 의존도는 60%를 상회하기 때문에, 이들 회사의 주식을 보유하는 것은 국제분산투자 행위의 하나라고 할 수 있습니다. 국제분산투자 시에는 다양한 잠재적 위험과 비용 요소를 고려해야 합니다. 환위험은 해외투자에서 투자수익률에 영향을 미치는 가장 중요한 요소 중의 하나입니다. 투자한 국가의 통화가 자국통화 가치에 비해 하락하는 경우에는 국제분산투자를 했을 때 수익률에 나쁜 영향을 줄 것입니다. 또, 투자한 국가가 부도 위기에 처하는 경우 투자 원금을 모두 잃을 수 있습니다. 이러한 위험을 사전에 헤지하기 위해서는 비용이 발생합니다.

읽어두기 ⑭

M&A와 경영권 방어

　1890년 미국에서 「셔먼법」이 제정된 이래, 기업인수합병 mergers & acquisitions: M&A 의 역사는 경제 발전의 흐름과 맥을 같이하여 왔습니다. 미국의 경우, 전체 상장회사의 5%는 어떠한 형태로든 매년 대주주가 바뀌고 있습니다.

　글로벌 컨설팅회사 베인앤컴퍼니에 따르면, 2021년 전 세계 기업들의 인수·합병 거래액은 전년 대비 62% 증가한 5조 9,000억 달러에 이릅니다. 2021년 가장 큰 M&A는 430억 달러짜리 AT&T의 워너미디어와 디스커버리의 합병으로, 넷플릭스를 위협할 수 있는 거대 온라인 동영상 서비스OTT 회사가 생겨났습니다. 이 밖에도, 핀테크, 스포츠 베팅, 항공기 임대 등 다양한 산업에서 200억 달러가 넘는 빅딜이 성사되었습니다. 우리나라의 경우, 2022년 1월 기준 지난 10년간 M&A 건수는 총 1,063건이고, 금액으로는 2,737억 달러 수준이었습니다.

　M&A시장이 커진 배경에는 각국의 초저금리 정책과 막대한 유동성으로 기업들이 낮은 비용으로 자금을 조달할 수 있었기 때문입니다. M&A의 목적은 다양합니다. 팬데믹에 살아남은 기업들이 적극적으로 미래 먹거리를 확보하거나, 수익이 낮은 사업 부문을 처분하고 주력사업에 집중하거나, 무역마찰을 피하기 위해 해외에 생산·판매 거점을 확보하거나, 신규 R&D 비용과 시간을 절감하려는 움직임에 기인합니다. 또, 동종기업 간의 M&A로 직간접 생산비를 절감하거나, 시장지배력을 강화하거나, 진입시간과 비용을 줄이고 진입장벽에 따른 마찰을 줄이려는 목적이 있습니다. 그리고 사업다각화를 통해 위험 분산 효과를 노리고, 기업규모를 키워 파산위험을 줄이거나 부채비율이 낮은 기업을 인수하여 재무적 안정성을 꾀하기도 합니다. 저평가기업을 인수하고 정상화와 재매각을 통해 자본이득을 얻거나, 흑자기업과 적자기업이 합병함으로써 이월결손금으로 인한 조세 혜택을 보려는 이유도 있습니다.

　여기서 합병이란 인수기업과 목표기업을 하나의 단일기업을 만드는 것으로, 흡수합병,

신설합병, 역합병 방식이 있습니다. 인수는 인수기업이 목표기업의 주식이나 자산을 취득하여 경영권을 획득하지만, 목표기업도 공존하는 방식입니다. 대부분의 M&A는 인수하려는 기업이 목표기업으로부터 사전적으로 동의를 얻는 우호적인 방식으로 진행됩니다. 즉, 협상을 통해 적정한 가격을 지불하고 경영권을 넘겨받습니다. 하지만 목표기업 지배주주의 동의 없이 경영권을 빼앗아 오는 적대적 M&A도 시장에서 종종 일어납니다. 적대적 M&A의 사례로는 워런 버핏의 버크셔해서웨이 인수가 있으며, 미국의 사모펀드 KKR는 담배와 식품을 전문적으로 생산하는 RJR내비스코를 약 300억 달러에 인수하고 사업별로 쪼개 팔아 야만인이라는 악명을 얻기도 하였습니다. 투자 펀드 멜로즈인더스트리는 영국의 260년 역사를 가진 자동차 부품 회사 GKN에 70억 파운드의 가격을 제안했다가 거절당하자 81억 파운드로 높여 적대적 M&A에 성공하기도 했습니다. 이러한 이유 때문에 기업인수합병 전문가를 '기업사냥꾼 corporate raider'라는 부정적인 단어로 부르기도 합니다.

우리나라의 경우, 「자본시장육성법」이 폐지되면서 1994년에 적대적 M&A가 처음으로 있었습니다. 적대적 M&A의 첫 사례는 한솔제지가 주식공개매수를 통해 동해투금을 인수한 것이었으며, 이후 동부그룹이 특정금전신탁을 이용하여 한농을 인수하였습니다. 반면, 신동방의 미도파 인수, 소버린 펀드의 SK주식 분쟁, KCC의 현대엘리베이터 인수, 칼 아이칸의 KT&G 경영권 간섭과 인수, 미국의 헤지펀드 엘리엇의 현대자동차에 대한 고배당 요구 등은 적대적 M&A가 실패로 끝난 사례들입니다.

현재, M&A는 기업의 가장 효과적인 성장전략 중 하나로 자리매김하고 있습니다. M&A는 비효율적인 기업을 새로운 주주가 인수하여 경제의 효율성을 증대한다는 긍정적인 측면이 있으나, M&A에 의한 경제력 집중으로 커다란 사회적비용이 발생하기도 합니다. 글로벌 주주행동주의 펀드들의 영향력이 커지면서, 기업들은 경영권 간섭과 위협에 대응하기 위해, 차등의결권주식 발행과 적대적 M&A 시도가 있을 때 기존 주주에게만 저가에 신주인수권을 부여하는 포이즌필 poison pill 등과 같은 경영권 방어 수단 도입을 요구합니다. 하지만 이는 소액주주 권리를 침해할 수도 있다는 지적이 있어, 신중히 검토할 필요가 있습니다.

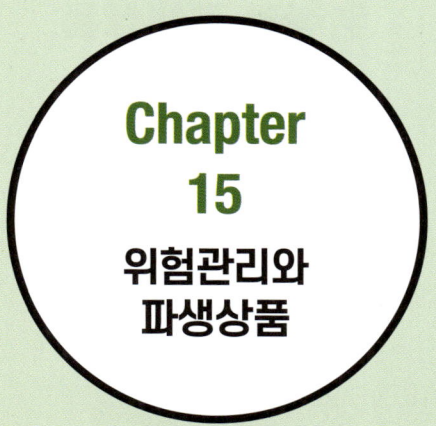

Chapter 15
위험관리와 파생상품

위험 관리방안

여러 국가에서 경영활동을 영위하는 다국적기업은 국내 위험뿐만 아니라 환율, 금리, 해외 거래처의 신용 등 국제적 위험에 노출될 수 있다. 파생상품의 적절한 사용은 기업 위험관리에 크게 도움이 되지만, 과거 일부 기업과 금융기관 들이 파생상품을 투기적으로 사용하다가 해당 회사는 물론 국가경제에 악영향을 미치기도 했다.

위험관리의 필요성

위험과 파생상품

> 파생금융상품시장은 1972년 시카고상업거래소에 통화선물이 상장되면서 크게 발전하였다. 1982년에는 주가지수선물이 거래되기 시작하였고, 1983년에는 주가지수옵션이 등장하였다. 1980년대 중반부터 금리 관련 파생상품 거래가 본격화되었고, 이후 신종 옵션, 구조화채권, 신용 파생상품 등 다양한 상품들이 등장하였다.

기업의 국제금융 활동은 국내금융 활동보다 더 많은 불확실성이 존재하며, 이로 인해 광범위한 위험에 노출됩니다. 위험을 예방하고 완화 또는 회피하기 위해, 사전적인 위험관리risk management가 필요합니다. 위험은 우산 장사에 비유되곤 합니다. 우산 장사에는 내일 비가 올지, 해가 날지 알 수 없는 불확실성uncertainty이 존재합니다. 내일 비가 많이 온다면 우산이 잘 팔려 돈을 벌게 되지만, 해가 난다면 우산이 팔리지 않아 돈을 벌 수 없을 것입니다. 우산 장사꾼에게 우산을 못 팔 가능성은 위험이며, 경영상의 손실을 초래할 수 있는 위험요인은 맑은 날씨입니다.

글로벌기업에게 발생할 수 있는 위험의 유형은 무엇일까요?

앞서 Part 3에서 언급한 대로, 기업이 직면할 수 있는 위험은 매우 다양한데, 국제적 경영활동을 하는 다국적기업에게 중요시되는 위험은 환율위험, 이자율위험, 신용위험이 대표적입니다. 기업의 위험관리는 내외부에서 발생할 수 있는 다양한 위험에 대비하여 계속기업으로 존속하기 위한 수단입니다. 글로벌 선두기업들은 기업의 경영전략 및 방침을 뒷받침할 수 있는 위험관리시스템과 일관성 있는 내부 프로세스를 두고 있습니다. 이는 구체적인 위험관리 목표 및 정책, 위험관리위원회와 위험관리책임자chief risk officer: CRO의 선정과 전담 조직의 구성, 보고 및 평가 체계, 정보 데이터베이스의 구축 등이 포함됩니다. 위험관리 프로세스는 위험 인식, 평가, 대응, 관찰로 이루어집니다. 위험 인식은 기업에게 발생할 수 있는 다양한 잠재적 위험을 이해하고, 위험요인을 파악하는 단계입니다. CRO는 위험요인들의 발생빈도와 파급효과에 따라, 우선순위를 결정하여 관리하게 됩니다. 위험평가는 위험 수준을 정량화하여 측정하는 단계이며, 위험 대응은 위험을 방어할 수 있는 내외부적인 조치를 취하는 것입니다. 위험관리는 대부분 비용을 수반하므로, 부족하거나 지나치지 않게 최적 수준의 대응 방안을 찾는 것이 중요합니다.

효과적인 위험관리는 경영의 필수적 활동입니다. 위험관리는 이익을 직접적으로 창출하는 행위는 아니지만, 불확실성으로부터 경영성과를 보호하고 안정성을 제고하는 매우 중요한 의사결정입니다. 하지만 최근 조사에 따르면 우리나라 기업의 45%는 여전히 적절한 위기관리 시스템을 갖추고 있지 않은 것으로 조사되어, 효과적인 위험관리가 시급히 요구됩니다.

본 장에서는 기업의 재무적 활동과 관련된 위험에 대해 살펴보고, 이러한 위험을 관리하고 헤지하기 위한 파생상품에 대해 알아봅니다.

파생상품 derivative product 은 활발한 자금 거래와 무역 거래로 환율, 이자율, 상품, 주식가격 등이 급변동하면서, 이를 관리하기 위한 수단으로 발전되었습니다. 파생상품은 환율과 금리뿐만 아니라 주가, 원자재, 신용, 날씨 등 정량화할 수 있는 모든 기초자산의 가치 변동을 바탕으로 가격이 형성되고 거래됩니다. 파생상품은 계약 유형에 따라 선도 forward, 선물 futures, 옵션 option, 스와프 swap와 같은 기본파생상품 plain vanilla derivative product 과 고객의 다양한 요구에 맞추어 기본파생상품을 합성한 특이파생상품 exotic derivative product 으로 나눌 수 있습니다. 파생상품 거래는 위험을 헤지하기 위해 시작되었으나, 오늘날에는 수익 추구를 위한 투기, 차익거래 등 다양한 목적으로 거래되고 있습니다.

환율변동의 위험

환위험 관리방안

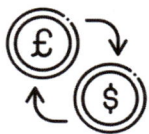

> 한국무역협회의 조사에 따르면, 전체 기업 중 환리스크관리를 하는 기업은 42.7%에 불과한 것으로 나타났다. 이 중 대기업과 중견기업의 경우는 72%가 환리스크를 관리하고 있었으나, 중소기업은 단 32%만이 환리스크를 관리하는 것으로 조사되었다.

환율은 서로 다른 양국 화폐 간의 교환 비율로서, 한 나라의 화폐가치를 다른 나라의 화폐로 표시한 것입니다. 이는 자국화폐 입장에서 보면 자국통화의 대외가치가 되며, 외국화폐 입장에서 보면 외국화폐의 국내가치입니다. 환율은 직접표시법과 간접표시법이 있습니다. 과거 영국령이었던 오스트레일리아, 뉴질랜드와 유로를 제외한, 우리나라를 포함한 국가들 대부분은 직접표시법을 사용합니다. 즉, 원화의 경우 미화 1달러 = 원화 1,200원으로 표시합니다. 간접표시법은 자국통화 1단위와 교환하는 외국통화 단위로 환율을 표시한 것입니다. 유로의 경우, 유로화 1유로 = 미화 1.14달러로 표시합니다. 또, 국제금융시장에서 통용되는 주요 통화의 약식 표시법은 ISO 및 SWIFT의 표기 방식을 따릅니다. 예를 들어, 한국의 원화는 Korean Won의 약자인 KRW로 표기하고, 영국의 파운드는 Great British Pound의 약어인 GBP, 스위스 프랑은 라틴어인 Confoederatio Helvetica Franc의 약어인 CHF로 표기합니다.

환율에는 여러 종류가 있습니다. 매입환율은 은행의 외환딜러가 고객으로부터 외환을 매입할 때의 가격으로, 고객 입장에서는 은행에 외환을 매도할 때 적용받는 환율입니다. 매도환율은 은행의 외환딜러가 외환을 고객에게 매도하는 가격으로, 고객의 입장에서는 외환을 매입할 때 적용받는 환율입니다. 매입환율과 매도환율의 차이를 스프레드라고 하며, 시장의 가격 조성자인 은행의 외환딜러는 위험을 안는 대가로 스프레드를 마진으로 취합니다. 현물환율 spot exchange rate 은 계약 체결 이후 2영업일 이내에 외환 결제가 이루어지는 계약입니다. 우리가 일반적으로 은행 창구 모니터에서 보는 환율이 현물환율입니다. 선물환율은 외환 매매 계약 체결일로부터 2영업일을 경과한 특정 영업일에 외환을 결제하기로 약정하는 거래입니다. 스와프레이트swap rate는 양 통화 간 이자율 차이를 환율 형태로 표시한 것으로, 이자율의 차이에 따라 프리미엄(+) 또는 디스카운트(-)로 계산합니다. 현물환율에 스와프포인트를 더하면 선물환율이 됩니다. 이것은 두 국가 간의 환율은 두 국가 간의 이자율 차이에 의해 결정된다는 이자율평가이론interest rate parity theory 에 의해 설명됩니다.

외환시장은 다수의 외환 수요자와 공급자 사이에 통화 간 매매거래가 이루어지는 시장입니다. 외환시장은 거래 방법에 따라 장외시장과 장내선물시장으로 나눌 수 있는데, 외환거래의 대부분은 장외시장에서 이루어집니다. 외환거래는 국제무역거래 및 국제자본거래뿐만 아니라 투기적 목적, 위험 헤지, 차익거래, 중앙은행의 시장개입 등 다양한 거래 동기가 있습니다.

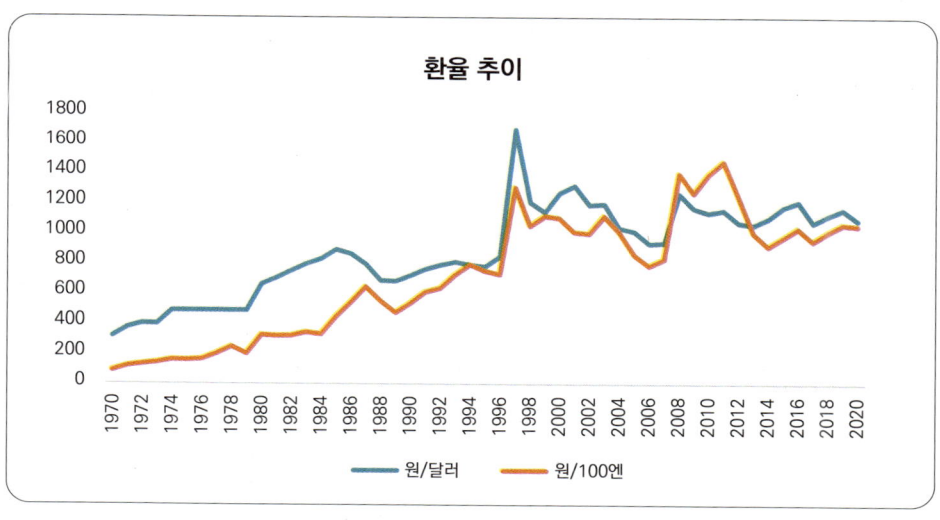

위의 그림에서와 같이 원화 대 미 달러 환율, 원화 대 엔화 환율은 2010년대 중반 이후, 과거에 비해 비교적 안정적으로 관리되고 있습니다. 이에 따라, 우리나라 기업들의 환리스크에 대한 경각심은 과거에 비해 약해져 있습니다. 하지만 저금리와 글로벌 공급망의 문제로 인해 최근 전 세계 많은 나라에서 인플레이션이 심화되고 있고, 여러 나라의 환율이 미 달러 대비 급락 조짐을 보이고 있습니다. 터키 리라는 과거 1년 동안 통화가치가 50% 가량 폭락하였습니다. 원화 역시 최근 들어 5% 내외로 가치가 떨어졌고, 변동성이 점차 커지고 있습니다. 우리나라 대기업 대부분은 환위험에 대한 이해가 높고 자체적으로 관리시스템을 갖추고 있지만, 중소기업의 경우 여전히 환위험에 대한 인식이 부족하여 환율의 변동성이 커지면 환차손 위험이 커질 수 있습니다.

환위험이란 환율의 변동으로 기업이 위험에 노출될 가능성을 의미합니다. 환율은 매순간 변하기 때문에 국제적으로 경영활동을 하는 기업에게 환위험은 필연적으로 발생하며, 이러한 위험은 기업의 경영성과에 직접적으로 영향을 미치게 됩니다.

환위험 관리기법은 크게 내부적 관리기법과 외부적 관리기법으로 나눌 수 있습니다.
내부적 관리기법은 순노출 크기를 줄이거나 더 이상 증가하는 것을 방지하기 위하여 기업 내부적으로 환위험을 완화시키는 방법으로, 다음과 같은 방법이 있습니다.

① 맷칭 matching

기업 내부적으로 외화자금의 유입과 유출을 통화별, 만기별로 일치시킴으로써 환위험을 제거하는 방법입니다. 이는 수출과 수입을 동시에 수행하는 기업에게 효과적입니다.

② 리딩 leading 과 래깅 lagging

기업이 환위험을 줄이기 위해 외화 결제 시점을 의도적으로 앞당기거나 늦추는 방법인데, 이를 위해서는 거래상대방 기업의 동의가 필요합니다.

③ 상계 netting

거래 기업 간에 채권과 채무 관계를 개별적으로 결제하지 않고, 서로 상계하여 차액만을 결제하는 방법입니다. 주로 외화자금 유출입이 빈번한 기업과 금융기관 들이 이용합니다.

④ 자산/부채 관리 asset liability management: ALM

환율을 예측하고 환율 전망에 따라 기업이 보유하고 있는 자산이나 부채의 크기와 방향을 조정하는 방법입니다.

외부적 관리기법은 금융기관과 금융거래를 통해 환위험을 관리하는 방법입니다. 외부적 관리기법에는 다음과 같은 방법들이 있습니다.

① **선물환** forward exchange **계약**

현물환거래의 수도일인 2영업일을 초과하는 장래의 특정 일자를 결제일로 하고, 미리 약정한 환율로 외환을 인수도하기로 약정한 거래로서, 대표적인 환위험 헤지수단입니다.

Quiz & Answer : 33

E기업은 100만 달러의 상품을 미국에 수출하고, 납품 대금은 1년 후에 받기로 계약하였습니다. 현재 원화 대 미 달러 환율은 1,200원입니다. 원화의 1년 금리는 2%이고 미 달러의 1년 금리는 1%입니다. E기업이 환위험을 헤지하기 위해서는 어떠한 조치를 취해야 하며, 적정한 선물환율은 얼마인가요?

Answer

E기업은 환위험 헤지를 위해, 미화 100만 달러를 1년 후에 매도하고, 원화를 매입하는 선물환계약을 은행과 체결할 수 있습니다. 이때, 적정선물환율은 이자율평가이론에 따른 이자율 차이로 계산됩니다. E기업이 선물환을 1년 시점에 달러를 매도(원화를 매입)한다는 의미는 E기업이 현물환시장에서 달러를 팔고(원화를 매입), 스와프시장에서 현물환 달러를 사고(원화를 매도) 선물환 달러를 파는(원화를 매입) 계약을 체결하면 선물환거래만 남게 됩니다. E기업이 현물환으로 매입한 달러는 1년 동안 이자를 받고 운영할 것이고, 반대로 매도한 원화는 1년 동안 이자를 지불하고 빌려와야 합니다. 따라서 1년간 1%의 달러 이자를 얻고, 2%의 원화의 이자를 지불해야 하는 E기업은 이자 차액을 보상받기 위해 선물환 가격에 이자 차액을 반영해야 할 것입니다. 따라서 선물환율은 다음과 같이 계산할 수 있습니다.

$$선물환율 = 현물환율 \times \frac{(1+원화\ 이자율)}{(1+미\ 달러화\ 이자율)} = 1,200 \times \frac{1+0.02}{1+0.01} = 1,211.88원$$

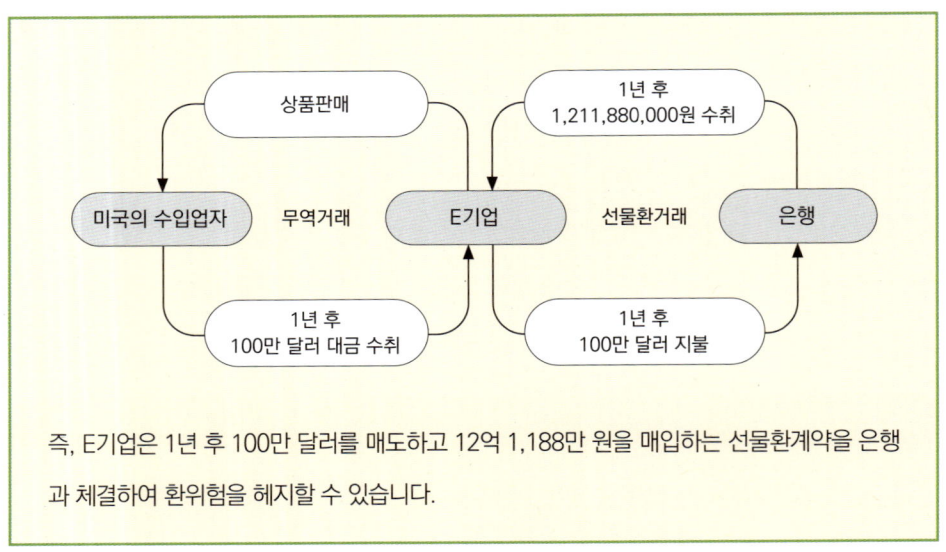

즉, E기업은 1년 후 100만 달러를 매도하고 12억 1,188만 원을 매입하는 선물환계약을 은행과 체결하여 환위험을 헤지할 수 있습니다.

② **통화선물** currency futures **계약**

통화선물은 특정 통화를 약정된 가격으로 미래의 일정 시점에 매입·매도하기로 계약하는 금융 선물거래입니다. 선물환은 장외거래인 반면, 통화선물은 거래소에서 거래가 이루어지며, 거래소는 대상 통화, 거래 단위, 결제 시기 등을 표준화하고 있습니다. 거래소는 매매계약의 이행 확보를 위해, 매매당사자에게 일정률의 증거금을 징수합니다. 또, 매매당사자들의 거래상대방 역할을 함으로써, 통화선물거래자는 매매상대방의 신용도에 구애받지 않고 거래할 수 있습니다. 통화선물 계약 만기일이 도래하면 매도자는 대상 통화를 거래소의 결제 기관에 인도하며, 매수자는 계약 시에 정한 환율로 당해 통화를 인수하게 됩니다. 통화선물의 매도자 또는 매수자가 당해 통화의 인도 또는 인수를 원하지 않을 경우에는 계약 만기일 이전에 언제든지 당해 선물계약을 반대 매매함으로써, 통화의 인도 또는 인수 의무에서 벗어날 수 있습니다. 이 경우, 매도자는 당해 선물매도계약의 환매환율이 당초의 매도환율보다 낮으면 차액만큼 이익을 얻고, 높으면 손실을 보게 됩니다. 반대로 매수자는 당해 선물매수계약의 전매가격이 당초의 매수가격보다 높으면 차액만큼의 이익을 얻고, 낮으면 손해를 보게 됩니다. 시카고상품거래소에는 미 달러화에 대한 각국의 주요 통화, 즉 일본 엔화, 유로화, 스위스 프랑화 등의 상품이 상장되어 거래되고 있습니다. 우리나라는

1999년 한국선물거래소에 원화 대미 달러 선물상품이 상장되어 거래되고 있습니다. 한국선물거래소에 상장된 원/달러 선물상품은 계약 원금이 5만 달러, 1틱당 0.10원, 계약당 증거금 25만 원, 그리고 매월 3번째 수요일을 결제일로 하여 인·수도합니다.

③ 통화옵션 currency option 계약

통화옵션은 미래의 특정 시점에 특정 통화를 미리 약정한 가격으로 사거나 팔 수 있는 권리를 매매하는 거래입니다. 통화옵션거래는 통화옵션매입자가 대상 통화를 매매할 수 있는 권리를 사는 대가로 통화옵션매도자에게 옵션가치인 프리미엄을 지급하고, 이후 환율변동에 따라 유리하면 옵션을 행사하고 불리하면 권리를 포기하고 행사하지 않습니다. 반면, 옵션매도자는 옵션매입자가 권리를 행사하면 반드시 응해야 하는 의무를 부담합니다.

옵션의 가치는 내재가치와 시간가치의 합입니다. 여기서 내재가치란 현재 옵션의 행사가치로, 지금 당장 행사하였을 때 얻을 수 있는 이익, 즉 시장가격에서 행사가격을 뺀 가치입니다. 예를 들어, 시장환율이 1,200원일 때 1,300원에 팔 수 있는 권리의 내재가치는 100원입니다. 시간가치는 옵션 만기까지 남아 있는 시간 내에 이익을 얻을 수 있는 기회가치입니다. 만기가 길수록 변동성이 클 가능성이 있고, 만기가 다가옴에 따라 시간가치는 점점 감소하여 만기가 되면 시간가치는 '0'이 됩니다.

통화옵션거래는 시장환율이 옵션매입자에게 유리한 경우에만 옵션을 선택적으로 행사하기 때문에, 옵션매입자의 손실은 프리미엄에 국한되는 반면, 이익은 환율변동에 따라 무제한이 될 수 있습니다. 콜옵션 call option 매입자는 시장환율이 행사가격을 상회하면 권리를 행사하고, 하회할 경우에는 지불한 프리미엄만 손실을 보고 권리를 포기하게 됩니다. 콜옵션매수자와 콜옵션매도자의 만기 시 손익 구조는 다음과 같습니다.

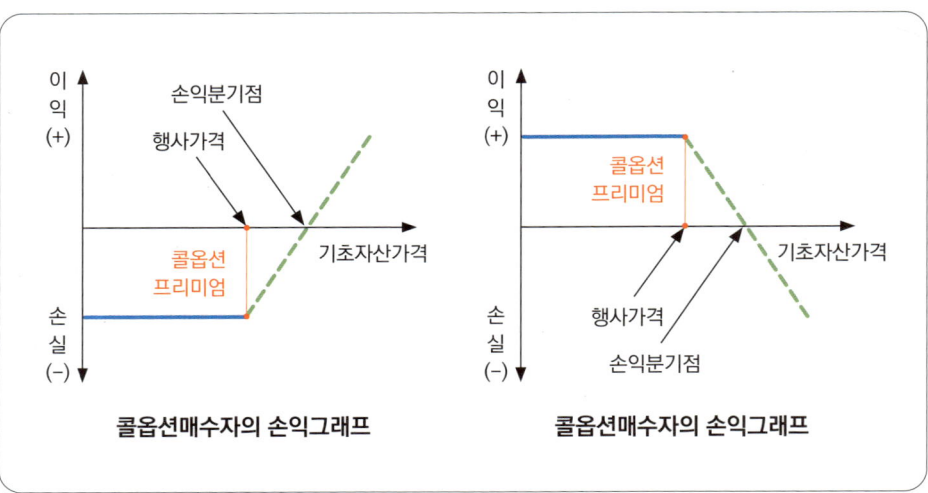

콜옵션매수자의 손익그래프 　　　　콜옵션매수자의 손익그래프

Quiz & Answer : 34

항공회사인 F기업은 미국 비행기 제조회사로부터 신형 비행기 1대를 2억 달러에 수입하고, 매입대금은 1년 후에 지불하는 계약을 체결하였습니다. F기업은 환율 예측이 매우 어렵지만 환위험에 대한 헤지를 원합니다. 어떠한 방법으로 환위험을 헤지할 수 있을까요? 현재 환율은 1,200원입니다.

Answer

F기업은 1년 후에 미 달러화를 사고 원화를 파는 선물환계약으로 헤지할 수 있습니다. 선물환 가격은 앞선 사례에서 계산한 대로, 1,211.88원이 됩니다. 이 경우, 1년 후 환율에 관계없이 계약한 환율에 거래를 이행해야 합니다.

F기업은 현재 환율 전망에 확신이 없기 때문에, 선물환 대신 통화옵션을 이용할 수 있습니다. F기업은 행사가격 1,200원에 달러를 살 수 있는 콜옵션을 달러당 5원에 프리미엄을 주고 매수합니다. 이 경우, F기업은 10억 원(=5원×2억 달러)의 옵션 프리미엄을 거래상대방에게 지불하지만 1년 후에 달러 환율이 1,200원보다 높으면 옵션을 행사하여 1,200원에 2억 달러를 매수할 것이고, 1년 후에 시장환율이 1,200원보다 낮으면 옵션을 행사하지 않고 시장에서

2억 달러를 매수하여 항공기 대금을 치를 것입니다.

옵션 계약 시에 달러 당 5억 원의 프리미엄을 지불했기 때문에, 1년 후 시장환율 1,205원이 F 기업에게 손익분기점이 됩니다.

반대로, 풋옵션put option매입자는 시장환율이 행사가격을 하회하면 권리를 행사하고, 상회할 경우에는 권리를 포기함으로써 지불한 프리미엄만큼의 손실을 부담합니다. 풋옵션 매수자와 매도자의 만기 시 손익 구조는 다음과 같습니다.

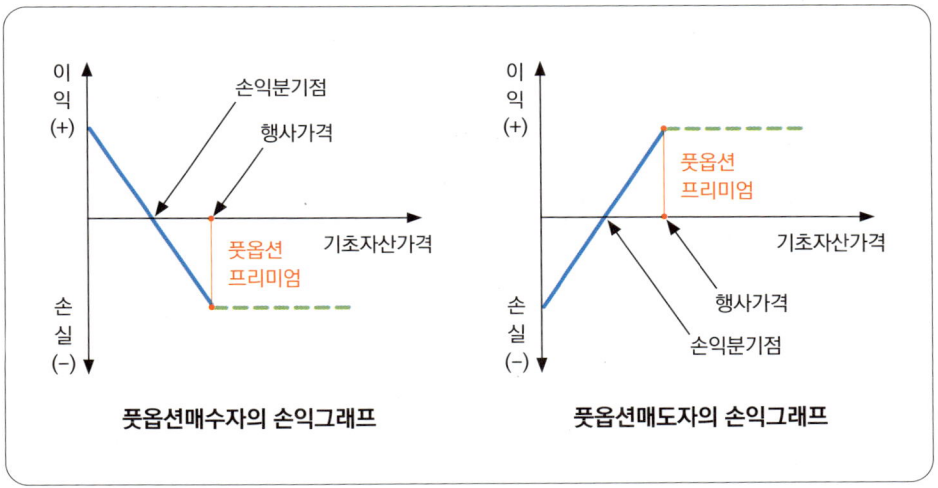

콜옵션과 풋옵션을 여러 형태로 합성하면, 다양한 만기의 손익구조를 만들 수 있습니다. 예를 들어, 주로 은행 간 시장에서 거래되는 환율의 변동성 확대나 축소를 투자 대상으로 하는 스트래들straddle, 스트랭글strangle, 버터플라이butterfly 등의 전략이 있습니다. 그리고 주로 기업이 옵션프리미엄을 덜 지불하기 위해 사용하는 레인지포워드range forward 및 타깃포워드target forward가 있으며, 선물환의 대용 상품으로 표준 옵션을 합성한 무비용옵션zero-cost option 등과 같은 다양한 거래 전략이 있습니다.

> 금리변동의 위험

이자율위험 관리방안

기준금리는 각국의 통화정책 결과로 결정되는 모든 금리의 기준이 된다. 각국의 기준금리는 다른 기준을 가지고 있다. 우리나라는 현재 7일물 환매조건부채권 금리를 기준금리로 채택하고 있고, 미국은 1일물 연방기금금리, 일본은 1일물 콜금리, 유럽은 재할인율을 사용하고 있다.

세계 경제의 개방화와 금융시장의 통합화는 주요국 금리의 동조현상을 만들고 있습니다. 하지만 각국은 자국의 이익을 위해 상이한 통화정책을 펼치고 있어, 국가 간 금리차는 여전히 발생합니다. 다음 그림은 한국, 미국, 일본 3개국의 3개월 변동금리 추이입니다. 국내외 금리는 과거 15년간 비슷한 추이를 보이고 있으나, 일부 구간에서는 역전이 되었다는 것을 확인할 수 있습니다(한국은행 경제통계시스템 데이터).

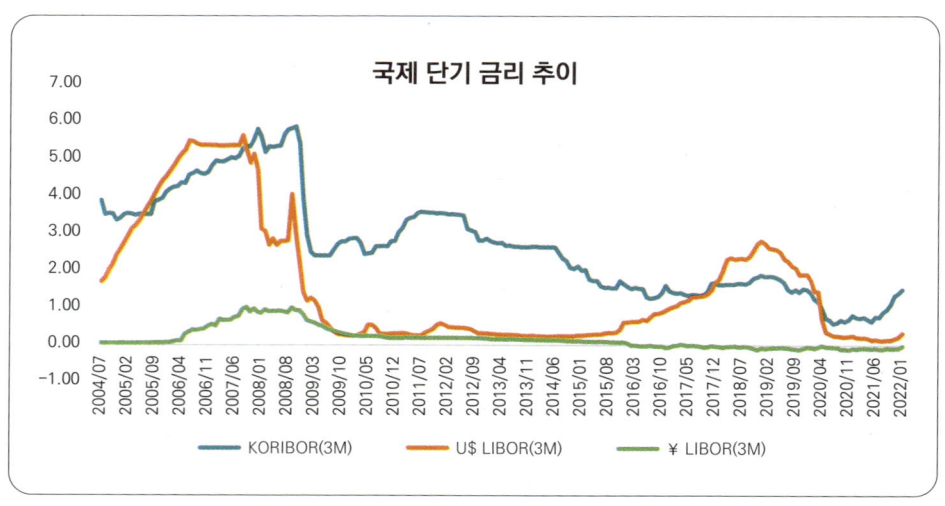

금리변동은 기업과 금융기관에 중요한 시장위험입니다. 시장의 금리변동은 순이자지출

또는 순이자소득에 불리하게 작용할 수 있습니다. 기업이 5년 만기 변동금리부 회사채를 발행하여 자금을 조달하였는데, 금리가 상승하면 이자지출이 늘어날 것입니다. 기업이 5년 만기 고정금리부 회사채를 발행하여 자금조달을 하였을 경우, 금리가 떨어지면 기회비용이 생길 것입니다. 더욱이, 국제금융시장에서 자금을 조달하는 경우 국내외 금리차가 발생하여, 더 큰 위험에 노출될 수 있습니다. 이러한 위험을 인식하고, 자금조달 시에 금리위험에 대한 관리 방안을 세워야 합니다.

① **이자율스와프** interest rate swap: IRS

이자율스와프는 동일 통화의 일정한 명목원금에 대해서, 다른 이자 기준에 따라 정해지는 이자지급을 주기적으로 교환하는 계약으로 금리 변동 위험을 헤지하기 위한 수단으로 사용됩니다. 이자율스와프는 변동금리와 고정금리 간의 교환 coupon swap 또는, 기간이 상이한 변동금리 간의 교환 basis swap 등이 있습니다.

Quiz & Answer : 35

2년 전 G기업은 5년 만기 변동금리부 회사채를 1년 KORIBOR + 2%에 발행하여 자금을 조달하였습니다. 하지만 최근 중앙은행이 기준금리를 추가로 올릴 것을 예고하면서, 추가적인 이자비용에 대한 부담이 우려됩니다. 이에 대한 해결 방안은 무엇일까요?

Answer

시장금리가 계속 오를 것으로 전망하는 G기업은 이자율스와프 계약을 통해 변동금리를 고정금리로 바꾸어 금리 상승 위험을 헤지할 수 있습니다.

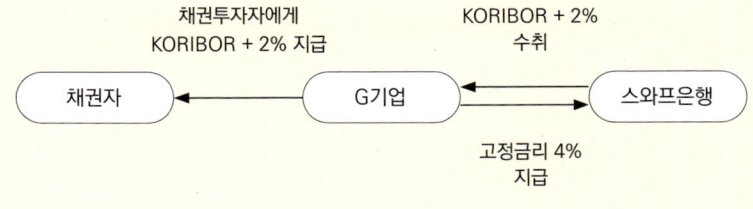

> G기업은 스와프은행과 매년 변동금리 KORIBOR + 2%를 받고, 고정금리 4%를 지불하는 이자율스와프 계약을 체결합니다. 스와프은행으로부터 받은 변동금리 KORIBOR + 2%를 채권자에게 지불하면, G기업의 자금조달 금리는 4%로 확정되는 결과가 됩니다.

② **선도금리계약** forward rate agreement: FRA

선도금리계약은 미래의 특정 기간에 일정 원금에 적용할 금리를 미리 확정함으로써, 향후 금리 변동 위험을 회피할 수 있습니다. 예를 들어, 3개월 후에 적용될 3개월간의 금리를 미리 확정하는 계약이 FRA이며, 향후 3개월 후에 기산되는 3개월 동안의 금리를 '3×6 FRA'로 표시합니다.

Quiz & Answer : 36

H기업은 지금부터 6개월 후에 6개월간 1억 달러를 차입할 계획입니다. 이때 적용할 금리를 현 수준의 금리로 고정하고자 한다면, 어떠한 방법이 있으며 예상되는 금리는 얼마인가요?
(현재 6개월 달러 금리: 1%, 12개월 달러 금리: 1.5%)

Answer

H기업이 미래 차입 금리를 고정하기 위해서는 은행으로부터 FRA를 매입하는 계약을 체결해야 합니다. H기업으로부터 FRA 6×12 계약 요청을 받은 은행은 앞으로 6개월 후에 6개월 동안 빌려주어야 할 자금을 확보해야 하므로, 현시점에서 현행 금리로 12개월 동안 자금을 차입하고 최초 6개월 동안은 자금을 운용합니다. 예대금리차가 없이 현재 6개월 달러 금리는 1%이고, 12개월 달러 금리가 1.5%라면, 은행의 1년 차입이자는 1억 달러의 1.5%이고 최초 6개월 대출을 통한 이자수입은 1억 달러의 6개월간 1%이므로, 이를 환산하면 6개월 후 6개월 금리는 1.95%가 됩니다. 즉, H기업은 FRA 계약을 통해 6개월 후 차입하는 금리를 1.95%로 확정할 수 있습니다.

③ **통화스와프** cross currency interest rate swap: CCIRS

통화스와프는 특정 통화의 이자 및 원금을 다른 통화의 이자 및 원금으로 상호 교환하는 거래로서, 특정 외화표시 자산 또는 부채를 원화나 다른 외화표시 통화의 자산 또는 부채로 전환하는 거래입니다. 다시 말해, 통화스와프는 두 나라가 현재 환율에 따라 필요한 만큼의 돈을 상대국과 교환하고, 일정 기간 후에 최초 계약 때 정한 환율로 원금을 재교환하는 거래입니다(이자율스와프는 원금 교환이 없는 반면, 통화스와프는 원금 교환이 일어남). 또, 통화스와프는 국가 간 통화스와프 협정을 통해, 유사시에 두 나라가 자국통화를 상대국 통화와 맞교환하여 외국통화를 차입하는 안전망 역할을 하기도 합니다. 즉, A국가의 외환보유액이 바닥나 환란 사태에 직면하는 경우, B국가에서 돈을 빌려오고 그 액수에 해당하는 자국 화폐(A국)를 B국에 담보로 맡기는 것입니다.

Quiz & Answer : 37

우리나라 I기업은 1억 달러를 미국 금융기관으로부터 5년간 연금리 미 달러 LIBOR + 3% 조건으로 차입했습니다. I기업은 차입한 달러를 원화로 환전하여 국내에 투자할 것입니다. 현재, 원화 대 미 달러화의 환율은 1,200원입니다. 또, 5년 미 달러화 변동금리인 LIBOR + 3%를 원화 고정금리로 바꾸면 4.5%입니다. I기업의 위험에 대한 적절한 헤지 방법은 무엇인가요?

Answer

I기업이 금융기관으로부터 1억 달러를 차입하여 원화로 사용하면, 차입에 대해 환위험에 노출됩니다. 이와 동시에 I기업은 변동기준금리인 미 달러화 LIBOR의 변동에 따라 이자를 더 많이 지불해야 하는 이자율위험에도 노출됩니다. 이에, I기업은 달러의 환위험과 이자율위험을 통화스와프계약을 통해 헤지할 수 있습니다.

은행과 스와프계약을 통해, 현물거래 시점에서 차입금 1억 달러를 원화 현물환율인 1,200원에 바꾸고, 이후 매년 스와프은행에 원화 4.5%를 지급하고 미화 LIBOR + 3%를 수취하여 이를 차입한 금융기관에 이자로 지급합니다. 5년 후 만기에는 스와프은행에게 계약 환율인 1,200원에 해당하는 1,200억 원을 지불하고, 미화 1억 달러를 수취하여 차입은행에 상환합니다. 따라서 I기업은 통화스와프계약을 통해 환위험과 이자율위험은 헤지하고, 기업의 최종 조달금리는 원화 4.5%로 확정됩니다. 만약, I기업의 국내 원화 자금조달 금리가 미 달러화 자금조달 후 스와프거래를 한 금리인 4.5%보다 낮다면, I기업은 미 달러화 자금조달을 포기하고 국내금융시장에서 원화로 자금을 조달하는 것이 유리합니다.

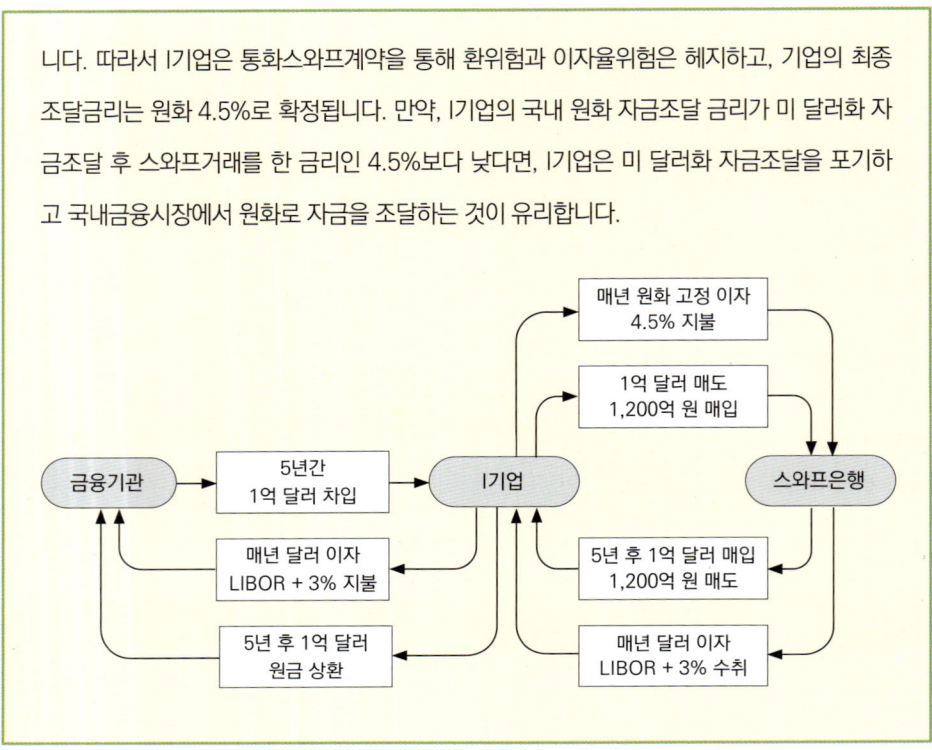

③ 이자율옵션 intrest rate option

금리위험은 이자율옵션을 사용하여 헤지할 수 있습니다. 이자율옵션 역시 콜옵션과 풋옵션이 기본 구조이며, 기준금리는 통상 국내금융시장에서는 KORIBOR, 국제금융시장에서는 LIBOR 금리를 사용합니다. 장외금리옵션 시장에서는 콜옵션을 캡cap, 풋옵션을 플로어floor, 캡과 플로어가 합성된 형태로 칼라collar, 금리스와프와 옵션을 결합한 스와프션swaption 등이 있습니다.

캡은 계약상 행사금리 이상으로 기준금리가 상승하는 경우, 캡매수자는 권리를 행사하고 캡매도자는 기준금리와 행사금리의 차액을 지급하게 됩니다. 반면, 플로어는 행사가격보다 기준금리가 하락하는 경우, 매도자는 매수자에게 차액을 지불해야 하는 의무를 가집니다. 변동금리로 자금을 차입하는 기업은 이자율콜옵션을 매수하여 금리 상승 위험을 헤지하고, 반대로 자금을 빌려주는 대여자 입장에서는 이자율풋옵션을 매수하여 금리 하락 위험을 헤지할 수 있습니다. 칼라는 옵션의 변형된 형태로, 자금을 차입하는 기업은 이자지불, 자금을 대여하는 금융기관은 이자수입을 일정 범위 안에 두고 관리하기 위해, 금리의 상한선과 하한선을 설정한 권리를 거래하는 계약입니다. 계약상 행사금리의 상한선보다 기준금리가 상승하면 칼라매도자(자금대여자)는 칼라매수자(자금차입자)에게 차액을 지급해야 합니다. 반대로, 금리가 행사금리의 하한선보다 하락하는 경우엔 칼라매입자가 칼라매도자에게 차액을 지급합니다. 또한, 금리위험 헤지는 금리스와프와 옵션을 결합한 금리스와프계약을 체결할 수 있는 옵션인 스와프션을 이용하기도 합니다.

신용하락의 위험

96 신용위험 관리방안

> 터키는 물가상승과 리라화 절하로 국가부도위험이 증가하였다. 터키 5년 만기 국가CDS스프레드는 500bps 수준이다. 또, 2021년 말, 스리랑카의 국가부도 우려가 커지면서 스리랑카 5년 만기 국가CDS스프레드는 1,500bps를 넘었다.

신용위험credit risk은 기업이 외상으로 상품을 판매하였거나, 금융기관이 기업에 투자 또는 대출을 일으켰거나, 파생상품을 거래한 후에 거래상대방의 부도로 손실이 발생할 수 있는 위험입니다. 즉, 거래상대방의 경영상태 악화, 신용도 하락, 채무불이행 등으로 인해, 기업이나 금융기관이 보유한 매출채권, 유가증권, 대출자산 또는 파생상품 평가이익 등으로부터 예상되는 현금흐름이 계약대로 회수되지 않을 가능성을 의미합니다.

신용위험관리를 위해서는 거래상대방의 잠재적 부도위험을 측정해야 합니다. 부도란 거래상대방이 채무에 대해 정해진 시기에 원리금 또는 이자 등을 지불하지 못하고 도산하는 것입니다. 신용관리가 매우 중요한 금융기관들은 보다 엄격한 방법으로 신용위험을 측정하고 관리합니다. 금융기관들은 내부적으로 다양한 모델을 사용해 신용위험을 측정하는데, 최근에는 정해진 기간에 전체 신용포트폴리오의 일정 신뢰구간 안에 발생할 수 있는 최대예상손실액value at risk: VaR을 측정하는 방법이 주로 사용되고 있습니다. 또한, 외부신용평가사들은 기업의 부도가능성을 평가하고, 이를 계량화하여 기업의 신용등급을 제공합니다.

기업이나 금융기관은 신용부도스와프credit default swap: CDS 매입을 통하여, 거래상대방의 신용위험을 헤지할 수 있습니다. CDS매입자는 보험료와 같은 일정 프리미엄을 지급하는 대가로 기초자산의 채무불이행 등 신용사건credit event이 발생 시, CDS매도자로부터 손실액을 보전받게 됩니다. 이론적으로, CDS프리미엄은 기초자산 발행자의 신용위험을 반영하는 부도율과 부도 시 회수율에 대한 추정을 바탕으로, 부도 전 현금흐름의 가치가 부도 후 현금흐름의 현재가치를 일치시키는 점에서 결정됩니다. 이를 근거로 시장에서 CDS의 수요와 공급에 따라 거래 가격이 결정됩니다. CDS프리미엄이 낮으면 채권발행자의 부도위험이 낮다는 의미로 CDS가격은 채권발행자의 신용위험을 나타내는 지표입니다.

Quiz & Answer : 38

J은행은 K기업에 5년간 1억 달러를 대출하였습니다. 하지만 대출이 집행되고 난 후, K기업의 경영상태가 안 좋아지고 있다는 정보를 입수하여 사전에 신용위험을 헤지하고자 합니다. 어떠한 방법으로 헤지가 가능할까요?

Answer

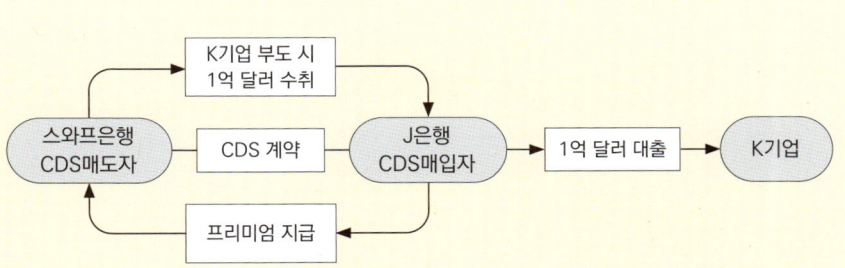

J은행은 CDS스와프은행과 K기업을 기초자산으로 한 CDS 매입 계약을 맺고, 프리미엄을 지불하는 계약을 통해 K기업의 신용위험을 헤지할 수 있습니다. 만일 K기업이 부도가 나면, CDS스와프은행으로부터 원금 1억 달러를 대환받게 됩니다.

신용위험은 국가위험sovereign risk을 포함합니다. 국가위험은 경제성장율, 환율, 물가 등 거시경제적 변수뿐만 아니라 정치, 경제정책, 조세제도, 노동환경, 사회적 갈등의 정도, 전쟁 위협 등에도 광범위하게 영향을 받습니다. 기업이나 금융기관이 특정 국가에 대규모 투자를 장기간으로 진행하는 경우, 국가부도위험에 노출됩니다. 국가별 신용위험을 측정하고, 필요에 따라 국가부도 CDS를 거래하여 관리할 필요가 있습니다. 대한민국 국가 CDS 스프레드는 2007~2008년 글로벌 금융위기 당시 700bps가 넘기도 하였으나, 2022년 2

월 말 현재 28bps로 신흥국 가운데 가장 낮습니다(블룸버그). 주요국의 CDS스프레드는 미국이 11bps, 일본 17bps, 중국 52bps, 프랑스 20bps, 캐나다 30bps 수준입니다. 우리나라 CDS가격이 이처럼 낮은 가격 형성되는 것은 코로나19에 따른 경제적 피해가 상대적으로 적고, 빠른 경기 회복세에 기인한 것입니다. 또, 지속적인 경상수지 흑자, 세계 9위 규모의 외환보유액 등 견조한 대외 건전성도 긍정적인 영향을 주고 있습니다.

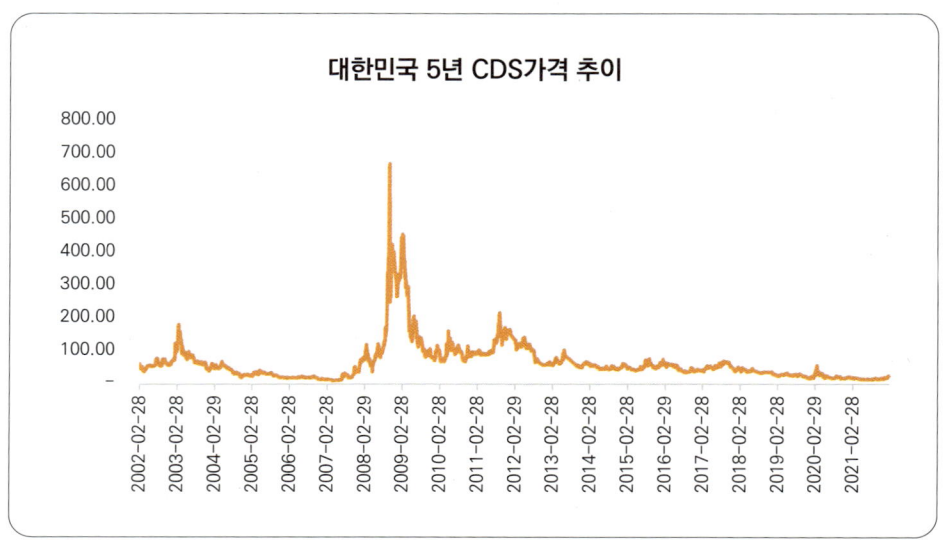

이 밖에도, 주식파생상품과 원자재파생상품이 시장에서 활발히 거래되고 있습니다. 주식파생상품은 대주주의 가격 헤지목적으로도 사용되지만, 많은 투자상품과 관련하여 이용됩니다. 또, 원자재파생상품 역시 전 세계 선물거래소에서 헤지목적과 투기목적 등으로 활발히 거래되고 있습니다.

읽어두기 ⑮

파생상품의 명과 암

　금융산업이 발전하면서 세계경제는 산업자본주의에서 금융자본주의로 빠르게 변모하고 있습니다. 이는 자본과 노동을 투입하고 상품을 생산하여 팔아 이득을 남기던 시대에서, 자본 자체를 사고팔아 이익을 남기는 경제 체제로 이행되고 있음을 의미합니다. 실제로 오늘날 세계경제는 투자은행, 연기금, 보험회사, 투자신탁회사, 사모펀드 등과 같은 글로벌 자금에 의해 좌우된다고 해도 과언이 아닙니다. 하지만 금융자본이 기업에게 투자의 기회를 제공하는 것이 아니고 스스로 이윤 획득만을 위해 이동된다면, 투자와 투기를 구분하는 경계가 모호해지고 오히려 경제의 효율성을 떨어뜨릴 수 있습니다.

　1980년대 이후 현재까지 글로벌 금융 환경 변화의 추세는 자유화, 통합화, 대형화 및 겸업화, 증권화, 디지털화 등으로 요약됩니다. 1970년대 들어, 국가 간 교역이 크게 증가하고 브레턴우즈체제가 붕괴되면서 금융자본의 이동이 자유로워지고, 국제금융시장에서는 유로달러시장이 발전하게 되었습니다. 각 국가들은 이러한 흐름에 편승하여 경쟁적으로 금융 자유화를 추진하였고, 규제완화로 국가 간 자본이동이 많아지고, IT기술의 발전으로 금융시장의 통합화와 디지털화는 더욱 가속화되었습니다. 금융회사들 간에 경쟁이 더욱 치열해지면서 규모의 경제 economy of scale 와 범위의 경제 economy of scope 를 달성하기 위해 금융 대형화가 진전되고, 업무영역에 대한 규제가 완화되면서 겸업화가 진행되었습니다. 금융제도의 안정과 신용질서 유지를 위해 부과되었던 각종 금리 규제, 진입 규제, 업무영역 및 행위 규제 등이 폐지 또는 완화되면서, 자금의 유출입 속도가 빨라지고 세계 각국의 금융시장과 제도는 동질화되는 현상이 생겨났습니다. 또, 시간적·지리적으로 제한이 없어지면서 세계 어디서나 24시간 금융거래가 가능해졌고, 금융상품 측면에서도 상품과 규제가 표준화되고 균일화되어 국제거래가 수월해졌습니다. 또, 1980년대 외채위기 이후 전 세계에 저금리 기조가 생기면서, 금융기관의 자금운용과 조달방법에 변화가 생겼습니다. 일본, 독일 등 경상수지 흑자국들은 주로 글로벌 채권시장에서 채권 매입을 통해 잉여자금을 운영하였고,

금융기관들은 자기자본비율을 충족시키기 위해 대출 유동화와 우선주 또는 후순위채 발행을 급격히 늘렸습니다. 이러한 증권화 추세는 다양한 상품이 개발되고 유동성을 증가시켜 자본시장에 기여한 측면이 있으나, 증권화된 채권의 사후 모니터링에 대한 문제점과 과도한 레버리지leverage로 인해 경제위기를 불러오는 역기능이 나타나기도 하였습니다. 이러한 증권화는 파생상품의 발전과 밀접한 관계가 있습니다.

    파생상품은 원자재, 환율, 금리, 주가, 신용 등 기초자산의 시세 변동에 따라 가격이 파생되어 결정되기 때문에 파생상품이라고 부릅니다. 2021년 현재 전 세계 파생상품의 시장가치는 세계 GDP 84조 달러의 14배가 넘는 1,200조 달러에 이르는 것으로 추정됩니다. 파생상품은 각종 시장의 가격변동 위험을 헤지하기 위한 목적으로 시작되었습니다. 19세기 들어 옥수수의 흉작과 풍작이 반복되면서 가격변동이 커지자 생산자와 소비자 모두에게 안정된 가격을 위한 수단이 필요해졌습니다. 이에 19세기 말, 시카고상품거래소Chicago Board of Trade: CBOT가 생기고 곡물이 선도 형태로 거래되었습니다. 1970년 이후 금융시장의 불확실성이 증가함에 따라 금융리스크를 헤지하기 위한 수단으로 다양한 파생상품이 개발되었고, 1990년에는 JP 모건이 대출 자산의 헤지를 위해 신용 파생credit default swap 개념을 처음 만들고 거래를 시작하였습니다. 하지만 오늘날 파생상품 거래의 많은 비중은 위험 헤지가 아닌 투기거래 또는 재정거래를 목적으로 합니다.

파생상품이 위험 헤지의 목적으로 사용되면 매우 유용할 수 있지만, 투기목적으로 사용되면 커다란 위험이 따르고 최악의 경우에는 파산할 수도 있습니다. 2008년 글로벌 금융위기를 초래한 데에는 여러 가지 원인이 있지만, 단기성과에 치중한 금융기관들의 과도한 위험 추구 행위가 주요 원인 중 하나입니다. 이는 금융기관들이 파생상품을 이용하여 과도한 레버리지를 만들고, 이를 규제와 감독이 약한 그림자금융 shadow banking 을 통해 지나친 유동성을 창출하여 시장의 유인을 왜곡한 데에서 기인합니다. 우리나라에서는 2008년 원화 환율이 급락하면서, 은행과 환위험을 헤지하고자 키코 KIKO라는 상품을 계약했던 기업에게 오히려 손실이 나는 사태가 발생하였습니다. 키코를 계약한 기업은 900여 개 회사였으며, 피해액은 총 20조 원에 이르렀고, 일부 회사가 흑자도산하면서 커다란 사회적 문제가 되기도 하였습니다. 또, 2019년에는 주요 국가들의 국채 금리가 지속적으로 떨어지면서, 이를 기초자산으로 한 파생결합증권 derivative linked securities: DLS 에 투자한 투자자들이 큰 손실을 보기도 하였습니다.

파생상품은 미래에 일어날 사건의 가능성을 거래하는 행위이며, 누군가 수익이 나면 다른 상대방은 손실이 나는 제로섬게임 zero sum game 입니다. 파생상품을 이해하여 잘 사용하면 약이 되고, 무리하거나 잘못 사용하면 독이 됩니다. 파생상품에 대한 명확한 이해와 관리 능력이 없이, 파생상품에 손대는 것은 매우 위험한 투기이므로 신중할 필요가 있습니다.

참고 문헌

- 금융감독원 전자공시시스템(DART), https://dart.fss.or.kr/.
- 중소벤처기업부, 『한국 창업 생태계의 변화 분석』, 2021. 4. 26.
- 한국거래소 KRX, 정보데이터시스템, http://data.krx.co.kr/contents/MDC/MAIN/main/index.
- 한국은행, 경제통계시스템, https://ecos.bok.or.kr/.
- 한국은행, 기업경영분석, https://www.bok.or.kr/portal/main/main.do.
- 강희철. 『신종증권 발행을 통한 상장회사자금조달 활성화 방안』. 상장협연구. 2014. 69, 4, 97-127.
- 김보경. 『기업 벤처링 트렌드와 시사점: 스타트업과 상생하는 법』. Trade Focus. 2021. 36
- 김현정. 『해외직접투자와 국내 투자의 관계 분석』. 한국은행 자료. 2007. 14, 1, 1-41.
- 문현주. 『상장기업과 코스닥기업의 회계이익의 질 비교』. 디지털융복합연구. 2017. 15, 1, 129-141.
- 삼일회계법인. 『2020 해외 IPO 안내』.
- 삼정KPMG. 『뉴밸류에이션 시대, 신성장기업의 가치평가』. Issue Monitor. 2021, 143.
- 『이코노미조선』402호, 조선비즈출판. 2021. 6.
- 이준희. 『한국기업들의 ESG 경영을 위한 변화』. 딜로이트.
- 제이컵 솔. 『회계는 어떻게 역사를 지배해왔는가 르네상스부터 리먼사태까지 회계로 본 번영과 몰락의 세계사(번역서)』. 메멘토. 2016.
- Federal Reserve Bank of St. Louis, Federal Reserve Economic Data, https://fred.stlouisfed.org/.
- Card, D.; Krueger, B. Minimum wages and employment: A case study of the fast-food industry in New Jersey and Pennsylvania. American Economic Review. 1994. 84, 772-84.
- Cox, J.; Ingersoll, J.; Ross, S. A Theory of the Term Structure of Interest Rates. Econometrica. 1985. 53, 385-408.
- Dellinger, E.; Fisher, K. L. Beat the Crowd: How You Can Out-Invest the Herd by Thinking Differently. 2015. Hoboken, NJ: John Wiley.
- Du, W.; Tepper, A.; Verdelhan, A. Deviations from covered interest rate parity. The Journal of Finance. 2018. 73, 3, 915-57.

- Errunza, V. R.; Miller, D. P. Market segmentation and the cost of the capital in international equity markets. Journal of Financial and Quantitative Analysis. 2009, 35, 4, 577–600.
- Fabozzi, F. Bond Markets Analysis and Strategies, 4th ed., Prentice Hall, 2000.
- Gibbs, M.; Mengel, F.; Siemroth, C. Work from Home & Productivity: Evidence from Personnel & Analytics Data on IT Professionals. University of Chicago, Becker Friedman Institute for Economics. 2021. Working Paper No. 2021–56.
- Graham, J; Harvey, C. How do CFOs make capital budgeting and capital structure decisions? Journal of Applied Corporate Finance. 2002. 15, 1, 8–23.
- Heath, D.; Jarrow, R.; Morton, A. Bond Pricing and the Term Structure of Interest Rates: A New Methodology for Contingent Claims Valuation. Econometrica. 1992. 60, 77–106.
- Ho, T. Key Rate Duration: Measures of Interest Rate Risks, Journal of Fixed Income(Sept.). 1992. 29–44.
- Jang, J. Y.: Park, M. J. A Study on Global Investors' Criteria for Investment in the Local Currency Bond Markets Using AHP Methods: The Case of the Republic of Korea. Risks. 2019, 7(4), 101.
- Jang, J. Y.; Atukeren, E. Sustainable Local Currency Debt: An Analysis of Foreigners' Korea Treasury Bonds Investments Using a LA-VARX Model. Sustainability. 2019, 11(13), 3603.
- John, K; Williams, J. Dividends, Dilution, and Taxes: A Signalling Equilibrium. The Journal of Finance. 1985, 40, 4, 1053–70.
- Kirzner, I. M. Entrepreneurial Discovery and the Competitive Market Process: An Austrian Approach. Journal of Economic Literature. 1997, 35, 1, 60–85.
- Kolb, R., Futures, Options, and Swaps, 3rd ed., Blackwell, 1999.
- Lo, A. W. Reconciling Efficient Markets with Behavioral Finance: The Adaptive Markets Hypothesis. Journal of Investment Consulting. 2005, 7, 2, 21–44.
- Mankiw, N. G.; Romer, D.; Shapiro, M. D. An Unbiased Reexamination of Stock Market Volatility. The Journal of Finance. 1985, 40, 3, 677–87.
- Markowitz, H. M. Foundations of Portfolio Theory. The Journal of Finance. 1991, 46, 2, 469–77.
- Modigliani, F.; Miller, M. H. Dividend Policy, Growth, and the Valuation of Shares. The

Journal of Business. 1961, 34, 4, 411–33.

- Modigliani, F.; Miller, M. H. The Cost of Capital, Corporation Finance and the Theory of Investment. The American Economic Review, 1958, 48, 3, 261–97.
- Park, S. R.; Jang, J. Y., The Impact of ESG Management on Investment Decision: Institutional Investors' Perceptions of Country-Specific ESG Criteria. International Journal of Financial Studies. 2021, 9(3), 48.
- Posada, J. D.; Singer, E. Don't Eat The Marshmallow Yet!: The Secret to Sweet Success in Work and Life. 2005. The Berkley Publishing, Hudson Street, New York 10014.
- Rephael, A. B.; Kadan, O.; Wohl, A. The diminishing liquidity premium. Journal of Financial and Quantitative Analysis. 2015, 50, 1–2, 197–229.
- Saaty, L. Decision-making with the AHP: Why is the principal eigenvector necessary. European Journal of Operational Research. 2003, 145, 85–91.
- Statman, M. How Many Stocks Make a Diversified Portfolio? The Journal of Financial and Quantitative Analysis. 1987, 22, 3, 353–63.